이 도서의 국립중앙도서관 출판시도서목록(CIP)은 e-CIP홈페이지(http://www.nl.go.kr/ecip)에서 이용하실 수 있습니다. (CIP제어번호 : CIP2008001813)

| 개정판 |

NGO와 정부 그리고 정책

개정판
NGOs, Government and Policy
NGO와 정부 그리고 정책

박상필 지음

한울
아카데미

개정판 서문

5년 전에 펴낸 자신의 책을 개정하기 위해 꼼꼼하게 다시 읽어보는 것은 여러 가지 회상을 가져다주는 것 같다. 우선 이 책을 쓸 당시만 해도 NGO에 대한 책이 드물었을 뿐만 아니라, NGO와 정부 혹은 정책에 대한 책은 찾아보기 힘들었다. 그래서 NGO 전공자로서 NGO와 정부에 대한 책을 쓰기로 결정하고 1년여 동안 논문 쓰기에 매달렸다. 키워드와 관련하여 여러 가지 주제와 제목을 정하고 연구의 분석틀을 만듦과 동시에 필요한 자료를 구하고 인터뷰를 하기 위해 현장을 누비고 다녔다. 그래서 논문이 완성되는 즉시 각종 학술대회에서 발표하고, 여기서 토론된 내용에 기초하여 수정한 다음, 그 일부는 학술지에 싣는 절차를 밟았다. 그만큼 짧은 시간 동안에 방대한 양의 연구가 진행된 셈이다.

2002년 이 책이 나온 이후 NGO와 정부에 대한 연구보다는 NGO에 대한 연구를 하나의 학문으로 정립하는 것이 긴급했기 때문에 연구방향을 선회하였다. 그래서 2005년 상당한 부피를 가진 〈NGO학〉이 나왔다. 2005년 이후에도 NGO와 정부 영역의 연구로 되돌아가지 않고 NGO를 기초로 하는 〈대안사회〉 연구에 몰두하게 되었다. 이러한 연구이력은 NGO와 정부에 대한 연구영역을 확장해달라는 요구에도 불구하고 개정판이 초판에다

한 편의 논문(보론)을 추가하는 것으로 끝난 이유를 설명해준다. 그러나 NGO학 연구에 깊이를 더하고 연구지평을 확장한 결과, 개정과정에서는 초판에서 발견하지 못했던 것을 알게 되면서 많은 것을 느끼게 된다. 지금 보아도 분석틀이나 연구방법에서 커다란 결함을 발견하기는 어렵다. 원래 질적 방법과 사례연구를 선호하였기 때문이기도 하다. 개정을 하면서 분석틀에서는 약간의 수정만 가했을 뿐이다. 그러나 연구내용을 증명하고 설득하기 위한 글의 논리적 전개에 대해서는 많은 문제가 있음을 발견하였다.

초판 이후 NGO학을 집필하기 위해 NGO 전반에 걸쳐 독서와 연구를 진행하였고, 또 대안사회 연구를 위해 철학, 종교학, 심리학, 환경학, 여성학, 물리학 등을 비롯하여 사회과학 외의 여러 분야를 연구하게 되면서 NGO를 새롭게 볼 수 있는 시야가 생겼다. 즉, NGO를 전체적인 시각에서 볼 수 있는 힘과 인문학이나 자연과학의 입장에서 NGO를 바라볼 수 있는 능력을 갖게 된 것이다. 이러한 능력에 기초하여 개정판을 쓰면서 거의 글을 새롭게 쓸 정도로 상당한 노력이 투입되었다. 전체적으로 개괄한다면 1장과 2장은 이후 연구한 것에 기초하여 글의 전개와 내용을 크게 수정하였고, 9장은 그동안 법률의 개정 및 제정 변화에 맞추어 내용을 수정하였다. 그 외에도 4장, 6장, 7장, 8장, 10장 등에서 글의 논리적 전개를 위해 문장을 많이 고치는 상당한 수정이 가해졌다. 구체적으로는 3장은 2절에서 사회조직 구분모델을 수정하였고, 4장은 4절에서 NGO와 정부 간의 게임균형을 설명하는 부분에서 애매한 내용을 명확히 하였다. 6장은 서론 부분을 새롭게 재구성하였고, 7장은 3절에서 지방자치단체와 NGO 간의 지향점에서 분석틀을 약간 수정한 다음 이에 맞추어 내용을 바꾸었다. 8장은 거버넌스의 개념정의, 민주주의 기획의 용어 변화, 통치와 거버넌스 간의 가치 비교 등에서 수정이 있었다. 그리고 10장은 민주시민교육의 의미와 필요성에서 내용을 수정하였고, NGO와 정부 간 협력모델과 민주시민교육 프로젝트의 내용도 일부 수정하였다.

   개정작업은 예상과는 달리 적지 않은 시간이 소모되었지만, 그래도 개정판을 내면서 한결 마음이 가벼워졌다. 개정판은 출판사를 바꾸어 도서출판 한울에서 출판하게 되었다. 개정판의 출판에 응해주고 교정과정에서 책을 새롭게 꾸며 좋은 책으로 거듭나게 해준 도서출판 한울의 김종수 사장과 여러 편집자들에게 감사드린다. 이 책 초판은 1년 4개월이라는 짧은 시간 내에 쓰였지만, 고맙게도 학술원의 우수학술도서로 지정되었고 NGO 연구자, NGO 활동가, 정부의 정책담당자 등에게 많이 읽혔다. 개정판이 대학의 NGO 강의와 NGO 연구, 나아가 NGO에 대한 정책형성에 기여할 수 있기를 바라 마지않는다.

2008년 5월

박상필(npongo@hanmail.net)

서문

　국민을 대표하는 정부가 공공의 이익을 추구하지 않고 지배계층의 이익을 대변하거나 부패를 통하여 지대추구에 골몰한다면 어떻게 될까. 아마 의회가 다양한 장치를 통해 조사하거나 견제할 것이다. 법원은 법의 해석을 통해 심판하고 일정한 제재를 가할 것이다. 언론은 은폐된 부정을 폭로하고 비판의 여론을 형성할 것이다. 그런데 의회·법원·언론 등이 행정부를 견제하고 추동하는 일정한 역할을 하지 못한다면 어떻게 할 것인가. 더욱 문제가 되는 것은 의회가 국민이 요구하는 정책을 만들지 않고 당파이익에 집착하고, 사법부가 인권을 보호하지 못하거나 진실을 제대로 밝혀내지 못하며, 언론이 보수성과 상업성을 띠고 의사소통을 왜곡한다면 어떻게 해야 할까. 이러한 우려는 결코 기우가 아니다. 우리가 살고 있는 현실에서 벌어지는 현상이다. 이때 정부를 감시하고 비판하고 고발하는 역할은 시민 스스로 수행해야 한다. 그뿐 아니라 의회를 추동하고 사법부를 감시하며 언론을 견제하는 것도 시민의 몫이다. 그러나 시민이라고 해도 실제로 개인이 그것을 담당하는 것은 거의 불가능하다. 가치를 공유한 사람들이 단체를 만들고 이 단체가 일정한 전문능력과 조직적인 힘을 통해 이러한 역할을 수행한다. 그 대표적인 단체가 바로 시민사회의 자발적인 결사체인

NGO이다.

　NGO는 1990년대 일련의 국제행사를 통해 우리에게 알려졌지만, 결코 일시적인 유행이나 유희적 허상이 아니다. 그것은 인류가 존재하면서 활동을 시작하였고, 오히려 국가보다 앞서서 공동체사회의 문제를 해결하는 자발적 조직이었다. 이러한 NGO가 한국사회에서도 1987년 6월항쟁 이후 정치적 민주화와 함께 급속하게 성장하여 사회변동의 중핵에 위치하고 있다. 오늘날 한국에서 NGO는 민주주의를 성취하고 발전시키는 데 없어서는 안 될 중요한 요소이다. NGO는 각종 시민운동을 추진하는 주체로서 시민사회의 민주화와 공론장의 활성화에 중요한 역할을 수행할 뿐만 아니라, 국가에 대한 상호작용을 통해 국가를 견제하거나 공동으로 공공서비스를 생산하는 역할을 한다. 따라서 NGO는 현대사회의 각종 문제를 해결하고 우리 삶을 보다 윤택하게 하는 데 매우 중요한 사회적 장치이자 제도라고 할 수 있다.

　여기 실린 10편의 논문은 NGO·정부·정책이라는 세 개의 키워드를 가지고 지난 1년 반 동안 집중적으로 기획·집필한 것들이다. 1장과 2장은 NGO학과 NGO의 개념에 대한 기초적인 논의이다. 이 두 장은 창조적인 시도로서 이후 학술적 논쟁을 유도하기 위한 것이다. 3장과 4장은 NGO와 정부 간의 관계에 대한 논문이다. NGO와 정부 및 정책에 관한 연구를 시작할 때 기본이 되는 연구영역이다. 5장은 NGO의 정책참여에 대한 것이고, 6장은 NGO의 재정에 대한 것이다. NGO의 정책참여와 정부의 재정지원에 대한 그동안의 논쟁을 경험적 연구와 사례연구를 통하여 검토하였다. 7장은 NGO의 연구를 지방자치로 확대하고, 8장은 거버넌스로 확대하였다. 지방자치와 거버넌스에서도 NGO는 중요한 행위자로서 정부와 상호작용한다. 9장은 NGO의 활성화와 각종 활동과 관련된 법률을 고찰하였다. NGO가 반드시 법률에 구속되는 것은 아니지만, 국가에 의한 법적 장치는

NGO의 활동을 규제하기도 하고 활성화하기도 한다. 10장은 민주시민교육에 대한 논의로서 일종의 정책제안이라고 할 수 있다. 민주시민교육은 현대 민주주의에서 매우 중요한 것으로서 정부와 NGO의 협력을 통해 효과적으로 실행할 수 있다. 처음 시작할 때는 여기 실린 논문 외에도 「한국 NGO의 발전과 정부의 정당성」, 「공공서비스 생산의 패러다임 변화와 NGO의 역할」, 「정부와 NGO 간의 사회서비스 생산 분담」, 「지방정치에서 NGO와 정부 간의 권력관계」 등과 같은 논문이 기획되었으나, 이 모든 작업을 수행하기 위해서는 더 많은 시간이 필요하기 때문에 우선 10편의 논문을 하나의 책으로 엮어내게 되었다.

필자는 1996년 NGO에 대한 학위논문을 준비하고 1998년 NGO 연구로 박사학위를 받은 이후 두 가지 화두를 가슴 속에 품어왔다. 하나는 공무원을 재교육하는 MPA(행정대학원/정책대학원)나 기업의 관리자를 재교육하는 MBA(경영대학원)처럼 NGO의 활동가를 양성하고 이와 관련된 교육을 담당하는 NGO대학원을 설립하는 것이고, 다른 하나는 NGO학을 하나의 독립된 학문으로 정립하여 체계화시키는 것이었다.

먼저 전자에 관해서는 1997년 아직 NGO라는 용어조차 생소할 때 대학원 설립을 기획하여, 많은 사람들의 도움으로 1999년에 국내 처음으로 경희대학교에 NGO대학원을 설립할 수 있었다. 그러나 한국의 국가나 시장만큼이나 천민적인 시민사회의 윤리를 그대로 드러내듯, 친족등용이라는 전근대적 이데올로기를 통하여 학원을 구조적으로 사유화시키고 변혁주체로서의 동력을 스스로 끊어버리는 서글픈 현실을 가까이서 지켜보아야 했다. 앞으로 많은 NGO대학원이 설립되어 시민사회에 대한 대학의 봉사사명을 실천하고, 나아가 변혁주체로서 정당성을 지닌 민주학원을 추동하는 데 기여할 수 있기를 기대해본다. 다음 후자에 관해서는 이 책의 제1장에 NGO학의 정립을 위한 논쟁을 시도하였으나, 아직 걸음마 단계에 머물러 있다. 한국 사회과학의 현실에 대해서는 이미 김동춘, 임현진, 김문조, 이수훈 등 사회학자에 의해 논의된 바 있지만, 한국 사회과학은 주로 서구 학문의 주변부적 위치로 존재해왔다. 아직 NGO학이 새로운 분과 학문으로 정립되기에는 많은 한계가 있는 것이 사실이다. 그러나 NGO학도 현대사회에서 고유의 주제와 개념적 경계를 가지고 독립적인 지위를 차지하고 있다. 이론적 체계화는 아직 갈 길이 멀지만, 그것은 다른 어떤 학문의 발생과도 마찬가지로 시간이 필요하다. 중요한 것은 어떤 학문적 논의가 서구사회에서 바람이 일면 우리가 덩달아 춤을 추는 것이 아니라, 우리 스스로 사회적 요구에 따라 창조적인 작업을 하는 것이다. 최근 정수일의 실크로드학이 보여주는 쾌거처럼 말이다. NGO학도 바로 한국에서 탄생하기를 바라 마지않는다.

필자는 한국 NGO 연구의 제1세대로서 NGO학을 어떻게 정립하고, 나아가 NGO를 통해 한국사회를 어떻게 변혁하며, 궁극적으로 NGO를 주체로 하여 어떻게 현재의 민주주의와 자본주의 한계를 극복하고 대안적 사회를 구축할 것인가에 관심을 가지고 있다. 필자의 세 번째 저서인 이 책은 바로 이러한 문제를 총괄적이고 체계적으로 다루게 될 NGO학의 정립으로 건너뛰기 위한 중간다리로서, NGO학 중에서 필자의 전문분야인 NGO와 정부 및 정책에 대한 연구작업의 결과물이다.

이 책이 빛을 보는 데 많은 사람들의 도움이 있었다. 자원봉사이론의 전문가인 조현은 지난번과 마찬가지로 색인을 정리하는 등 책의 출판을 도왔고, 연세대학교 신문방송학과를 졸업하고 기업체에 근무하면서도 NGO에 대한 열정을 가지고 이 분야의 담론을 즐기는 이용혁은 책에 나오는 그래프를 제공해주었다. 두 사람에게 감사드린다. 그리고 출판사 아르케의 최창신 씨를 비롯하여 편집에 참여해주신 분들께도 감사드린다. 책의 원고를 마치고 나니 경북대 행정학과 김상영 교수, 성공회대 NGO대학원 조효제 교수, 서울대 사회학과 임현진 교수, 연세대 행정학과 이은국 교수, 한국행정연구원 황윤원 원장, 아주대 정치학과 김영래 교수, 한성대 행정학과 이종수 교수, 이화여대 행정학과 김석준 교수, 계명대 행정학과 윤영진 교수, 광주대 행정학과 김병완 교수, 동국대 행정학과 심익섭 교수, 단국대 사회과학부 조명래 교수, 성공회대 사회학과 박은홍 교수, 전남대 사회학과 장미경 교수 등의 얼굴이 떠오른다. 모두 다 이 책을 완성하는 데 물질적·정신적 도움을 준 사람들이다. 이 분들께도 감사드린다.

지난 1년 반 동안 이 책을 집필하는 작업은 혼자로서는 지난한 작업이기도 했지만, 주로 한밤중에 작업이 이루어졌기 때문에 고독한 시간이기도 했다. 그 긴장과 고독에 대한 작은 대가로서 이 책이 단지 장독대의 간장항아리 뚜껑처럼 버림받지 않기만을 기대해본다. 더불어 많은 독자재현들로부터 질책을 받을 수 있었으면 한다. 그것은 앞으로 3년간 또 다른 고독한 작업인 NGO학의 집필에 중요한 밑거름이 될 것이다.

2002년 4월

박상필(npongo@hanmail.net)

차례

개정판 서문 __ 5
서문 __ 8

제1장 NGO학의 정립을 위하여 ─────────────── 23
  I. 머리말 __ 23
  II. 사회과학으로서의 NGO학 __ 27
      1. 사회과학의 새로운 모색 __ 28   2. NGO학의 성립과 성격 __ 32
  III. NGO학의 연구영역 __ 35
  IV. NGO학의 연구방법 __ 39
      1. 방법론적 개괄 __ 39   2. NGO학의 어프로치 __ 42
  V. NGO학의 교과과정 __ 46
  VI. 맺음말 __ 49

제2장 NGO 개념의 역사와 실체 ─────────────── 51
  I. 들어가는 말 __ 51
  II. NGO 개념의 발생역사 __ 55
      1. NGO의 존재론적 의미 __ 55   2. UN의 결성과 NGO __ 62
      3. 6월항쟁과 한국의 NGO __ 65
  III. NGO 개념의 실체적 정의 __ 69
      1. 외국의 NGO __ 70   2. 한국의 NGO __ 72
  IV. 유사개념과의 비교 __ 78
      1. 외국의 경우 __ 78   2. 한국의 경우 __ 83
  V. 끝맺는 말 __ 91

제3장 NGO와 정부 간의 관계 ──────────────── 93
  I. 서론 __ 93
  II. NGO와 정부 __ 96
      1. NGO의 의의 __ 96   2. NGO와 정부 간의 관계 __ 99
  III. NGO와 정부 간의 관계유형과 변화 __ 102
      1. 참여연대 __ 103   2. 경제정의실천시민연합 __ 104   3. 흥사단 __ 107
      4. 새마을운동중앙협의회 __ 109   5. 바르게살기운동중앙협의회 __ 111
  IV. NGO와 정부 간의 관계모델과 지원체제 __ 114
      1. 협력모델: 공공서비스 생산의 효율화 __ 115
      2. 자율모델: 사회문제의 주체적 해결 __ 119
  V. 결론 __ 122

제4장 NGO와 정부 간 견제·협력의 게임론적 이해 ──────── 125
  I. 머리말 __ 125
  II. NGO와 정부 간 견제·협력의 관계 __ 128
      1. NGO와 정부 간의 대립·견제관계 __ 130   2. NGO와 정부 간의 협력관계 __ 132
  III. NGO와 정부 간 관계에 대한 게임이론의 적용 __ 135
  IV. NGO와 정부 간의 견제·협력을 둘러싼 게임 __ 140
      1. NGO와 정부가 가지는 전략 __ 140   2. NGO와 정부 간의 게임균형 __ 145
      3. NGO와 관변단체 및 민중단체와의 차이 __ 148
  V. 맺음말 __ 151

제5장 NGO의 정책참여 분석: 환경단체를 중심으로 ──────── 155
  I. 서론 __ 155
  II. NGO의 정책과정 참여 __ 159
      1. 정책과정의 단계 __ 159   2. NGO의 정책참여 방식 __ 160
      3. NGO의 정책과정에 대한 영향력 __ 165
  III. 환경 NGO의 정책참여 분석 __ 167
      1. 환경 NGO의 분류 __ 167   2. 정부의 주요 기관 및 관련 환경정책 __ 170
      3. 정책참여 단계 __ 171   4. 정책참여 방식 __ 173   5. 영향력 정도 __ 177
  IV. 결론 __ 179

제6장 NGO에 대한 정부의 재정지원 유형 ──────────── 183
  I. 머리말 __ 183
  II. NGO 재정출처의 다양성 __ 186
  III. NGO에 대한 정부의 재정지원 논거 __ 189
      1. 정부의 NGO 재정지원에 대한 찬반논쟁 __ 189
      2. NGO에 대한 정부의 재정지원 논거 __ 192
  IV. NGO에 대한 정부의 재정지원 유형 비교 __ 196
      1. 비교의 기준 __ 196   2. NGO에 대한 정부의 재정지원 유형 비교 __ 199
  V. 맺음말 __ 211

제7장 사회문제 해결을 위한 제3의 길: 지방자치단체와 NGO 간의 협력 — 215
 Ⅰ. 문제제기 __ 215
 Ⅱ. 지방자치의 현대적 의미 __ 219
   1. 현대인의 삶의 변화 __ 219   2. 분권과 자치의 확대 __ 221
 Ⅲ. 지방자치단체와 NGO 간의 협력 __ 224
   1. 지방자치단체와 NGO 간의 협력의 필요성 __ 224   2. 지방자치단체와 NGO 간 협력의 지향점 __ 227
 Ⅳ. 지방자치단체와 NGO 간의 협력사례 분석 __ 231
   1. 청소년 유해업소 단속 __ 232   2. 녹지관리 실명제 __ 234   3. 평가 __ 237
 Ⅴ. 전망과 과제 __ 238

제8장 거버넌스에서 민주주의의 급진적 재구축: NGO의 역할과 한계 — 241
 Ⅰ. 들어가는 말 __ 241
 Ⅱ. 거버넌스의 개념과 차원 __ 245
   1. 거버넌스의 개념정의 __ 245   2. 거버넌스의 차원과 유형 __ 247
 Ⅲ. 거버넌스에서 민주주의의 급진적 재구축 __ 249
   1. 민주주의의 기본이념 __ 249   2. 민주주의의 급진성 실현 __ 251   3. 거버넌스에서 민주주의의 급진성 실현 __ 259
 Ⅳ. 민주주의의 급진적 재구축을 위한 NGO의 역할 __ 263
   1. 시민참여와 시민교육의 강화 __ 265   2. 다원적 가치의 실현 __ 266   3. 정치적인 것의 확대 __ 267   4. 공론장의 활성화 __ 269
 Ⅴ. 끝맺는 말 __ 270

제9장 NGO 활동의 활성화를 위한 법적 고찰 ─────────── 273
Ⅰ. 서론 __ 273
Ⅱ. NGO와 법(法) __ 275
Ⅲ. NGO 활동의 활성화를 위한 법률의 제정과 개정 __ 280
    1. 비영리민간단체지원법 __ 280   2. 기부금품의 모집 및 사용에 관한 법률(기부금품법) __ 283   3. 공공기관의 정보공개에 관한 법률(정보공개법) __ 286   4. 행정절차법 __ 287   5. 부패방지법 __ 290   6. 집회 및 시위에 관한 법률(집시법) __ 292   7. 자원봉사활동기본법 __ 295   8. 공익소송법(안) __ 297   9. 민주시민교육지원법(안) __ 301
Ⅳ. 결론 __ 306

제10장 민주시민교육 프로젝트: NGO와 정부 간의 협력모델 ─────── 309
Ⅰ. 위기의 한국사회 __ 309
Ⅱ. 민주시민교육의 의미 __ 313
Ⅲ. 민주시민교육의 필요성 __ 316
Ⅳ. 민주시민교육의 실행 __ 319
    1. 선진국의 민주시민교육 __ 319   2. 한국 민주시민교육의 현실 __ 321   3. 민주시민교육에서 NGO와 정부의 협력 __ 324   4. NGO와 정부 간 협력을 통한 민주시민교육의 시행 __ 327
Ⅴ. 전망과 한계 __ 331

보론 능동사회의 구축과 시민사회의 재구성 ──────── 335
  I. 머리말 __ 335
  II. 능동사회의 의의 __ 339
     1. 시민사회론의 전개 __ 339   2. 능동사회의 특징 __ 342
  III. 능동사회의 구축 __ 345
     1. 인간의 욕구 변화 __ 346   2. 국가와 시장의 한계 __ 349   3. 시민사회의 역할 __ 352
  IV. 시민사회의 재구성 __ 354
     1. 시민사회의 다원성과 모순 __ 354   2. 시민사회의 재구성과 NGO의 역할 __ 357
  V. 맺음말 __ 362

참고문헌 __ 365
논문출처 __ 391
영문목차 __ 392
찾아보기 __ 393

표 차례

〈표 1-1〉 해방의 정치와 자아실현의 정치 __ 36
〈표 1-2〉 NGO학 연구의 영역과 주제들 __ 38
〈표 1-3〉 국내대학의 NGO학 교과과정 __ 47
〈표 1-4〉 외국대학의 NGO학 교과과정 __ 48
〈표 2-1〉 NGO 관련 용어표 __ 79
〈표 2-2〉 시민사회 내의 각종 단체 비교(외국) __ 83
〈표 2-3〉 한국 비영리단체(NPO)의 분류 __ 84
〈표 2-4〉 시민사회 내의 각종 단체 비교(한국) __ 90
〈표 3-1〉 참여연대의 세입(1994~1998) __ 104
〈표 3-2〉 경제정의실천시민연합의 세입(1993~1998) __ 105
〈표 3-3〉 흥사단의 세입(1990~1998) __ 108
〈표 3-4〉 새마을운동중앙협의회의 세입(1980~1998) __ 110
〈표 3-5〉 바르게살기운동중앙협의회의 세입(1990~1998) __ 112
〈표 3-6〉 시민단체와 정부의 관계유형 변화 __ 113
〈표 4-1〉 NGO와 정부의 전략 __ 145
〈표 5-1〉 정책과정의 단계 구분 __ 160
〈표 5-2〉 제도성에 따른 NGO의 정책참여 방식 구분 __ 164
〈표 5-3〉 연대성에 따른 NGO의 정책참여 방식 구분 __ 165
〈표 5-4〉 NGO의 정책과정에 대한 영향력 정도 구분 __ 167
〈표 5-5〉 서울지역 환경 NGO의 분류 __ 169
〈표 5-6〉 중앙정부 각 부처의 환경 관련 정책 __ 170
〈표 5-7〉 환경 NGO의 정책참여 단계 구분 __ 172
〈표 5-8〉 제도성에 따른 환경 NGO의 정책참여 구분 __ 174

〈표 5-9〉 환경 NGO의 정책단계별 참여방식 구분 __ 174
〈표 5-10〉 제도성에 따른 환경 NGO의 정책참여 정도 __ 175
〈표 5-11〉 연대성에 따른 환경 NGO의 정책참여 구분 __ 176
〈표 5-12〉 환경 NGO의 정책단계별 연대방식 구분 __ 176
〈표 5-13〉 환경 NGO의 정책에 대한 영향력 정도 구분 __ 177
〈표 5-14〉 환경 NGO의 정책단계별 영향력 구분 __ 178
〈표 5-15〉 환경 NGO의 참여방식별 영향력 구분 __ 178
〈표 5-16〉 환경 NGO의 연대방식별 영향력 구분 __ 179
〈표 6-1〉 한국 NGO의 수입 출처 __ 188
〈표 6-2〉 미국 TNC의 수입 출처 __ 188
〈표 6-3〉 NGO에 대한 정부의 재정지원 유형 비교의 기준과 내용 __ 198
〈표 6-4〉 NGO에 대한 정부의 재정지원 유형 __ 200
〈표 6-5〉 NGO에 대한 정부의 재정지원 유형의 비교 __ 210
〈표 7-1〉 지방자치단체와 NGO 간 협력의 지향점 __ 230
〈표 7-2〉 서울 동대문구청의 지방자치단체-NGO 간 협력사업 내용 __ 236
〈표 8-1〉 주요 정치제도와 민주적 가치 __ 258
〈표 8-2〉 통치와 거버넌스 가치의 비교 __ 263
〈표 10-1〉 민주시민교육 프로젝트 대강 __ 328
〈표 11-1〉 시민사회의 다차원성 __ 355
〈표 11-2〉 한국 비영리단체(NPO)의 분류 __ 358

그림 차례

〈그림 2-1〉 한국NGO의 개념도 __ 75
〈그림 2-2〉 일본 NPO의 개념구성도 __ 80
〈그림 2-3〉 일본의 제3섹터 개념도 __ 81
〈그림 2-4〉 시민사회 내의 각종 단체의 위계구도 __ 91
〈그림 3-1〉 사회조직 구분모델 __ 97
〈그림 3-2〉 NGO와 정부의 관계유형 __ 101
〈그림 3-3〉 협력모델의 지원체제 __ 118
〈그림 3-4〉 자율모델의 지원체제 __ 121
〈그림 4-1〉 NGO와 정부 간의 전략형 게임 __ 146
〈그림 6-1〉 독립재단을 통한 정부지원 모델 __ 212
〈그림 7-1〉 지방자치단체와 지방NGO 간의 상호작용 __ 228
〈그림 10-1〉 민주시민교육을 위한 NGO와 정부 간 협력모델 __ 327
〈그림 10-2〉 민주시민교육 조직기구표 __ 330
〈그림 11-1〉 한국NGO의 개념도 __ 359

제1장
NGO학의 정립을 위하여

I. 머리말

　　NGO(nongovernmental organization)가 폭발적으로 늘어나고 있다. 사실 NGO는 1945년 UN에 의해 국제적으로 그 개념이 유포되기 이전에도 존재하였다. 제2차 세계대전 이전에 많은 NGO가 설립되었고 수백 개의 국제 NGO가 있었다는 기록이 있다.[1] 그리고 제2차 세계대전 중에도 UN 창설을 위한 샌프란시스코회의에 NGO 대표들이 참가하였다. 그러나 NGO가 본격적으로 성장하기 시작한 것은 1970년대에 와서 복지국가의 위기와 신자유주의의 부상으로 시민사회가 사회문제 해결을 위한 대안적 패러다임으로 등장한 이후의 일이다.[2] 이후 1990년대에 와서는 단체혁명(associational

---

[1] 1900년 이후 각종 국제 NGO들이 국제회의에 참여하고 국제적 연합체를 결성하였으며, 1939년에 약 700개의 국제 NGO가 있었다고 한다. 그리고 우리가 NGO라고 부를 수 있는 독립협회(1896), 대한적십자사(1905), 신민회(1906), 홍사단(1913), 신간회(1927) 등도 역사가 오래되었고, 반노예협회(the British Anti-slavery Society, 1838), 세계적십자사(the Red Cross, 1864), 시에라클럽(Sierra Club, 1892), 아동구제기금(Save the Children Fund, 1919) 등도 오래전에 설립되었다.

revolution)이라고 할 만큼 NGO가 폭발적으로 증가하였다. 오늘날 환경·평화·인권·반부패·빈곤해결·여성·문화 등 거의 모든 분야에서 각종 NGO들이 국가와 시장에 저항하거나 대안적 임무를 수행하고 있다. 우리가 직면하고 있는 각종 문제는 국가 개입만으로 해결하기 어렵고 시장에 맡기는 것이 위험하기 때문에 NGO의 참여가 필요하다. 제3세계에서도 권위주의가 물러가고 민주주의가 발달하게 됨에 따라 시민사회의 각종 결사체들이 증가하기 시작하였다. 이러한 경향은 한국도 예외가 아니다.

  NGO는 수적인 증가에 그치지 않고 국가와 시장이 할 수 없는 각종 사회문제를 효과적으로 해결하고 있다. 또한 국가의 정책과정에 강한 영향력을 행사하여 국가권력을 견제하고 사회변혁을 추동한다. NGO는 권력, 자본주의, 민주주의와 같은 거대담론뿐만 아니라, 일상적인 삶에서 개인의 미시적인 권리와 인간적인 욕구의 충족과도 밀접한 관련이 있다. 더구나 정보기술의 발달에 따른 지식경제(knowledge economy)체제하에서 사회정의를 실현하기 위해서는 사회적 경제(social economy)의 발달이 중요하다. 사회적 경제에서 NGO는 의사소통을 증대하고 보조적 복지서비스를 제공하는 주요 행위자이다. 우리가 원하는 참여민주주의, 복지공동체, 생태환경 등을 발전시키고 성취하기 위해서는 NGO의 역할이 중요하다. 그동안 주변에 머물고 있었던 NGO가 이론과 실천 양면에서 인간의 삶을 향상시키는 데 필수적인 메커니즘으로 부상하게 된 것이다. 따라서 많은 사람들은 NGO의 부상과 역할에 관심을 가지고 각종 시민운동에 참여하고 있다. 이러한 NGO의 수적 증가, 역할 및 영향력의 확대, 시민의 관심과 참여의 증

---

2 시민사회 패러다임에 대한 신좌파와 신우파의 시각은 다르다. 신좌파는 복지국가 기능의 상당한 부분을 국가와 사회 간의 협력메커니즘에 따라 시민사회가 담당하는 것을 선호하는 반면에, 신우파는 작은 정부를 지향하면서 국가의 간섭을 최소화하고 사회문제를 시민사회 스스로 해결하는 자유주의 원칙을 선호한다.

대는 여러 사회과학 분야에 종사하는 학자들이 이 분야를 연구하도록 압박하고 있다.

오늘날 사회과학은 분화와 연합을 통해 재구성되고 있다. 사회과학의 각종 학문이 자체에서 세분화될 뿐만 아니라 다른 학문, 나아가 인문학이나 자연과학과도 합종연횡을 통해 학문 간의 경계가 모호해지고 있다. 따라서 학제적(interdisciplinary) 또는 통학적(transdisciplinary) 연구가 활발하고 학문 간 유기적 관계가 긴밀해졌다. 한편 직업의 다원화와 대학의 팽창에 따라 새로운 학문이 사회적 필요에 의해 발생하고, 기존 사회과학을 연구하는 학자들이 연구공동체를 형성하여 새로운 학문을 정립해가고 있다. 제2차 세계대전 이후 미국에서 발달한 지역연구가 그러했고,[3] 지금은 NGO에 대한 연구가 그러하다. 한국에서도 환경학, 지역학, 여성학, 북한학 등이 독립된 연구영역으로 제도화되고 있다. NGO 연구는 사회과학자뿐만 아니라, 인문학과 자연과학 연구자들까지도 연구에 가담하고 있다. 대학에서는 NGO 과목이 개설되고 대학원과 학과가 설립되고 있다. 심지어 미국과 같은 선진국에서는 NGO나 NPO(nonprofit organization) 중에서 모금(fundraising)이나 조직관리(management)와 같이 더욱 세분화된 분야를 교육하고 연구하는 대학원과 연구소도 생기고 있다.

NGO의 대안적 임무 수행과 연구자의 증가에도 불구하고 NGO에 대한 연구는 지금까지 각 분과 학문에서 파편적으로 이루어져 왔다. 정치학, 행정학, 사회학, 사회복지학 등에서 NGO를 다루고 있지만, 통합적인 접근이 아니라 각 학문영역의 편의에 따라 접근하고 해석한다. 정치학에서는 시민사회에 대한 이해가 빈약한 반면, 사회학에서는 권력관계를 소홀히 다루는

---

[3] 1945년 이후 미국을 중심으로 한 지역연구는 미국적 필요에 의한 것인데, 역사학·정치학·사회학·경제학·인류학·지리학 등 여러 분야의 학자들이 공동으로 연구함에 따라 다분과학문적(multidisciplinary) 성격을 띠게 되었다(Wallerstein, et al., 1996).

경향이 있다. 행정학은 조직 및 정책과 관련된 연구가 유리하지만, 시민사회의 사상과 시민운동의 역동을 이해하는 데 한계가 있다. 사회복지학에서는 복지정책, 자원봉사활동 등의 측면에서 접근하기 때문에 다른 학문의 지적 기반인 국가, 시민사회, 시민운동 등을 파악하는 것이 쉽지 않다. NGO에 대한 연구는 여러 학문 간의 지적 통합이 이루어져야 가능한 영역이다. 그것은 단순히 국가와 시민사회의 상호작용, 시민사회의 자발성과 공공성, 진보를 향한 집합적 노력, 인간적 욕구의 충족, 가치의 변화와 새로운 공동체의 등장, 경제체제의 변화와 교환수단의 다원화, 인간과 자연 또는 현재와 미래 세대 간의 자원배분 등에 대해 어느 한 부분의 이해만으로는 불가능하다. 이 모든 영역을 통합적으로 이해하고 상호 접목시킬 수 있어야 한다.

그동안 NGO에 대한 이론적 연구가 제대로 구축되지 않은 상황 속에서 실천영역이 먼저 사회적 필요에 의해 조직화되었다. 이론의 빈곤으로 인한 문제가 악화됨에 따라 시민운동은 이제 임계점에 도달하였다. 특히 한국에서는 이론적 연구가 실천현장을 제대로 파악하지 못하고 서구이론을 그대로 답습하는 경향이 있다. 이러한 경향은 보편성을 지향하는 실증주의 방법론에서 더욱 두드러지게 나타난다. 이로 인하여 연구자와 활동가 사이에 의사소통이 단절되고, 이론이 현장을 제대로 파악하지 못하는 경향마저 있다. 최근 독립적인 NGO학의 정립에 대한 담론은 이러한 상황을 반영하고 있는 것이다(박상필, 2001a; 조효제, 2000a; Drabek, 1987). 이 글은 이러한 현실적 상황과 사회적 요청에 따라 NGO학이 사회과학의 독립된 학문으로 가능한지를 모색하려고 한다. 그리고 NGO학이 하나의 학문으로 성립될 수 있다면 그것은 어떤 학문이고, 어떤 연구영역이 있으며, 어떤 연구방법이 적용될 수 있고, 어떠한 교과과목을 선정할 수 있는지 살펴보려고 한다. 사실 현재시점에서 NGO학을 논하는 것은 가능성의 역사를 살펴보는 것이다. 사회과학을 재구축하기 위한 하나의 학술운동으로서 새로운 실험으로 이해하는 것이 좋을 듯싶다.

II. 사회과학으로서의 NGO학

미국의 경우 NGO에 대한 연구보다는 복지정책적 함의를 가진 NPO에 대한 연구가 활발하다.[4] 그러나 한국은 그 반대로 정치적 의미가 강한 NGO에 대한 연구가 활발하다. 이것은 각각 다른 사회적 배경과 정치변동을 반영하고 있다. 한국의 경우, 군부권위주의에 의한 오랜 통치와 시민혁명을 통한 민주화의 성취가 NGO의 발달과 연구를 촉발하였다. 사실 선진국에서는 주로 NPO를 연구하고, 개발도상국에서는 주로 NGO를 연구하는 경향이 있다. 그러나 NPO와 NGO의 연구는 완전히 분리되어 있는 것도 아니고, 양자를 국가의 수준에 따라 분리하는 것이 커다란 의미를 가지는 것도 아니다. 또한 획일적으로 NGO 연구가 NPO 연구의 일부분이라고 보기도 어렵다. 양자는 일정한 자기 연구영역을 가지고 각각 다른 어프로치를 사용하고 있는 것이 사실이다(박상필, 2001a; 조효제, 2000a; Lewis, 1999).[5] 여기서는 한국의 실정에 맞게 NGO학을 중심으로 살펴보고, 이것은 앞으로 NPO학에 대한 연구로 확장될 수 있을 것이다.

---

[4] NPO 연구는 공공서비스의 생산, 복지정책 수단의 다양화, 조직관리, 재정확보, 자원봉사활동 등에 대한 연구로서 비영리병원, 교육기관, 복지기관 등이 주요 연구대상이다.
[5] 선진국에서 NGO에 대한 논문은 양적으로 크게 증가하고 있는데, 대부분 개발과 관련된 저널(*World Development, Journal of International Development*)에 실리고 있다 (Lewis, 1999).

1. 사회과학의 새로운 모색

사회과학이란 사회현상을 다루는 학문이다. 사회현상은 인간의 사회적 행위로 인해 발생한다. 따라서 사회과학은 인간의 사회적 행위에 대한 과학적 연구라고 할 수 있다(김승현 외, 1994; 부정남, 1998).[6] 근대적 의미의 사회과학은 인간의 사회적 행위를 경험적으로 입증할 수 있는 체계적인 지식을 발전시키려는 의도에서 시작되었다. 사회과학의 선구자라고 할 수 있는 콩트(A. Comte)가 주장한 바와 같이, 질서 있는 사회를 건설하기 위해서는 과학적인 분석을 통하여 일반적인 법칙을 발견하는 것이 필요하였다. 이것은 근대국가, 특히 18세기 이후 계몽주의의 반영으로서 분화와 통합, 갈등과 질서, 발전과 저발전 등에 대한 19세기의 이분법적 사유에 기초하고 (Tilly, 1999),[7] 19세기 이후 자본주의 세계체제의 정당화를 위한 필요에서 나온 것이라고 볼 수 있다(이수훈, 2001). 또한 월러스틴(Wallerstein, 1996)의 주장처럼, 기술의 근대성과 해방의 근대성이 동일하다는 자유주의 이데올로기의 표현이기도 하다. 따라서 근대 사회과학은 당연히 국가와 시장에 초점을 두었고, 강대국과 사회적 강자의 이익을 반영하는 보수성을 띠고 있다.[8] 또한 근대 사회과학은 서구사회의 단선적 발전관에 따라 국민국가

---

[6] 물론 여기서 과학이라고 해서 인간의 직관과 상상력을 무시하는 것은 아니다. 과학은 객관적이고 논리적이며 체계적인 사고를 통하여 어떤 사실의 타당한 근거를 제시하는 것이지만, 사회과학에서는 인간의 직관과 상상력을 활용하는 것이 중요하다.

[7] 틸리(C. Tilly)는 19세기에 사회변동에 대한 잘못된 이해로 인하여 20세기 사회사상과 사회과학 방법론에 여덟 가지 해로운 가정이 출현했다고 보고 있다. 그 여덟 가지는 독립된 개별사회 가정, 개인과 사회 간의 상호 관계, 사회변동의 일반적 법칙, 진보에 대한 일관된 희망, 분화를 통한 진보 가능, 분화와 통합의 균형을 통한 사회질서, 사회변동에 대한 부정적 인식, 합법과 불법의 엄격한 구분 등이다.

[8] 근대 사회과학을 뛰어넘어 최근에 유행하는 미래학에도 제1세계의 이데올로기 전파

를 분석단위로 설정되었다.

사실 근대 사회과학은 사회현상에 대한 과학적 탐구가 가능하다는 신념에서 출발한 것이다. 이러한 목적을 달성하기 위하여 자연과학에서 사용하는 방법을 원용하였다. 자연과학의 성과를 이용하는 것은 인간이 사회과정을 통제할 수 있다는 가정하에서 복잡한 사회현상을 단순화시키고 계량화하도록 요구하였다. 그러나 이것은 열려 있는 사회 전체를 다루는 것이 아니라 관찰 가능한 사회의 일부분을 연구하는 것에 불과하다. 따라서 지금까지 보편법칙이라고 주장해온 이론들도 실제로는 제한된 일부 영역에만 적용되는 것이었다(Prigogine, 1994). 자연현상뿐만 아니라 정치·경제·사회적 현상은 무질서하며 변화의 소용돌이 속에 있다. 복잡성이론 혹은 혼돈이론에서 말하듯이, 정치·사회·문화적 질서는 단일 의도의 총화일 뿐만 아니라 비선형적 상호작용의 집단적 결과이기도 하다(이용필, 2000). 따라서 복잡한 사회현상을 복잡한 관점에서 해석·정복하고 무질서 속에서 일정한 의미와 체계를 발견하는 필요성이 대두되고 있다(Pagels, 1991; Prigogine, 1994). 더구나 정보사회라고 하는 현대사회에서 사회조직은 변화 속에서 자기창조를 거듭한다. 복합적이고 역동적인 사회현상을 분석하기 위해서는 세계를 관계적 관점에서 바라보고, 자기조직화(self-organization) 모델을 가정하는 것이 필요하다.[9] 이것은 곧 뉴턴식의 기계론적 결정론에서 벗어나는 것이다. 기계론적 패러다임은 아직도 자연과학에서 모델의 기준점이 되고 있고 사회과학 분야에도 강력한 영향을 미치고 있다. 그러나

의도가 숨어 있다(임현진, 2001).

[9] 자기조직화란 불안정과 무질서를 창조적 쇄신의 원천으로 인정하고 조직이 안팎의 피드백을 받아들여 항구적으로 쇄신과 창조를 계속해가는 것으로 정의된다. 여기서 전체는 부분의 합 이상이고, 조직의 모든 부분을 연결하는 포괄적인 전략만이 자기 쇄신과 변형을 가능케 한다(Kiel, 1994).

산업시대의 쇠퇴와 함께 기계론적 패러다임에서 사용하는 통제와 단순화의 방법을 통해서는 복잡한 사회현상을 규명하기 어려울 뿐만 아니라, 사회문제를 해결하는 데 필요한 사회적 상상력을 억압하게 된다.

프랑스혁명 이후 자유주의는 합법성과 개혁성을 강조하며 자본주의체제를 지탱해왔다. 이것은 유럽과 서구사회 중심의 발전관으로서 자본주의의 진전과 서구화가 곧 발전이라는 등식에 기초한 것이다. 이성과 과학에 기초한 끊임없는 기술발전이 해방을 보장한다는 이데올로기인 것이다. 발전지향적 사고는 당연히 자연을 지배의 대상으로 보고 인간의 편리를 위해 자연을 정복하고 착취하였다. 그러나 해방은 시장경제 아래에서도, 사회주의 아래에서도 이루어지지 않았다. 환경·평화·인권·평등·빈곤해결 등과 관련하여 미래에 대한 낙관보다는 퇴보와 붕괴를 경고하는 목소리가 높다. 자유주의적 발전관에 대한 회의는 1945년 비유럽민족이 정치적 자기 존재를 인식하면서 시작되었고(김진철 외, 2000), 1968년 프랑스 5월운동에서 합리적 근대화의 헤게모니 구도에 대한 저항과 1989년 국가사회주의의 멸망으로 인한 자본주의 축적체제의 기반 침하로 더욱 가속화되었다(Wallerstein, 1996). '자유주의 이후'의 시대에 실질적 민주주의에 대한 관심은 비서구지역, 평등, 자율, 환경, 여성 등에 대한 담론을 촉구하고 있다. 즉, 새로운 출발선에서 발전과 해방에 대한 새로운 성찰이 필요하다. 최근의 신사회운동이나 환경운동은 이러한 성찰의 일환이기도 하다. 새로운 성찰은 새로운 생활윤리를 탐구하고 이를 생활에 실천하는 것이다. 성찰이 효용성을 갖기 위해서는 대중에게 호소력을 가진 시민운동으로 전환되어야 한다. 실제로 환경과 생태를 강조하는 가치관에 따라 많은 사람들은 생활태도를 바꾸어가고 있다. 이러한 현상은 미국이나 유럽과 같은 선진국뿐만 아니라, 아시아·아프리카·남아메리카와 같은 개발도상국에서도 일어나고 있다.

사회과학의 발전역사를 살펴보면 사회조직을 지배하고 그로부터 혜택을 받은 사람들로부터 방해를 받아왔다는 사실을 알 수 있다. 보수주의자들은 학문의 객관성을 강조하며 연구자의 사회변화에 대한 간섭을 배제하였다. 따라서 보수주의자들이 보는 사회과학은 기본질서를 유지하기 원하는 사회적 강자의 이익을 반영하고 현상을 유지하려는 보수성을 띠고 있다(김진철 외, 2000). 지배계급은 위험한 계급을 중심부에서 밀어내고 억제하면서 정치권력과 경제잉여에 대해 제한된 접근만을 허용하였다(Wallerstein, 1996). 즉, 근대 사회과학은 자본주의 세계체제가 만들어낸 피조물이라고 볼 수 있다(Wallerstein, et al., 1996). 새로운 사회과학은 외부환경에 적극적으로 대응하면서 구축된다. 사회적 소외와 불평등이 존재한다는 것은 새로운 사회과학의 출현을 요구한다. '새로움'은 기득권자의 사고를 일정 부분 해체하고 사회적 약자의 요구를 수용하여 사회변화를 추동하고 사회적 불평등을 해결하는 변화의 학문으로 지향할 필요가 있다. 이것은 한국에서도 예외가 아니다. 한국의 사회과학도 지금까지 강대국의 논리에 조응하여 서구사회의 개념틀과 보편성을 받아들이기에 바빴다. 한국 사회과학에서 이론이라는 것은 알고 보면 서구 강대국의 이론과 한국의 경험이 불편하게 접합된 것이었다(김동춘, 1997). 사회과학의 한국화는 중심부 강대국의 주장에서 벗어나 피식민지 이데올로기를 해체하고 한국의 역사구조와 문화에 바탕을 둔 개념틀을 형성할 때 가능하다(임현진, 2001). 이러할 때 역사성이 분석의 중심에 놓이고 발견과 분석이 우리의 언어 속에서 의미를 갖게 되는 것이다.

근대 사회과학에서 사회현상을 과학적으로 탐구하려는 시도는 당연히 개별사회를 하나의 독립된 실체로 간주하였다. 그리고 유럽과 비유럽, 서양과 동양을 구분하고 민족국가를 경계로 하는 공간구조를 수용하였다(김진철 외, 2000). 학문도 제도화된 분업구조를 통하여 학문 간의 경계를 만들었다. 정치학과 경제학은 각각 국가와 시장을 다루었고, 사회학이 개인과 조직을 다루었다. 그러나 세계화가 진척되면서 세계를 단일의 국제사회로 보고 하나의 분석단위로서 탐구해야 할 필요성이 증대하였다(Wallerstein, et al., 1996). 그리고 서구사회뿐만 아니라 비서구사회에서 기존의 지배 패러다임에 저항하는 각종 중간조직이 활성화되었다. 시민단체, 종교단체, 이익집단, 교육기관, 연구소, 노동조합 등 각종 중간조직은 글로벌 시민사회를 형성하고 국제적인 연대를 통해 국가와 시장에 저항하고 있다. 따라서 기존의 개별사회 중심으로 국가, 시장, 개인을 독립적으로 다루는 방식은 변화의 역동을 이해하기 어렵고, 올바른 해결대안을 제시하는 데 한계가 있다. 사회문제를 해결하고 인간의 삶의 질을 높이기 위해서는 지구사회를 분석단위로 하여 그 속에서 활동하는 다양한 행위자의 관계를 체계적으로 바라보아야 한다. NGO도 이러한 행위자 중 하나로서 중요한 위치를 차지한다.

2. NGO학의 성립과 성격

NGO학의 등장은 현대사회에서 각종 사회문제 해결에 대한 기존 사회과학의 한계가 드러나고, 정부와 기업이 갖는 한계를 극복하기 위해 분출한 NGO가 독립적이고 보편적인 권위를 획득하는 것과 때를 같이한다. 하나의 학문이 새로운 학문으로 성립하기 위해서는 개념적 경계, 고유의 연구영역, 과학적 연구방법, 이론적 체계 등과 같은 조건을 갖추어야 한다. 하나의 새로운 학문으로서 NGO학도 이러한 조건을 어느 정도 갖추고 있다. 우선 NGO는 국가영역의 정부나 시장영역의 기업과 다를 뿐만 아니라, 시민사회 내의 다른 비영리단체(NPO)와도 차별되는 개념적 특성이 있다. NGO는 시민사회의 결사체 중에서도 역동성과 공공성이 강할 뿐만 아니라, 자율성·자원성·개방성·국제성 등의 성격이 강하다. 그다음 고유의 연구영역에서 볼 때 NGO학은 정치학·경제학·사회학 등 기존의 사회과학과는 연구영역이 다르다. NGO학은 국가와 시장, 국가와 개인 사이의 다양한 중간조직과 이들 조직에 의한 집합행동을 연구한다. 이 중에서도 NGO라고 하는 독특한 조직과 이들 조직이 다른 행위자와 상호작용하는 사회현상을 연구하는 것이다. 그리고 과학적 연구방법에서 볼 때 NGO학은 경험적 자료와 관찰, 상호 주관적 토론, 감정이입적 해석 등을 통해 사회현상을 분석한다. 비록 상상력과 직관을 중시하기는 하지만, 예언이나 점술이 아니라 합리적이고 과학적인 방법을 통해 사회현상을 이해하고 분석한다. 마지막으로 이론적 체계에서 볼 때 NGO학은 아직 기초가 빈약한 것이 사실이다. 그러나 이것은 신생학문이 직면하게 되는 공통적인 현상이라고 할 수 있다. 현재로서는 다양한 배경을 가진 학자에 의해 대립적인 의견이 표출되고 논쟁이 치열하지만, 곧 상호 비판과 논쟁을 거치면서 의견수렴이 이루어지고 이론적 통합이 형성될 것이다.

NGO학의 성립은 복잡한 현대사회에서 기존 사회과학으로 해결할 수 없는 다양한 사회문제를 해결하기 위한 지적 시도라고 할 수 있다. 따라서 근대 사회과학에서 소홀히 한 시공간(times space) 개념을 강조하고, 개별적 사회의 특수성에 대한 요구에 응답한다. 즉, 기존의 서구 중심적 발전관에 대해 반성하고 비서구사회, 자연, 여성, 소수자 등에 대해 관심을 갖는다.[10]

---

[10] NGO의 발생은 자유주의적 시각과 일맥상통하는 것이 있다. 1980년대 이후 복지국가의 위기, 신자유주의의 등장, 작은 정부론 등은 NGO의 발달에 일정한 원인을 제공하였다. 그러나 정치참여에 대한 제한을 통하여 정치적 보수주의를 확대하는 자유주의 전략은 NGO의 비판대상이 된다. 더구나 NGO가 지향하는 경쟁·성장 윤리의 지양, 평등을 위한 재분배, 인권과 환경 중시 등은 좌파 이데올로기와 친화적이다. 실제로 엠네스티(Amnesty International)의 활동에 좌파 지식인들의 참여가 활발하다. NGO의 발생과

그리고 사회적 약자의 목소리를 듣고 이들의 의견을 정책과정에 반영하며 사회적 평등을 위한 각종 사회개혁을 지향한다. 또한 근대적 기획과 후근대적 성향을 뛰어넘어 다양성 속에서 권리와 의무가 균형을 이루는 공동체성을 강조한다. 한편에서는 세계화 현상으로 일국 수준에서 고찰하기 어려운 행위와 변화를 세계적인 분석수준에서 바라보고 글로벌 거버넌스를 모색한다. 나아가 국가와 시장 중심에서 벗어나 중간조직의 입장에서 NGO가 국가와 시장에 어떤 영향을 미치고, 어떤 장치를 통해 공론장을 형성하며, 궁극적으로 국가의 운용방식(modus operandi)을 어떻게 변화시킬 것인가를 고찰한다. 생활세계의 가치를 회복하고, 사회자본(social capital)을 풍부하게 생성시키며, 거버넌스의 활성화를 통해 시민에게 권력을 부여함으로써 민주주의를 심화시키는 것도 NGO학의 중요한 목표 중 하나이다.

NGO학은 통합사회과학으로서 학제적이고 통학적인 연구를 통해 사회를 총체적으로 바라보는 성격을 지닌다. NGO학의 이러한 특성은 일견 잡종성으로 비하될 수도 있지만, 단순한 집합이 아니라 상호 긴밀하게 연결되어 있고 의미를 가진 다양성이다. 이것은 기존의 정치학, 행정학, 사회학이 각각 다른 시각에서 NGO나 시민사회를 바라보고 하나의 부분 연구영역으로서 간주하는 것과는 다르다. 여러 사회과학과 인문학, 나아가 자연과학을 아우르는 종합적인 시각에서 바라보는 것이다. NGO학은 사회과학의 하나의 연구영역이지만 NGO라고 하는 조직만을 연구하는 것이 아니다. NGO가 정치·경제·사회·문화 등의 영역과 상호작용하는 역동적인 관계를 포착한다. 또한 지배계급에 의해 사회적 불평등을 고착화하는 연구 경향을 바꾸고, 변화하는 사회적 실재를 포착하여 사회관계와 물질적 환경을 변화시키는 실천적 학문이다. NGO학은 사회의 전 분야에 걸쳐 사회변

활동은 좌파·우파의 기존 정치적 분류법으로서는 파악하기 어렵다.

화를 추동하고, 새로운 생활윤리를 탐구하며, 중간조직의 효율성을 제고하는 변화와 실천의 학문이라고 할 수 있다.

NGO학은 비록 다분과학문적인 성격을 띠고 있기는 하지만, 기존 학문의 정당성을 보강하고 지적 혼동을 극복하기 위해 급진적 변화를 추구한다.[11] 따라서 각종 사회문제를 해결하고 인간해방과 자아실현의 정치를 향하여 근본가정, 주요명제, 분석단위 등을 재구성하려고 시도한다. 즉, 국가와 시장의 한계를 인식하고 시민사회의 역동을 강조하며 환경적·인간적 가치를 소중히 한다. 시민의 자발적 행동을 통한 참여민주주의, 공동체사회, 능동사회, 평등사회, 복지사회 등을 지향한다. 국가와 시장, 혹은 개인 중심에서 벗어나 중간조직의 관점에서 국가와 시장과의 관계, 그리고 세계적 상호작용을 분석한다. 민주주의의 질적 발전과 공간적 확산, 자원봉사라는 광대한 민간 에너지의 활용, 사회변혁을 위한 일상적 시민운동의 전개, 생태와 환경을 고려하는 새로운 삶의 방식, 여성을 포함한 인간 간 평등의 실현, 국제연대를 통한 전 지구적 문제해결, 자율과 공동체정신에 기초한 대안사회의 모색 등은 바로 NGO학이 연구하고 지향하는 것들이다.

III. NGO학의 연구영역

NGO는 국가가 위임한 서비스를 생산하고, 국가와 시장이 하지 않는 일을 하며, 공공정책과정에 영향을 미치는 역할을 하는 것으로 규정되어왔다(Hall, 1987). 그러나 NGO는 국가와 시장만을 상대로 활동하는 것도 아니

---

[11] NGO의 입장에서 볼 때 현대사회의 문제를 이해하는 것은 여러 학문이 제휴되었을 때 가장 유리하다. 따라서 정치학, 사회학, 행정학 등 사회과학의 한 분과학문에서 접근하는 데서 오는 오류를 줄일 수 있다.

〈표 1-1〉 해방의 정치와 자아실현의 정치

구분	해방의 정치	자아실현의 정치
방향	무엇으로부터의 자유	무엇을 향한 자유
공간	주로 국가적	지방적/국가적/세계적
조직원리	집중적 거대조직, 위계적 명령, 동일계통 조직 간 연대	분산적 풀뿌리 조직, 수평적 의사소통, 개방적 네트워크 형성
이데올로기	자율/정의/평등의 획득	삶의 질과 정체성의 문제
핵심쟁점	억압, 착취, 불평등, 소외	참여, 동기부여, 이타주의, 잠재력 계발, 창의성 발휘

고, 우리가 알고 있듯이 국가권력의 견제에만 집중하는 것도 아니다. 그리고 주권국가 내에서만 활동하는 것도 아니다. NGO는 사회의 여러 분야와 상호작용하면서 인간의 삶의 질 증대를 모색한다. 따라서 국가적 차원뿐만 아니라, 지방 차원에서의 시민참여 활성화와 풀뿌리 민주주의의 정착, 그리고 국제적 차원에서의 지구시민의 연대와 글로벌 시민사회의 형성도 중요하다. 그리고 자원봉사의 활성화를 통해 공동체의 복지를 향상시키고 개인의 자아실현을 이루는 것도 NGO와 밀접한 연관이 있다. 시민운동의 일상화를 통하여 생활세계를 개선하고 전향적인 사회변화를 추구하는 것도 NGO의 중요한 임무이다. 자연과 환경을 고려하여 지속가능한 개발(sustainable development)을 추구하고 공생의 삶을 모색하는 것도 NGO가 주장하는 대안이다. 또한 다양한 실험을 통해 인간의 창의성과 영성을 계발하는 활동도 NGO가 지향하는 목표 중 하나이다. 즉, NGO학의 연구영역은 〈표 1-1〉에 나타난 해방의 정치(politics of emancipation)와 자아실현의 정치(politics of self-actualization) 양자를 포괄한다고 할 수 있다. 억압과 착취에서 벗어나 자유롭고 평등한 생활을 하는 것도 중요하지만, 일상생활에서 구체적이고 실질적인 삶을 보장하는 것도 중요하기 때문이다.

전 세계적으로 NGO에 대한 연구는 시민에 대한 재규정과 시민사회의 재발견에서부터 시작하여 국가와 시장의 민주화, 시민참여, 공공서비스 생산, 자원봉사활동, 지역사회 개발, 정부와 기업과의 파트너십, 국제원조와 개발 등의 분야에서 다양하게 진행되고 있다. 그런가 하면 민주주의의 심화, 거버넌스의 실행, 사회자본의 생산, 시민운동의 추동, 공동체의 재구축 등과 관련하여 밀도 있는 연구가 이루어지기도 한다. 또한 민주시민교육, 기부금 모금, NGO의 조직관리 등과 같은 NGO의 생성이나 활동의 인프라에 대해서도 연구가 전개되고 있다. 이러한 연구는 지방적·국가적·지구적 차원에서 다양할 뿐만 아니라, 국제비교 연구와 제3세계에 대한 집중연구도 나타나고 있다.

NGO학의 연구영역은 기능 및 영역별로 크게 일곱 개 분야로 나눌 수 있다. 첫째, NGO 이론 분야로서 NGO의 개념·발생·기능·연구방법과 시민사회 및 민주주의 등에 대한 기본적인 연구이다. 둘째, NGO 관리 분야로서 NGO의 현황, 조직관리, 재정충원, 의사결정과정, 리더십, 기부금 모금, 자원봉사활동 등에 관한 연구이다. 셋째, 정부 및 기업과의 관계이다. 정부와의 관계는 국가형식과 성격이 어떠한가에 따라 달라지고, 기업과의 관계는 개인의 자유와 권리양식과 밀접한 관련을 갖는다. 지방자치 및 거버넌스에서 NGO 역할도 중요한 연구과제이다. 넷째, NGO는 시민운동에 필요한 이념을 제시하고 전략과 프로그램을 개발하며 앞장서서 시민운동을 주도한다. 따라서 시민운동과정의 이데올로기, 시민참여, 자원동원, 정당성, 사회자본 등은 NGO의 중요한 연구영역이다. 다섯째, NGO의 국제적 연대, 국제NGO와 국제기구와의 관계, 남반구NGO와 북반구NGO의 관계, 글로벌 시민사회 등은 NGO를 국제적 단위에서 연구하도록 촉구한다. 여섯째, 대안문명과 관련된 분야로서 NGO가 대안문명의 창출과 유지에 어떠한 역할을 하는지 연구하는 것이다. 일곱째, 한국NGO에 대한 것으로서 한국사

〈표 1-2〉 NGO학 연구의 영역과 주제들

연구영역	연구주제
NGO 이론	사회분류 모델, NGO의 개념, NGO학의 연구방법, NGO의 분류, NGO의 발달배경과 발생이론, NGO의 기능과 역할, 시민사회와 국가, 시민사회와 NGO, 민주주의와 NGO, 신자유주의와 NGO, NGO와 정보화, NGO와 시민성
NGO 관리	NGO의 현황, 시민참여와 자원동원, NGO 조직관리, NGO 재정충원, NGO의 수익모델, 관료제와 NGO의 차이, NGO의 의사결정과정, NGO의 리더십 특징, 회원과 상근자의 모집과 관리, 기부금의 모금과 관리, NGO의 책무성과 성과관리, NGO와 자원봉사활동, 자원봉사 프로그램 개발
정부/기업 관계	정부와 NGO 간의 관계, NGO의 정책참여, NGO 활성화를 위한 정부지원, 공공서비스 생산과 NGO, 지방자치와 NGO, 풀뿌리 민주주의와 NGO, 지역사회 발전과 NGO, 기업과 NGO 간의 관계, 기업재단과 NGO 간의 관계, 기업의 사회봉사활동 참여, 시장개혁과 NGO, 거버넌스와 NGO
시민운동	시민운동의 등장배경, 시민운동과 자원동원, 시민운동의 이데올로기 변화, 시민운동의 제도화와 NGO, 지역운동과 NGO, 도시운동과 NGO, 사회자본의 생성과 NGO, 시민운동과 인터넷, 언론과 NGO
글로벌 거버넌스	국제NGO의 현황과 분류, 국제NGO의 발전역사, 글로벌 시민사회와 국제NGO, 지구화와 국제NGO, NGO와 다국적 기업, NGO의 국제연대와 주권국가, NGO와 국제기구, 개발NGO의 현황, 개발 패러다임의 변화와 NGO, 글로벌 사회정책과 NGO, 글로벌 거버넌스와 NGO
대안문명	전환기적 사회와 NGO, 근대성 비판과 NGO, 참여민주주의와 NGO, 능동사회와 NGO, 사회적 경제와 NGO, 공동체사회와 NGO, 생태공동체와 NGO, 여성주의와 NGO, 민주시민교육과 NGO, 영성운동과 NGO
한국 NGO	한국NGO의 현황, 한국NGO의 성장과 발달, 한국민주주의의 발달과 NGO, 한국정부 혁신과 NGO, 한국의 시장민주화와 NGO, 한국의 사회문화와 NGO, 한국사회의 개혁과 NGO, 21세기 한국사회와 NGO, 동북아의 부상과 한국NGO, 아시아 NGO교육의 허브

회의 분석과 민주주의의 발전, 나아가 한국사회의 개혁에서 NGO가 차지하는 위상과 역할을 연구하는 것이다.

이상 일곱 가지의 NGO학 연구영역을 정리하면 〈표 1-2〉와 같다. 물론 각 연구영역이 분리되어 있는 것이 아니라 상호 유기적인 작용을 한다는 가정하에서 접근해야 한다. 실제로 NGO에 대한 연구는 총체적인 지식과 포괄적 시각을 가지지 않고서는 진행하기가 어렵다. 또한 NGO의 연구에서 가장 중요한 부분은 한국 NGO학의 정립과 발전이다. 따라서 한국 NGO학이 발전하기 위해서는 연구영역의 각 주제가 한국적 현실기반에 근거하여 진행해야 한다. 한국 NGO학은 외국과 비교론적 관점을 갖되, 투박할지라도 한국NGO의 현실을 관찰하고 기술할 수 있는 개념틀을 가질 때 유용성을 확보하고 학문적 발전을 이룰 수 있다.

IV. NGO학의 연구방법

1. 방법론적 개괄

지금까지 NGO학의 연구는 NGO의 개념, 발생원인, 기능과 역할, 현황과 분류 등을 기술하는 데 치중해왔다. 물론 최근에는 설문지조사, 관찰, 면접 등에 의해 사실과 관계를 설명하려는 연구도 늘어나고 있다. 그리고 참여자의 심리와 조직관리와 같은 미시적인 연구도 늘어나고 있다. 샐러먼(L. Salamon)과 안하이어(H. Anheier) 등과 같은 학자에 의해 국제적인 비교도 시도되고 있다. NGO 연구에는 통계적 조작에 적합한 데이터나 일반화에 필요한 수(數)의 사례가 적다는 근본적인 한계가 있다. 사실 NGO는 발생·목적·리더십·재정충원·운동방식 등이 너무나 다양하기 때문에 일반화할 수 있는 부분이 매우 제한되어 있다. 따라서 지금까지 계량적인 연구가 적었고, 앞으로도 적을 것이다. 참여관찰이나 사례연구와 같은 질적인 분석이 많이 사용될 것으로 보인다.

사회과학은 경험적으로 증명할 수 있는 체계적인 지식의 축적을 통하여 일반화와 법칙성을 추구하려고 한다. 대표적으로 실증적 연구는 경험적 탐구와 검증을 통하여 인과론적 관계를 규명하려고 한다. 이를 통하여 객관적이고 과학적 지식을 얻을 수 있다. 일반화는 모두에게 적용되는 지식의 획득을 통하여 아직 관찰되지 않은 개별사건을 이해하고 세계적 현상을 전망하는 데 유용하다. 그리고 보편적 법칙을 밝혀냄으로써 행위자의 규범이나 가치를 알지 않고서도 사회현상을 이해하고 가치를 추론할 수 있다. 그러나 실증적 연구는 관찰자와 대상자의 구분을 통하여 가치중립적 원칙을 고수한다. 이것은 주로 양적인 방법을 사용하게 되는데, 행위 중심적 연구에 치중하여 사회현상의 일부분을 밝혀내는 것이다. 객관적 지식이라고 하지만 사실은 정치적 강자의 지식이라고 할 수 있다(Wallerstein, et al., 1996). 따라서 자본주의 세계경제의 핵심부의 논리를 반영하고 있으며 현상유지를 위한 조작의 도구로 사용되는 경향이 있다(Outhwaite, 1995; Wallersterin, et al., 1996). 그리고 복잡하게 상호작용하는 사회를 작은 부분으로 해체하고 국가 중심적 발전관에 입각하고 있다. 그러나 계산과 확률에 의해 인과관계를 규명하고 일반화를 추구하는 실증주의는 NGO 활동의 역동성을 파악하는 데 한계가 있다.

NGO는 의식을 가진 개인의 의도적인 행위결과이며 그 활동에서 행위자의 주관적 감정과 의도가 개입하기 때문에, 행위의 외양적 관찰이나 경험적 세계의 탐구만으로는 NGO를 둘러싼 현상을 파악하는 데 한계가 있다. NGO를 연구하기 위해서는 개인들이 상호작용하는 도덕적·윤리적 환경, 특정한 사회적 맥락, 행위가 이루어지는 작동기제, 나아가 행위의 기저에 있는 구조를 이해해야 한다. 그리고 NGO를 둘러싸고 일어나는 활동의 과정과 행위자 간의 상호 관계를 파악해야 한다. NGO에 참여하는 개인은 옳은 것과 옳지 않은 것, 이기적인 것과 이타적인 것, 개인적인 것과 사회적인 것, 국지적인 것과 지구적인 것, 물질적인 것과 정신적인 것에 대한 도덕적·윤리적 문제와 씨름하게 된다. 그래서 NGO 활동에는 권력·문화·윤리가 전제되어 있다. 물론 사회적 실재가 사회적으로 구성된 의미의 복합체라는 점에서 NGO의 활동은 어떻게 해석하는가에 의해 달라진다. 따라서 NGO학에서는 실증적 연구방법 외에 해석학적 방법, 실재론적 방법 등이 중시되고 있다. 그러므로 일반법칙의 규명뿐만 아니라, 행위가 이루어지는 구체적인 상황의 역사적·정치사회적 맥락을 중시한다.

우리 사회가 어떠한 요인에 의해 변화하고 사회적 실체가 어떻게 형성되어 있는가에 대해서는 각자 독특한 관점을 지니고 있고, 이에 대한 정당한 지식을 어떻게 획득할 것인가에 대해서도 각자 다른 견해를 보이고 있다. 즉, 인식론적·방법론적 범주가 너무나 다양하다. 월러스틴과 그의 동료들의 주장처럼, 전 세계적으로 공통적인 가치집합을 실현할 수 있는 가능성을 열어놓으면서도 다양성을 인정하는 것이 필요하다(Wallerstein, et al., 1996). 아직도 사회과학의 연구방법에서는 개성기술적(ideographic) 관점 대 법칙정립적(nomothetic) 관점, 또는 질적 방법 대 양적 방법의 이분법적 구도가 지배적이지만, 이것은 사실 사회과학의 제도화 과정의 산물로서 주로 이념적인 논쟁이다. 실제로 양자는 상호 배타적인 것이 아니라 상호 보완적이고, 연구자가 실제적으로 연구를 할 때에도 주로 양자를 상호 보완적으로 사용한다. NGO학에서도 NGO를 둘러싼 복잡한 사회현상을 이해하고 사회변혁을 성취하기 위한 유효한 전략을 개발하기 위해서는 양자를 병행하여 사용하는 것이 바람직할 것이다.

2. NGO학의 어프로치

NGO학은 실증적·경험적 방법, 해석적 설명, 실재론적·관계론적 분석 등과 같은 연구방법을 사용하기 때문에 기존의 사회과학 방법론에서 크게 벗어나지 않는다. 그러나 NGO학은 연구를 진행하는 데에서 기존 사회과학과는 다른 독특한 어프로치(approach)를 강조한다. 이를 아래와 같이 일곱 가지로 정리할 수 있다.

첫째, NGO학은 통합적인 시각을 가진다. 인류가 직면한 문제를 인식하고 이를 해결하기 위한 대안적인 삶을 모색하는 것은 단선적인 접근으로는 불가능하다. 인간적인 삶의 구축과 밑으로부터의 변화를 가능케 하기 위해서는 우리가 직면한 삶의 본질과 구조적 연결을 통합적으로 바라보아야 한다. 민주주의, 경제정의, 과학기술, 환경, 평등, 생활윤리, 평화, 인권, 빈곤구제 등은 결코 분리되어 있는 것이 아니다. 이러한 문제는 국가와 시장의 이념, 국민국가와 관료제의 한계, 자유주의 발전관과 소비성향, 촉발자와 희생자 간의 불일치 등을 이해하고 자율과 참여와 연대, 일정한 권한과 의무 부과, 다원적 공동체 형성 등을 통해 해결해야 한다. 이를 위해 사회과학 내뿐만 아니라 인문학이나 자연과학과의 제휴를 모색하고 연구자가 종합적인 지적 능력을 배양해야 한다. 타 학문과의 제휴가 긴밀하게 이루어질 때 인간이 구성하는 사회의 복합적 성격을 규명하고 처방할 수 있다. 연구기법 또한 단편적 기술보다는 여러 기술의 조합에 의해 지탱되는 형식을 취하는 것이 복잡한 사실을 규명하고 과학성을 높이는 데 유리하다.

둘째, NGO학은 변화를 포착하고 지향하는 어프로치를 사용한다. 사회는 변하지 않는 물리적 현실이 아니다. 연구대상은 정적이고 동질적인 것이 아니라 끊임없이 변화하고 갈등하는 역사적 실체이다. 따라서 행위자에 의해서 구성되고 역동적으로 변화하는 사회적 과정의 다양한 측면을 종합적으로 고찰할 수 있어야 한다. 그리고 변화에 대한 적응만이 아니라 변화를 만들어가야 한다. NGO학은 인간을 둘러싼 물리적 환경과 사회적 조건을 객관적으로 분석하는 데 그치지 않고 그것을 변혁해가는 것에 관심을 갖는다. 이를 위해서는 학문의 성찰성을 강조하여 인간을 자신의 삶과 관련된 구조를 능동적으로 재생산하는 행위자로 간주하는 것이 필요하다. 그리고 변혁가능성을 막는 기존 제도와 결정론적 사고에 대한 부정·회의·비판·저항을 탐색할 필요가 있다. 자명한 과학적 사실을 의심하고 기존 이론의 정당성에 대한 근본적인 물음을 제기해야 한다. 이것은 연구가 사회변동의 상황적 맥락과 역사적인 의미를 분석할 때 가능하다. 이때 연구자는 연구대상과 구분하는 것이 아니라, 인식과 행동의 변증법을 통하여 현실적인 이론을 도출하게 된다.

셋째, NGO학은 아래로부터의 관점을 가진다. 근대 사회과학은 성·지역·문화 등의 차별화와 서열화를 통해 객관적이고 과학적인 지식을 획득하고, 이를 서구사회의 지배와 정당성의 도구로 삼았다. 서구사회에서 일반화된 정식은 비서구사회에 그대로 적용되었고, 서구화가 곧 정통이고 진보이며 인간해방과도 동일시되었다. 한 국가 내에서는 헤게모니를 장악한 지배집단의 이해를 보장하는 이데올로기가 옹호되었다. 그러나 평등의 가치를 내세우며 주변화되고 억압되었던 타자의 저항은 다양한 형태로 나타나고 있다. NGO학은 역사 속에 유일한 진리가 존재한다는 근대적 믿음과 결별하고, 지배계급의 억압과 여기에 대항하는 투쟁과정을 연구한다. 그리고 근대성에 의해 소외된 개인과 지역의 다원성을 되살리고 그들에게 동등한 지위를 부여한다. 소외된 자에 대한 권력부여(empowerment)야말로 주체의 인식과 형성을 통하여 진정한 실행을 가능케 한다. 그리고 소외된 자의 시각에서 그들의 열망에 귀를 기울이고 그들의 삶을 개선하여 잠재력을 계발하는 것이야말로 진정한 발전이 될 수 있다. 사회적 약자의 권리와 관련된 비공식적인 영역을 복원하는 것이 진정한 평등의 기초이다. 가장 대표적인 것이 여성권리와 여성주의적 가치를 새롭게 인식하고 적극 활용하는 것이다.

넷째, NGO학은 국가와 시장 중심적 어프로치에서 벗어난다. 사회과학은 근대국가 성립 이후에 발달하면서 국가 중심적이었다. 발전은 국가의 발전을 의미했고, 진보의 조달자는 바로 국가였다. 이것은 법칙정립적 정치학·경제학·사회학에서 모두 그랬고, 서구사회의 영향을 받은 비서구사회에서도 마찬가지였다(Wallerstein, et al., 1996). 그러나 국가는 행복을 보장하지도 않았고 실질적인 향상을 가져오는 개혁을 완수하지도 못하였다. 21세기의 사람들이 20세기 사람보다, 20세기의 사람들이 19세기 사람보다 행복하다고 장담하기 어렵다. 시장도 이윤추구 속성을 강조하면서 환경을 파괴하고 인간성을 고갈시켰다. 오늘날 시민사회가 가지고 있는 비합리성의 상당한 부분도 국가와 시장에서 연원한 것이라 할 수 있다.[12] 사회분석을 위한 지리적 단위로서 국가를 거부할 수는 없지만 국가와 시장 중심적 틀에서 벗어나 중간조직 중심의 어프로치가 필요하다. 국가와 시장 중심적 사고는 창조적 상상력이 빈곤하고, 통일과학으로서의 재구조화를 방해할 수 있다. 오늘날 사적 영역과 공적 영역 간에는 상호 이입이 빈번해지고 있다. 더구나 정보기술의 발달에 의해 네트워크 사회(network society)가 등장하고(Castells, 2003), 생태학적 우주관의 등장으로 상호 연결 시스템이 중시되고 있다(Marshall, 2001). 이것을 포착하기 위해서는 국가와 개인 사이에 놓여 있는 시민사회, 시민사회 내의 각종 결사체 간의 상호작용, 그리고 각

---

[12] 한국 시민사회는 권위주의 정권이 물러간 이후 적나라하게 공개되면서 권위주의, 연고주의, 지역주의 등이 만연한 것으로 드러났다. 이것은 오랜 군부권위주의 정권이 만들어놓은 것이며 국가와 시장의 비합리성이 영향을 끼쳤기 때문이다. 이에 대해서는 김정훈(2001)과 최장집(1993) 참조.

종 결사체가 국가·시장·개인에 미치는 영향을 연구하는 것이 필요하다.

다섯째, NGO학은 생태적 가치를 내포하는 연구방법을 지향한다. 근대성은 인간과 자연을 분리하였다. 인간을 최고의 존재로 규정하고 이를 바탕으로 모든 것을 근거 지으려고 하는 시도는 근대적 인식틀의 특징이기도 하다. 생산력의 증진을 위하여 생산수단과 생산기술의 발전에 관심을 두지 않을 수 없었다. 이것은 인간 중심의 도구합리성에 기초하였기 때문에 자연의 지배를 정당화하고 환경의 황폐화를 초래하였다. 이런 측면에서 서양 중심 사고에 기초한 휴머니즘도 한계를 갖지 않을 수 없다. 인간과 자연과의 공생의 논리에 근거한 생명윤리야말로 진정한 휴머니즘이 될 수 있기 때문이다. NGO학은 환경주의와 생태학에 대한 관심을 가지고 지속가능한 발전을 추구한다. 따라서 자연과 인간 간에 상생의 윤리를 가정하고 미래 세대의 삶과 권리를 존중하는 접근을 추구한다.

여섯째, NGO학은 상호주관성(intersubjectivity)에 입각한 연구방법을 중시한다. 근대 사회과학은 주체와 객체의 분리와 관찰자의 중립성 논리에 의해 객관적 지식의 조건을 규정하고, 여기서 획득한 지식으로 객체를 조작하고 지배하였다. 객관적이고 과학적인 지식은 인간 이성에 대한 맹신에 따라 사회현상을 조정할 수 있다는 신념에 기초하고 있다. 이것은 가치중립적이고 현상유지적이며 단순화된 지식이다. 따지고 보면 가치중립 그 자체가 가치지향적인 것으로 서구의 지배이데올로기이기도 하다. 그러나 사회현상이나 사회적 실재는 자연현상처럼 인간과 동떨어진 객체로 존재하는 것이 아니다. 그 속에 참여하는 인간의 의식·언어·개념으로 구성되고 그들의 상호주관적 경험으로 인지된다. NGO학은 보수적이고 편견적인 구조를 넘는 개혁지향적 학문으로서 직접 사회현실에 참여하여 관찰하는 것을 중시한다. 이 과정에서 참여자는 감정이입을 통하여 자신의 감성·의도·직관을 개방하고 상호 토론을 통해 복잡한 현실의 의미를 발견할 수 있다

(장미경, 2001). 그래서 개방된 형태의 토론과 상호 교류는 매우 유용하다. 예를 들어 NGO 연구자와 활동가 사이의 대면과 토론은 양자 간의 간극을 좁힐 뿐만 아니라, 행위자의 자기분석과 의미발견에도 유용하다.

일곱째, NGO학은 연구에서 역사성을 복원하여 개별사회를 심층적으로 분석하고 제한된 일반화(bounded universalism)를 추구한다. NGO의 이념·구조·활동양식은 각 국가의 사회구조와 사회변호를 반영하고 있다. 즉, 정치활동과 관련된 역사적인 산물로서 시공간적 구속성을 지닌다. 따라서 선진국 중심의 보편적 이론을 추구하는 것은 또 다른 종속기획을 만들고 이론이 현실을 견인하는 모순을 낳는다. 각 국가는 각각 다른 개념틀과 문제 해결방식을 가지고 있다. 유사한 정치체계나 문화권 내에서 보편적인 이론을 개발하는 중범위이론(theory of middle range)이 대안적인 접근이 될 수 있다. 한국의 NGO학은 한국사회의 독특한 주제에 대해 한국역사에 기초하여 심층적이고 현실적인 분석이 이루어져야 한다. 물론 국지적인 민족주의를 지향하자는 것은 아니다. 이러한 연구에 기초하여 사례연구와 비교연구를 통해 한국사회의 보편성과 특수성을 발견하고 다른 국가와 비교하는 것이 필요하다. 이를 위해서는 선진국의 이론을 한국에 적용하는 시도를 넘어 한국적 상황을 이해할 수 있는 분석틀 ─ 비록 그것이 투박할지라도 ─ 을 끊임없이 개발해야 할 것이다.

V. NGO학의 교과과정

NGO에 대한 강의는 국내 대학뿐만 아니라 선진국에서도 실시되고 있다. 여기서는 국내의 3개 대학과 외국의 2개 대학을 살펴본다. 국내대학은 성공회대학교 NGO대학원, 경희대학교 NGO대학원, 경북대학교 정책정보

〈표 1-3〉 국내대학의 NGO학 교과과정

구분	공통필수과목	전공필수 및 선택과목
성공회대	시민사회운동과 사회이론, 세계와 NGO, 연구논문 I·II	NGO학 입문, 사회운동 연구, 도시문제와 도시사회운동, 비교사회정책, 현대자본주의론, 대안경제체제론, 인터넷과 사회운동, 자원봉사관리론, 거버넌스 세미나, NGO/NPO 경영, 인권과 사회, 소수자권리와 NGO, 현대 페미니즘론, 자본주의와 노동과정, 현대비판사회이론, 협동조합론, 아시아 시민사회론, 아시아 민주주의와 NGO, 국제NGO 연구, 세계화와 NGO, 국제평화와 NGO, 세계체제와 전략
경희대	인류사회와 현대문명, 시민사회와 NGO, 사회과학방법론	NGO와 정부관계론, NGO 정책개발론, NGO 조직관리론, NGO 재정관리론, 자원봉사관리론, 프로그램개발평가론, 세계화와 국가개혁, NGO와 인터넷, 시민운동세미나, 사회운동론, 비영리조직 마케팅, UN과 NGO, 국제NGO 활동론, NGO 리더십, 자원봉사와 지역사회, 환경운동론, 여성운동론, 인권운동론, 평화운동론, 소비자운동론
경북대		정책정보 연구, 시민사회 연구, 국제NGO 운동, 사회정의와 사회정책, 비교사회정책, NGO 실무, NGO 조직관리, NGO와 사회조사, 환경문제와 환경정책, 세계화와 환경운동, 여성정책과 여성운동, 자본주의와 노동정책, 석사학위연구논문, 청소년문제, 대안교육연구, 가족문제와 가족정책, 노인문제와 노인정책, 협동조합의 사회학, 소비자운동 연구

대학원 내의 '사회정책과 NGO 과정'을 살펴보기로 한다. 그리고 외국은 영국 런던정경대학(LSE) 사회정책학과의 'NGO 관리 과정'(MSC Management of Nongovernmental Organizations)과 미국 인디애나대학(Indiana University) 행정환경대학원의 'NGO 관리 과정'(Nonprofit Management)을 살펴보기로 한다.[13] 국내 3개 대학의 NGO학 교과과정은 〈표 1-3〉과 같고, 외국 2개 대

---

[13] 미국에는 주로 NPO에 관한 대학원이 개설되어 있는데, 자료의 제한으로 아직 NGO

〈표 1-4〉 외국대학의 NGO학 교과과정

구분	공통필수과목	핵심 및 선택과목
런던정경대학 (영국)	NGO 관리와 정책 및 행정	개발도상국의 사회정책과 기획 및 참여, 자원섹터 정책과 행정, 조직이론과 행위, 빈곤문제, 국제적 주택정책과 사회변화, 도시화와 사회기획, 농촌개발과 사회기획, 사회정책과 행정
인디애나대학 (미국)	비영리섹터 입문, 비영리 조직관리	시민사회와 박애주의, 박애주의 윤리와 가치, NPO 기금개발, NPO 인적자원 관리, NPO 재정관리, NPO 공공관계론, 정책평가

학의 NGO학 교과과정은 〈표 1-4〉와 같다.

 NGO학의 교과과정은 국내대학의 경우 NGO, 시민사회, 시민운동에 대한 이해 위에 정책이론, 조직행위 및 관리, NGO와 정부, 거버넌스, 자원봉사활동, 지구화와 국제기구, 지역개발 및 국제원조 등에 대한 교육이 이루어지고 있다. 외국대학의 경우는 시민사회, NGO 조직관리, 사회정책, 사회기획, 재정과 사무관리, 공공관계론 등과 관련하여 교육이 진행되고 있다.

 NGO학의 교과과정은 최소한 NGO학 원론(국가론, 시장경제, 시민사회, 민주주의 등 포함), NGO학 연구방법론을 필수과정으로 하고, 전공과목이나 선택과목에 제3섹터론, NGO 조직관리(리더십/재정 포함), 시민운동론(인터넷운동 포함), NGO와 정책(거버넌스 포함), 아시아의 번영과 NGO, 지구화와 NGO(개발/평화/글로벌시민사회 포함), 자원봉사활동 이론, 지방자치와 지역사회, 도시화와 도시운동 등이 기본적으로 포함되어야 할 것 같다. 시민운동은 환경운동, 여성운동, 소비자운동, 평화운동, 인권운동, 노동운동 등으로 나눌 수 있겠다.

에 대한 대학원은 발견하지 못했다.

VI. 맺음말

우리는 지금 불안정하고 변화하는 시간 속에서 살면서 모호하고 복잡한 사회구조에 의해 제기되는 각종 사회문제와 대결하고 있다. 현대 정보사회는 새로운 구조와 관계를 가지고 다가오고 있고, 현실사회는 보다 총체적(holistic)이고 복잡하며(complex), 역동적(dynamic)이고 창발적(emergent)이다. 더 이상 국가 중심적 발전관이나 시장 중심적 가치로서는 복잡한 사회문제를 해결할 수 없을 뿐만 아니라, 이것은 시민사회에 의한 창조적 문제해결을 오히려 방해한다. 공공제도에 의한 성장전략은 정의와 형평의 원칙을 파괴하고 지속가능한 개발을 불가능하게 하였다. 그리고 모든 것을 시장적 가치와 연계시키고 환경적·인간적 가치를 부차적으로 생각하는 사고도 더 이상 안정된 삶을 보장할 수 없게 되었다. 이제 시민사회의 자발적 참여와 집합적 시민행동이 필요한 시대이다. NGO는 민주주의, 시민성, 환경, 평화, 인권, 영성 등과 같은 주요 문제를 취급해온 원천이었다. NGO는 시민에 대한 권력부여의 중요한 수단으로서 권리에 대한 제약이나 기회박탈을 제거하고 참여와 연대 속에서 시민이 스스로 결정하고 실행하도록 한다. 오늘날 NGO는 단순히 구호를 외치거나 이슈를 제기하는 데 그치지 않는다. NGO는 전문적인 능력을 가지고 대안을 제시하거나 근대 자본주의 체제를 넘는 대안사회를 모색하고 있다.

NGO학의 성립은 NGO가 현대사회에서 독립적이고 보편적인 지위를 지니고 개념적 경계, 고유의 연구영역, 과학적 연구방법, 이론적 체계, 독립적인 학과가 존재함에 따라 가능하다. 그리고 NGO학의 정당성은 기존 사회과학의 한계를 극복하는 새로운 목표와 접근방법을 가질 때 획득될 수 있다. 이러한 NGO학의 성립과 정당성은 한국에서 커다란 의미를 지닌다. NGO학은 한국사회의 독특한 문화와 정치변동을 반영하고 다양한 사회적 문제와 구조적 모순을 해결해가는 특성을 지니고 있다. 이것은 선진국 중심과 이데올로기 중심의 사회과학이 아니라, 한국역사 속에서 원인을 찾고 현실사회를 변화시키는 역량을 가지고 있음을 의미한다. 따라서 선진국의 이론이 한국으로 수입되어 이데올로기가 현실을 예단하는 것이 아니라, 한국적 이론을 세우고 국가 간의 비교연구를 통해 국제화할 수 있다. 더욱 중요한 한국의 NGO학이 아시아 시민사회의 발전과 NGO의 교육에 중추적인 역할을 수행하고, 앞으로 아시아적 가치의 확립에 기여할 수 있다는 사실이다. 따라서 NGO학의 발달은 21세기에 서구 근대성을 재구성하고 동북아, 나아가 아시아의 가치에 기초하는 새로운 사회를 모색하는 데 매우 중요한 지적 기반을 제공할 수 있다.

최근 한국에서 NGO학과의 설치에 이어 NGO학회 및 비영리학회가 설립되고 전문학술대회와 전문지 발간이 시작됨에 따라 NGO학이 제도화되고 있다.[14] 앞으로 대학의 학부과정에 학과가 많이 설치되고, 도서관의 장서법에도 NGO가 키워드로 포함될 것이다. NGO학이 대학에서 제도화된다는 것은 이에 대한 체계적인 연구와 교육뿐만 아니라, 젊은 세대들에게 시민사회의 자발적 행동과 자원적 에너지를 고려하는 삶을 살도록 한다는 점에서 고무적이다. 중간조직의 시민참여적 관점에서 국가의 위계적 운영방식과 시장의 이윤추구 논리를 극복하고 국제적인 연대를 통해 인류 공동의 복리와 번영을 추구하는 것은 일찍이 인류가 경험해보지 못한 새로운 발전방식이다. 따라서 NGO를 연구하는 지식공동체가 형성되고, 이를 통해 NGO학을 체계화하는 것이 더욱 절실히 필요하다고 하겠다.

---

[14] 선진국에서는 주로 비영리조직이나 자원조직을 연구하는 전문학술지가 많다. 몇 가지 예를 들면 *Journal of Voluntary Action Research, Nonprofit Management and Leadership, Nonprofit and Voluntary Sector Quarterly, Voluntas* 등이다.

제2장
NGO 개념의 역사와 실체

I. 들어가는 말

   토크빌(Tocqueville, 1997)은 170여 년 전에 국가는 일정한 역할만 수행하고 시민사회에서 자원조직(voluntary organization)이 스스로 생성하여 각종 공공문제를 해결하는 역동적인 미국사회를 찬사한 바 있다. 샐러먼(Salamon, 1995)은 미국의 다원적 복지체제에서 비영리단체(nonprofit organization)가 국가를 대신하거나 국가와 협력하여 각종 공공서비스를 제공하는 제3자정부(the third-party government)를 제시하였다. 시장실패와 정부실패 이후 각종 사회문제를 해결하는 데 시민사회의 역할이 강조되고 있다. 그러나 시민사회는 일의적으로 정의하기 어려울 정도로 내부에 다양한 단체가 존재한다.[1] 실제로 시민사회의 각종 단체는 복잡다단하기 때문에 각 단체가 추구하는 목표, 조직원리, 제공하는 서비스도 다양하다. 그뿐 아니라

---

[1] 시민사회 내에 존재하는 다양한 단체는 조직, 기관, 집단 등으로 불리기도 한다. 각 개념은 약간의 차이는 있으나 구별하기가 쉽지 않다. 여기서는 대체로 넓은 범주를 포괄하는 '단체'라는 개념을 사용한다.

국가와 시장에 대한 관계도 획일적으로 규정하기 어렵다. 시민사회의 각종 단체에 대한 연구는 정부와 협력을 통해 복지서비스를 제공하는 공공정책적 측면, 국가권력과 경제권력을 견제하고 사회변혁을 지향하는 시민운동적 측면, 국제정치에서 주권국가의 역할을 보완하거나 견제하여 국제사회의 공동문제를 해결하는 글로벌 시민사회적 측면, 인간의 창의성과 영성을 발휘하고 대안적인 사회를 모색하는 유토피아적 측면 등에서 접근할 수 있다. 이 외에도 다원주의사회에서 이익집단 간의 경쟁에 초점을 둔 이익집단정치나 소비자와 생산자의 자기통제에 기반을 둔 협동조합원리에 의해 이해할 수 있다. 따라서 각 분과학문에 따라 마치 장님이 코끼리를 만지듯이 한 부분을 연구하는 경향이 없지 않다.

시민사회의 각종 단체 중에서 모든 측면의 연구에 걸쳐 있고, 시민사회의 공공성과 역동성을 대변하는 대표적인 자발적 결사체가 바로 NGO(nongovernmental organization)이다. 오늘날 NGO혁명(nongovernmental organization revolution)이라고 할 정도로 다양한 NGO가 분출하여 각종 공익활동을 전개하고 있다. 현대사회에서 국제적인 문제든 국내적인 문제든, NGO의 참여 없이는 인류가 직면한 문제를 구체적으로 해결하기 어렵다고 해도 과언이 아니다. NGO는 국가의 재구조화 속에서 거버넌스(governance)의 중요한 행위자로 등장하였고, 신자유주의적 환경에서 사회자본(social capital)을 생성하는 핵심적인 요소로 인식되고 있다. 따라서 NGO에 대한 연구가 활기를 띠고, 대학에서는 NGO학과가 설치되며, 나아가 NGO학을 하나의 학문으로 정립하려는 지적 담론이 일어나고 있다. 그런데 NGO란 도대체 무엇인가. 한국에서 사용하는 NGO는 외국에서 수입한 개념일 뿐만 아니라, 각 연구영역이나 접근방식에 따라 학자마다 개념을 규정하는 요소와 범주설정이 다르다.

사회과학에서 개념(concept)을 정의하는 것은 고통스러운 작업임에 틀림

없다. 그럼에도 불구하고 개념을 구성하는 요소를 명확하게 밝히고 그 범위를 일정하게 제한하지 않을 경우, 학자들 간의 의사소통에 장애가 발생하고 과학적인 연구를 진행하기 어렵게 된다. 헤겔(G. W. F. Hegel)이 말한 바와 같이, 개념은 사물 또는 존재를 포착하는 통일적인 지반으로서 사물을 인식하고 존재와 본질을 규정하는 기초이다(윤병태, 2000). 개념은 우리가 수행하는 모든 지적 행위의 기초로서 사물이나 사건을 지각·기억하고, 과거의 기억을 떠올려 현재의 상황에 대응시키며, 새로운 것을 상상하여 경험을 초월한 추론을 할 수 있도록 해준다. 그뿐 아니라, 세상을 의미 있는 부분집합으로 분할하여 상호 구분하고 복잡한 현상을 지각하는 것도 개념이 있기 때문에 가능하다. 나아가 개념은 자체에 추상성과 일반성을 함유하고 있기 때문에 의사소통을 원활하게 하고(이원욱, 1991),[2] 개념들 간의 연결을 통하여 개념적 준거틀(conceptual framework)을 형성함으로써 과학적 연구의 출발점이 된다(남궁근, 1998).

 개념을 제대로 분석한다는 것은 그 개념의 기원과 의미를 파악할 뿐만 아니라, 그와 관련된 논쟁에 참여할 수 있는 능력을 개발하는 것과도 밀접한 관련이 있다(Held, 1996). 따라서 사회과학에서 개념을 제대로 규정하는 것은 모든 연구의 출발점이다. 하나의 개념을 정의할 때는 개념발생의 역사성, 문화적 특수성, 다른 개념과의 비교의 유효성, 실체적·경험적 개념정의, 분석수준에 맞는 적절성 등을 고려해야 한다(박상필, 2001a). 국가와 시대마다 다르지만, 어떤 개념에는 일정한 이념과 가치가 내재되어 있다. 이것은 개념이 발생과정에서 일정한 규범을 함축하기 때문이다. 따라서 개념발생의 역사를 이해하는 것은 그 개념이 함축하고 있는 의미를 파악하는

---

[2] 개념의 추상성이 너무 높거나 낮을 경우 의사소통에 장애를 주고, 다른 사람의 동의에 입각하여 유사한 의미로 사용되는 일반성의 정도가 낮아도 의사소통에 장애가 발생한다.

데 유용하다. 그리고 하나의 개념을 이해하기 위해서는 그 개념이 여러 논쟁에서 어떻게 기능하고 현실에서 어떻게 인식되고 있는가를 파악하는 것이 중요하다. 이것은 어떤 개념이 지칭하는 사물이나 현상의 본질적 속성을 이해하는 데 유용하다. NGO 개념의 발생은 국제사회에서 UN(United Nations)의 결성과 밀접하게 관련되어 있고, 한국사회에서는 1987년 6월항쟁과 직접적으로 연결되어 있다. 그리고 NGO는 그 개념 속에 국가와의 상호작용과 공공성을 강하게 내포하고 있기 때문에 국가의 민주화, 능동적인 사회문제 해결, 시민사회의 사유화 방지, 도덕과 윤리의 형성, 나아가 자본주의의 극복과 대안적인 사회 건설 등과 밀접한 연관을 갖는다.

이 글은 NGO에 대한 연구를 진행하는 데 중요한 NGO의 개념정의에 대해 구체적으로 탐구하려고 한다. NGO의 개념을 정확하게 정의하는 것은 NGO 연구에서 발생하는 많은 오류를 방지하고 NGO학을 정립해가는 데 초석을 놓는 필수적인 과정이다. 필자는 이미 NGO의 개념에 대해 시민사회의 다른 개념과 비교론적 관점에서 살펴본 적이 있다(박상필, 2001a). 여기서는 NGO 개념이 역사적으로 어떻게 발생하였고, 한국에서 그 실체적 개념이 무엇인지에 집중하여 고찰하려고 한다. NGO 개념의 역사와 실체를 이해하는 것은 NGO 개념을 범주화하는 데 있어서 서구학자의 개념정의를 무분별하게 차용하는 것을 제어하고, 연구자가 연구수준에 맞추어 조건적으로 개념을 규정하더라도 애매한 범위설정으로 인한 혼란을 줄이는 데 도움이 될 것이다.

II. NGO 개념의 발생역사

1. NGO의 존재론적 의미

국가는 단일화된 실체가 아니라 고도로 복잡한 일련의 관계와 과정으로 형성되어 있다. 국가는 베버(M. Weber)가 정의한 바와 같이 일정한 영토 내에서 물리적 강제력을 독점하여 그 영토 내의 주민을 배타적으로 지배한다. 이러한 개념의 국가는 고대 로마사회에서 나타나지만, 자의식을 가진 시민과 합법적인 권력구조를 가진 국가는 대체로 16세기 이후 유럽에서 발견된다(Held, 1996). 국가라는 비인격적 질서 또는 특권적인 법률체제가 성립되기 이전의 자연상태(state of nature)는 어떠했을까. 홉스(T. Hobbes)는 인간이 가진 야망·탐욕·분노 등과 같은 속성 때문에 자연상태를 '만인의 만인에 대한 투쟁'으로 묘사하였다. 자연상태에서 이기적인 개인은 규칙을 지키는 이점이 없기 때문에 자신의 안전을 보전하고 필수품을 획득하기 위해 끝없는 투쟁이 일어난다고 본 것이다. 영국의 정치사상가인 로크(J. Locke)는 홉스의 주장에 반론을 제기하고 자연상태를 자연법(natural law)에 의해 통치되는 자유상태로 규정했지만, 그에게도 자연상태는 안전한 곳이 아니었다. 분쟁조정장치가 없는 상황에서 개인들의 이해관계가 격화될 경우 곧바로 투쟁상태로 바뀔 위험이 상존한다고 보았다. 몽테스키외(B. Montesquieu)도 홉스가 말하는 정복적이고 지배적인 인간성을 반대했지만, 자연상태의 인간은 타인에 대한 공포감과 열등의식에 사로잡혀 있는 것으로 보았다.[3]

---

[3] 루소는 자연상태의 정확한 성격에 대하여 다양한 개념을 가지고 있지만, 홉스나 몽테스키외와는 달리 평등하고 평화로운 상태로 보았다. 그러나 자연상태의 개인은 사슴사냥의 우화에 나오는 것과 같이 우둔하기 때문에 자연적 자유는 가능할지 모르나 시민적

자연상태에서의 불안과 혼란을 극복하고 개인의 안전과 재산을 보호하기 위해 인류가 고안해낸 것이 바로 국가라는 조정 또는 통제 장치이다.[4] 개인의 주체성과 공동체성을 조화시키고 제도화된 도덕공동체로서 국가의 필요를 역설한 대표적인 사람은 헤겔이다. 그는 윤리적 삶의 단계 구분에서 가족단계, 시민사회단계를 거쳐 국가단계에서 법과 제도가 구축되고 개인의 자유를 실현할 수 있다고 보았다. 그러나 누가 국가를 다스려야 하는가에 대해서는 근대 정치사상가들의 견해가 다양하다(Held, 1996). 마키아벨리(N. Machiavelli)와 보댕(B. Bodin)과 홉스는 강력한 군주제를 옹호하였다. 물론 이들이 절대군주의 필요성을 강조하게 된 것은 봉건질서에 뿌리내리고 있는 다양한 토호세력과 교회의 권위를 초월하고 극복하기 위한 것이었다. 몽테스키외도 정부형태를 군주제·전제제·공화제로 구분하고 법에 의한 1인 지배인 군주제를 이상적인 정부형태로 보았다. 사실 이들이 관심을 가진 것은 정부형태보다는 강력한 군주의 통치를 통해 법치를 실현하는 것이었다(함재봉, 1995). 그러나 로크는 국가를 시민의 자유와 재산을 지켜주는 도구로 보았다. 그는 정부통치의 정당성에서 '동의'라는 개념을 중시하고 인민에게 혁명권을 부여하였다. 따라서 시민의 자유와 권리를 보호하기 위해 일정한 제한을 받는 입헌군주제를 옹호하였다. 로크의 사고는 이후에 나타나는 자유주의 이념의 기반이 되었다. 공리주의자 벤담(J. Bentham)과 제임스 밀(James Mill)은 개인의 자유로운 사적 이익 추구를 보장하는 자유민주주의를 역설하였다.[5] 자유민주주의에 대한 옹호는 이미

자유는 불가능하다. 따라서 진정한 윤리공동체를 구축하기 위해서는 사회계약에 의한 일반의지를 도입하는 것이 필요하다고 보았다(김계수, 1983; 박효종, 1994).

[4] 물론 자연상태는 국가가 존재하지 않는 무정부상태(anarchy)이지만, 개인 간에 계약을 통하여 어떤 협력이라도 불가능한 무규범상태(anomie)는 아니다.

[5] 벤담과 밀은 보통선거를 지향함에도 불구하고 노동자계급과 여성을 배제하거나 그들

루소(J. Rousseau)의 사상에서도 나타났고, 이후 존 스튜어트 밀(J. S. Mill)로 이어지지만 평등한 시민권이 받아들여지지는 않았다. 국가를 일반이익의 대변자나 공정한 심판자로 보는 이러한 자유주의 전통은 마르크스(K. Marx)에 와서 거부된다. 마르크스와 엥겔스(F. Engels)는 국가가 사회경제적 관계와 연계되어 공공이익의 명목하에 자본가계급의 이익을 대변한다고 보았다.

자연상태를 극복하기 위해 국가의 존재이유가 정당화되고, 국가형성에 합의하여 국가형태가 결정된다고 해도, 국가의 내포와 외연을 어디까지로 설정해야 하는지의 문제가 남는다. 그중 중요한 사안이 바로 오늘날에도 논쟁이 계속되고 있는 정부의 크기에 관한 문제이다. 정부의 크기에 대한 분명한 입장은 로크에게서 나타난다. 그는 국가가 자국의 영토에 대해 최고 지배권을 갖지만 국가권력이 불가분성을 갖는다고는 보지 않았다. 국가는 시민의 자유와 권리를 보호하는 것이 존재이유이기 때문에 일정한 한계가 있어야 하고, 시민의 자유를 최대로 보장하기 위해서는 행정력이 억제되어야 한다고 주장하였다. 정부의 크기에 대한 체계적인 정립은 아담 스미스(Adam Smith)에 와서 이루어진다. 그는 모든 통치기술은 사람과 사물의 자유에 달려 있다고 보고, 이기적 개인이 경제인으로서 자신의 이익을 추구하면 '보이지 않는 손'에 의해 가장 효율적인 생산과 분배가 이루어진다고 주장하였다. 이렇게 본다면 국가의 개입은 최소화하는 것이 바람직하다. 최소의 정부가 최선의 정부라는 사상은 대체로 1930년대 시장실패가 일어날 때까지 정당성을 유지하였다. 그러나 1930년대 대공황을 겪게 되면서 케인스(J. Keynes)의 개입주의가 옹호된다. 이후 서구사회에서는 복지국

의 권리에 대하여 소극적으로 대하였기 때문에 제한적 민주주의라고 볼 수 있다(Held, 1996).

가가 발달하면서 정부의 역할이 중시되고 정부의 기능과 역할이 확대되었다. 그러나 1970년대 미국 헤게모니의 쇠퇴와 함께 생산성 증가율의 하락, 중앙집권적 관료조직의 비효율성, 국민국가 조정시스템의 한계 등으로 조직자본주의가 해체되고 복지국가는 위기를 맞게 된다. 그리고 신자유주의가 부상하면서 시장메커니즘이 강조되고 정부의 개입과 역할은 축소되기 시작하였다.

시민사회는 구조적으로 국가와 개인 사이에 존재하고, 역사적으로 봉건사회 이후에 등장하였다. 따라서 시민사회의 정체성은 근대국가의 발생과 밀접한 관련이 있다. 광의의 사회를 2분하느냐, 3분하느냐에 대하여 논쟁이 있지만(Cohen & Arato, 1992; Gramsci, 1987; Held, 1996; Keane, 1991; Habermas, 1995; 김성국, 2001; 손호철, 2001), 분명한 것은 시민사회가 국가영역 밖에 존재한다는 것이다.[6] 시민사회는 국가영역 바깥에 존재하면서 국가가 어떠한 통치제도를 유지하고 있느냐와 관계된다. 근대적 의미의 시민사회는 절대체제 이후 국가권력을 견제하고 개인의 자유와 권리를 방어하기 위한 자율적 공간을 확대하는 과정에서 성장하였다. 물론 민주주의가 보편화된 이후에도 정부의 크기에 따라 시민사회의 역할이 달라진다. 대체로 시민사회는 작은 정부하에서 그 역할이 강화된다고 볼 수 있지만, 시민사회에는 다양한 단체가 있고 그 정체성 또한 다양하다. 따라서 시민사회는 큰 정부하에서도 국가권력 견제, 다수결원리와 관료제통치의 보완, 사회적 이슈의 제기, 정책결정과 집행에 대한 참여 등에서 중요한 역할을 수행한다. 시민사회의 존재는 또한 자신의 권리와 공동체적 의무를 자각하는 시민이 있어야 한다. 그런데 개인이 주체로서 자신의 존재를 인식하고 국

---

[6] 로크나 루소의 주장에서 알 수 있는 바와 같이 고전적 의미의 시민사회는 국가로부터 분화된 것이 아니라 자연상태에서 벗어나 법치가 이루어지는 입헌국가를 의미하였다.

가와의 관계에서 자신의 권리를 획득할 수 있는 자의식과 자결의지는 자본주의의 발전과 밀접한 관련이 있다(함재봉, 1995). 자본주의는 개인의 자율을 보장하고 계약사상과 보편주의의 발달에 기여하였는데, 이 과정에서 개인은 상대방과의 상호 관계 속에서 자신의 존재를 인식하고 자신의 자유와 권리를 향유할 수 있는 힘을 얻게 되었다. 따라서 시민사회는 자본주의의 발전과도 연계되어 있다.

시민사회는 NGO의 규범적이고 실질적인 토대이다. 따라서 NGO의 발생은 시민사회의 성립과 연계되어 있는 근대국가와 자본주의 발전과 밀접하게 관련되어 있다.[7] 국가형성 이전의 자연상태에서도 NGO가 존재하고 있었지만, 이때 NGO가 가지는 존재론적 의미를 설명하기 위해서는 또 다른 논리와 철학이 필요하다. NGO의 발생이론 중 하나는 국가권력의 억압성과 시장의 이윤추구 속성을 견제하고 저항하기 위한 것이다. 국가는 강압수단의 축적과 집중을 통해 특정 영토 내에서 도전자와 경쟁자를 평정하고 물리력을 장악함으로써 형성되었다(Tilly, 1994). 즉, 국가는 다른 조직체에 비해 강력한 합법적인 권력을 행사하기 때문에 국가의 형태와 관계없이 일정한 억압력을 가지고 있다. 이것은 절대군주의 통치나 큰 정부하에서만 존재하는 것이 아니다. 민주주의 국가에서도 자원배분과 사회통합을 위해 국가의 조정능력뿐만 아니라 일정한 억압력이 필요하다. 계몽주의 시대 이래로 자유주의자들이 국가권력이 확대·강화되는 것을 경계하며 인민에 의한 국가권력의 통제를 강조한 것도 이 때문이다.[8] 자본주의하에서 기업은

---

[7] 시민사회의 성장은 근대국가와 자본주의가 발전하여 민주주의하에서 시민권이 보장되고, 시장경제하에서 물적 토대가 형성되어야 한다.

[8] 시민사회에서 부정부패방지, 인권옹호, 경제적 평등, 정치개혁 등을 목적으로 활동하는 다양한 NGO는 국가권력을 감시하고 비판하기 위해 발생하였다. 미국에서 노예폐지운동, 여성해방운동, 복지개혁운동, 민권운동 등은 모두 국가권력을 견제하고 시민권리

본질적으로 이윤 추구를 목표로 하고 있고, 이로 인해 비인간화·불평등·환경파괴 등과 같은 사회적 문제를 낳는다. 그리고 시장의 주요 원리인 경쟁과 효율성의 이념은 패배자를 양산하고 공동체적 원리를 파괴한다. 이러한 현상은 신자유주의 이념하에서 더욱 심화된다. NGO는 바로 자본주의에 의해 개인의 삶이 황폐화되는 것을 방어하기 위해 경제권력을 감시하고 비판하는 역할을 한다.[9]

NGO의 또 다른 존재론적 의미는 정부실패(government failure)에 의해 설명할 수 있다. 시장이 오랫동안 자원을 효율적으로 배분하고 인간의 일상생활에 필요한 상품과 서비스를 제공하는 중요한 사회제도로 인식되어왔지만, 공공재 생산의 한계, 부정적 외부효과(negative externality), 사회적 불평등의 초래 등으로 시장실패(market failure)가 일어났다. 따라서 정부가 개입하여 복지사회를 이룩하려고 하였으나, 다수결의 원리, 획일성의 원칙, 관료제에 의한 통치 등으로 인해 인민의 다양한 욕구를 충족시키는 데 많은 한계에 부딪혔다. 여기서 정부실패가 발생하게 된다. 이때 정부가 해결하지 못하는 각종 사회문제를 해결하는 기제로서 NGO의 존재가 필요하다. 물론 시민사회에서 NGO 외에 다른 비영리단체가 이러한 역할을 수행하는 것을 부정하는 것은 아니다. 이렇게 본다면 NGO의 발생과 역할은 자유주의적 시각과 일맥상통하고, 복지국가 위기 이후 작은 정부론의 주장과

를 주장하기 위한 시민운동으로서 NGO가 주도하였다. 한국에서도 1980년대 후반 이후 각종 NGO들이 국가권력을 상대로 공공정책의 변화를 도모하고 시민권리를 옹호하기 위해 설립되었다.

[9] NGO는 환경보호·소비자보호·경제정의와 같은 분야에서 기업의 이기주의를 감시하고 시민권리를 적극 보호하기 위해 발생하였다. 최근에는 대기업에 대항하여 소액주주의 권리를 주장하는 NGO도 발생하였다. NGO는 국민의 생활에 더 근접하여 활동하고 소규모의 유연한 조직으로 이루어져 있기 때문에, 거대한 관료제에 의해 움직이는 정부보다도 효율적으로 기업의 병리를 감시할 수 있다.

맥을 같이하게 된다. 그러나 개인주의와 대의제를 통해 시민참여를 형해화시키는 자유주의 전략은 NGO의 비판대상이 된다. 또한 자유주의의 인간중심적·성장 중심적 산업화논리는 생태주의와 평화주의를 지향하는 NGO의 이념에 반한다. 실제로 NGO가 주도하는 시민운동의 이론적 지향인 평등·평화·인권·환경·문화·여성 등은 좌파 이데올로기와 상치하는 것이 아니다. 따라서 NGO의 발생과 활동은 큰 정부와 작은 정부, 좌파와 우파의 기존 정치적 분류법으로 이해하는 데 한계가 있다.10

NGO의 존재론적 의미는 국가와 시장뿐만 아니라, 시민사회 자체의 민주화와도 관련된다. 시민사회에는 계급적 분열 외에도 성·지역·직업·세대 등 다양한 전선에서 갈등이 일어난다. 그리고 공익을 추구하는 집단과 사익을 추구하는 집단 간의 투쟁도 존재한다. 공익을 추구하는 영역에서도 비용없이 이득을 보려는 무임승차자가 발생한다. 특히 한국사회에는 사회적 합리성을 가로막는 집단적 이기주의와 배타적 연고주의가 만연되어 있다. 이러한 시민사회의 분열과 비합리성은 국가와 시장의 영향이 크지만, 국가와 시장이 해결할 수 있는 것이 아니다. 이러한 문제를 해결하기 위해서도 크고 작은 NGO들이 자생적으로 발생한다. NGO와 같은 자발적 결사체가 시민운동을 통해 시민사회의 도덕성을 고양시키고 자기정당성을 강화하는 역할을 하지 않으면, 시민사회는 재봉건화되거나 국가에 의해 식민화되는 전철을 밟게 된다. NGO는 시민의식의 내면화와 시민윤리의 재창조를 통해 시민사회 내의 차별, 연고를 통한 배타적 그물망, 자본의 침투에 의한 소외, 이익집단의 과도한 사적 이익 추구를 조정하거나 견제한다.

---

10 NGO의 발생과 활동은 작은 정부를 지향하는 자유주의 전통과 상통하는 것처럼 보이지만, 유럽의 녹색정당에서 볼 수 있는 것처럼, 이것은 NGO 영역의 환경운동가가 좌파정치가와 결합하여 탄생하였다.

2. UN의 결성과 NGO

국제사회에서 NGO의 개념이 생성하게 된 것은 UN(United Nations)의 결성과 밀접한 관련이 있다. 물론 UN의 설립 이전에도 NGO는 존재했다. 1838년에 영국에서는 노예제도를 반대하는 반노예협회(the British Anti-Slavery Society)가 설립되었고, 1864년에 결성된 세계적십자사(the Red Cross)가 중립의 원칙 속에서 인도적인 실천활동을 하였다. 그리고 1892년 시에라클럽(Sierra Club)이 미국에서 결성되어 환경운동을 시작하였고, 영국의 아동구제기금(Save the Children Fund)이 1919년에 설립되어 제1차 세계대전 후에 고아가 된 아동을 보호하는 활동을 하였다. 또한 옥스팜(OXFAM: Oxford Committee for Famine Relief)은 1942년 나치정권하에서 동맹국의 봉쇄로 기아에 허덕이는 그리스 거주인을 돕기 위하여 영국에서 설립되었다(박상필, 2001b). 그러나 그 당시 이러한 단체는 NGO로 불리지 않았다. NGO라는 개념이 형성되지 않았음에도 1900년 이후 각종 국제NGO들이 국제회의에 참여하고 국제적 연합체를 결성하였다는 보고가 있다. 그리고 1939년 제2차 세계대전이 발발하기 이전에 700여 개의 국제NGO가 있었다는 기록이 있다(박재영, 1998; 주성수·서영진, 2000).

NGO의 개념이 국제적으로 공식 정립된 것은 1945년 UN이 창설되면서부터이다. 1945년 4월 미국 샌프란시스코에서 51개국 대표들이 모여 UN 창설을 논의할 때, NGO 대표들도 참여하여 국제평화를 구축하기 위한 노력을 하였다. 그 대표적인 것이 UN헌장의 인권조항이다. 미국NGO를 중심으로 한 NGO 대표들은 세계평화를 위해 UN헌장에 인권조항을 삽입하도록 압력을 가하여 이를 관철시켰다. 이때 NGO는 정부대표들이 모인 정부간조직(inter-governmental organization)에서 정부가 아니라는 이유로 단순히 비정부조직(nongovernmental organization)으로 호칭되었다. 즉, NGO는 국제정치에서 정부간조직에 대응하는 소극적 의미로 사용되었다. 물론 이때 참여한 단체는 지금 통용되는 개념의 NGO와는 달리 상공회의소(the Chamber of Commerce), 기업연합, 전문직연합, 종교단체, 노동조합 등 직능단체가 대부분이었다.11 이후 NGO라는 용어는 UN헌장 제10장 제71조에서 공식적으로 언급되었다.12 이때 NGO는 정부 이외의 조직으로서 국가주권의 범위를 벗어나 사회적 연대와 공공의 목적을 실현하는 자발적인 공식조직을 의미하였다. 즉, NGO는 비정부성·공익성·연대성·자원성·공식성·국제성 등의 특성을 가진 민간단체를 의미하였다. 개념 발생 초창기에 NGO는 주로 국제적인 수준에서 개별국가나 각종 국제기구가 해결하지 못하는 국제문제를 해결하기 위해 자문역할을 한다는 소극적인 개념이었다.

NGO는 이후 1950년에 UN헌장 제71조에 따라 UN하의 경제사회이사회(ECOSOC: Economic and Social Council)의 결의안이 만들어짐으로써 공식적으로 협의적 지위(consultative status)를 갖게 되었다. 따라서 UN의 각종 국제활동에 의견을 제시하거나 발언할 수 있게 되었다. 1946년 41개의 NGO

---

11 따라서 NGO 개념이 UN에서 시작되었을 때, 앞으로 구분하게 되는 NPO와의 차이는 거의 없었다. 단지 정부기구가 아니고 기업이 아니라면 모두 NGO라고 불렸기 때문이다. 물론 NPO에서 중요한 위치를 차지하고 있는 비영리병원이나 사립학교 등이 UN의 국제활동에 참여하지는 않았다. 이후 NGO의 개념이 각 국가에서 정체성을 확립하게 되면서 NPO와는 다른 개념으로 정립되기 시작하였다.

12 유엔헌장 제71조는 이렇게 되어 있다. "The Economic and Social Council may make suitable arrangements for consultation with nongovernmental organizations which are concerned with matters within its competence. Such arrangements may be made with international organizations, and where appropriate, with national organization after consultation with Member of the United Nations concerned"(유엔의 경제사회이사회는 그 관할영역 내의 문제와 관련하여 비정부조직과 협의할 수 있는 약정을 맺을 수 있다. 그러한 약정은 국제 비정부조직, 그리고 필요한 경우 해당 유엔 가맹국과의 협의하에 국내 비정부조직과도 맺을 수 있다).

가 경제사회이사회에서 협의적 지위를 획득한 이후, 국제적인 이슈의 증가로 NGO의 역할이 중요해지자 그 수가 계속 증가하여, 2005년 현재 2,400여 개로 증가하였다.[13] 그리고 UN 사무국의 공보국(DPI: Department of Public Information)도 1968년 경제사회이사회의 결의안에 따라 NGO와 공식적인 관계를 맺고 있다. 2005년 현재 공보국과 공식적인 관계를 맺고 있는 NGO는 전 세계에 걸쳐 2,000여 개에 이른다.[14] 오늘날 UN은 NGO에 의한 감시와 개혁의 대상이면서도 NGO 활동에 가장 우호적인 국제기구이다. 환경·인권·평화·난민구호·빈곤구제·보건 등과 같은 국제적 이슈는 NGO의 협력 없이 해결하기 어렵기 때문이다.

초창기에 NGO는 국제적인 원조활동에 참여하는 국제NGO에 국한되는

---

[13] NGO가 UN 경제사회이사회와 갖는 협의적 지위에는 세 가지가 있다. 첫째, 포괄적 협의지위(general consultative status)를 가진 NGO는 경제사회이사회와 그 산하의 인권, 사회개발, 여성, 복지, 지속개발 등 11개 위원회에 대해 의제를 제안할 수 있고, 회의에 출석하여 발언하거나 문서로 의견을 제출할 수 있다. 2004년 현재 국제로터리클럽(RI), 국제상공회의소(ICC), 국제표준화기구(ISO) 등 130여 개 단체가 이 지위를 획득하였다. 우리나라에서는 굿네이버스(Good Neighbors)와 세계평화여성연합 등 2개 단체가 가입되어 있다. 둘째, 특별 협의지위(special consultative status)를 가진 NGO는 의제 제안권은 없고, 발언권과 의견서 제출권을 가진다. 2004년 현재 국제사면위원회(Amnesty International), YMCA 등 1300여 개가 이 지위를 획득하였다. 우리나라에서는 밝은사회국제클럽, 환경운동연합, 한국여성단체협의회, 경실련, 참여연대 등 13개 단체가 가입되어 있다. 셋째, 명부 협의지위(roster consultative status)를 가진 NGO는 경제사회이사회와 그 산하위원회의 초청이 있을 경우에만 발언하거나 의견서를 제출할 수 있다. 2004년 현재 아시아태평양청년연합 등 1000여 개의 단체가 이 지위를 획득하였다. 우리나라에서는 새마을운동중앙협의회와 소시모(소비자문제를 연구하는 시민의 모임) 등 2개 단체가 가입되어 있다.
[14] UN 사무국의 공보국과 공식적인 관계를 맺고 있는 NGO는 공보국으로부터 규칙적인 정보획득, 전 지구적 문제를 다루는 회의 참석, UN의 NGO자원센터(NGO Resource Center)의 이용 등이 가능하다.

경향이 있었다. 이것은 미국, 유럽, 일본 등지에서 NGO라는 개념이 주로 국제원조에 참여하는 단체를 의미하는 개념으로 사용된 것에서도 알 수 있다. 그러나 NGO가 주권국가나 국제기구에 자문을 하거나 상호 협력을 통해 공동의 문제를 해결한다는 소극적 개념에서 시민권리를 옹호하고, 국가권력과 국가이기주의를 견제하며, 나아가 각종 기업을 견제하는 단체로 그 역할이 적극화되었다. 이에 따라 개념의 범주도 확대되었다. 따라서 서구사회에서 NGO는 국제수준뿐만 아니라 전국수준이나 지방수준에서도 사회적 연대를 통하여 공공선의 증대에 노력하는 단체로 확대되었다. 실제로 UN의 경제사회이사회가 1996년 결의안을 통해 경제사회이사회와 협의적 지위를 갖는 NGO의 범위를 국제NGO(international NGO) 외에 전국NGO(national NGO)와 지방NGO(local NGO)까지 확대하였다. 이러한 추세에 발맞추어 그 당시 유엔 사무총장이었던 코피 아난(Annan)은 세계 모든 지역의 NGO가 UN활동에 적극적으로 참여할 것을 권고하기도 하였다. 물론 여기서 공공선(public good)이라는 개념은 그 자체로서 애매하지만, 이익집단정치가 발달되어 있는 서구사회에서는 보다 넓은 의미로 사용되었다.

3. 6월항쟁과 한국의 NGO

한국에서 NGO라는 개념이 보편적으로 사용하게 된 것은 1987년 6월항쟁과 밀접한 관련이 있다. 물론 서구사회와 마찬가지로 한국에서도 NGO라는 개념이 발생하기 이전에 NGO는 존재하였다. 멀리 거슬러 올라가면 고려시대 가난한 자에게 복지서비스를 제공하는 보(寶)가 발달하였고, 조선시대에도 각종 자선단체가 있었다. 구한말에는 신분제도를 철폐하고 사회개혁을 추진하기 위해 각종 결사체들이 발생하였다. 그리고 일제 식민지하에서는 노동운동·독립운동·계몽운동·교육운동·절약운동 등을 추진하는 단체가 존재하였다. 해방 이후, 국가권력의 공백기에도 각종 여성단체·청년단체·계몽단체·노동단체들이 분출하였고, 군부정권하에서도 오늘날 NGO라고 할 수 있는 각종 단체들이 활동하고 있었다. 예를 들면 1896년 설립된 독립협회, 1903년에 종교단체로 시작한 YMCA,[15] 1905년에 설립된 대한적십자사, 1906년에 설립된 신민회, 1913년에 설립된 흥사단, 1927년에 조직된 신간회 등은 민간인이 중심이 되어 정부의 지원을 받거나 스스로 조직한 단체로서 계몽운동, 구호활동, 교육운동 등을 전개하였다(박상필, 2001b). 따라서 지금 우리가 NGO라고 규정하는 범주에 포함시킬 수 있다. 그러나 한국에서 NGO가 본격적으로 분출하고 이에 대한 개념을 서구사회로부터 적극적으로 수용한 것은 1987년 6월항쟁 이후이다.

1987년 6월항쟁은 한국 시민사회의 발달에 커다란 획을 긋는 사건이었다. 한국 시민사회는 19세기 구한말부터 태동하기 시작하였지만, 대체적으로 1960년대 이후 형성되기 시작하여 1987년 6월항쟁 이후 본격적으로 발달하기 시작하였다(김성국, 2001; 박상필, 2001a; 신명순, 1995). 1987년 6월항쟁이 군부정권을 굴복시키고 정치적 민주화를 성취함에 따라 표현의 자유, 언론·출판의 자유, 집회·결사의 자유가 보장되었다. 그동안 군부권위주의 정권하에서 시민사회는 국가로부터 자율성을 갖지 못하였고, 시민들도 자신의 권리를 보장받지 못하였다. 시민사회는 강성한 국가에 의해 국가부문을 견제하기 위한 수단을 확보할 수 없었다. 이러한 과정에서 개인은 정책과정에 적극적으로 참여하여 자신의 권리를 되찾고 국정에 의견을 제시하기보다는, 냉소와 무관심으로 일관하면서 성장주의의 신화에 매몰되어 물질주의에 심취하였다. 그러나 6월항쟁을 통해 독재정권의 억압 사슬이

---

[15] YMCA는 1903년 황성기독청년회로 시작하여 1914년 YMCA로 개칭하였다. 처음에는 종교단체로 출발하였지만, 시민단체와 같은 기능을 많이 수행하고 있다. 이에 대해서는 박상필(2001a) 참조.

걷히고 시민사회의 자율적인 공간이 확보되자, 가치를 공유한 시민들은 단체를 결성하여 국가권력을 감시·비판하고 사회개혁을 촉진하기 위한 적극적인 활동을 개시하였다. 물론 노태우 정권이나 김영삼 정권하에서 민주화는 공안정권의 형성과 보수화에 의해 주춤하기도 하였다(박상필, 2001a). 그러나 민주화라는 대세는 지속되었고 NGO의 분출과 영향력 확대는 계속 상승하였다. 2006년 현재 2만여 개에 달하는 것으로 예측되는 한국NGO 중에서 90% 이상이 1987년 이후에 설립되었다.

6월항쟁은 또 다른 측면에서 NGO의 발달에 영향을 끼쳤다. 한국 시민사회는 1987년 6월항쟁 이전까지 크게 본다면 민중단체와 관변단체로 이원화되어 있었다. 전자는 체제변혁을 지향하면서 정부와 자본에 저항적 성격을 띠었다. 따라서 군부와 자본가의 연합을 통해 구성된 지배권력이 이를 수용하지 않았고 억압과 배제로 일관하였다. 시민사회에서 급진적 활동은 금지되었기 때문에 민중단체는 학원과 작업장 내에서 학생운동과 노동운동을 중심으로 성장하였다. 후자는 정부의 재정지원하에 정권의 정당성을 보완하기 위한 관변활동을 하면서 정부와 담합하여 특수이익을 보장받았다. 이러한 상황에서 중산층의 참여를 통해 6월항쟁이 성공하고 정치적 민주화가 발달하기 시작하자, 중산층은 사회안정을 희구하면서 보수화되기 시작하였다. 따라서 기존의 민중운동에 대한 비판적 시각이 급속하게 확산되었다. 이후 소련과 동유럽의 현실사회주의 몰락이라는 국제환경의 변화는 사회주의 지향적 민중운동의 전망에 한계를 가져왔고, 대중의 이탈과 함께 쇠퇴하기 시작하였다. 다른 한편으로 시민사회가 국가에 대해 자율성을 확보하자 그동안 관제데모·홍보·선거 등을 통해 군부정권의 정당성을 지원하던 관변단체에 대한 비판도 강하게 일어났다. 따라서 관변단체도 정부지원과 시민참여에서 어려움을 겪게 되면서 쇠퇴하기 시작하였다. 민중단체와 관변단체의 쇠퇴와는 달리, 초계급적인 연대를 통해 합법적이고 평화적인 방법으로 국가권력을 견제하고 자본주의의 모순을 극복하려는 권리지향적·생활지향적 시민단체에 대한 지지는 크게 확대되었다. 그리고 1993년 김영삼 정권의 문민정부가 등장하자 시민단체의 결성과 활동은 더욱 활성화되었다. 이와 더불어 반독재투쟁의 선두에 섰던 많은 사람이 시민단체를 결성하고 주요 단체에서 리더십을 발휘하기 시작하였다.

6월항쟁 이후 민주화 과정에서 급속하게 분출하기 시작한 시민단체는 나중에 서구사회에서 수입한 NGO라는 개념과 중첩하게 된다.[16] 한국에서 NGO라는 용어가 공식적으로 언제 나타났는지는 불확실하다. 1980년대부터 학자들 사이에 NGO라는 용어가 사용되기 시작하였다.[17] 그러나 6월항쟁 이후 본격적인 시민단체인 경제정의실천시민연합(경실련)이 1989년에 창립되었는데, 경실련의 발기문과 창립선언문에는 NGO라는 용어가 없다. 따라서 NGO라는 용어는 1992년 리우 유엔환경개발회의 이후, 1993년 비엔나 세계인권회의, 1994년 카이로 인구개발회의, 1995년 코펜하겐 사회개발정상회의와 베이징 세계여성대회 등 각종 NGO국제대회가 국내에 소개되면서 국내에 유입되었을 것으로 추측된다. 그리고 다른 국가와는 달리 NGO는 국내에서 이미 사용하고 있던 시민단체라는 개념과 거의 같은 개념으로 자리 잡게 된다. 물론 그 범주에 있어서는 국가권력을 견제하고 저항하는 시민단체라는 개념이 NGO보다는 좁게 인식되었지만, 시민단체의 개념범주가 계속 확장하면서 NGO 개념과 비슷한 범주로 되었다.[18]

---

[16] 시민단체는 한국에서 독특하게 사용하는 말이다. 이 개념은 1960~1970년대 일본에서 좌파단체를 지칭하는 용어로 사용되다가 부정적인 이미지를 갖게 되면서 쇠퇴하게 되었고, 미국에서도 직능단체가 아닌 공익단체를 의미하는 시민단체(citizen group)라는 용어가 있지만, 잘 사용되지 않는다.

[17] 경북대학교 행정학과 김상영 교수에 의하면, 1980년대에 소규모 학술토론에서 NPO, NGO라는 용어가 많이 사용되었다고 한다.

III. NGO 개념의 실체적 정의

새로운 개념이 "의미의 섬"(Zerubavel, 1991)의 지위를 획득하여 일정한 속성을 가진 일상어로 쓰이기까지는 시간이 걸린다(Anheier, et al, 2004). 초기에는 사용하는 사람이나 쓰이는 맥락에 따라 의미가 다르고 개념적 범주도 다양하다. NGO 또한 어떤 속성을 지니고 범주상 어디까지를 NGO라고 하는지 명확하지 않았다. 그럼에도 불구하고 NGO라는 개념은 1980년대 이후 전 세계적으로 급속하게 확산되었다. 그것은 서구사회에서 복지국가의 위기로 인한 시민사회의 역할 증대, 남미와 아시아에서 권위주의 정권의 붕괴와 민주화의 물결, 동유럽에서 현실사회주의의 붕괴와 시장경제의 발달, 그리고 후산업사회에서 국가와 시장이 아닌 시민적 결사체를 통한 욕구충족 등으로 NGO에 대한 기대가 증대하고, NGO의 역할이 중시되었기 때문이다. 그렇다고 NGO의 개념이 전 세계적으로 보편성을 띠고 있다든가, 한 국가 내에서조차 범주가 명확하게 설정되었던 것은 아니다. 여기서는 외국의 경우와 한국의 경우로 나누어 NGO의 개념을 실체적으로 정의해보도록 한다.[19]

---

[18] 1987년 6월항쟁 이후 시민단체는 국가권력을 견제하고 비판하는 단체를 의미하였다. 그러나 이후 국가권력과는 관계없이 각종 시민권리를 옹호하고 사회의 공동문제를 해결하는 의미로 확장하게 된다. 반대로 NGO라는 개념이 처음 받아들여졌을 때, 어원적으로는 시민단체라는 개념보다 넓게 적용되어 국가권력을 견제하는 단체 외에도 각종 비정부조직까지 포함하였다. 그러나 NGO가 기존의 시민단체라는 개념과 상호 접촉·충돌하게 되면서 시민단체와 비슷한 개념범주로 축소되는 경향이 있었다. 따라서 시민단체와 NGO의 두 개념은 개념의 범주상 상호 수렴되어 의미가 중첩하게 된다.

[19] 여기서 실체적 개념정의란 어떤 개념에 대한 명목적 정의가 아니라, 현실에서 일반인들이 경험적으로 그 용어를 어떻게 규정짓고 있는가를 기술하는 것을 말한다.

1. 외국의 NGO

NGO는 시민사회 내에서 위치하는 다양한 단체 중 하나이다. 앞에서 살펴본 바와 같이, NGO는 시민사회의 다양한 단체 중에서 가장 공공성과 역동성이 강한 단체이다. 그러나 국가마다 시민사회에 있는 단체를 지칭하는 용어와 이들 용어 간의 구분이 다르다. 시민사회에 있는 단체를 지칭하는 용어는 NGO 외에 NPO(nonprofit organization), VO(voluntary organization), PVO(private voluntary organization), CSO(civil society organization), 제3섹터(the third scetor) 등 다양하다. 미국에서는 비영리단체(NPO)를 가장 많이 사용하고, 이와 유사한 의미로 제3섹터라는 용어를 사용한다. 그리고 NGO와 유사한 용어로서 사적 자원조직(PVO)이라는 개념을 사용한다. 영국을 포함한 영연방국가들은 전통적으로 자원조직(VO)이라는 용어를 주로 사용한다. 유럽대륙은 국가마다 다양하여 NPO, 제3섹터, VO 등을 섞어서 사용한다. 최근에는 시민사회단체(CSO)라는 개념을 사용하기도 한다. 일본에서는 미국의 개념을 수입하여 각색한 NPO와 제3섹터라는 개념을 사용한다. NGO라는 용어는 전 세계적으로 통용되고, 특히 권위주의 정권에 도전하여 민주화운동을 추진한 제3세계에서 많이 사용되고 있다.

시민사회의 다양한 단체를 표상하는 용어로서 NGO가 전 세계적으로 가장 많이 통용되고 있지만, 그 개념정의는 국가마다 다르고, 한 국가 내에서도 일치를 보지 못하고 있는 것이 현실이다. 미국이나 일본에서 NGO는 NPO의 일부로서 환경·개발·인권·평화·여성권리·난민구호 등과 같은 영역에서 공공의 이익을 추구하는 자발적 결사체, 특히 국제원조에 참여하는 단체를 일컫는다. 특히 일본에서는 시민사회의 자발적 결사체 중에서 국내문제를 다루는 단체를 NPO라고 부르고, 국제문제를 다루는 단체를 NGO라고 부르기도 한다. 따라서 NGO의 범주를 좁게 본다. 유럽에서는 국가마다 다양하다. NGO를 좁게 보아 전문영역에서 국가를 상대로 정책 변화를 추구하고 시민권리를 옹호하는 정치단체로 보거나, 개발도상국 개발 및 국제원조에 참여하는 각종 결사체로 보기도 한다. 그러나 NPO처럼 비영리병원, 대학, 복지관, 종교단체, 직능단체 등을 포함시켜 넓은 의미로 보기도 한다. 대체로 스칸디나비아 국가(스웨덴, 노르웨이, 덴마크)나 핀란드, 네덜란드 등은 넓게 보고, 중부유럽으로 내려올수록 좁게 보는 경향이 있다. 캐나다의 경우도 좁게 보는 경우는 국제원조단체로, 넓게 보는 경우는 NPO와 비슷한 범주로 본다.[20] 제3세계에서 NGO는 독재정권에 저항하여 민주화를 추진하고 국가권력을 견제하는 시민사회의 정치단체를 지칭하거나, 선진국의 원조를 받아 사회개발을 추진하는 민간단체를 의미한다.[21]

NGO라는 개념을 공식적으로 가장 많이 사용하고, NGO와 밀접하게 상호작용하는 주체는 사실 UN을 비롯한 각종 국제기구라고 할 수 있다. 그러나 UN 산하에도 다양한 국제기구가 있고, NGO와 협력하는 방식 또한 기구에 따라 다르다. 따라서 UN 내에서도 NGO에 대한 명확한 개념정의에 대해 합의를 이루지 못하고 있는 실정이다. 다만 법적 의미로 어떤 국가에서 비영리단체로 등록되어 일정한 기간(보통 2년) 동안 활동해왔고, 내부에 민주적인 의사결정구조를 가지고 있으면 NGO로 인정해주는 일정한 규정이 있기도 하다(Glasius and Kaldor, 2004). 이것은 곧 NGO가 어느 정도 조직화되고 제도화된 단체를 의미한다는 것이다. 이렇게 되면 상근자가 없거나

---

[20] 캐나다의 공식통계에서 NGO를 넓은 의미로 사용할 때 대학, 노동조합, 전문가단체 등을 포함하고 있다.
[21] 차명제(2000)는 각국의 NGO 정의를 예시하고 있는데, 우간다는 외국의 원조를 받아 활동하는 민간조직, 남아프리카공화국은 시장을 포함한 모든 민간단체, 인도는 정치성을 배제한 민간단체, 중국은 비정치적인 국민운동, 일본은 주민운동과 생활운동조직, 프랑스는 모금조직, 독일은 지구적 차원에서 활동하는 민간조직을 NGO라고 본다.

사무실도 없이 비공식적으로 활동하는 단체는 제외하게 된다. 세계은행(World Bank)은 NGO를 인간의 고통을 감소시키거나, 빈곤층의 이해를 증진시키거나, 환경보전, 기초서비스 제공, 지역사회 개발 등과 같은 공익을 위해 활동하는 단체로 규정하기도 한다. 특히 전형적인 NGO를 기부금과 자원활동(voluntary action)에 의존하는 단체로 규정한다(World Bank, 2003).

2. 한국의 NGO

한국에서 NGO는 자생적으로 발생한 개념이 아니라 외국에서 수입한 개념이기 때문에 개념정의에 상당한 혼란을 겪고 있다. NGO를 비정부기구 또는 비정부조직으로 번역한다.[22] 그러나 기존의 비영리단체, 민간단체, 시민단체, 사회단체, 시민사회단체, 이익집단 등과 같은 개념과 어떻게 구분되는지 애매하다. NGO의 개념정의에서 공익추구 속성을 강조하는 사람이 있는가 하면, 국가로부터의 자율성과 시민의 자발적 참여를 강조하는 사람도 있다. 국제적 규모를 강조하는 사람도 있고, 국가에 대항하여 권력을 견제하는 정치적 성격을 강조하는 사람도 있다. 이렇게 되면 NGO가 한국사회에서 경험적으로 어떻게 인식되고 있는가를 규명하는 것이 중요하다.[23] 물론 경험적으로 정의한다고 하지만, 바라보는 사람마다 견해가 다

---

[22] 초창기에 NGO를 번역하면서 주로 비정부기구라고 번역하였는데, '기구'라는 용어는 영어 자체에도 없을 뿐만 아니라 시민사회에 위치하고 있는 NGO의 개념에도 어울리지 않는다.

[23] 외국의 NGO 개념을 빌려올 때 가장 대표적인 것이 샐러먼(L. Salamon)의 개념정의이다. 샐러먼은 NPO를 공식적인 조직, 사조직, 이윤배분 금지, 자율관리, 자원봉사, 공익추구 등 6개 요소로 규정한다. 그러나 이것은 NPO의 개념정의로서 비영리병원과 사립학교가 핵심이다. 복지다원주의국가인 미국에서 이 두 부문은 정책적인 함의에서 중요할 뿐만 아니라, 지출면에서 전체의 83%를 차지하고 있다(Salamon, 1999). 이러한

양하기 때문에 공통된 개념정의를 도출하기란 쉽지 않다. NGO를 연구하는 학자들 사이에서도 일치를 보기 어렵고, 또한 개념정의가 일치하는 것이 반드시 바람직한 것도 아니다.[24] 그리고 일정한 사회적 목적을 지향하여 NGO의 규범적 속성을 강조할 수도 있다.

한국에서 NGO의 실체적 정의는 대체로 다음 네 가지 조건을 충족하는 경우이다. 첫째, 시민의 자발적 참여이다. NGO는 가치를 공유한 시민들이 공통의 목적을 달성하기 위해 자발적으로 모인 회원에 의해 구성된 단체이다. 시민사회에 뿌리를 두고 있는 NGO는 국가로부터 자율성이 그 개념을 규정하는 데 중요하다. 따라서 정부의 강제나 다른 귀속적·물질적 유인에 의해 모인 단체는 NGO가 아니다. 물론 싱크탱크형·중개형·사업형 NGO처럼 회원이 없는 NGO도 있을 수 있다. 그리고 참여는 인터넷으로 연결망을 형성하는 것을 포함하기 때문에 인터넷상으로만 회원이 존재하는 것도 가능하다.

둘째, 회원가입에 배타성이 없어야 한다. NGO는 시민사회의 다른 이익집단과는 달리, 누구나 회원으로 가입할 수 있는 개방적인 조직이다. 시민들이 자발적으로 참여하였다고 하더라고 일정한 계층이나 성·직업·지역·자격 등에서 회원자격을 제한하는 단체는 NGO가 아니다. 물론 예외적으로 전문가 중심의 NGO처럼 일정한 자격을 요구할 수도 있다. 회원자격을 제한하게 되면 회원의 집단이익을 추구하는 경향을 갖게 된다. 가장 대표적인 단체가 바로 직능단체이다.

셋째, 주로 자원봉사활동에 의해 사업을 수행한다. NGO는 일정한 상근

NPO의 개념은 한국의 NGO와 다르다.
[24] NGO의 개념정의가 학자 사이에 일치한다면 의사소통이 원활하고 NGO에 대한 연구축적이 용이하지만, 시민사회 내의 단체가 워낙 다양하기 때문에 연구가 협소해지고 단조로워질 수 있다.

자가 존재하지만, 관료화된 직원이 사업을 수행하는 것이 아니라 회원이나 자원봉사자의 자원활동이 중심이 되어 사업을 수행한다. 이것은 같은 공익조직이면서 비영리병원이나 교육기관과 같은 기관형 조직과 NGO를 구별하는 기준이 된다. 물론 사무실이나 상근자도 없이 인터넷을 통해 활동하는 단체도 NGO라고 할 수 있다.

넷째, 공익추구를 목표로 한다. 실제로 공익이라는 개념이 보는 사람에 따라, 국가와 시대에 따라 다르기 때문에 정의하기가 쉽지 않지만, NGO는 사회구성원 불특정 다수나 사회적 약자의 이익을 지향한다. 물론 공익이라고 해서 반드시 물질적 혜택이나 산출이 아니라 조직 내에서의 의사소통의 활성화, 민주적 리더십의 학습, 협력과 연대의 가치 습득 등도 포함시킬 수 있다. 그러나 상행위를 통해 사적 이익추구를 기본목표로 하는 기업이나 단체회원의 집단이익추구를 주요 목표로 하는 이익집단은 NGO가 아니다. NGO가 회원의 집단이익추구를 기본목표로 하지 않는다는 점에서 NGO의 활동은 회원의 직접적인 수혜와 관련되어 있지 않다.

이상 네 가지 조건을 충족하는 한국NGO의 개념을 "비정부·비정파·비영리 결사체로서 시민의 자발적인 참여로 결성되고, 회원가입의 배타성이 없으며, 주로 자원활동에 입각하여 공익추구를 목적으로 하는 단체"로 규정할 수 있다.[25] 이상 설명한 한국NGO의 개념정의를 〈그림 2-1〉과 같이 나타낼 수 있다.

NGO의 실체적 개념정의를 이상의 네 가지로 규정할 경우 문제되는 것

---

[25] NGO의 개념을 정의하면서 "비정치적"이라고 규정하는 것은 커다란 오류이다. 대의민주주의하에서 정치를 정부의 제도영역 내에서 일어나는 권력관계로 제한하려는 의도에서 나온 것일 수도 있지만, NGO가 회원을 조직하고, 집단적 의사를 표출하며, 정책을 제안하는 것은 매우 정치적인 활동이라고 할 수 있다. 정치적인 것(the political)을 확대하는 것도 NGO의 중요한 책무 중 하나이다.

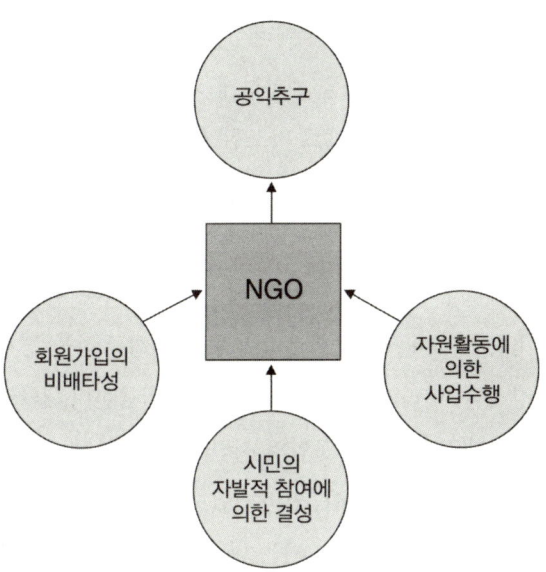

〈그림 2-1〉 한국NGO의 개념도

이 자조그룹(self-help group)이다. 그리고 노동조합과 협동조합을 NGO에 포함시킬 수 있는가도 논쟁이 될 수 있다. 이것은 결국 공익의 개념을 어떻게 판단하고 어느 정도로 적극적으로 해석할 것인가의 문제라고 할 수 있다. 우리 사회에는 장애인, 특수한 병자, 특수한 그룹의 사회적 약자 등이 모인 다양한 자조그룹이 있다. 이러한 단체들은 사회적 약자의 이익을 증진하기 위해 활동한다. 사회적 약자의 이익증진은 일종의 긍정적 외부효과(positive externality)로 작용하여 궁극적으로 사회 전체의 이익으로 연결된다.[26] 그러나 자조그룹이 직업적인 이해에 의해 결성되어 회원의 집단이익

---

[26] 외부효과란 어떤 사람이나 기업의 행동이 비의도적으로, 그것에 대한 대가(對價)의 교환 없이 다른 사람에게 이득이나 손해를 가져오는 것을 말한다. 이때 다른 사람에게 이득을 가져오는 것을 긍정적 외부효과 또는 외부경제(external economies)라고 하고, 대표적인 것이 바로 교육이나 기술혁신이다. 그리고 다른 사람에게 손해를 가져오는 것

추구를 목표로 하는 직능단체와 달리 NGO에 포함되기 위해서는, 사회적 약자의 모임인 동시에 회원가입에 배타성이 없어야 한다. 사회적 약자의 그룹이라고 할지라도 회원가입을 제한하게 되면 집단이익을 추구하는 단체로 전화될 가능성이 있다. 실제로 자조집단이 사회적 약자의 이익증대를 통해 공익에 기여하려고 한다면 회원가입을 제한할 이유가 없다. 물론 배타성의 정도를 엄격하게 규정하기는 어려울 것이다.

노동조합은 노동자의 권익을 위한 단체로서 자본가와 비교하여 사회적 약자의 모임이다. 그러나 노동조합은 임노동을 매개로 하는 경제적 행위자라는 의미가 강하다. 따라서 주로 경제영역에서 활동한다. 물론 한국과 같은 사회에서는 상대적으로 노동조합의 시민사회적 역할이 강하다고 할 수 있다. 그럼에도 불구하고 정도의 차이는 있지만, 시민사회에서 문화적 의미와 공공적 가치를 중시하는 NGO와는 다르다. 그리고 노동조합의 활동은 일정한 계급성을 내포하고 있는 데 반해, NGO는 초계급적 의미가 강하기 때문에 한국에서 노동조합을 실체적 의미의 NGO에 포함시키기는 어렵다.

협동조합도 마찬가지다. 생산자협동조합, 소비자협동조합, 노동자협동조합, 신용협동조합 등은 생산자와 소비자가 단결하여 자본주의체제를 보완하고 상호 협조에 의해 보다 인간답고 지속가능한 자치사회를 실현하고자 하는 제도이다. 협동조합을 통해 자본가와 노동자, 고용자와 피고용자의 관계가 사라지고 노동자의 주체적인 자기결정과 자주관리가 가능해진다. 그리고 생산자와 소비자 간의 직접적인 연결을 통해 지구환경을 개선하거나, 초국적기업에 저항하여 지구화의 억압구조를 극복하는 데에도 기여한다. 그러나 협동조합은 자본주의사회에서 사회적 소유의 일종으로서

을 부정적 외부효과(negative externality) 또는 외부불경제(external diseconomies)라고 하고, 대표적인 것이 공해유발이다(김태성·성경륭, 2000; 최병선, 1997).

경제결사체라고 할 수 있다. 물론 국가마다 다르고 협동조합의 종류마다 다르다. 예를 들어 미국보다는 일본에서 협동조합의 시민사회적 역할이 강하다. 그리고 협동조합 중에서 생활협동조합이나 의료협동조합과 같은 형태의 소비자협동조합은 지역의생활세계에 근거하여 기술주의와 관료주의에 저항하고 대안사회를 형성하려는 의도를 가지고 있기 때문에, 보다 NGO에 가깝다고 할 수 있다.

NGO의 개념을 이렇게 정의한다고 하더라도 그 구분이 명확한 것은 아니다. 공익의 개념이 애매하고, 회원가입의 배타성을 어떻게 판단하며, 단체의 계급성을 어떻게 구분할 것인지 명확하지 않다. NGO는 대체로 초계급적이기는 하지만, 사회적 약자의 이익을 좇아 일정한 계급성을 반영하는 경우가 있다. 또한 직능단체라고 하더라도 공익활동을 하지 않는 것이 아니다. 대한변호사협회나 대한의사협회는 정관에 공익활동을 하도록 규정하고 있고, 실제로 정부로부터 위임을 받아 공적 기능을 하거나 각종 봉사활동을 한다(박상필, 2001a). 이렇게 볼 때 직능단체도 때로 NGO의 기능을 하고 각종 시민운동에서 NGO와 연대하여 활동하기도 한다. 마찬가지로 종교단체로 출발한 한국 YMCA와 YWCA도 각종 공익활동을 하면서 NGO의 기능을 적극적으로 수행하고 있다.

NGO학에서 NGO의 실체적 의미를 시민단체와 등식화하여 좁게 규정하면 시민사회 내의 다양한 자발적 단체를 상당 부분 제외하기 때문에 연구영역을 축소시키는 단점이 있다. 실제로 NGO를 시민단체로 협소화하더라도 직능단체, 종교단체와 각종 비영리단체 등도 NGO와 같은 기능을 한다. 그리고 시민사회의 각종 결사체는 다양한 형태의 연대를 통해 국가와 시장을 견제하기도 하고, 각종 사회문제를 공동으로 해결하기도 한다. 그러나 NGO의 개념적 외연을 확대하게 되면 다른 개념과의 차별성이 애매모호하여 의사소통에 문제가 생기게 된다. 개념적 확대는 사회적 합의에 따라 자연스럽게 일어나게 될 것이다. 물론 학자가 연구목적에 맞는 분석적 개념을 사용함으로써 선도적으로 NGO의 개념적 범주를 확장하는 것도 가능할 것이다.

IV. 유사개념과의 비교

시민사회에는 NGO와 성분적 속성이나 범주가 비슷한 많은 단체가 있다. 앞서 살펴본 바와 같이 NPO, VO, PVO, CSO, 제3섹터 등이 있다. 그리고 한국에서도 NGO 외에 비영리단체, 제3섹터, 민간단체, 공익단체, 시민단체, 사회단체, 시민사회단체, 민중단체, 관변단체, 이익집단 등 다양한 용어가 사용되고 있다. NGO가 이들 개념과 어떻게 다른지 구별하는 것은 NGO의 개념을 명확히 하는 데 중요하다. 개념을 비교할 때 중요한 것은 개념의 범주를 정하는 것과 개념 간의 위계관계 및 전체 - 부분 관계를 결정하는 것이다. 여기서는 외국의 경우와 한국의 경우를 나누어 살펴보기로 한다.

1. 외국의 경우

시민사회에서 결성되어 활동하는 단체는 〈표 2-1〉에서 보는 바와 같이, 다양한 이름을 가지고 있다. 각각 범주가 다르거나 상위 - 하위 또는 부분 - 전체 관계에서 약간의 차이가 있다.

미국에서 주로 사용하는 비영리단체(NPO)는 정부와 기업을 제외한, 자체의 관리절차를 가지고 어떤 공공목적에 봉사하는 단체를 말한다. 이때 공공성은 매우 넓은 의미로 사용되고, 면세혜택에서도 차이가 있다. 비영리단체는 비영리병원과 사립학교에서부터 탁아소, 고아원, 박물관, 오케스

〈표 2-1〉 NGO 관련 용어표

약어	영문	한글
NPO	nonprofit organization	비영리조직
NGO	nongovernmental organization	비정부조직
BONGO	business-organized NGO	기업설립 NGO
DONGO[27]	donor-organized NGO	원조자설립 NGO
GONGO[28]	government-organized NGO	정부설립 NGO
INGO	international NGO	국제NGO
QUANGO[29]	quasi NGO	유사NGO
CBO	community-based organization	커뮤니티기반조직
CMO	civil movement organization	시민운동조직
CSO	civil society organization	시민사회조직
CVO	community voluntary organization	커뮤니티자원조직
GRO	grass-roots organization	풀뿌리 조직
MBO	membership organization	회원중심조직
PBO	public benefit organization	공익조직
PO	people's organization	민중조직
PSC[30]	public service contractor	공공서비스용역기관
PVO	private voluntary organization	사적자원조직
VO	voluntary organization	자원조직

---

[27] UN이 캄보디아, 모잠비크, 아프가니스탄과 같은 국가에 분쟁 이후의 각종 사회활동을 위해 직접 설립한 NGO가 있고, 대표적으로 UNDP(United Nations Development Programme)를 들 수 있다(박재영, 2003).

[28] GONGO는 과거 사회주의 정부나 권위주의 정부에 의해 만들어져 정부의 재정지원을 받는 NGO를 말한다. 중국이나 쿠바와 같은 국가가 인권분야에서 GONGO를 조직하여 인권회의와 같은 국제대회에 참여시키고 자국의 입장을 옹호하도록 하였다(박재영, 2003).

[29] 유사NGO란 자금의 대부분을 공적 기금(public fund)에 의존하는 NGO를 말한다. 주로 스칸디나비아 국가와 캐나다에 많이 존재한다(박재영, 1998).

[30] PSC는 미국에서 NGO로 분류하는데, 공공서비스를 제공하여 공공목적을 수행한다. 그러나 시장지향적이어서 상대적으로 NGO보다 시장적 가치를 중시한다(Korten, 1990).

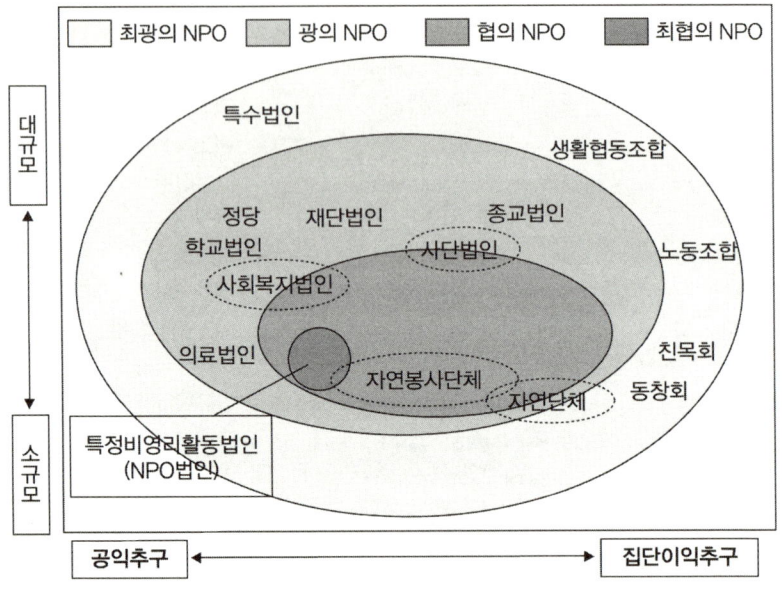

〈그림 2-2〉 일본 NPO의 개념구성도

트라, 종교단체, 환경단체, 전문가단체, 사교클럽 등 광범위하다. 비영리단체는 규모와 역할이 다양하지만, 대체로 공식적인 조직, 사조직, 이윤배분 금지, 자율관리, 자원봉사, 공익추구 등 여섯 가지 특성을 지닌다(Salamon, 1999). 유럽에서도 약간의 차이가 있지만 범주는 비슷하다. 일본에서 비영리단체의 개념은 매우 복잡하다. 광의적으로는 미국의 개념을 원용하여 공익법인, 자선단체, 사회복지법인, 종교법인, 의료법인, 학교법인, 자선기금, 협동조합, 시민활동단체 등을 포함한다. 그러나 협의로는 주로 자발성과 독립성을 가진 시민활동단체나 자원봉사단체를 말한다. 시민운동을 하는 사람에게 NPO는 주로 1998년 제정된 '특정비영리활동촉진법'에 의한 특정비영리활동법인을 말하는데, 이것은 일본 NPO 중에서 가장 좁은 의미의 NPO 범주에 해당한다. 대체로 NPO는 NGO보다 넓은 개념이지만, NPO 안

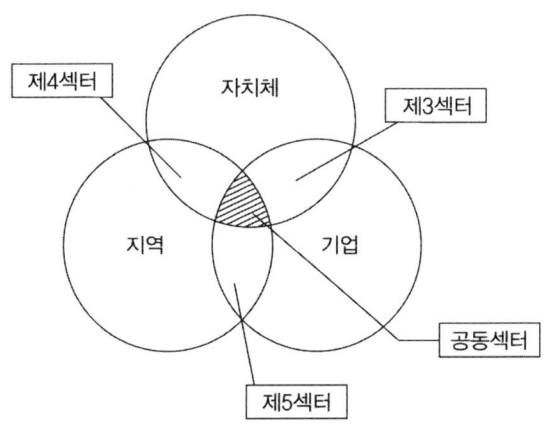

〈그림 2-3〉 일본의 제3섹터 개념도

에 NGO가 있고 NGO 안에 NPO가 있다고 보고, NPO/NGO로 병기(倂記)하기도 한다. 〈그림 2-2〉는 일본 NPO 개념의 다양한 범주를 표시해주고 있다.

제3섹터는 영역의 의미와 조직의 의미를 동시에 가지고 있는 용어이다.

미국이나 유럽에서 제3섹터는 국가나 시장이 아닌, 제3의 영역으로서 바로 비영리섹터 혹은 비영리단체를 말한다. 그러나 일본에서 제3섹터의 개념은 좀 독특하다. 즉, 주로 조직개념으로서 "국가, 지방자치단체, 정부관계기관(제1섹터)과 민간부분(제2섹터)이 공동출자한 공사혼합기업"을 말한다. 특히 지방수준에 있는 공사혼합기업을 일컫는다. 물론 최근에는 미국의 영향을 받아 비영리섹터를 의미하는 제3섹터의 개념이 부분적으로 사용하기도 한다. 〈그림 2-3〉은 일본에서 주로 사용되고 있는 제3섹터의 영역을 표시해주고 있다.

자원조직(VO)은 유럽에서 많이 사용되고 있는데, 특히 영국에서 많이 사용한다. VO는 복지국가가 발달한 유럽에서 민간단체로서 자원봉사활동을 통해 각종 복지서비스를 제공하는 단체를 말한다. 그러나 개념의 범주가 애매하여 좁은 의미로는 자선단체를 말하고, 넓은 의미로는 정부의 지원을 받아 공공서비스를 제공하는 각종 비영리병원, 사립학교, 직업훈련소, 연구기관, 박물관, 자원봉사조직 등도 포함한다. VO는 대체로 NPO보다는 좁은 개념인 반면, NGO보다는 넓은 개념이라고 할 수 있다. 커뮤니티자원조직(CVO)은 VO 중에서 지방의 소규모단위에서 활동하는 단체를 말한다.

사적자원조직(PVO)은 미국에서 VO 대신에, 혹은 VO와 같은 의미로 자주 사용되고 있다. 실제로 미국에서는 1980년대까지만 해도 NGO라는 용어보다는 이와 유사한 범주로서 PVO라는 용어를 많이 사용하였다. 특히 NPO가 국내상황에 적용되는 데 비해, PVO는 국제무대에서 활동하는 단체를 지칭할 때 사용하였다(Lewis, 1999). PVO는 그야말로 시민사회에서 자원활동을 통해 각종 원조활동을 하거나 서비스를 제공하는 자발적 결사체를 말한다. 그러나 PVO 역시 그 범주가 애매한데, NPO보다는 좁은 개념임에 틀림없다.

시민사회단체(CSO)는 NGO의 용어가 지닌 부정적인(non-) 어법과 소극적인 이미지를 극복하기 위해 최근에 적극적으로 사용되고 있다. 특히 세계NGO의 연합체인 시비쿠스(CIVICUS)와 세계은행(World Bank)에서 많이 사용한다. CSO는 그 개념 속에 시민참여와 연대, 정부에 대한 영향력, 사회적 약자의 이익 대변, 문화적 가치의 추구, 종교적 신념의 보호 등과 같은 광범위한 의미를 내포한다(UNDP, 1998). 따라서 이 개념 역시 사용하는 사람에 따라 그 범주가 다양하다. 세계은행의 규정에 의하면, CSO는 국가와 개인 사이의 모든 기관과 결사체를 말한다. 이렇게 본다면 CSO는 NGO의 대용어가 아니라 NPO의 대용어라고 할 수 있다. 그러나 CSO에 비영리병원, 사립학교, 복지관 등과 같은 기관형 조직을 제외하는 반면에 종교단체, 노동조합, 재단 등을 포함하기 때문에 NGO보다는 넓지만 NPO보다는 좁은 개념이다. CSO는 VO와는 달리, 서비스제공보다는 다양한 가치를 추구

〈표 2-2〉 시민사회 내의 각종 단체 비교(외국)

단체	주요 특징	다른 단체와 비교
NPO	시민사회 내에서 영리를 추구하지 않는 모든 단체	시민사회 내의 단체 중에서 가장 넓은 의미
제3섹터	정부와 기업을 제외한 비영리섹터의 모든 단체	미국과 유럽에서는 NPO와 같은 개념이고, 일본에서는 공사혼합기업을 의미
VO	자원활동을 통해 복지서비스를 제공하는 단체	NPO보다는 좁은 개념이고, NGO보다는 넓은 개념
PVO	자원활동을 통해 원조활동을 하거나 서비스를 제공하는 결사체	VO와 같기도 하고, NGO과 같거나 좁은 개념으로 사용
CSO	시민사회 내에서 시민참여, 권력견제, 약자보호, 문화적/종교적 가치를 추구하는 다양한 결사체	NPO보다는 좁은 개념이고, NGO보다는 넓은 개념. VO에 비해 역동적인 의미를 내포
NGO	시민사회에서 자발적으로 결성되어 공익을 추구하는 결사체	미국이나 일본에서는 좁은 개념, 유럽은 다소 넓은 개념으로 사용

하는 단체활동의 역동성을 내포하고 있다.

이상 외국에서 사용하는 시민사회 내의 다양한 단체에 대한 개념을 정리하면 〈표 2-2〉와 같다.

2. 한국의 경우

1) 비영리단체(NPO)와 제3섹터

한국에서 비영리단체는 미국의 개념과 비슷하다. 즉, 국가와 시장이 아닌 비영리섹터에서 공공의 목적에 봉사하거나 조직구성원의 공동이익을 추구하는 단체를 말한다. 이것은 시민사회 혹은 비영리섹터의 모든 단체를

〈표 2-3〉 한국 비영리단체(NPO)의 분류

구분			주요 단체
목적	조직유형	활동영역/기능	
공익단체	기관형조직	의료/보건단체	종합병원, 정신병원, 요양원
		교육/연구단체	초등·중등·고등사립학교, 직업학교, 연구소
		복지서비스단체	양로원, 탁아소, 고아원, 직업훈련소, 복지관, 모자보호소, 청소년수련원
		예술/문화단체	박물관, 미술관, 극장, 오케스트라, 레크리에이션 단체
	회원	시민단체	환경단체, 소비자단체, 여성단체, 장애인단체, 국제원조단
집단이익추구단체	조직	종교단체	불교·기독교·천주교·이슬람교 등 각종 종교단체
		직능단체	상공회의소, 전경련, 변호사협회, 의사협회
		친목단체	컨트리클럽, 동창회, 향우회, 화수회, 상조회

포괄한다. 비영리병원과 사립학교에서부터 복지관, 환경단체, 여성단체, 종교단체, 변호사협회, 화수회, 동창회까지 포함한다. 비영리단체는 공공서비스 제공, 국가권력과 시장권력의 견제, 참여와 공동체문화의 형성, 개인 간의 유대와 협력 등과 같은 역할을 한다. 한국 비영리단체를 단체의 목적, 조직유형, 활동영역/기능에 따라 분류하면 〈표 2-3〉과 같다.

3섹터는 1990년대부터 비영리단체와 같은 의미인 미국적 의미, 공사혼합기업을 의미하는 일본적 의미, 그리고 준공공부문 등 세 가지 의미가 복합적으로 사용되어오다가, 최근에는 주로 미국과 같이 비영리단체와 같은 의미로 사용되고 있다. 학자들의 연구에서도 박상필과 주성수는 미국적 의미로, 강형기·오희환·배용수·최근열 등은 일본적 의미로, 그리고 최병선·유훈·민진 등은 준공공부문 또는 준정부조직으로 보고 있다.[31]

2) 민간단체와 공익단체

민간단체는 공공단체의 상대적인 개념이다. 어원적으로 본다면 공공단체인 정부조직을 제외한, 기업을 포함한 시민사회의 모든 단체가 포함될 수 있다. 그러나 일단 기업은 자체 고유의 개념을 가지고 있고, 시민사회의 각종 단체 중에서 정부와 밀접한 관련이 단체를 제외한다. 즉, 비영리단체 중에서 정책적인 고려에 의해 정부와 긴밀하게 협력하거나 정부의 재정지원에 대한 의존도가 높은 비영리병원, 사립학교, 복지관 등과 같은 단체를 제외한 영역을 가리킨다. 따라서 민간단체는 비영리단체보다는 좁은 개념이고, NGO보다는 훨씬 넓은 개념이다.

공익단체는 〈표 2-3〉에서 집단이익추구단체(mutual benefit)에 상대적인 개념이다. 앞서 말한 바와 같이, 공익의 개념이 애매하기 때문에 공익단체의 범주를 설정하는 것이 쉽지 않다. 〈표 2-3〉에서 공익단체도 공익의 정도가 다양하고, 집단이익추구단체도 직접 공익활동을 하거나 넓은 의미에서 공익과 관련되어 있기도 하다.[32] 문제는 종교단체가 공익단체에 속하는가이다. 미국에서는 종교단체를 공익단체로 분류하기도 한다(Salamon, 1999). 그러나 종교단체가 인간구원과 사회적 약자에 대한 각종 복지활동을 수행함에도 불구하고, 한국에서 교회와 사찰은 상업성이 강하고 집단이익을 추구하는 경향이 있어서 부정적인 시각도 많다. 따라서 〈표 2-3〉에서

---

[31] 준공공부문이란 정부와 기업 및 비영리단체의 중간영역으로서 정부와 기업 혹은, 정부와 비영리단체의 혼합적 또는 이중적 정체성을 가지고 있는 각종 조직을 말한다. 정부와 기업 사이에는 공기업·정부투자은행 등이 있고, 정부와 비영리단체 사이에는 정당, 국립대학, 국립병원, 공익재단 등이 있다.

[32] 각종 직능단체나 친목단체도 회원이 모여서 상호 교류하고 의견을 교환하는 과정에서 토론기술을 배우고, 리더십을 배우며, 여론을 조성하는 등 민주사회에서 여러 가지 중요한 역할을 한다.

종교단체는 공익단체와 집단이익추구단체의 중간에 위치하고 있다.

3) 시민단체·민중단체·관변단체

시민단체·민중단체·관변단체는 단체의 성격은 달라도 개념의 위계상 비슷한 수준에 있는 단체들이다.

시민단체는 1987년 6월항쟁 이후 기존의 시민사회를 지배하고 있던 민중단체와 관변단체에 상대적인 개념으로 등장하였다. 한국에서 6월항쟁 이전만 해도 시민단체라는 말은 거의 사용하지 않았다.[33] 6월항쟁 이후 시민단체라는 말이 한국사회에서 급속하게 퍼진 것은 1989년에 설립된 경실련의 위상에 크게 기인한다. 경실련 이후에 설립된 각종 환경·여성·인권·문화단체를 시민단체라고 부르기 시작하였다. 시민단체는 시민들이 자발적으로 결성하여 각종 공익활동을 하는 단체이다. 앞서 말한 바와 같이, 한국에서는 거의 NGO와 교환되는 개념이다.

민중단체는 시민단체와 같이 시민이 자발적으로 결성한 단체이지만, 계급적인 의미를 담고 있다. 민중단체는 기층민중 또는, 민중적 주체성을 가진 사람이 중심이 되어 비합법적 또는, 반합법적 방법까지 사용하여 분배문제 등 계급적 이슈를 적극적으로 제기하고, 궁극적으로 자본주의에서 사회주의로의 체제변혁을 지향하는 단체이다. 각종 노동자단체·농민단체·빈민단체가 여기에 해당한다. 물론 한국에서 노동자든, 유기적 지식인이든, 계급의식을 가지고 있는지는 의심스럽다.[34] 따라서 시민단체와 민중단

---

[33] 1987년 6월항쟁 이전에 민중단체와 관변단체에 포함시키기 어려운 단체를 대체로 사회단체라고 명명하였다.

[34] 실제로 1987년 6월항쟁 이후 노동자 대투쟁은 중산층의 항쟁에 의해 주어진 자유공간에서 일어났고, 자본주의체제를 변혁하려는 계급투쟁보다는 노동자권리의 신장에 치중하였다(한완상, 1992). 물론 이 당시 국가에 의한 노동계급의 정치참여 불허, 산업별

체의 구별은 쉽지 않고, 실제로 시민운동에서 양자 간의 연대가 활발하게 이루어지고 있다.

관변단체라는 용어는 군부권위주의 정권하에서 국가가 국가권력의 정통성과 정당성을 인정받지 못하고, 시민사회가 국가에 대해 상대적인 자율성을 축적하지 못한 시대적 상황에서 발생하였다. 관변단체는 정부의 주도적인 역할에 의해 설립되어 재정의 상당한 부분을 정부의 직·간접적인 지원에 의존하고, 단체의 사업과 조직에서 정부의 간섭을 받는다. 과거 관변단체는 정도의 차이는 있지만, 테러·관제데모·선거운동 등을 통해 체제유지에 협력하고 이에 상응하여 정치적·재정적 특권을 누렸다. 1948년 정부수립 이후 대한청년단과 서북청년단, 1950년대 한국전쟁 이후 백혈단과 구국돌격대, 그리고 1980년대 이후 새마을운동중앙협의회, 바르게살기운동중앙협의회, 한국자유총연맹, 자율방범대, 청소년선도회 등을 관변단체라고 불렀다. 그러나 민주화가 진척되어 정권의 정통성이 충족되고 절차적 민주주의가 완성됨에 따라 관변단체라는 용어는 점점 사라지고 있을 뿐만 아니라, 시민단체와의 구별이 어렵고 구별의 실익도 없다.[35] 시민단체도 정부의 재정지원을 받고 정부와 협력하여 공동으로 사업을 추진하기 때문이다.[36]

또는 전국적 노동조합 조직화 봉쇄에 의해 노동자들이 계급연대를 확대하고 계급의식을 강화할 수 있는 조건이 미약했던 것은 간과할 수 없는 일이다(임혁백, 1994).

[35] 실제로 미국과 같은 선진국에서는 정부가 설립한 NGO와 민간이 설립한 NGO 간의 구별이 거의 없다. 평화봉사단(Peace Corps), 전국노인봉사단(National Senior Service Corps), 비스타(VISTA: Volunteers in Service to America), 미국봉사단(AmeriCorps) 등은 연방정부가 개별서비스를 촉진시키고, 미국과 해외에서 자원봉사활동을 지원하기 위하여 설립한 단체들이다. 즉, GONGO와 QUANGO가 많이 활동하고 있다. 그리고 2003년 부시(George Bush) 대통령도 시민의 자원봉사활동을 지원하기 위해 백악관 산하에 미국 자유봉사단(USA Freedom Corps)이라는 조직을 결성하였다.

4) 사회단체와 시민사회단체

1987년 6월항쟁 이전에 지금 사용하는 민간단체나 시민단체와 비슷한 범주의 개념으로서 사회단체라는 용어가 빈번하게 사용되었다. 시민사회에서 결사체가 만들어지면 '사회단체등록에 관한 법률'에 의해 의무적으로 등록하게 되어 있었다. 실제로 1995년 이전에 설립된 경실련, 환경운동연합, 참여연대 등이 이 법에 의거하여 지방정부에 등록하였다.[37] 사회단체라는 용어는 현재에도 사용되고 있기는 하지만, 개념적 범주가 애매하고 개념의 권위를 점점 상실해가고 있다. 사회단체는 넓게 보면, 시민사회 내에서 일정한 사회적 목적을 가지고 일반인의 가치관에 영향을 끼치기 위해 결성된 자발적 결사체라고 정의할 수 있다. 이렇게 본다면 사회단체는 NGO보다는 훨씬 넓고 거의 민간단체의 범주에 가깝다. 그러나 좁은 의미의 사회단체는 시민단체에 비해 국가권력을 견제하고 비판하여 사회변혁을 지향한다는 진보적 의미를 내포하기도 한다.[38]

시민사회단체는 한국에서 매우 애매한 개념이다. 우선 시민사회단체를 영어의 CSO를 번역하여 사용하는 사람은 외국의 경우처럼 NGO 외에 각종 직능단체, 종교단체, 재단, 협동조합, 노동조합 등을 포함하는 넓은 의미로 사용한다. 이때 시민사회단체는 민간단체와 비슷한 범주이다. 그러나 실제

---

[36] 과거 관변단체라고 불렸던 단체는 "비영리민간단체지원법"에 근거하여 시민단체와 같이 공개경쟁을 통해 정부로부터 재정지원을 받는다. 물론 지방수준에서는 아직도 과거 관변단체라고 불렸던 단체에 대한 특권이 많이 남아 있는 것이 사실이다.

[37] '사회단체등록에 관한 법률'은 1963년 12월에 제정되어, 1994년 1월 '사회단체신고에 관한 법률'로 개정되었다가, 시민단체의 자율성을 침해한다는 이유로 1997년 4월에 폐지되었다(박상필, 1998).

[38] 이것은 시민운동과 사회운동의 비교에서도 나타난다. 일상적인 생활문제까지 포함하는 시민운동보다는 노동운동까지 포함하여 기존 정치질서의 변혁을 지향하는 사회운동이 보다 진보적인 의미를 가지고 있다.

로 시민운동에 관여하는 사람은 시민사회단체를 NGO나 시민단체와 같은 좁은 의미로 사용하기도 한다. 전자의 경우는 시민사회에 대한 담론이 확장되고 민간단체라는 용어가 점점 개념적 지지세력을 상실해가고 있는 상황에서 일정한 정체성을 확보하고 있다고 볼 수 있다. 그러나 후자의 경우는 한국에서 이미 생성된 시민단체를 굳이 단어를 늘려서 시민사회단체라고 할 이유가 없다. 또 다른 경우에는 시민사회단체를 CSO의 번역이 아니라 시민단체와 사회단체를 합친 의미로 사용한다. 이 경우에는 시민사회단체가 시민단체의 좁은 의미를 넘어설 수 있고, 사회단체가 가진 진보적 의미를 차용해올 수 있는 이점이 있다. 실제로 시민운동의 현장에서 활동하는 사람까지 이런 의미로 시민사회단체라는 용어를 사용하기도 한다. 그러나 이럴 경우에도 시민사회단체의 개념적 범주가 애매하다. 따라서 시민사회단체는 조건적으로 규정하여 민간단체의 일부로 간주하고 연구를 진행할 수는 있지만, 경험적으로 볼 때 국제적 통용에 맞추어 CSO를 번역한 의미로 사용하는 것이 개념적 권위를 획득하는 데 유리할 것으로 보인다.

5) 이익집단

이익집단(interest group)은 이익집단정치론에서 매우 넓게 본다. 즉, 개인들의 집합체로서 공유된 목적 또는 가치를 달성하기 위해 상호작용하는 집단으로 본다(김영래, 1997b). 이렇게 되면 시민사회에 있는 대부분의 단체가 이 범주에 속하게 된다. 그러나 한국 시민사회에서 이익집단은 매우 좁은 의미로 본다. 즉, 이익집단을 "목표를 공유하고 정부에 대한 영향력 행사를 통해 집단이익을 추구하는 단체"로 본다(박상필, 2001a). 이것은 이제 막 개화하고 있는 시민사회에서 개인이나 집단의 이익을 추구하는 행위로 인해 시민사회가 사유화될 여지를 차단하고자 하는 의지가 내재되어 있기 때문이다. 이익집단의 대표적인 단체로 〈표 2-3〉에서 직능단체를 들 수 있다.

〈표 2-4〉 시민사회 내의 각종 단체 비교(한국)

단체	주요 특징	다른 단체와 비교
NPO	시민사회 내에서 공익을 추구하거나 공동이익을 추구하는 단체	시민사회의 모든 단체를 포괄하고 제3섹터와 같은 의미
민간단체	공공단체에 상대적인 개념	NPO 중에서 정부와 긴밀한 단체는 제외
공익단체	공익을 추구하는 단체	집단이익추구단체에 상대적인 개념
시민단체	시민이 자발적으로 결성하여 공익을 추구하는 결사체	NGO와 거의 같은 의미
민중단체	민중적 주체성을 가진 사람이 체제변혁을 목표로 모인 단체	시민단체에 비해 계급지향적
관변단체	정부 주도로 설립되어 재정지원을 받고 체제유지에 협력	시민단체에 비해 정부종속적
사회단체	사회변혁을 지향하는 진보적 단체	NGO보다는 진보적이고, 민중단체보다는 넓은 의미
시민사회단체	시민사회 내의 역동적인 자발적 결사체	좁게는 시민단체와 비슷하고, 넓게는 민간단체와 비슷
이익집단	정부에 대한 영향력 행사를 통해 집단이익 추구	시민단체와 상대되는 개념

이상 한국에서 사용되는 시민사회 내의 다양한 단체에 대한 개념을 정리하여 비교하면 〈표 2-4〉와 같다. 물론 시민사회 내의 각종 단체를 지칭하는 개념은 〈그림 2-4〉에서 보는 바와 같이, 개념 간에 일정한 위계를 가지고 있다. NPO가 가장 넓은 의미를 지닌 상위의 개념이고, NPO 안에 공익단체, 종교단체, 집단이익추구단체가 있다. 민간단체 혹은 시민사회단체는 NPO 중에서 공익단체의 일부를 제외한 단체의 범주를 가리킨다. 그리고 NGO는 공익단체 중 하나이고, 이익집단은 집단이익추구단체 중 하나이

〈그림 2-4〉 시민사회 내의 각종 단체의 위계구도

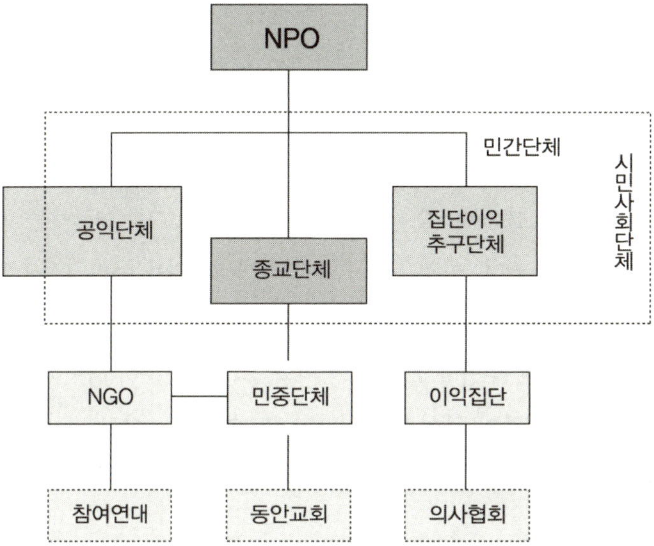

다. 민중단체는 NGO 혹은 시민단체와 비슷한 차원에 있는 단체이다. 시민사회에 위치하고 있는 각종 단체의 개념은 상호 간의 차이를 명확하게 구분하는 것이 쉽지 않지만, NGO와 이익집단은 가장 반대편에 있다고 볼 수 있다.

V. 끝맺는 말

최근 NGO학을 정립하려는 시도가 서구 선진국뿐만 아니라 한국에서도 일어나고 있다. 새로운 학문의 탄생은 고유의 연구영역, 과학적 연구방법, 이론적 체계와 같은 조건이 구비되어야 하지만, 우선 개념적 경계를 가져야 한다. 따라서 NGO학의 정립은 NGO의 개념정의에 대한 전문학자들 간의 일정한 합의가 필요하다. 이러한 점에서 NGO의 개념에 대한 논쟁은 지적으로 중요한 작업으로서 상당히 생산적인 의미를 지닌다. 더구나 최근 한국에서 NGO에 대한 연구가 급증하면서 경험적 개념을 왜곡하거나, 명목적 개념이라고 하더라도 분석수준에 어긋나는 것을 자주 목격할 수 있다. 사실 시민사회나 시민운동 현장에서는 NGO에 대한 개념정의에서 상당한 합의에 이르고 있다. 오히려 개념적 혼란은 NGO를 연구하는 학자 사이에서 일어나고 있다. 이것은 서구학자의 개념정의를 무의식적으로 차용하기 때문이다. 이것은 한국의 사회과학이 강대국의 논리에 조응하여 서구이론을 무분별하게 수입하고, 한국의 지적 공간이 단순히 서구이론의 소비지로 기능하는 기존의 관성 때문이라고 할 수 있다. 이런 점에서 한국적 NGO학의 창안을 위해 먼저 NGO의 개념에 대한 철저한 논구가 필요하다고 하겠다.

    NGO의 개념에 대해서는 연구하는 학자들 사이에 그 속성과 범주가 일치하기 어렵고, 일치하는 것이 반드시 바람직한 것도 아니다. NGO를 시민사회에 있는 다양한 결사체 중에서 한 집단에만 고정시키는 것은 시민사회에 대한 연구를 협소화시키고 연구지평을 단조롭게 만들 수 있기 때문이다. 그럼에도 불구하고 현대사회에서 강한 공공성을 가지고 다양한 사회문제 해결에 기여하고, 특히 개인의 창조적 삶과 자아실현을 위한 수단으로서 중요한 함의를 지닌 NGO에 대한 체계적인 연구를 위해 개념정의에 대한 일정한 합의가 필요하다. NGO에 대한 개념정의에서 합의를 도출하는 것은 결국 경험적 개념을 파악하는 것이다. 이것은 다양한 방법으로 가능하지만, 여기서는 주로 기존 문헌과 상호 주관적 지식을 통해 결론을 도출하였다. 앞으로 이에 대한 체계적이고 실증적인 연구가 요망된다.

제3장
NGO와 정부 간의 관계

I. 서론

    20세기에 들어서서 참정권의 확대와 지속적인 경제성장은 복지국가의 탄생을 가능케 하였고, 특히 제2차 세계대전 이후 민주국가들은 괄목할 만한 부를 축적함으로써 국민의 질병·빈곤·불안에 적극 개입하게 되었다. 그러나 1970년대 미국 헤게모니의 쇠퇴와 오일쇼크에 의해 초래된 경제위기는 국가와 자본과 노동 간의 화해적 정치구조를 와해시키는 결과를 가져왔고, 1970년대 후반 이후 신보수주의 주창자는 개인의 자율성, 기업활동의 자유, 시장의 효율성, 사회복지비의 삭감 등을 주장하였다. 이러한 경제적 침체와 보수주의의 강화로 인하여 민영화와 분권화가 강조되었고, 작은 정부에 대한 광범위한 논의가 일어났다. 물론 이것은 현대복지국가에서 정부가 수행해야 할 핵심적인 의무를 포기하는 것을 의미하는 것은 아니다. 중앙정부가 직접 서비스를 제공하던 것을 지방정부 및 사분야와의 협력을 통해 실현하는 것이다.[1]

    중앙정부가 제공하던 공공서비스의 일부를 담당하는 사분야 중에서 빼

놓을 수 없는 것이 비영리단체(NPO: nonprofit organization)이다. 각종 비영리단체는 의료·교육 서비스, 아동·여성·노인·장애인 복지, 환경·인권보호, 예술·문화·학술 장려 등에서 갖가지 공공서비스를 제공한다. 비영리단체 중에서 NGO 또는 시민단체는 시민의 자율과 참여와 연대를 통해 국가권력을 견제하고 다양한 공공서비스를 생산한다.[2] 이를 통해 개인의 주체성을 일깨우고 공공성을 인식시키며 국가가 생산하지 못하는 미시적인 서비스를 생산한다. 개인의 참여를 통해 사회적 책임을 수행하고 시민의 자율에 의해 공공서비스를 생산하는 것은 우리 사회를 능동사회(active society)로 만든다. 능동사회란 한마디로 시민 스스로 주체의식을 가지고 사회적 책임을 수행하는 것이다.[3] 능동사회는 자율적 의사, 자기행위에 대한 주체의식, 자기행위에 대한 책임 등을 전제로 하는 민주주의의 발달에 중요하다.

그러나 한국 시민사회는 1960년대 국가 주도의 산업화에 의해 '위에서 아래로'의 방식으로 형성되기 시작하다가, 1980년대에 와서 자체의 역량을 가지고 본격적으로 발달하였기 때문에 아직도 초기발달단계에 있다. 따라서 이렇게 제한된 능력을 가진 시민사회에 바탕을 두는 NGO의 역량 또한 한계가 있다. NGO의 수적 제한, 시민참여의 부족, 재정충원의 한계, 내적

---

[1] 샐러먼(Salamon, 1995)은 이것을 제3자정부(third-party government)라고 부른다. 연방정부가 프로그램의 우선순위를 결정하고 재정을 지원하지만, 실제적인 서비스 전달과 프로그램 운영은 주-지방정부, 은행, 기업체, 병원, 비영리단체 등이 떠맡는다. 이 과정에서 주-지방정부 또는, 사기관(私機關)은 상당한 정도의 공공권위와 재정지출에 대한 재량권을 연방정부와 공유하게 된다.
[2] 여기서는 NGO와 시민단체를 상호 교환하는 개념으로 사용한다.
[3] 에치오니(Etzioni, 1968)에 의하면, 능동사회란 강렬하고 지속적으로 자기변개하는 사회구성원에 대하여 민감한 사회로서, 모든 주요 사회그룹이 적극적으로 공공생활(public life)에 참여하고 사회의 여러 가지 가치가 잘 실현되는 사회이다.

민주화의 저발전 등으로 인해 능동사회를 실질적으로 구축하는 데는 한계가 있다. 그럼에도 불구하고 2000년대에 들어와서는 다양한 NGO들이 결성되어 국가와 시장의 권력을 적극적으로 견제할 뿐만 아니라, 국가의 역량이 미치지 못하는 영역에서 인간적인 삶에 필요한 각종 공공서비스를 적극적으로 생산하고 있다. 따라서 한국에서도 NGO의 참여를 통해 민주주의의 질적 증대와 삶의 질 강화를 모색하는 것은 중요한 의미를 지닌다고 할 수 있다.

이 글은 한국 NGO와 정부의 관계를 유형화하고 그 변화추이를 분석한 후, 바람직한 관계모델을 도출하여 이 모델들이 제대로 작동하기 위한 지원체제에 대하여 살펴보려고 한다. 즉, 신자유주의하에서 국가의 한계를 보완하고 시민사회의 자원적 에너지를 적극적으로 활용하는 정부-NGO의 관계모델과 이 모델에 필요한 지원체제를 고찰하려는 것이다. 이러한 분석을 위해 경험적 자료에 근거하여 각 NGO가 일정한 시간과 공간에서 차지하는 의미를 발견할 수 있는 경험적·역사적 분석방법을 사용한다. 이를 위해 각종 법령집, 시민단체의 통계자료·정기간행물·보고서·성명서 등 2차 자료를 분석하는 문헌조사를 주로 하고, 이러한 문헌의 타당성을 보완하기 위해 실무자와의 인터뷰를 실시하였다.

NGO와 정부의 관계유형은 NGO의 재정과 활동의 자율성을 중심으로 유형화하였다. 연구대상 단체는 참여연대, 경제정의실천시민연합, 흥사단, 새마을운동중앙협의회, 바르게살기운동중앙협의회 등 다섯 단체를 사례로 하였다. 사례의 선정기준은 단체의 역사가 5년 이상이고, 중앙조직으로서 현재 활동이 활발하며, 연합체형 조직으로 하였다. 이렇게 선정된 단체 중에서 재정과 활동에서 별로 차이가 없는 단체는 제외하였다.[4] 후자의 두 단

---

[4] 선정된 단체 중에서 '환경운동연합'은 참여연대와 별로 차이가 없을 뿐만 아니라 협의

체는 소위 관변단체로 불리면서 시민단체의 자격시비가 있지만, 관변단체도 시민단체의 왜곡된 형태일 뿐 시민단체의 연속선상에 있다고 볼 수 있다.5 연구시기는 NGO 설립부터 김영삼 정권의 마지막 시기인 1998년까지로 하였다.

II. NGO와 정부

1. NGO의 의의

시민사회에 대한 발견과 연구가 적극적으로 이루어지기 전에는 사회를 주로 공공부문과 민간부문으로 양분하였다. 공공부문은 주로 관료조직으로 이루어져 있고, 공적 권위에 기초하여 사회질서를 유지하고 갈등을 조정하는 역할을 한다. 그리고 민간부문은 공공부문을 제외한 사적 영역으로서 개인이 가정을 이루고, 경제활동을 하며, 집단활동을 통해 사회적 욕구를 충족하는 곳이다. 그러나 오늘날 시민사회의 역할이 강조되고 각종 사회문제를 해결하는 중요한 메커니즘으로 인식되면서 삼분모델이 일반화되

체형 단체이고, 비교의 대상으로서 가치가 있는 '한국소비자연맹'은 역사가 오래되었어도 축적된 자료가 별로 없어서 제외하였다.
5 관변단체란 권위주의 군부정권하에서 국가가 권력의 정통성과 정당성을 인정받지 못하고, 시민사회가 국가에 대한 상대적 견제능력을 축적하지 못한 상태에서 발생하였다. 그러나 절차적 민주주의가 완성된 지금 관변단체와 시민단체를 구별하는 것은 실익이 없을 뿐만 아니라, 양자 간의 구별이 애매하다. 시민단체와 관변단체는 상호 배타적인 위치에 있다기보다 정부에 대한 자주성의 연속선상에서 정도의 차이가 있는 것에 불과하다. 예를 들어 시민단체가 정부를 지지하는 데모를 하면 관변단체가 되었다가 이를 그만두면 다시 시민단체로 되돌아온다고는 할 수 없다.

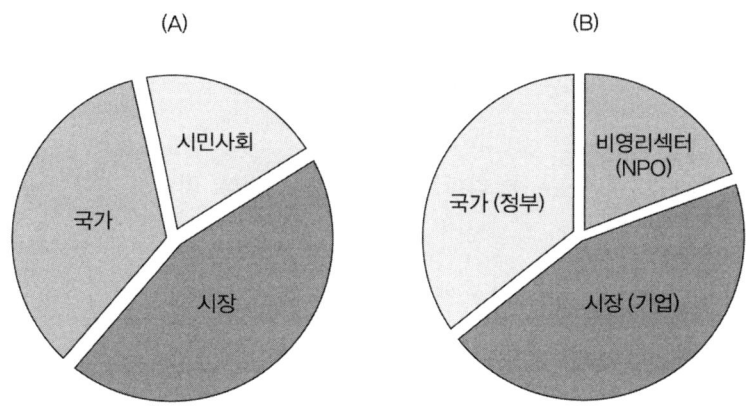

〈그림 3-1〉 사회조직 구분모델

고 있다.6 〈그림 3-1〉 (A)에서 보는 바와 같이, 광의의 사회는 크게 국가, 시장, 시민사회로 삼분할 수 있다. 시민사회는 접근방식에 따라 달리 비영리섹터(nonprofit sector)라고도 한다.7 따라서 (B)에서 볼 수 있는 바와 같이, 국가의 대표적인 조직이 정부이고, 시장의 대표적인 조직이 기업이며, 비영리섹터(NPS) 혹은 제3섹터(the third sector)에 있는 모든 조직을 총칭하여 비영리단체(NPO)라고 한다.

비영리단체란 국가와 시장 사이에 놓여 있는 다양한 조직으로서, 자체의 관리절차를 가지고 공공의 목적에 봉사하거나 조직 구성원의 공동이익을

---

6 물론 사회를 국가, 시장, 시민사회로 3분하는 학자(Cohen, Arato, Habermas, Gramsci, 신광영) 외에도 국가와 시민사회로 2분하는 학자(Held, Keane, 김성국)도 있다. 이 외에도 4분 모델을 주장하는 학자도 있다. 사회구분모델에 대해서는 박상필(2005) 참조.
7 시민사회와 비영리섹터는 거의 동일한 영역이지만, 접근방식이 다르기 때문에 다른 함의를 내포한다. 시민사회는 국가권력의 견제, 공론장의 형성, 개인의 권리·의무관계, 각종 집단 간의 갈등, 공공업무에 대한 시민참여 등과 같은 의미를 강하게 내포한다. 반면에 비영리섹터는 정부와의 관계 속에서 공공서비스를 생산하거나 자원활동을 통해 사회적 약자를 지원하는 정체성이 강하다.

추구하는 단체를 말한다(박상필, 1998).8 비영리단체는 이윤을 단체 구성원에게 배분할 수 없고 정부의 지배를 받지 않는 민간조직으로서, 공공조직이나 기업조직에 비해 상대적으로 자원활동이 활발하고 수평적인 조직형태를 취하고 있다.

NGO는 비영리단체 중 하나로서, 비정부·비정파·비영리 결사체로서, 시민들의 자발적이고 능동적인 참여로 결성되고 자원주의(voluntarism)에 입각하여 회원의 직접적인 수혜와 관계없이 공익 추구를 그 목적으로 한다. 따라서 국가와 시장의 간섭을 받지 않는 자율성을 지니고, 회원가입이 개방되어 있으며, 다른 비영리단체에 비해 공공성이 강하다. NGO는 국가와의 다양한 관계형태를 통해 국가권력을 견제하거나 국가와의 협력을 통해 각종 공공서비스를 생산한다.

NGO의 공익활동은 그 과정과 결과를 통해 중요한 사회적·정치적 의의를 지닌다.9 다원화된 사회구조를 기반으로 자율과 참여와 연대에 의한 NGO의 활동은 토론과 협력을 통한 사회문제 해결의 민주적 학습과정이며, 국가정책에 관한 의사결정 참여, 비위계적인 사회의 지향, 사회조직의 민주적 운영을 통한 직접민주주의의 사회제도라고 할 수 있다. 또한 일정한 지역의 사회구성원 사이에 자발적 참여와 연대에 기초하여 공동의 문제를 해결함으로써 사회통합과 공동체의식의 제도화에 기여한다. 나아가 복

---

8 NPO는 제3섹터(the third sector), 독립섹터(independent sector), 자원조직(voluntary organization), 공익조직(public benefit organization) 등 다양하게 불린다.
9 공익의 개념은 다양하지만, 여기서 말하는 공익은 사회 구성원 다수나 사회적 약자의 합(合)사회적 이익의 합을 말하는 것으로, 보편적 가치에 반(反)하지 않는 사익(私益)을 기본으로 한다. 그러나 이것은 정부가 현실적으로 행하고 있는 형식적 의미가 아니라, 정부가 당위적으로 행해야 하는 현재 및 미래의 실질적 의미의 공익을 말한다. 따라서 정부가 위임하였든 방임하였든, NGO가 정부와 협조하여 또는 독립적으로 행하는 것도 공익에 포함된다.

잡하고 다양한 현대사회에서 국가가 제공하기 어려운 각종 공공서비스를 생산함으로써 개인의 삶의 질 증대에 중요한 역할을 수행한다. 주권국가 간의 대결장이었던 국제사회에서도 정부나 기업이 해결하기 어려운 지구적 과제를 적극적으로 해결하는 역할을 통해 세계복리와 평화에 기여하기도 한다.

2. NGO와 정부 간의 관계

NGO는 공공서비스의 생산, 국가권력과 시장권력의 견제, 국제연대 및 원조활동, 사회적 약자를 위한 자원활동 등과 같은 공익활동을 통해 정부와 상호작용하게 된다. 이러한 상호작용은 현대사회에서 정책이 미치는 영향의 확대, 기술의 발달, 정보에 대한 욕구 강화 등으로 인해 더욱 긴밀해지고 있다. 이 과정에서 NGO는 국가권력에 대해 정당성을 부여하고 정부와 협력하여 공공서비스를 생산하기도 하고, 국가권력에 대한 감시와 정부정책에 대한 비판을 통해 견제역할을 수행하기도 한다.

NGO와 정부 간의 관계는 대체로 대립관계와 협력관계로 나눌 수 있다. 세계적으로 양자 간의 관계는 대립 혹은 갈등관계에서 협력관계로 다변화되는 경향을 띠고 있다. 서구사회에서는 국가의 전제권력에 대한 저항으로 NGO가 형성·발달되었지만, 제2차 세계대전 이후 복지국가의 발달로 NGO와 정부의 협력이 강화되었고, 환경·인권·평화·교육·치안·여성권리·문화 등 다양한 분야에서 거버넌스(governance)가 제도화되고 있다.[10] 일본의 NGO는 제2차 세계대전 이후 정부에 대한 저항적인 성격이 강했으

---

10 물론 최근 서구의 신사회운동은 급격한 방법으로 사회구조와 정치질서의 근본적인 변화를 추구하면서 국가권력과 충돌하기도 한다.

나, 1980년대 이후 정부의 정책과정에 대한 참여가 늘어나고 다양한 수준의 자원봉사활동에 대한 정부의 법적·재정적 지원이 확대되고 있다. 한국의 NGO는 아직 그 개념이 제대로 정립되기 이전인 1960년대부터 재야의 민중단체라는 이름으로 정부에 저항하고 반체제제적인 성향을 띠었다. 이러한 대립 경향은 1987년 6월항쟁 이후 각종 NGO가 극적으로 분출한 이후에도 계속되었다. 이것은 각종 NGO들이 1990년대 초반까지 국가의 민주화를 주요한 과제로 설정하고 국가에 대한 비판이나 견제적 역할을 중시하였기 때문이다. 그리고 정부 또한 대체로 NGO를 체제에 저항하는 반대세력으로 간주하였다. 그러나 1990년대 후반부터 절차적 민주주의를 넘어 실질적 민주주의에 대한 논의가 활발해짐에 따라 NGO는 국가에 대한 견제를 넘어 각종 생활권리를 추구하게 되고, 정부 또한 NGO를 거버넌스의 파트너와 사회정책의 실행자로 간주하게 되면서 양자 간의 협력이 확대되었다.

  NGO가 정부와의 견제·협력의 상호작용 속에서 중요하게 부각되는 두 가지 요소는 재정과 활동(사업)이라고 할 수 있다. 전자는 NGO에 대한 정부의 유인수단이 되고, 후자는 정부에 대한 NGO의 견제수단이 된다. NGO가 재정과 활동의 자율성을 유지하는 것은 정부에 대한 견제역할을 충실히 수행할 뿐만 아니라, 주체적으로 공익을 생산함으로써 보다 능동적인 사회를 형성하는 데 중요하다. 전자는 우리나라뿐만 아니라 선진국에서도 주요한 쟁점이 되고 있고(O'Neill, 1989; Salamon, 1995),[11] 후자는 권위주의 정권이 오랫동안 지배해온 한국에서 그동안 많은 논쟁을 유발한 것이기도 하다. 물론 재정과 활동의 자율성은 상호 밀접하게 결부되어 있다. NGO가 정부로부터 재정의 자율성을 갖고 있지 않으면 활동의 자율성이 위축되고,

---

[11] 선진국에서도 NGO에 대한 정부의 재정적 지원이 많고, 이러한 경향은 NGO의 재정이 악화됨에 따라 늘어나고 있다. 이에 대해 NGO의 자율성과 자생능력을 해친다는 우려가 많이 제기되고 있다.

〈그림 3-2〉 NGO와 정부의 관계유형

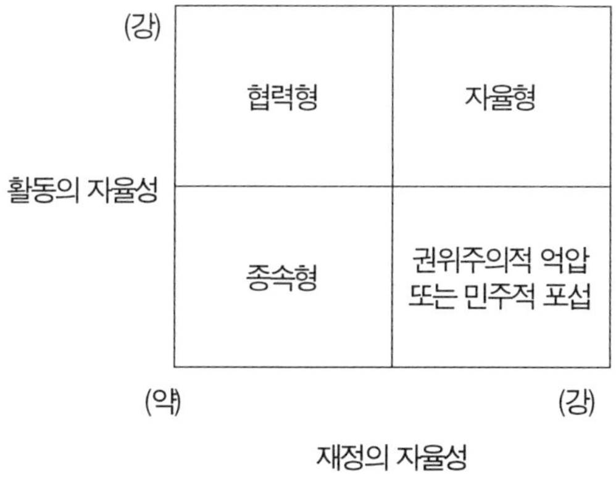

	(약) 재정의 자율성 (강)	
(강) 활동의 자율성	협력형	자율형
(약)	종속형	권위주의적 억압 또는 민주적 포섭

활동의 자율성이 없이 정부의 강제에 구속되어 있으면 그 대가로서 재정적 지원을 요구하게 되는 경향이 있다. 그러나 NGO는 너무나 다양하고, 정부 또한 여러 차원에서 존재하고 그 역할과 정당성이 계속 변화하고 있기 때문에 양자 간의 관계를 일의적으로 규정하기는 어렵다.

여기서는 NGO와 정부 간의 관계에서 중요한 변수로 작용하는 재정과 활동의 자율성이라는 두 요소를 기준으로 NGO와 정부 간의 관계를 설정하기로 한다. 따라서 NGO와 정부 간의 관계유형을 도출하기 위해 NGO의 재정 자율성을 한 축으로 하고 활동 자율성을 다른 한 축으로 하여, 각각의 정도에 따라 〈그림 3-2〉와 같이 네 가지 관계유형을 제시하였다.[12]

종속형은 재정과 활동의 자율성이 모두 낮은 형태로서, NGO가 재정의 상당한 부분을 정부에 의존하고 있을 뿐 아니라 활동에서도 정부의 제한을 크게 받는다.

---

[12] 여기서 '재정'은 NGO의 사무실과 조직 운영, 각종 사업진행에 필요한 자금을 말하고, '활동'이란 NGO가 단독 혹은 연대를 통해 조직목표를 달성하는 사업과 관련된 활동을 말한다.

협력형은 재정의 자율성은 낮지만 활동의 자율성은 높은 형태이다. 따라서 NGO가 재정의 일부분 혹은 상당한 부분을 정부로부터 지원받지만, 활동에서는 정부의 제한을 거의 받지 않고 자율적으로 사업을 진행한다.[13]

권위주의적 억압(민주화 이전) 또는 민주적 포섭(민주화 이후)은 NGO의 재정 자율성은 높지만 활동 자율성은 낮은 형태이다. 이것은 시민단체가 대부분의 재정을 스스로 충당하면서도 민주화 이전에는 권위주의 정권의 억압에 의해 활동의 자율성이 제한받고, 1990년대에 들어와서는 민주적 정부의 포섭에 의해 활동의 자율성을 제대로 확보하지 못한 경우이다.[14]

자율형은 재정과 활동의 자율성이 모두 높은 형태로서 NGO는 정부의 지원을 거부하고 스스로 재정을 충당할 뿐만 아니라, 활동에서도 정부의 제한이나 억압을 거의 받지 않고 자율적으로 행동한다.

III. NGO와 정부 간의 관계유형과 변화

이 장에서는 앞장에서 분류한 NGO와 정부의 관계유형에 따라 각 단체가 어떠한 유형에 속하고, 어떠한 변화를 겪었는지 추적한다.

---

[13] 여기서 '협력'이란 어떤 조직이 자기 정체성과 관리능력을 가지고 기본 이념에 반하지 않는 범위 내에서, 자발성에 근거하여 필요에 따라 다른 조직과 공동행동을 취하는 것을 말한다.
[14] '포섭'이란 NGO가 조직화·정치화를 통해 힘을 강화함에 따라 정부가 NGO의 순응을 확보하기 위한 의도를 가지고 명시적이든 묵시적이든 NGO와 협상하는 전략으로서, NGO의 정책변화 요구수용, 주요 인사의 정부편입 등과 같은 방법이 있을 수 있다.

1. 참여연대

참여연대는 1994년 9월, 약 300여 명의 학계 및 법조계 인사를 중심으로 창립되었다. 1994년은 김영삼 정권의 초기 개혁정책이 산업경쟁력의 강화라는 이유로 주춤하고 공안정국이 재현되고 있던 때였다. 참여연대는 소위 김영삼 정권을 칭하는 문민정부하에서도 인권침해가 계속되고 민주주의 절차와 합의가 무시되는 정치관행이 존속되고 있어서, 시민의 적극적인 '참여'와 '연대'를 통한 국가권력의 감시, 권력의 사회화, 인권 보장 등이 민주주의 발전에 중요하다고 보았다(참여연대, 1994).

참여연대는 설립부터 재정을 회비, 기부금, 수익사업 등에서 충당하도록 규정하고 정부지원을 거부해왔다.[15] 〈표 3-1〉에서 보는 바와 같이, 설립 이후 정부의 재정지원을 받지 않고 자율적으로 재정을 충당해왔다.

참여연대는 1994년 설립 이후 주로 행정부, 사법부, 재벌 등 사회적 강자를 견제하기 위해 비판·감시활동, 입법청원운동을 전개하였다. 여기에는 부정부패에 대한 고발, 정부정책에 대한 비판과 입법청원, 언론·재벌·사법부에 대한 활동 감시와 견제활동 등이 포함된다. 이 외에도 권리구제소송, 소액주주운동, 국민생활최저선확보운동, 복지입법제정운동 등 사회적 약자에 대한 보호와 각종 활동을 전개하였고, 회원과 시민에 대한 교육사업도 수행하였다. 참여연대는 국가권력에 대한 견제활동을 주로 수행하였기 때문에 조직활동에 정부간섭을 배제하였을 뿐만 아니라, 조직이 추구하는 목적을 달성하기 위해 진보적 사회단체와도 적극적으로 연대하였다.

이렇게 볼 때, 참여연대는 〈그림 3-2〉의 NGO와 정부 간의 관계유형에

---

[15] 물론 참여연대는 1995년 이후 간접지원이라고 할 수 있는 정부프로젝트를 시작하여 재정을 보충하기도 하였다.

〈표 3-1〉 참여연대의 세입(1994~1998)[16]

(단위: 100만 원)

연도 \ 종류	총액	회비[e]	후원금	회비·후원금 합계	수익사업 및 기타
1994~1995년[a]	130	26	36	62(48%)	68(52%)
1995~1996년[b]	247	50	98	148(60%)	99(40%)
1996년[c]	220	29	29	58(26%)	162(74%)
1996~1997년[d]	395	98	120	218(55%)	177(45%)
1998년	849	196	105	301(35%)	548(65%)

a) 1994. 9. 10.~1995. 2. 28.(약 6개월)
b) 1995. 3. 1.~1996. 2. 29.(1년)
c) 1996. 3. 1.~1996. 8. 31.(6개월)
d) 1996. 9. 1.~1997. 8. 31.(1년)
e) 평생회원(회비 100만 원)은 제외(2000년 현재 170명의 평생회원이 있음).
자료: 참여연대(1995~1999)를 재구성함.

서 설립 이후 자율형을 유지해오고 있다.

2. 경제정의실천시민연합

경제정의실천시민연합(경실련)은 1987년 민주항쟁과 1988년 노태우 정권의 출현 이후 한국사회에서 언론의 자유, 집회·결사의 자유, 노동조합의 분출 등 절차적 민주주의가 태동하던 1989년 7월, 종교계를 중심으로 약

---

[16] 참여연대는 1994년 9월 창립 이후, 회계기간을 매년 3월 1일부터 익년 2월 말까지로 했으나, 1996년 8월부터는 매년 9월 1일부터 익년 8월 31일까지로 변경하였다. 여기서 세입은 참여연대 본부만을 포함하고, 사회복지특별위원회, 경제민주화추진위원회, 사법감시센터, 의정감시센터, 지방자치센터 등 특별기구와 상설센터는 특별회계로 분리되어 있다.

〈표 3-2〉 경제정의실천시민연합의 세입(1993~1998)[18]

(단위: 100만 원)

종류 연도	총액	일반회비	후원회비	회비합계	행사수익 사업 및 기타
1993년[a]	990	168	233	401(41%)	589(59%)
1994년	933	204	205	409(41%)	524(59%)
1995년	1,899	181	141	332(18%)	1,567(82%)
1996년	1,666	117	163	280(17%)	1,386(83%)
1997년[b]	1,036[c]	-	-	802(77%)	234(23%)
1998년	1,174[c]	257	564	821(70%)	353(30%)

a) 통일협회 제외.
b) 도시개혁센터 추가 포함.
c) 내부거래 8억 4,300만 원을 제외한 수치.
자료: 경실련(경실련 전국회원대회 1994/1999)을 재구성함.

500여 명의 발기인으로 창립되었다. 경실련은 설립 당시 부동산 투기와 불로소득으로 인한 경제적 부정의와 불평등에 대한 문제의식을 가지고 기존의 민중단체와는 달리 평화적이면서도 적극적으로 정부를 견제하고 정책대안을 제시하는 시민운동을 전개하였다.[17]

경실련은 1989년 설립 이후 주요 수입을 회비, 특별모금, 수익사업 등으로 한정하여 정부의 지원을 고려하지 않았다.[19] 1993년 이후 경실련의 세

---

[17] 경실련은 기존의 민중운동과는 달리, 한국사회의 구조를 자본가와 노동자 간의 모순이 아니라 생산자계층과 불로소득계층 간의 모순으로 보고, 자유민주주의와 시장경제를 전제로 한 시민운동을 주창하였다.

[18] 1997년 수치는 1996년부터 존재해왔던 내부거래를 제외한 것으로 정확한 수치는 아니다. 그러나 김현철 테이프 사건과 경제적 여건 등으로 1997년의 수입은 절대치에서도 1996년도에 비하여 줄었다(실무자와의 인터뷰).

[19] 물론 경실련은 1995년 이후 경제정의연구소, 환경개발센터, 통일협회 등 단체 내의 사단법인체가 정부의 각종 프로젝트를 수행하여 정부의 간접적 지원을 받고 있다.

입구조는 〈표 3-2〉와 같다.[20]

경실련은 초창기 부동산 투기로 인한 사회적 문제를 해결하기 위해 토론회·공청회 개최, 정책제안, 캠페인 활동 등을 하였다. 이후 노태우 정권 말까지 향락업소 척결, 부실공사 및 과소비 추방, 공명선거, 환경보호 등 넓은 의미의 경제정의뿐만 아니라, 각종 사회문제 해결에 참여하는 종합적인 단체로 성장하였다. 그리고 김영삼 정권에 들어와서는 통일문제, 도시문제 등도 다루었다. 이러한 영역확대에 의한 백화점식 시민운동은 정부의 간섭에 의한 것이 아니었지만, 제도정치 부문과 결합하면서 체제내화되는 경향이 있었다. 즉, 김영삼 정권이 경실련이 요구하던 사회개혁을 적극적으로 추진하자 경실련은 정책적으로 정부와 공조하는 신축적인 자세를 보이고 (실무자와의 인터뷰), 경실련의 핵심인사가 정부의 요직으로 진출하기도 하였다.[21] 이 과정에서 정부를 견제하고 추동하던 단체의 정체성과 운동의 급진성이 혼란을 겪게 되고, 1997년 '김현철 비디오테이프 사건'이 공개되면서 정권과의 밀월관계에 대한 의혹을 사게 되었다.[22]

경실련은 〈그림 3-2〉의 NGO와 정부 간의 관계유형에서 볼 때, 자율형

---

[20] 경실련은 초창기 취약한 재정으로 인해 대부분의 작업을 수작업에 의존하였기 때문에 1993년도 이전의 세입구조에 대한 자료는 남아 있지 않다.
[21] 경실련의 대표와 사무총장이 임기 중이나 후에 정부나 여당으로 진출한 경우는 없지만, 1993년 상임집행위원인 정성철 변호사가 정무1장관 보좌관으로, 1994년 정책실장 정태윤이 민주자유당 도봉을 지구당 위원장으로, 1995년 정책위원장 박세일 교수와 상임집행위원장 이영희 교수가 각각 청와대 정책기획 수석비서관과 민주자유당 여의도연구소 소장으로 진출하였다(《한겨레신문》, 1995. 2. 25.; 실무자와의 인터뷰).
[22] 김영삼 대통령의 차남인 김현철의 YTN방송국 인사개입 내용이 담긴 녹음테이프가 1997년 3월 10일자 《한겨레신문》에 보도되면서, 경실련은 사건은폐를 위한 허위진술, 안기부 및 정치권과의 거래 등에 대한 의혹으로 시민단체의 도덕성과 정체성에 대한 심각한 타격을 받았다(경실련, 1997b).

에서 김영삼 정권 이후 민주적 포섭으로 변화하는 경향이 있었다. 그러나 정부 비판적이고 권력견제적 활동을 그대로 수행하면서 대체로 활동의 자율성을 유지했기 때문에, 정부에 의한 민주적 포섭은 극히 제한적이었다고 할 수 있다(박상필, 1999).

3. 흥사단

안창호는 1913년 미국에서 조국해방에 필요한 젊은 인재를 양성한다는 목적으로 흥사단을 창립하였다. 흥사단은 해방 이후 본부를 국내로 이전하였고, 1961년 5·16 쿠데타에 의해 활동이 정지되었다가, 1963년 안창호의 정신을 계승하여 민족부흥을 위한 정신혁명과 청년들의 인격교육을 목표로 하여 사회단체등록의 절차에 따라 재창립되었다.

흥사단은 긴 역사를 가진 NGO로서 군부정권하에서 정부의 재정지원 없이 운영되어온 보기 드문 단체 중 하나인데, 1980년대 말까지 엄격한 회원관리를 통해 회원회비와 수익사업으로 자금을 충당하였다. 그러나 1980년대 후반 이후 민주화 진행으로 인한 정권의 정당성 증대와 단체의 재정압박을 동시에 겪게 되자, 정부지원을 수용하게 되었다(실무자와의 인터뷰). 〈표 3-3〉에서 보는 바와 같이 정부의 재정지원은 1990년 이후 대체로 늘고 있다.

흥사단은 해방 이전까지 비밀결사단체로서 회원교육 및 훈련과 관련된 활동을 주로 하였다. 해방 이후 목표를 조국해방에서 조국통일로 바꾸고 각종 사업을 추진했으나, 통일담론을 정부가 독점한 군부정권하에서 이것이 용인되지 않았다(실무자와의 인터뷰). 따라서 1980년대 후반까지는 민족부흥을 목표로 각종 회원교육, 사회봉사활동, 안창호 출판사업, 장학사업 등과 관련된 공익활동을 수행하였다. 1980년대 후반 이후 민주화가 진행되

〈표 3-3〉 흥사단의 세입(1990~1998)[25]

(단위: 100만 원)

종류 연도	총액	회비 및 후원금	국고보조금	수익사업	기타
1990년	286	79(28%)	4 (1%)	137	66
1991년	340	105(31%)	1(0.3%)	150	84
1992년	341	139(41%)	46 (13%)	150	6
1993년	569	305(54%)	93 (16%)	154	17
1994년	836	499(60%)	105 (13%)	220	12
1995년	957	568(59%)	96 (10%)	257	36
1996년	1,139	633(56%)	104 (9%)	340	62
1997년	1,781	573(32%)	390(22%)	348	470[a]
1998년	1,608	632(39%)	525(33%)	403	48

a) 대부분 자산매각 대금.

면서 내부에 '통일문제특별위원회'를 설치하고 통일과 관련된 수련회, 강연회, 문화공연 등 각종 사업을 추진하였다.[23] 그리고 1990년대에 들어와서는 공동체의식사업, 청소년수련사업 등에서 정부와 협력하여 공공서비스를 생산하기도 하였다. 그뿐 아니라 다른 단체와의 연대를 통해 공명선거, 환경보호 등 정부견제적인 활동도 하였다.[24]

흥사단은 〈그림 3-2〉의 NGO와 정부 간의 관계유형에서 볼 때, 권위주의적 억압에서 1990년대 이후 협력형으로 변화하는 양상을 보였다.

---

[23] 흥사단은 이후 단체의 주요 목표를 통일에 관련된 활동과 교육에 두고 있다(실무자와의 인터뷰).
[24] 1980년대 후반까지 한국에서 흥사단뿐만 아니라 각종 시민단체의 연대는 활발하지 않았다. 흥사단은 이러한 이유 외에도 주로 정신계몽과 교육 중심의 활동을 했기 때문에 1980년대까지 다른 단체와의 연대가 거의 없었다.

4. 새마을운동중앙협의회

새마을운동중앙협의회(새마을협회)는 1970년대 정부 주도의 새마을운동을 이어받아 1980년 '새마을운동조직육성법'에 근거하여 창립되었다. 이것은 주창자인 박정희 대통령의 죽음과 함께 그 정신을 계승하기 위해 민간으로 이양된 것으로서, 국민의 생활향상과 의식계몽이 주요 목적이었다.

새마을협회는 설립 이후 회원 회비는 거의 없고 정부의 보조금과 각종 지원금, 그리고 여기서 파생된 자금에 대한 의존도가 매우 높았다.[26] 그리고 각종 공공기관의 건물을 무료로 사용하였다(박계동, 1994). 〈표 3-4〉에서 보는 바와 같이, 지원금은 1980년대 후반 민주화운동 이후 급격하게 줄었다가 김영삼 정권에서 완전히 사라졌지만, 국고보조금은 1990년대에 대체로 증가하였다.

새마을협회는 1980년대에 건전한 직장분위기 조성, 국민의식개혁, 근검절약운동, 민주의식함양운동 등과 같은 의식개혁사업을 추진하기 위해 각종 캠페인, 순회교육, 발표회, 시상식 개최 등을 시행하였다. 그리고 1990년대에는 환경보전운동과 통일운동, 그리고 새마을운동의 국제화와 관련된 각종 활동이 추가되었다. 그러나 새마을협회는 정부의 위임사업을 수행하고 사업에 대한 계획과 실적을 정부에 제출하도록 되어 있기 때문에(새마을운동조직육성법, 제9조~10조), 정부의 간섭을 많이 받았다. 활동에 대한 이러한 제한은 민주화의 진행에 맞추어 다른 NGO와 연대를 넓히고 수입과

---

[25] 여기서 세입은 도산아카데미연구원, 청소년연구원, 강서청소년회관과 같은 부설기관은 제외한 것이다. 그리고 자료는 흥사단의 내부 자료를 참고하였다.

[26] 여기서 '지원금'이란 정부가 국고보조금으로 정해진 것 외에 정부가 지원하는 자금과 기업이 지원하는 자금을 합한 것이고, 기타는 전년도 이월금, 기금출연금, 이자수입, 자산매각대금 등으로 정부의 직·간접적인 지원에 의한 것이다.

〈표 3-4〉 새마을운동중앙협의회의 세입(1980~1998)[29]

(단위: 100만 원)

연도 \ 종류	총액	국고보조금	지원금	교육비 수입	기타
1980년	324	0	265 (82%)	0	59
1981년	6,784	400 (6%)	5,781 (85%)	0	603
1982년	7,163	124 (2%)	2,178 (30%)	0	4,861
1983년	13,589	1,510(11%)	4,400 (32%)	5	7,674
1984년	14,483	975 (7%)	3,962 (27%)	408	9,138
1985년	20,547	826 (4%)	4,419 (22%)	1,130	14,172
1986년	22,087	4,031(18%)	1,023 (5%)	949	16,084
1987년	22,607	5,028(22%)	204(0.9%)	834	16,541
1988년	10,114	3,190(32%)	0	263	6,661
1989년	9,334	172 (2%)	40(0.4%)	863	8,259
1990년	12,788	200 (2%)	120(0.9%)	1,344	11,124
1991년	9,373	1,473(16%)	64(0.7%)	1,173	6,663
1992년	19,540	1,395 (7%)	0	1,226	16,919
1993년	13,367	1,800(13%)	0	2,193	9,374
1994년	13,807	1,500(11%)	0	2,996	9,311
1995년	15,594	800 (5%)[a]	0	5,125	9,669
1996년	16,275	2,000(12%)	0	4,539	9,736
1997년	19,863	2,700(14%)	0	4,545	12,618[b]
1998년	16,600	2,550(15%)	–	–	–

a) 이회창 국무총리 재임 기간.
b) 자산매각이 45억 원 차지.

기금이 늘어남에 따라 다소 완화되기도 하였다.[27·28]

---

[27] 새마을협회는 1990년대에 들어와서 다른 단체와 연대를 하게 되었다. 환경보전, 이웃돕기 등의 분야에서 연대하였고, 1996년 이후에는 더욱 활발하여 한국자원봉사단체협의회, V타운21세기운동전국연합회, 생활개혁실천범국민협의회, 북한이탈주민후원회 등에서 다른 단체와 연대하였다(내부자료).

이상에서 살펴본 바와 같이, 새마을협회는 설립 이후 종속형을 유지하다가 1990년대에 들어와서 협력형으로 이동하는 경향을 보이고 있기도 하다. 그러나 아직도 '새마을운동조직육성법'에 의해 정부의 간섭이 법적으로 명문화되어 있다는 점에서 협력형의 성격은 매우 미약하다고 할 수 있다.

5. 바르게살기운동중앙협의회

바르게살기운동중앙협의회(바르게살기협회)는 제5공화국의 '사회정화운동'을 이어받아 1989년 사회규범체제의 확립, 새로운 질서문화의 재창조, 건전한 국민정신의 고양 등을 통해 인간답게 사는 사회건설을 목적으로 설립되었다.

바르게살기협회는 〈표 3-5〉에서 보는 바와 같이 설립 이후 회비와 성금도 있지만, 정부에 대한 재정의존도가 매우 높고,[30] 새마을협회와 같이 공공기관의 건물을 무료로 사용하였다(박계동, 1994). 따라서 바르게살기협회는 국고보조금이 축소되는 해에는 활동이 부진하게 되는 곤란을 겪기도 하였다(실무자와의 인터뷰).

바르게살기협회는 1989년 설립 이후 도덕성 회복, 친절·선행운동, 질서

---

[28] 새마을협회는 1993년 현재 약 513억 원의 기금이 조성되어 있다. 국고가 지원되는 사업에 대해서는 정부에서 거부권을 가지지만, 기금에 의한 이자 등 기타 수입에 의한 사업계획서 제출은 형식에 그친다(실무자와의 인터뷰).

[29] 새마을협회는 산하에 6개 단체가 있는데, 여기서는 새마을운동중앙협의회 본부만을 그 대상으로 하였다. 그리고 자료는 새마을운동중앙협의회 내부의 프린트물을 참고로 하여 작성하였다.

[30] 여기서 회비와 성금은 회원이 내는 회비보다 회장과 간부가 내는 성금이 큰 비중을 차지한다. 그리고 '기타'는 전년도 이월금과 이자가 대부분이다(바르게살기운동중앙협의회 정기총회, 1990~1996).

〈표 3-5〉 바르게살기운동중앙협의회의 세입(1990~1998)[31]

(단위: 100만 원)

종류 연도	총액	국고보조금	회비 및 성금	기타
1990년	728	678(93%)	0	50
1991년	1,585	1,466(92%)	89 (6%)	30
1992년	2,486	2,325(94%)	122 (5%)	39
1993년	2,169	1,800(83%)	247(11%)	122
1994년	1,746	1,500(86%)	155 (9%)	91
1995년	338	0[a)]	191(57%)	147
1996년	1,221	1,000(82%)	210(17%)	11
1997년	1,247	1,000(80%)	247(20%)	0
1998년	1,100	850(77%)	-	-

a) 이회창 국무총리 재임 기간.

지키기, 근검절약 등 주로 의식개혁과 관련된 사업에서 홍보활동, 강연회, 결의대회, 회원교육, 캠페인 등과 같은 활동을 하였다. 그러나 재정의 대부분을 정부지원에 의존하였기 때문에 이러한 활동을 자율적으로 수행하는 것이 아니라, 정부의 위임에 의한 것으로 정부 간섭을 많이 받았다. 사업계획서와 실적을 작성하여 정부에 제출해야 하고(바르게살기운동조직육성법 제3조, 제7조~8조), 정부로부터 사업 요청이 있으면 이에 따르는 것이 관례화되어 있다(실무자와의 인터뷰). 또한 새마을협회와는 달리 다른 단체와의 연대활동도 거의 없었다.

따라서 바르게살기협회는 정부와의 관계유형에서 볼 때, 설립 이후 종속형에서 거의 벗어나지 못하고 있다.

이상에서 살펴본 다섯 개의 NGO와 정부 간의 관계유형의 변화를 정리

〈표 3-6〉 시민단체와 정부의 관계유형 변화

단체	관계유형의 변화
참여연대	자율형
경제정의실천시민연합	자율형 ········▶ 민주적 포섭
흥사단	권위주의적 억압 ──▶ 협력형
새마을운동중앙협의회	종속형 ········▶ 협력형
바르게살기운동중앙협의회	종속형

* 점선은 부분적인 변화를 나타냄.

하면 〈표 3-6〉과 같다. 활동영역별로 볼 때, 대체로 인권(참여연대)과 경제정의(경실련) 분야에서 활동하는 단체가 자율성이 강하고, 의식개혁(새마을협회와 바르게살기협회) 분야는 자율성이 약하였다. 관계변화의 원인을 개괄적으로 추적해본다면, 흥사단의 경우 1990년대 권위주의 정권의 완화와 정치적 민주화의 진행이 주요 원인이었다. 한편 참여연대에 대비하여 경실련이 자율형에서 민주적 포섭으로 부분적인 변화를 겪은 것은 문민정부에 의한 시민단체의 개혁주장 수용과 활동가의 체제내로의 포섭이 그 원인이었다. 또한 바르게살기협회와 달리, 새마을협회가 종속형에서 협력형으로 겪은 부분적인 변화는 정치적 민주화의 진행과 축적된 기금의 증가에 기인하였다. 이렇게 볼 때, 정치적 민주화와 정권의 정당성 강화가 NGO와 정부 간의 관계유형의 변화에 커다란 영향을 미쳤다고 볼 수 있다. 이것은 절차적 민주주의를 완성한 후 실질적 민주주의를 논의하고, 이를 위한 메커니즘으로 거버넌스에 대한 담론과 실행이 활발하게 이루어지는 오늘날의 상황에서 새로운 변화를 예시해주고 있는데, 앞으로는 협력형이 점점 확대되

---

31 자료는 바르게살기운동중앙협의회의 내부 프린트물을 참고하였다.

는 방향으로 변화가 일어날 것으로 보인다.

IV. NGO와 정부 간의 관계모델과 지원체제

앞 장에서 살펴본 바와 같이, 각 NGO는 각각 다른 배경하에서 설립되어 상황에 대한 적응이 달랐기 때문에, 정부와의 관계에서 각각 다른 형태를 취하고 변화양상도 달랐다. NGO는 국가권력과 정부정책을 감시·비판하면서 정부에 견제적인 역할을 수행할 뿐만 아니라, 국가권력에 대한 정당성을 부여하고 정부와 협력하여 공공선(public good)을 증대하기도 한다. 그러나 이러한 협력이 정부에 의한 일방적인 지배와 동원의 수단으로 이용되는 의사적(擬似的) 협력관계라면, 시민의 권익을 옹호하기 어려울 뿐만 아니라 시민사회를 활성화하고 인간해방을 위한 길을 모색하기도 어렵다. 따라서 NGO의 재정의 자율성과는 관계없이 활동의 자율성이 제한받는 종속형과 권위주의적 억압 또는 민주적 포섭은 시민단체와 정부 간의 관계에서 볼 때 바람직하다고 할 수 없다.[32] 물론 포섭은 정도의 차이가 다양하기 때문에 일의적으로 말하기는 어려울 것이다. 실제로 민주주의사회에서 정부와 NGO 간에는 상호작용이 활발하기 때문에 명확한 경계를 설정하기 어려운 점도 있다. 그리고 NGO의 정책제안이 정부에 의해 활발하게 수용되고, NGO의 활동가가 일정 기간 동안 정부영역에서 일하는 것은 자연스

---

[32] 바르게살기협회와 새마을협회가 정부에 종속되어 특정 집단의 이익을 추구한다고 비판받았고, 흥사단은 1980년대 말까지 권위주의적 정부로부터 활동의 자율성을 제대로 확보하지 못하여 시민운동이 정체되었다. 심지어 경실련이 김영삼 정권에서 민주적으로 포섭되는 경향을 보이자, 시민단체의 정체성에 대한 위기감이 팽배하기도 하였다(《한겨레신문》, 1997. 3. 28).

러운 일이다. 그럼에도 불구하고 여기서는 NGO와 정부 간의 바람직한 관계모델로서 협력형과 자율성을 제시한다.

NGO가 정부로부터 재정을 지원받지만 자기정체성과 관리능력을 가지고 정부와 협력하여 공익을 생산하는 것은 현실적으로 유용한 관계가 될 수 있다. 물론 NGO에 대한 정부의 재정지원이 NGO의 자율성을 침해하지 않도록 하는 제도적 장치가 필요하다. 이때 NGO는 공공서비스를 생산하는 정부의 파트너가 될 수도 있고, 개혁을 원하는 정부의 동반자가 될 수도 있다. 그러나 이러한 협력형도 그 나름의 한계가 있다. 시민 스스로 공공성에 대한 주체의식을 가지고 자발적으로 단체를 설립하여 공공재를 생산하고 사회문제를 능동적으로 해결하는 것이 필요하다. 즉, 시민단체 스스로 재정을 충당하고 자원활동의 활성화를 통해 사회적 책임을 이행하는 것이 중요하다. 공공의 이익에 개인의 자율성과 자원주의가 활발하게 동원되는 사회체제는 개인의 자유와 지적 문화수준의 향상, 계층적 관료제의 완화, 활발한 공론장과 커뮤니케이션의 발달, 다양하고 민주적인 조직문화의 형성, 개인의 자아실현과 잠재력의 계발 등 시민사회의 활성화와 민주주의의 발달에 중요한 기초를 제공한다. 즉, NGO가 정부지원 없이 스스로 재원을 조달하여 공익을 추구하고 공공재를 생산하는 자율형이 이상적이다. 따라서 여기서는 협력형과 자율형의 두 모델에 대한 의의와 지원체제에 대해 살펴보기로 한다.

1. 협력모델: 공공서비스 생산의 효율화

1) 의의

협력형은 NGO와 정부가 공공서비스를 생산하기 위해 상호 협력한다. 이러한 협력은 주로 정부가 재정과 각종 법률적·행정적 지원을 하고 NGO

가 서비스를 전달하거나 직접 생산하게 되지만, 양자가 공동기구를 설치할 수도 있다.[33] 협력형은 정부가 정의사회와 복지사회를 구현하기 위해 상당한 책임을 맡고 있지만, 정부기능을 확대하는 것은 관료주의의 경직성과 비효율성을 초래하므로 NGO를 지원하여 국가와 시장이 미치지 못하는 영역이나 부분을 보완하는 것이다. 물론 정부에 의한 재정지원이 편파적이거나 NGO의 자율성을 침해하지 않도록 하는 제도적 장치가 필요하다.

이 모델은 공공서비스 생산의 기능적 분화와 전달체계의 다양화를 통해 복지서비스의 질과 범위를 증대한다. 따라서 공공서비스 제공이 단선구조가 아니라 다층구조에 의해 이루어지고, 서비스생산에 대한 시민참여와 자원봉사활동의 투입을 중시한다. 물론 NGO가 국가권력과 정부정책에 대한 비판과 감시를 통해 시민권리를 고양시키는 것도 강조한다. 그러나 이러한 견제와 비판은 상호 적대적인 구조가 아니라 건강한 긴장관계를 통해 공공의 이익을 극대화하는 데 초점을 둔다. 이때 NGO는 다양한 의사소통망을 통해 개혁을 원하는 정부의 동반자가 될 수 있고, 참여와 창조의 주체로서 강한 다원주의체제를 형성하는 데 기여하게 된다.

이 모델하에서 NGO는 일정한 법률에 근거하여 자유롭게 설립되고 자율적으로 운영된다. 주로 공식적인 단체가 중심이 되고 조직운영에 있어서 아직도 전문가의 영향력이 크게 작용한다. 그러나 법인이나 단체의 설립요건이 까다롭지 않다. NGO가 각종 기부금을 모금하기 위한 활동도 쉽게 이루어진다. NGO는 정부지원을 받는 부분에 대해 일정한 양식에 맞추어 정부에 보고하고, 정부는 공익추구 본래 목적에서 일탈한 NGO 활동에 대해 일정한 재정적 제한을 가할 수 있다. 물론 이러한 제한이 NGO의 설립을

---

[33] 예를 들면 지역사회에서 청소년 범죄를 예방하기 위하여 경찰과 NGO가 공동으로 참여하는 위원회를 조직하여 방범 순찰과 청소년 지도를 할 수 있다.

위축시키거나 활동을 방해해서는 안 된다.

2) 지원체제

협력형이 제대로 작동하기 위해 정부는 법률적·재정적·행정적 지원을 제공해야 한다. 우선, 법률적 지원에서 각종 법률의 제정·개정·폐지에 대한 노력이 필요하다. 제정에서는 가칭 'NGO 발전법'을 만들어 NGO의 법인설립을 용이하게 하는 것이다. 그리고 NGO의 공익로비활동을 적극화하는 법률의 제정은 정부와 NGO 간의 협력에 유용할 것이다. 개정에서는 '민법'과 '공익법인의 설립·운영에 관한 법률'을 개정하여 비영리법인의 설립조건을 완화하고, '법인세법'과 '조세감면규제법'에서 기부금의 소득공제와 면세혜택에 대한 범위를 확대해야 한다. 또한 '기부금품모집규제법'에서 기부금품 모집에 대한 과도한 제한이 철폐되고, '행정절차법'에서 행정의 민주성과 투명성뿐만 아니라 공익의 편향화를 방지하기 위해 정책과정에 시민의 의견진술이나 행정청의 의무 부과를 적극화하는 것이 필요하다. 그리고 '공공기관의 정보공개에 관한 법률'에서 NGO가 사회개혁과 공익사업을 원활히 수행할 수 있도록 포괄적 제외 규정의 완화와 대상정보의 목록 작성 등의 의무 첨가가 필요하다. 이 외에도 NGO의 집회에 대한 자유 강화, NGO의 정책과정 참여와 권한 확대, 각종 인쇄물 및 음반·비디오물의 등록·납본·사전심사제에 대한 규제완화 등과 관련된 법률의 개정이 필요하다.[34] 기존 법률의 폐지에 대해서는 군부 권위주의 정권하에서 제정되어 특수한 단체에 편파적으로 특혜를 주는 각종 육성법이 주요 대상이다. 특별법에 의한 편파적 재정지원은 NGO의 자율능력과 정부견제능력을 무력

---

[34] 이러한 사항과 관련된 법률에는 '집회 및 시위에 관한 법률', '소비자보호법', '출판사 및 인쇄소의 등록에 관한 법률', '정기간행물의 등록 등에 관한 법률', '음반 및 비디오물에 관한 법률', '영화진흥법', '공연법' 등을 들 수 있다.

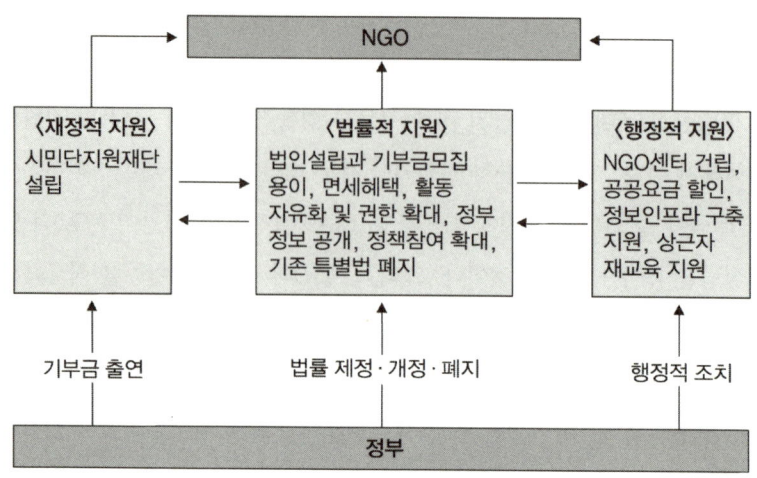

〈그림 3-3〉 협력모델의 지원체제

화시킨다. 따라서 NGO 스스로 재정을 확보할 수 있도록 유도하고, 재정지원은 단체 간의 경쟁의 원칙을 적용되도록 해야 한다.

NGO에 대한 정부의 재정지원은 현재 각 부처가 개별적으로 지원하는 것 외에 국무총리 산하에 독립재단을 설립하여 정부가 기금을 출현하고 시민사회에서 자율적으로 운영하는 것이 바람직하다.[35]

NGO에 대한 행정적 지원에서는 전국의 주요 도시에 NGO 센터의 건립을 통해 NGO에게 염가로 사무실을 제공하는 것이 중요하다. 이것은 다수의 NGO들이 한 공간에서 생활하게 함으로써 NGO 간의 소통이나 연대뿐만 아니라 정부와의 거버넌스 활성화에도 유용하다. 그 외에 우편료·통신료·전기료·상하수도료와 같은 공공요금의 할인, 컴퓨터·통신망·인터넷

---

[35] 미국의 경우 1983년에 제정된 국가민주주의지원법(National Endowment for Democracy Act)에 근거하여 NED(National Endowment for Democracy)를 설립하였는데, 이 조직의 전체 재정의 90% 이상을 정부로부터 받고, 운영에서는 일정한 사항을 정부에 보고하되 자율적으로 운영하도록 되어 있다.

과 관련된 정보인프라 구축 지원, 상근활동가의 재교육 지원 등이 있을 수 있다. 이러한 지원을 원활히 하고 정부와 NGO 간의 정보교환을 원활히 하기 위해 중간에 연락소 같은 소규모 행정기구를 설치할 수도 있다. 미국의 NLN(Nonprofit Liaison Network)과 같은 독립행정기구를 설치하는 것도 생각해볼 수 있다.[36]

이상에서 살펴본 지원체제를 정리하면 〈그림 3-3〉과 같다.

2. 자율모델: 사회문제의 주체적 해결

1) 의의

자율형은 시민들이 공공성에 대한 자각을 통해 주체적으로 사회문제를 해결하고 공공서비스 생산에 참여하는 모델이다. 시민들이 자기 의사결정 능력을 가지고 활발한 집합행동을 통해 사회개혁과 변화를 주도하고 사회적 과제의 해결에 주체적으로 나섬으로써, 시민사회의 역량이 강화되고 민주주의의 제 가치가 고양된다. 자율형은 정부가 강력하지만 작고, 유연하고, 효율적인 체제를 유지해야 하고, 공공재 생산을 모두 정부에게 맡기는 것은 불가능할 뿐만 아니라 바람직하지도 않다고 본다. 따라서 전통적인 관료제는 사회변동을 능동적으로 학습·대처하도록 재설계되고 활발한 시민운동이 수평적으로 편재·연계되어, 사회가 더 분권적이고 개방적이며 참여지향적인 구조로 전환된다.[37] 이러한 사회구조는 구성원들이 적극적으

---

[36] 미국에서는 1994년 클린턴 행정부가 범죄·주택·건강 등과 같은 영역에서 공익을 증대하기 위해 정부와 비영리단체 사이에 NLN(Nonprofit Liaison Network)을 설치하였다. 여기에는 25명의 행정공무원이 근무하고 있다.
[37] 오페(Offe, 1993)는 신사회운동을 평가하면서, 선진 산업사회의 갈등과 모순을 더 이상 국가주의나 정치규제, 관료주의적 방식으로 해결할 수 없다고 보았다.

로 사회문제 해결에 참여하여 창의성을 발휘할 수 있는 기회를 제공한다.

자율형은 NGO가 스스로 복지서비스의 생산에 참여함으로써 복지의 질과 범위를 증대할 뿐만 아니라, 생활세계의 활성화와 개인의 사회적 참여가 강화됨으로써 각종 미시적인 권리가 충족되고 본원적인 인간해방과 자아실현이 가능하게 된다.

이 모델하에서 NGO는 법률적 근거에 관계없이 자유롭게 설립되고 운영된다. 따라서 공식적인 조직보다는 비공식적이고 전문화된 NGO가 서로 분업과 연대를 통해 각종 사회문제 해결에 나선다. 물론 조직은 풀뿌리 조직화가 이루어져 회원의 자발적 참여와 적극적인 활동에 의해 움직인다. 따라서 시민의 사회적 주체성이 강화되고 풀뿌리 민주주의가 발달하여 NGO가 사회문제를 해결하는 중요한 메커니즘으로 등장한다.[38] NGO는 정부에 보고하지도 않고 정부도 NGO를 크게 제재하지 않는다. 위법 사항이나 NGO 내의 갈등은 자체 조정하거나 주로 사법부가 통제한다.

2) 지원체제

자율형은 정부가 직접 재정적·행정적 지원을 하는 것이 아니라 법률적 지원을 중심으로 NGO가 활성화되도록 하는 것이다. 우선, 법률을 통해 NGO를 활성화하기 위한 각종 조치를 취한다. 따라서 협력형 모델에서 밝힌 법률의 제정·개정·폐지 외에도 NGO의 자유로운 활동과 정책과정에 대한 참여를 활성화하는 전향적인 법률이 제정된다. 따라서 법인이나 준정부단체에만 일방적인 권리를 주는 조항이 삭제된다.[39]

---

[38] 여론조사에 의하면, 우리나라에서 환경단체가 정부보다 더 환경보전에 기여하고 있는 것으로 나타났다(《한겨레신문》, 1992. 6. 5.; 12. 17.).

[39] 이와 관련된 법률의 예로서 '공익법인의 설립·운영에 관한 법률', '소비자보호법'을 들 수 있다.

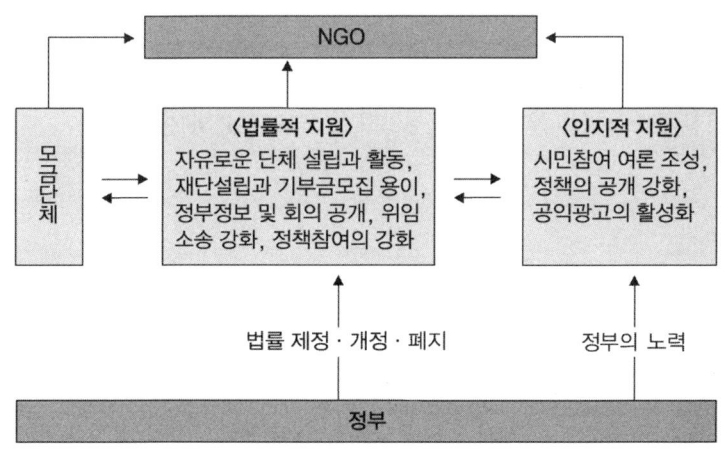

〈그림 3-4〉 자율모델의 지원체제

자율형은 정부가 NGO를 지원하는 재단에 기부금을 출연하기보다는 각종 모금단체가 활성화되고 시민단체의 모금활동이 용이하도록 법률적 지원을 제공한다. 따라서 정부의 법률지원에 의해 시민사회에는 다양한 형태의 재단과 모금단체가 활성화된다. 이러한 모금단체와 재단들이 NGO에 대한 재정지원을 강화한다. 물론 NGO는 자체의 정당성과 사업계획에 근거하여 스스로 모금운동을 자유롭게 진행할 수 있다. 이러한 모금에는 개인이나 재단 외에 기업도 참여할 수 있다.

자율형에서는 시민운동에 대한 정부의 인지적 자원의 제공도 중요한 지원의 한 부분이다. 즉, 정부는 공적인 문제에 시민의 관심과 이해를 유도하는 여론기능을 수행하고 시민참여와 토론을 활성화하는 제도적 장치를 마련한다. 회의공개법과 대표소송법과 같은 법률이 그 대표적 예다. 이러한 법률이 제정될 경우, 정책결정과정이 공개되어 관심 있는 시민과 단체는 언제든지 참여하여 진술할 수 있고, NGO는 사회적 약자의 위임을 받아 소송을 제기할 수 있다.[40] 그리고 시민의 사회적 참여와 책임을 강조하는 각종 공익광고도 중요하다. 이러한 시민의 관심과 참여의 강화는 공공정책의 공개성을 증진시킬 뿐만 아니라, 시민 개개인의 행위가 공익을 고려하여 결정되도록 하는 교육적 효과도 높일 수 있다.

이상에서 살펴본 지원체제를 정리하면 〈그림 3-4〉와 같다.

V. 결론

지금까지 NGO와 정부 간의 관계를 NGO의 재정과 활동의 자율성을 중심으로 유형화하고, 사례단체를 중심으로 하여 유형의 변화를 알아보았다. 그리고 이러한 유형 중에서 현실형인 협력모델과 이상형인 자율모델의 지원체제에 대하여 살펴보았다. 물론 이러한 모델들이 여기서 제시한 것처럼 이상적으로 작동되는 것은 아니다. 사실 각 모델은 여러 가지 한계를 지니고 있다. 협력모델의 경우, 공공의 이익에 대한 시민참여와 NGO에 대한 정부지원의 사회적 합의가 있어야 하고, 공공의 권위가 상당 부분 NGO로 이동하여 권위의 이중화현상이 나타나게 된다. 또한 민간재단에 의한 자금 배분의 기술적 문제와 자금을 지원받기 위한 방향으로 NGO 활동이 집중되는 문제가 있다. 사실 현실형이라고 하지만, 한국적 상황에서는 상당한 급진성을 띠고 있는 것이 사실이다. 자율모델은 공공권위의 파편화, 공익과 사익의 구별 모호, 공공권위의 추락 등 국민국가체제에 본질적인 문제를 제기한다. 그리고 NGO 상호 간의 갈등조정 기관으로서 사법부의 능력과 신뢰가 전제되어야 하는 문제도 있다. 따라서 자율형은 아나키즘

---

40 마스다(Masuda, 1990)는 미래 정보사회에서 시민운동이 사회변화를 일으키는 힘이 되고 시민운동집단에 의한 소송이 중요한 무기가 될 것이라고 예측하고 있다.

(anarchism)의 전(前)단계로서, 국가 존재와 관련해서 본다면 거의 유토피아적 차원에 가깝다고 할 수 있다.

협력모델과 자율모델 양자는 회원의 직접적인 수혜와 관계없이 공익을 추구한다는 점에서 무임승차(free riding) 문제도 제기된다. 올슨(M. Olsen, 1965)의 합리적 선택이론(rational choice theory)에서 볼 때, 개인은 선택적 혜택(selective benefit)이 주어지지 않고 한 개인의 공헌이 집단 전체에 미치는 정도가 미미할 때는 단체에 참여하지 않는다.[41] 따라서 시민운동에 참여를 유인하기 위해서는 강제수단이나 외부적 유인이 필요하다. 그러나 NGO는 강제수단과 물질적 혜택과 같은 유인수단을 가지고 있지 않다.[42] 또한 NGO의 지도자도 합리적 인간(rational man)을 가정할 때, 개인의 효용을 극대화하는 방향으로 NGO의 활동을 유도하게 된다. 따라서 여기서 제시된 모델이 작동되기 위해서는 공공성에 대한 높은 시민의식과 시민사회의 민주화가 전제되어야 한다.

그동안 행정학에서는 각종 NGO의 공익활동에 커다란 관심을 기울이지 않았지만, 우리는 NGO가 시민의 권익을 옹호하고 정부와 협력하여 각종 공공서비스를 생산하고 있는 것을 쉽게 발견할 수 있다. 이 글은 NGO와 정부 간의 관계에서 NGO 측면에서 보는 관점에 근거하고 있고 사례 단체도 제한되어 있지만, NGO와 정부 간의 관계유형을 고찰하는 데 탐색적 기초를 제공하고, 공공서비스 생산의 패러다임 전환에 따른 전략적 상상력을

---

[41] 올슨(M. Olsen)은 기업이나 노동자의 경우를 설명하고 있으나, 이것은 공공재를 생산하는 NGO에도 적용될 수 있다.
[42] 물론 비영리단체의 회원이 봉사활동에 참여하는 데는 이타적인 동기, 일에 대한 즐거움, 경험과 기술의 습득 등의 동기가 크고, 사람들은 무임승차의 기회가 있어도 집합재의 생산에 공헌한다는 경험적 연구도 있다(O'Connor and Johnson, 1989; Weisbrod, 1988).

제공하는 이점이 있다. 공공서비스의 효율적·효과적 생산을 위해서는 여러 차원에서 연구가 가능하다. 따라서 이를 기초로 하여 다양한 연구가 진행됨으로써 연구지평을 확대할 수 있을 것이다.

제4장

NGO와 정부 간 견제·협력의 게임론적 이해

I. 머리말

　시민사회와 국가 사이에는 상호 견제와 협력이 변증법적으로 작용한다. 시민사회는 절대체제 이후 시민의 자유와 권리를 확대하기 위해 국가권력을 견제하는 과정에서 발생하고 성장하였다. 오늘날에도 시민사회가 국가권력을 견제하고 사회화하려는 노력은 민주주의를 보존하고 시민사회의 정체성을 유지하는 데 중요하다. 그러나 시민사회는 국가영역 바깥에 존재하면서도 그 자체의 분절화와 불안정으로 인해 국가에 의한 보호와 조정이 필요하다. 실제로 시민사회란 시민권을 보장하는 국가의 법적·제도적 장치가 있을 때 성립할 수 있다. 한편 국가는 시민사회에 침투하여 시민사회를 식민화시킬 뿐만 아니라 생활세계를 관료화시키는 경향이 있다. 민주주의의 발달과 함께 그 약탈성과 억압성이 완화되었음에도 대부분의 국가는 시민사회를 억압할 수 있고, 실제로 억압하고 있다. 그러나 국가는 체제를 유지하고 정책의 정당성을 확보하기 위해 시민사회와 협력할 필요도 있다. 국가의 정당성이 시민사회로부터 주어질 뿐만 아니라, 각종 개혁정책을 수행하기 위해서는 시민사회의 지지가 중요하기 때문이다. 그렇다면 국가의 중요한 대변자인 정부와 시민사회의 대표적 결사체인 NGO는 어떤 경우에, 어떠한 이유로 상호 견제하고 협력하는가? 상호 호혜주의는 존재하는가? 호혜주의가 가능하다면 그것은 어느 정도의 결속력을 가지고 지속되며, 존재하기 어렵다면 그 이유는 무엇인가? 상호 호혜가 아닌 경우에 양자 간에 균형이 이루어진다면 그 이유는 무엇인가?

정부와 NGO는 밀접하게 상호작용한다. 정부의 태도와 전략은 NGO를 포함한 시민사회의 행위에 따라 결정되고, NGO도 정부의 성격과 정책에 따라 전략을 구사하며 자신의 이익을 극대화한다. 물론 정부와 NGO는 반드시 합리적 행위자로 단정하기 어렵다. 그리고 개인과는 달리 집단 간의 관계는 변화가 무쌍하고 상대방에 대한 예측이 불확실하다. 또한 정부와 NGO 간에는 권력과 정보의 불균형이 존재한다. 무엇보다도 양자는 근본적으로 시민의 지지를 획득하는 것이 정당성을 확보하고 강화하는 데 중요하다. 따라서 양자 간의 상호 태도와 전략은 시민의 요구와 지지에 따라 변하게 된다. 더구나 사회적 구성원으로서의 시민은 다양한 계층으로 이루어져 있고, 동일한 사람도 정책내용과 시간에 따라 요구와 지지가 변화한다. 그럼에도 불구하고 정부와 NGO는 상대방으로부터 무엇을 얻고, 무엇을 잃을 것인가를 계산하여 최악의 상태를 피하고 최대의 이익을 얻기 위해 행동한다고 볼 수 있다. 즉, 양자는 기본적으로 상대적인 위치에 있으면서 최대의 이익을 얻기 위해 최선의 전략을 선택한다. 따라서 양자 간의 관계는 게임이론에 의해 일정하게 규명될 수 있다.

물론 우리가 살고 있는 사회에는 국가와 시민사회 외에 자본주의의 조달자인 시장이 존재한다. 시장은 경쟁과 효율성이라는 내재적 이데올로기에 의해 발생하는 불평등과 기회주의적 성격으로 인해 시민사회의 견제를 받아왔다. 그러면서도 발전을 담보하고 지배권력의 자원을 조달하기 때문에 국가의 지원을 받는다. 따라서 시민사회는 권력과 자본 간의 연합으로 인한 파편화와 무력화를 벗어나기 위해 국가에 저항하기도 한다. 한편 자본주의의 모순으로 인한 불평등의 구조화와 개인적 삶의 황폐화는 시민사회로 하여금 국가와 협력하도록 유인한다. 국가와 시민사회 간의 연대는 신자유주의가 부상하여 시장권력이 강화됨에 따라 그 필요성이 더욱 증대하고 있다. 시장에 의해 포위당하고 있는 국가는 자신의 정체성을 유지하고 권력을 강화하기 위해 시민사회의 도움이 필요하다. 즉, 국가와 시민사회는 시장이라는 변수에 따라 양자 간의 관계가 다른 상황을 연출하게 된다. 그러나 NGO와 정부는 시장의 자본이 변수로서 개입하지 않는 상황에서도 상호 전략적인 행동을 취한다. 따라서 시장의 주요 행위자인 기업을 게임의 참가자로 산정하지 않고서도 NGO와 정부 간의 관계를 탐색할 수 있다.

국가를 정부로 축소하고 시민사회를 NGO가 대표한다고 하는 것은 무리가 따른다. 그러나 정부는 실질적으로 국가를 조절하는 통치기관으로서 대부분의 국가기능을 수행하고 있다. 또한 시민사회는 다양한 세력의 갈등·투쟁의 장이지만, NGO는 국가권력을 견제하고 시민사회의 정체성을 유지하는 대표적인 단체라고 할 수 있다. 또한 정부와 NGO 간의 관계를 견제와 협력이라는 이분법으로 단순하게 구획 짓기 어려운 측면이 있다. 그러나 정부와 NGO 간의 관계를 효율적으로 고찰하는 데서 ― 그 변수가 어떠하든 간에 ― 대부분의 학자는 양자 간의 관계에서 견제·대립·갈등과 협력·의존관계를 설정하고 있다(김준기, 1999; 박상필, 2001a; 신광영, 1999; 오재일, 2000; Coston, 1998). 사실 정부와 NGO 간의 관계를 견제와 협력으로 단순화하는 모델은 양자 간의 관계를 이해하는 데 편리한 점이 있다.

이 연구는 NGO와 정부 간의 관계를 견제와 협력이라는 두 가지 유형으로 이분화하고, 양자 간의 관계에 게임이론의 논리를 적용하여 상호작용의 전략과 균형을 분석하려고 한다. 여기서 게임이론의 적용은 이론의 진전을 위한 것이 아니라 단지 NGO와 정부 간의 관계를 이해하는 도구로 사용될 뿐이다. 연구범위는 주로 시민사회가 본격적으로 성장하기 시작하고 NGO가 급속하게 분출한 1987년 이후 한국상황을 위주로 한다. NGO와 정부 간의 상호 관계를 게임이론을 통해 추적하는 것은 NGO와 정부가 견제와 협력이라는 전략을 사용하는 데 합리적 행위자인 동시에, 사회정의와 도덕에 기초하여 결정을 내리는 이유에 대한 잠정적인 해답을 구하기 위한 것이다. 구체적으로 다음과 같은 질문을 게임이론의 적용을 통해 살펴보려고 한다. 한국 NGO는 1987년 이후 왜 정부에 대해 견제지향적인가? 또한 김영삼 정권의 등장 이후 일시적이나마 협력전략을 사용한 이유는 무엇인가? 정부는 왜 점점 NGO에 대해 협력적인 수단을 사용하는가? NGO와 정부는 각각 상대에게 견제와 협력이라는 상이한 전략을 주로 사용하면서 어떻게 서로 균형을 이루는가? 마지막으로 NGO와 정부 간의 균형은 관변단체와 민중단체와 같이 NGO와 비슷한 차원에 있는 다른 단체가 정부와의 관계에서 나타나는 경우와 어떻게 다른가? 여기서 NGO는 비정부·비정파·비영리 결사체로서 시민의 자발적인 참여로 결성되고, 회원가입의 배타성이 없으며, 주로 자원활동에 입각하여 공익추구를 목적으로 하는 단체를 말한다.

II. NGO와 정부 간 견제·협력의 관계

국가는 일정한 영토를 통제하는 비인격적 질서로서 단일화된 실체가 아니라 고도로 복잡한 일련의 관계와 과정으로 형성되어 있다(Held, 1996). 국가는 크래스너(Krasner, 1984)가 구분한 바와 같이 정부로서의 국가, 공공관료기구와 제도적 법질서로서의 국가, 지배계급으로서의 국가, 규범적 법질서로서의 국가 등 다양하게 정의할 수 있다.[1] 베버(Weber, 1978)는 국가를 일정한 영토 내에서 물리적 강제력을 독점한 통치체임을 강조하고, 스카치폴(Skocpol, 1978)은 베버의 영향을 받아 국가를 정부에 의해 조절되고 행정력·경찰력·군사력을 가진 통치기관으로 본다. 따라서 국가가 정부에 비해 보다 근본적이고 영속적인 통치조직인 것은 사실이지만, 현실적으로는 정부에 의해 그 목적과 기능이 수행되고 있다. 여기서는 국가의 이념과 기능을 정부가 대행한다고 보고 양자를 거의 동일시한다.[2]

시민사회는 시민의 일상적 삶이 이루어지는 자율적 영역으로서, 국가와 개인 사이에서 개인의 의사를 결집하고, 여론을 형성하며, 국가권력을 견제한다. 시민사회는 화폐에 의해서 움직이는 시장이나 권력에 의해서 작동하는 국가와는 달리, 자율·참여·연대의 동학 속에서 개인의 권리를 중시하고 공동체적 연대와 문화적 윤리가 통용되는 곳이다. 시민사회는 근대 시민혁명 이후 국가로부터의 분리라는 역사적 명제 속에서 탄생하였기 때문에 주로 국가와의 관계 속에서 그 개념이 규정된다. 이러한 경향은 자유주의적 시각이나 마르크스주의적 시각에서 공통적으로 나타난다.[3] 그런데 시민사회는 단일한 조직에 의해 획일적인 정체성을 가지고 있는 것이 아니라, 여기에는 다양한 자발적 결사체가 존재한다. 계급적 이익을 대변하는 단체가 있는가 하면, 비계급적인 성격을 지닌 단체도 있다. 공익을 추구하

---

[1] 국가는 영역적으로 볼 때 좁은 의미로는 정부, 보다 넓은 의미로는 정부 외에도 시민사회와 시장에 있는 지배계급을 포함한 영역, 그리고 더 넓은 의미로는 국가공동체로서 한 국가 전체를 포함할 수 있을 것이다.
[2] 여기서 정부는 광의의 범주로서 입법·사법·행정부를 포괄하는 의미로 사용한다. 물론 그 중심은 행정부가 될 것이다.
[3] 마르크스는 시민사회가 계급적 성격을 가지고 부르주아계급의 이익을 대변한다고 보았다. 따라서 시민사회를 경제사회로 보고 부정적으로 취급했지만, 궁극적으로는 국가와 시민사회의 이분법적 구도에 입각하고 있다.

는 단체가 있는가 하면, 집단이익을 추구하는 단체도 있다. 즉, 시민사회는 분열과 대립의 속성을 지니고 다양한 세력들이 상호 갈등하고 투쟁하는가 하면, 다른 한편으로는 국가를 견제하고 공동의 목적을 달성하기 위해 상호 타협하고 연대하는 장이라고 할 수 있다. 시민사회에서 NGO는 국가권력을 견제하면서 시민사회의 공공성을 담지하는 가장 대표적인 단체이다. 따라서 여기서는 NGO가 시민사회의 이념과 역할을 가장 잘 대변한다고 본다.

1. NGO와 정부 간의 대립·견제관계

시민사회는 국가와 자신을 구별하여 국가권력을 견제하고 시민의 자유와 권리를 방어하는 자율적 공간(autonomous space)을 확대하려는 과정에서 발생하고 성장하였다(Bobbio, 1990; Keane, 1991). 근대국가 성립 이후 시민혁명을 통하여 대의민주주의를 구축하고 시민권을 보장받는 것은 시민사회의 성장에 중요한 요소였다. 오늘날까지 시민사회는 국가의 상대적인 위치에서 국가권력을 견제하는 것이 그 정체성을 유지하는 데 중요하다. 시민사회의 주요 결사체인 NGO의 발생원인 중 하나는 국가권력을 견제하기 위한 것이다. NGO는 시민권리를 옹호하기 위해 각종 정책의 변화를 추진하고 시민운동을 추진한다. 이 과정에서 정부의 부정부패와 권력남용을 감시하고 견제한다. 정부활동의 정당성을 판별하고 이를 강화하는 것은 NGO의 주요 책무 중 하나이다. 오늘날 부정부패 감시, 인권옹호, 소득재분배, 정치개혁 등과 같은 활동은 시민사회 자체의 계몽적 성격이 없는 것은 아니지만, 주로 정부를 상대로 하여 견제활동을 하는 측면이 강하다.

국가는 특정 영토 내에서 경쟁자와 도전자를 공격하고 견제하는 과정에서 형성되었다(Tilly, 1994). 국가는 일정한 영토와 그 영토 내의 주민을 배타적으로 지배하기 때문에, 자신의 지배력을 공고히 하고 이를 대체하려는 어떠한 피지배세력의 도전도 허용하지 않는다. 국가는 이념적으로나 역사적으로나 일정한 영토 내에서 폭력을 독점하고 시민사회의 도전과 요구를 억압해왔다. 계몽주의시대 이래로 자유주의자들이 국가권력이 확대·강화되는 것을 경계하며 국가권력에 대한 사회적 통제를 강조한 것도 이 때문이다. 권위주의국가에서 정부는 시민사회를 통제하면서 자발적 결사체의 집회와 결사 자체를 허용하지 않는다. 민주적 선거에 의해 다수의 동의를 획득한 민주정부도 시민사회의 각종 결사체를 견제하고 억압할 수 있다. 토크빌(Tocqueville, 1997)은 미국이 민주적 전제정치(democratic despotism)에 빠지지 않는 이유를 정부권력을 감시·비판하고 시민의 자유를 주장하는 자율적인 민간단체(civil association)가 있기 때문이라고 하였다.

서구사회에서는 그리스시대 이래로 지배권력에 의한 민중의 억압이 있었다. 근대에 들어와서 일어난 부르주아 시민혁명도 절대왕정이 절대적인 권력을 휘두르며 시민권리를 제한한 데 대한 투쟁으로 일어난 것이다. 국가의 억압에 대한 시민사회의 조직적 저항은 서구사회에서 신사회운동(new social movement)을 촉발시킨 프랑스 5월운동에서 잘 드러난다. 드골정권의 권위주의에 저항하여 시민의 자율과 이니셔티브를 주창한 5월운동은 민주정부가 가진 억압성과 시민사회의 도전이 교차하는 사건이었다. 이후 NGO를 주축으로 하는 신사회운동은 모든 수단을 동원하여 급진적인 방법으로 정부의 권한독점과 기존 정치질서에 도전하면서 근본적인 사회개혁을 요구하였다.[4]

한국도 시민사회에 대한 국가의 억압과 국가권력에 대한 시민사회의 저

---

[4] 신사회운동은 협상과 타협, 개량과 개선을 통해 점진적인 진보를 이룩한다는 관점이 아니라 찬성과 반대, 바람직한 것과 참을 수 없는 것, 승리와 패배 등과 같은 대립적 관점에서 접근하기 때문에 협상을 소홀히 하는 점이 있다(Offe, 1993).

항의식은 오랜 전통을 가지고 있다. 시민사회가 제대로 형성되지는 않았지만 구한말과 일본 식민지하에서 폭력적 국가권력에 대한 치열한 저항운동을 경험하였다. 해방 이후에는 정통성과 정당성이 허약한 권위주의 정권이 경제성장을 통해 정당성을 보완해야 했기 때문에 국가 주도로 근대화를 추진하였다. 이 과정에서 시민사회의 요구를 묵살하고 최소한의 시민권조차도 허용하지 않는 억압정치를 시행하였다. 이에 대해 1960년대 이후로 신중간계층을 중심으로 국가권력에 대한 시민사회의 저항이 간단없이 지속되었다. 1980년대 후반 이후에도 국가는 여전히 권력의 독점을 통해 지배를 영속화하고 부정한 방법으로 물적 자원을 축적하려는 경향이 강하다. 따라서 NGO는 정부의 권력독점으로 인한 지대추구(rent-seeking) 행위를 감시하고, 시민권리를 방어하기 위한 각종 시민운동을 전개하고 있다.

2. NGO와 정부 간의 협력관계

NGO의 발생원인 중 하나는 바로 정부실패(government failure)이다. 시장실패(market failure) 이후 정부는 시장에 개입하여 복지사회를 이룩하려고 하였으나, 오히려 더 나쁜 결과를 초래하거나 인민이 원하는 다양한 욕구를 충족시키는 데 한계에 부딪혔다. 정부영역은 원천적으로 다수결의 원리, 강제성의 원리, 획일성의 원리, 관료제의 원리가 적용된다. 따라서 현대사회의 복잡한 문제를 해결하고 시민들이 원하는 욕구를 해결하는 데 한계가 있다. 정부가 해결하지 못하는 각종 사회문제를 해결하고 정부의 한계를 보완하기 위한 기제로서 시민사회에서 각종 비영리단체(NPO: non-profit organization)가 등장하였다. 비영리단체는 서구 복지국가, 특히 미국과 같은 복지다원주의(welfare pluralism) 사회에서 정부와의 협력을 통해 복지서비스를 제공하는 중요한 역할을 한다. 이 비영리단체 중 하나가 바로

NGO이다.[5] NGO는 공공의 이익을 추구하는 결사체로서 정부가 해결하기 어려운 각종 사회문제를 자원주의(voluntarism)에 입각하여 해결한다. NGO의 공익성은 정부의 목적과 상통하기 때문에 시민의 삶의 질을 증대하기 위하여 정부와 일정한 협력이 이루어진다. NGO에 대한 정부의 업무위임과 재정지원은 이러한 협력의 일환이다. 그뿐 아니라 NGO는 사회변혁을 실천하는 과정에서 정부의 개혁정책을 지지하거나 이에 반대하는 기득권 세력을 견제함으로써 개혁을 지원한다. 따라서 정부와 NGO 간에는 무언의 합의가 이루어지고 정책형성과정에서 다양한 협력이 이루어질 수 있다. 오늘날 양자 간에는 거버넌스(governance)라는 이름으로 다차원적인 협력이 일어나고 있다.

정부의 속성은 권력기구의 측면뿐만 아니라 공공서비스를 제공하는 기구라는 측면도 있다. 공공서비스를 제공하는 정부의 역할은 현대사회에서 매우 중요하다. 문제는 현대사회에서 공적 영역이 점점 확대되고 시민의 요구가 다양해지고 있다는 사실이다. 따라서 현대인의 높고 다양한 욕구를 정부 단독으로 충족하기 어렵다. 환경·인권·평화·교육·위생·소비 등의 분야는 공적 영역으로 편입되었지만 정부가 해결하기에는 비용이 많이 들고 때로는 부적절하기도 하다. 더구나 다양한 사회문제를 해결하기 위해 정부의 기능을 확대하는 것은 관료제의 병리현상을 낳고 자원이 비효율적으로 배분된다는 이유로 신자유주의자의 비판을 받는다. 따라서 정부기능을 확대하지 않고 인민의 복지서비스 욕구를 충족하기 위해 정부는 각종 비영리단체와 협력할 필요가 있다.[6] NGO도 그중 하나이다. 또한 민주주의

---

[5] NPO는 NGO보다 넓은 개념으로서 국가와 시장을 제외한 비영리섹터 또는 시민사회에 있는 모든 결사체를 말한다(박상필, 2001a).
[6] 정부와 비영리단체 간의 협력은 정부와 기업 간의 협력보다 여러 가지 장점을 지니고 있다. 첫째, 정부가 제공하는 복지서비스의 많은 분야는 비영리단체가 정부보다 먼저 그

사회에서 정부는 정책의 정당성을 증진하고 정책집행의 순응성을 확보하기 위해 시민사회의 각종 NGO와 협력할 필요가 있다. 정책과정에 대한 NGO의 참여는 비록 제한적이기는 하지만 바로 이러한 목적을 달성하기 위한 것이다. 더구나 현대사회와 같이 복잡한 사회에서 NGO는 정부가 시민사회의 요구를 파악하고 사회변동에 적응하는 데 필요한 각종 정보를 제공하는 환류메커니즘(feedback mechanism)으로 작용한다. 따라서 정부는 국정과정에 시민참여를 강화하고 NGO와 협력할 필요가 증대하고 있다.

서구사회에서는 NGO와 정부 간의 관계에서 과거의 대립관계가 완화되고 있다. 서구사회의 경우 국가의 전제권력에 대한 저항으로 시민사회가 형성·발달되었지만, 제2차 세계대전 이후 복지국가의 발달로 NGO와 정부의 협력이 증대하였고, 다양한 분야에서 NGO의 공익활동이 일어나고 있다. 특히 서구사회에서 국제원조에 참여하는 NGO는 재정의 50% 이상을 정부의 지원에 의존하고 있다(김수현, 2001; 조효제, 2000a). 일본에서도 NGO는 제2차 세계대전 이후 정부에 대한 저항적인 성격이 강하였으나, 1980년대 이후 정부의 의사결정과정에 대한 NGO의 참여와 자원봉사활동에 대한 정부의 법적·재정적 지원이 늘고 있다. 특히 일본에서는 정부견제적인 활동보다는 정부와의 협력을 통해 공공서비스를 생산하는 NGO가 다수를 차지한다.

한국 시민사회는 해방 이후 정부 의존적 세력과 저항적 세력으로 양분되어, 전자는 정부와 담합하여 특수 이익을 보장받으려 했고, 후자는 민중운

러한 서비스를 제공해왔다(예: 의료, 교육, 환경). 둘째, 영리를 추구하지 않는 비영리단체의 목적은 정부의 목적과도 비슷하기 때문에 정부에 의한 감독비용이 기업보다 싸다. 셋째, 비영리단체는 공공의 문제와 가까이 있고, 유연하고 작은 규모로 운영될 수 있다. 넷째, 비영리단체는 서비스와 구조의 다양성, 부분적 어프로치가 아닌 요구 전체에 응답, 기부금과 자원봉사 활동의 용이 등과 같은 장점이 있다(Salamon, 1995).

동을 중심으로 반체제적 성격을 띠었다. 민중운동은 1980년대 후반까지 한국 사회운동의 중추를 담당하면서 지배세력과 체제의 근본적인 변화를 추구하였다.7 그러나 1980년대 후반에 와서 체제저항적·사회주의지향적 민중운동은 그 방법과 전망에서 한계에 도달했고, 대중의 이탈과 국제정세의 변동으로 인하여 크게 위축되지 않을 수 없었다. 권위주의가 퇴조하고 정치적 민주주의가 발전함에 따라 정부가 공공선(public good)을 추구하는 시민단체, 즉 NGO를 사회정책적 과제의 대상으로 보는 시각이 생겨나고, NGO도 시민의 각종 생활권리를 추구하는 방향으로 다원화되고 운동방식이 합법적이고 개량적인 방식으로 변하면서 정부와 협력을 모색하게 되었다.8

III. NGO와 정부 간 관계에 대한 게임이론의 적용

게임이론(game theory)이란 상호 간의 행동이 서로 영향을 주는 관계에 있을 때 어떻게 합리적인 전략을 취할 것인가에 대한 연구이다(박주현, 2001). 이는 구체적으로 전략적 상호작용이 존재하는 게임의 상황에서 개인의 전략이 초래하게 될 결과에 대한 모형을 세우고, 그 모형화된 게임에서 참가자의 전략적 행동을 이해하는 분석틀을 제공하는 이론이다(김영세,

---

7 이러한 경향으로 인하여 성경륭(1995)은 1980년대 후반까지 한국사회의 정치변동은 정당정치가 아니라, 국가와 시민사회가 치열하게 충돌하는 운동정치에 의하여 매개되었다고 보고 있다.
8 물론 최근의 환경운동이나 공동체운동에서 볼 수 있는 바와 같이 시민운동은 사회변혁과 문명전환을 위해 사회의 근본적인 변화를 추구하는 급진성을 띠고 있기도 하다. 그러나 이러한 급진적 운동은 전체 시민운동에서 볼 때 소수에 지나지 않고, 그 급진성도 대체로 자기제한적인(self-limiting) 성격을 띠고 있다.

2000). 게임에 참가한 행위자는 다른 행위자의 행위에 의해 영향을 받고, 자신의 이익이 상대방의 행위에 따라 좌우된다. 이때 경쟁자는 상대방의 행위에 따라 각자 자신의 이익을 극대화하기 위한 전략을 선택하게 된다. 달리 말해서 게임이론은 상호 의존적 상황에서 전략적 논리를 탐구하는 도구라고 할 수 있다(정준표, 2000). 게임이론은 1940년대 노이만(John von Neumann)이나 모르겐슈테른(Oskar Morgenstern) 등이 개발하였고, 1950년대에 와서 내쉬(John Nash)가 균형이론을 개발함으로써 게임이론의 발전에 크게 기여하였다.[9] 게임이론은 주로 경제학에서 활발하게 연구되어왔지만 오늘날 다양한 영역에서 활용되고 있다. 정부 내의 정책결정이나 예산분석 등에도 적용되어 분석도구로 사용되거나 합리적인 대안을 찾는 기법으로 이용되기도 한다.

게임은 여러 가지 종류가 있는데, 크게 여섯 가지로 나눌 수 있다(박주현, 2001; 박효종, 1994). 첫째, 협조적 게임과 비협조적 게임이다. 협조적 게임은 게임에 참가하는 선수들이 게임 이전에 완전히 구속력이 있는 협약을 맺고 하는 게임이고, 비협조적 게임은 사전에 어떤 구속력 있는 협약 없이 선수들이 자신의 효용을 극대화하기 위해 합리적으로 최선의 전략을 선택하는 경우이다. 둘째, 일회 게임과 다단계 게임이다. 일회 게임은 선수들이 한 번에 전략을 선택한 후 게임이 끝나는 경우를 말하고, 다단계 게임은 선수가 전략을 선택한 후 그 결과를 보고 다시 전략을 선택하는 과정을 여러 번에 걸쳐 행한 후에 보상을 받는 게임을 말한다. 셋째, 이자 게임과 다자간 게임이다. 이자 게임은 두 행위자 사이의 상호 교환에 국한되는 게임이

---

[9] 게임이론의 시초는 노이만과 모르겐슈테른이 공동저술하여 1944년에 출판된 『게임이론과 경제행위』(Theory of Games and Economic Behavior)라고 볼 수 있다. 내쉬는 1950년에 미국 프린스턴대학에서 게임이론에 관한 박사학위논문을 써서 게임이론의 초석을 다졌다.

고, 다자 간 게임은 게임에 참가하는 행위자가 세 사람 이상인 경우를 말한다. 넷째, 전략형 게임과 확장형 게임이다. 전략형 게임은 일회 게임의 분석에 적합한 형태로서 게임에 참가하는 선수(player), 선수가 택한 전략(strategy), 게임의 결과로서 선수들이 얻는 보상(payoff)으로 구성된다. 확장형 게임은 다단계 게임의 분석에 유용하게 활용되는 형태로서 게임의 진행과정을 표시하고 게임과정의 정보를 활용하여 상대방의 전략에 따라 선수가 어떠한 선택을 하는지 표시하는 게임이다. 다섯째, 완전정보 게임과 불완전정보 게임이다. 완전정보 게임은 선수, 전략집합, 전략에 따른 보상 등 각 선수에 관한 사항을 모두 알고 시작하는 게임이고, 불완전정보 게임은 이러한 사항 중 하나라도 모르는 경우의 게임으로서, 특히 상대방의 보상을 모른다고 가정하는 경우가 일반적이다. 한쪽은 정보를 모두 알고 있으나, 상대방은 정보의 일부를 모르는 경우를 비대칭정보 게임(asymmetric information game)이라고 한다. 여섯째, 제로섬 게임(zero sum game)과 비제로섬 게임(non-zero sum game)이다. 제로섬 게임은 각 선수가 어떤 전략을 택하든지 그 결과로서 나타나는 보상의 합이 영(0)이 되는 경우이고, 비제로섬 게임은 한쪽의 이익이 반드시 상대방에게 그만큼의 손해를 가져오는 경우가 아닌 게임을 말한다.

 NGO와 정부 간의 견제·협력을 둘러싼 게임은 위에서 설명한 여섯 가지 게임 중에서 주로 비협조적 게임, 이자 게임, 완전정보 게임, 비제로섬 게임 등이 적용된다.

 어떤 현상을 게임으로 구성하기 위해서는 게임 참가자, 참가자의 선호, 게임 진행순서, 참가자가 가지고 있는 정보, 참가자가 선택하는 행동 또는 전략, 참가자의 행동에 따라 나타날 수 있는 결과, 결과의 실현으로 돌아오는 보상 등이 설정되어야 한다. NGO와 정부 간의 관계에서도 양자가 일정한 선호를 가지고 있고, 최대의 이익을 얻기 위하여 전략을 구사하며, 그

전략에 따라 일정한 결과와 보상이 나타난다. 정부는 NGO의 행동에 따라 정부의 지배를 강화하고 사회질서를 형성하며 시민의 지지를 얻기 위한 전략을 선택한다. NGO도 정부의 행동에 따라 NGO의 영향력을 확대하고 시민권리를 옹호하며 시민사회를 방어하기 위한 일정한 전략을 선택한다. 즉, 정부와 NGO는 상호 간의 관계에서 전략을 고려하고 상대의 반응이 중요한 변수로 작용한다. 따라서 NGO와 정부 간의 견제·협력관계는 서로의 행동이 상호 영향을 주기 때문에 게임이론의 적용이 가능하다. 양자 간의 관계를 게임이론의 적용을 통해 살펴볼 경우, 복잡한 관계를 단순화하여 어떤 행위자가 어떤 전략을 선택하는 이유와 그 전략에 따른 다른 쪽의 반응과 전략을 쉽게 이해할 수 있다.

NGO와 정부 간의 견제·협력관계를 게임론적 입장에서 규명하려고 할 때 다음 몇 가지 사실을 정리해야 한다. 첫째, 게임이론은 주로 두 당사자인 개인에게 적용되는데, NGO와 정부는 각자 하나의 집단이다. 물론 게임이론은 기업 간의 제품생산, 국가 간의 통상정책과 군비경쟁 등을 분석하는 데 적용되기도 한다. 그러나 행위자가 집단인 경우, 공동의 이해가 무엇이며 누가 집단을 대표하는지 애매하다. 여기서 NGO와 정부는 각각 공동의 이해가 존재하고 일련의 지도자나 정책결정자가 집단을 대표하여 합리적으로 행동한다고 본다.

둘째, 게임이론에서 행위자는 합리적 개인으로서 자신의 사적 이익을 극대화시키는 수단을 선택하는 효용극대화 존재(utility maximizer)로 본다. 즉, 효율적으로 수단을 목표에 연결시키는 능력을 지닌 행위자이다. 물론 NGO와 정부는 상호 상대적인 위치에서 각자의 이익을 극대화하기를 원하는 합리적 행위자로 볼 수 있다. 그러나 양자는 사회적 행위자로서 도덕적인 문제를 중시하고, 사회정의에 부합하여 행동하며, 목표 자체에 대해서도 비판적으로 사고한다. 그럼에도 불구하고 고티에(Gauthier, 1993)의 주장처럼 합리적 선택과 도덕적 선택이 양립할 수 있다고 본다. 또한 선택에 따른 결과들 중에서 최악의 결과를 회피하기 위해 최소극대화(maximin) 전략을 채택하는 동시에, 일정한 수준에서 만족하는 제한된 합리성(bounded rationality)도 합리적 인간의 일부로서 적극적으로 해석한다. 물론 제한된 합리성은 합리적 인간을 대체하는 것이 아니라 보완하는 의미로 본다. 이 외에도 합리적 인간이 자율적으로 행동하는 행위자임과 동시에 구조적 제약을 받는다고 본다. 그리고 합리적 인간은 대안의 선택에서 이익과 비용의 계산을 통해 최선의 결과를 얻으려고 하지만, 정체성(identity)이나 억압적 속성 등도 작용하므로 이것도 고려할 필요가 있다. NGO는 어떤 선택을 하는 데에서 자신이 가지고 있는 정체성을 중시하고, 정부도 본래적으로 강제력을 독점하고 억압적인 성격을 가지고 있다.

셋째, 게임은 일정한 규칙에 복종하는 것을 전제로 한다. 그러나 정부는 강제력을 독점하고 있는 국가의 대변자이다. 법률도 양자에 영향을 미치지만 실제로 정부가 자신의 이익에 맞게 자의적으로 적용하는 경우도 있다. 따라서 정부는 NGO에 비해 강자에 속한다. 그러나 NGO와 정부는 각각 시민이 창출하는 여론의 영향을 받고 법의 지배를 받는다. 따라서 양자 간의 전략에 영향을 미치는 시민의 의견과 이익도 고려할 것이다. 물론 양자는 상대방에 대해 은폐전략을 사용할 가능성이 있다. 이러한 은폐도 일종의 합리적 사고라고 볼 수 있다.

넷째, 완전정보 게임에서 게임의 참가자는 상대방을 식별하고 전략에 따른 보상을 알고 있다. 그뿐 아니라 참가자는 합리적 행위자로서 상대방의 목적, 과거의 행태, 장기적인 전략을 알고 있다. NGO와 정부 간의 게임은 완전정보 게임으로서 상대방의 과거행태를 기억하고 있고, 민주정부하에서 정보교환이 활발하게 이루어진다고 본다.

다섯째, 비협조적 게임은 사전에 어떤 구속력을 가진 협약이 없이도 게임 참가자들이 합리적으로 행동한다고 본다. 그러나 NGO와 정부는 상호 공익을 추구하는 집단으로서 시민의 이익극대화를 강조한다. 따라서 게임에서 양자 간에 일종의 묵시적 합의(tacit consent)가 존재할 수 있다. NGO와 정부 간의 게임은 민주화의 진행, 시민들의 요구 등에 의거하여 셸링(Thomas Schelling)이 말하는 '관심의 초점(focal points)'이 나타나 서로 관심이 일치하는 균형이 있게 되고 묵시적 합의가 가능하다고 본다.

IV. NGO와 정부 간의 견제·협력을 둘러싼 게임

1. NGO와 정부가 가지는 전략

앞서 살펴본 바와 같이 전략형 게임 또는 정상형 게임은 참가자, 전략, 보상 등 세 가지로 구성된다. 전략형 게임에서 게임에 참가하는 선수는 각각 순수전략(pure strategy)을 가지고 있다. 여기서 NGO와 정부는 각각 견제와 협력이라는 두 개의 순수전략을 가지고 있다.

먼저 NGO가 가지고 있는 견제와 협력 전략을 살펴보자. 한국 NGO는 1987년 6월항쟁 이후 시민사회가 국가로부터 자율성을 획득하면서 분출하기 시작하였다. 1987년 이전 군부권위주의 정권은 정부에 저항적이거나 견제지향적인 단체에게 집회·결사의 자유를 허용하지 않았다. 심지어 이러한 단체가 결성되는 것조차 방해하였으며, 단체에 참여하는 사람에 대해 각종 불이익을 주기도 하였다.[10] 이 과정에서 위협이나 유인제공과 같은

---

[10] 1987년 이전 한국공해추방연구소가 전개한 환경운동에 대한 정부의 견제를 예로 들 수 있다.

다양한 수단을 사용하였다. NGO 리더십들은 이러한 정부의 과거행태를 잘 기억하고 있다. 1987년 6월항쟁 이후 시민사회의 자율성이 확대되고 정부에 대한 영향력이 증대되었으나, 아직도 한국은 절차적 민주주의의 수준에 있다. 정부의 정당성이 여전히 부족하고 실질적인 민주주의는 초보단계에 있다고 볼 수 있다. 따라서 시민의 권리가 침해되거나 방기되고 있고, 사회적 약자의 권익이 정책과정에 제대로 반영되지 못하고 있으며, 정부 내에 부정부패가 만연되어 있기도 하다. NGO가 시민의 권익을 위해 추진하는 각종 활동은 소수의견이거나 비합법이라는 이유로 정부로부터 제재를 받는다.[11] 시민사회의 자율성은 아직도 제한되어 있으며 많은 활동이 정부에 의해 규제받고 있다.[12] 따라서 NGO는 정부를 적극적으로 견제할 필요를 느낀다. 부정부패의 감시와 정책의 변화추구와 같은 견제활동을 통해 시민권리를 옹호하고 시민사회의 정치화를 강화하려고 한다. 이러한 견제활동이 NGO가 궁극적으로 추구하는 사회변혁의 목표에 부합한다.

 NGO는 정부에 대하여 협력적인 활동도 한다. NGO는 1990년대에 들어와서 정부로부터 각종 지원금을 받아 정부정책의 우선순위에서 밀려나는 각종 사회문제를 해결하기 위해 여러 가지 사업을 진행하고 있다. 여기에는 공적영역에서 무시되는 복지서비스 생산, 사회적 약자의 권익보호, 사회적 갈등의 조정, 민주시민교육과 시민의식계몽 등이 포함된다. 2000년에는 '비영리민간단체지원법'이 제정되어 NGO에 대한 재정지원이 제도화되었다. 그리고 정책과정의 다양한 단계에 참여하여 여론을 전달하고 시민의 권익을 옹호하는 방향으로 정책이 제정되도록 압력을 행사한다. 또한 사회

---

[11] 2000년 총선 당시 총선시민연대의 활동에 대한 정부의 제재가 대표적이라고 할 수 있다.
[12] 기부금품모집규제법, 정보공개법, 행정절차법, 집시법 등에서 NGO의 활동을 제한하려는 의도가 역력하게 나타나 있다.

개혁을 추진하는 과정에서 보수층이나 기득권자를 견제하는 활동도 하고 있다. 과거 의약분업이나 언론개혁에서 NGO는 주로 정부 편에 서서 의사집단과 언론세력을 견제하는 역할을 하였다. NGO가 이렇게 정부와 일정한 협력을 하는 것은 견제지향적·저항적 활동만으로는 시민의 삶의 질을 증진하는 데 한계가 있기 때문이다. 특히 신자유주의하에서 정부지원을 받아 정책에 제대로 반영되지 못한 각종 서비스를 제공하고 자본주의에 의한 삶의 황폐화를 방지하는 것도 시민운동의 정당성을 확보하는 데 중요하다. 물적 토대가 빈약한 한국 시민사회의 능력으로서는 NGO가 필요한 각종 자원을 시민사회 내에서 충당하기 어렵다. 따라서 정부로부터의 각종 지원이 필요하다. 정부로부터의 행정적·재정적 지원은 NGO의 성장을 위해서도 필요하다.[13] 한국 NGO는 지금 질적인 성장을 도모할 필요가 있지만 그렇다고 양적인 성장이 불필요하거나 무시되어도 되는 상황은 아니다. 더구나 시민사회 내의 각종 갈등과 부정적 유산을 극복하기 위해서는 법률적 장치를 가진 국가의 조정이 필요하다. 한국 시민사회에는, 비록 그것이 국가와 시장의 비합리성에 기인하는 바가 크기는 하지만(김정훈, 2001), 권위주의·연고주의·전시주의·성장주의 등과 같은 비합리성이 존재한다.

이어서 정부가 가지고 있는 전략에 대하여 살펴보자. 정부는 과거 시민사회의 각종 단체에 대해 왜곡된 시각을 가지고 있었다. 이것은 정권의 정통성과 정당성이 빈약했음을 반증한다. 그러나 김영삼 정권 이후 정부는 NGO의 활성화를 위해 각종 제도적 장치를 정비하고 정책과정에 NGO의 참여를 확대하고 있다. 정책과정에 대한 NGO의 참여확대는 각종 정책의 성공적인 집행을 담보하는 동시에 정부에 대한 시민의 지지를 확보할 수

---

[13] NGO에 대한 정부의 재정지원이 일정한 정도 NGO의 재정활동을 활성화하여 재정적 성장을 강화한다는 연구결과가 있다(박경래, 2001).

있다. 그리고 새로 등장하는 정권은 언제나 강력한 개혁정책을 추진하였는데, 이러한 개혁정책은 기득권층의 일정한 권리박탈을 의미하기 때문에 다양한 형태의 반발을 초래하였다. 따라서 정부가 개혁정책을 성공적으로 추진하기 위해서도 시민사회에 있는 NGO의 지지가 필요하다. 더구나 오늘날 NGO는 한국에서 가장 신뢰받는 집단에 속한다.[14] 따라서 NGO의 반대 속에서 정부가 개혁을 추진하는 것은 성공을 보장받기 어렵게 되었다. 또한 신자유주의 이데올로기하에서 정부는 조절능력에 한계가 있기 때문에 시장의 세력을 견제하기 위해 NGO와 동맹을 맺을 필요가 있다. NGO의 협력을 유도하는 것은 사회통합을 유지하는 데도 중요하다. 정부가 다양한 계층의 의견을 제한된 선거를 통해 수렴하는 데는 한계가 있다. 따라서 다양성을 주요한 이념으로 삼는 NGO와 협력하는 것은 사회안정과 사회질서를 유지하는 데 필요하다. 정부는 다양하고 수준 높은 서비스를 요구하는 시민들에게 일정한 공공서비스를 제공하기 위해서도 NGO와 협력할 필요가 있다. 정부 단독으로는 현대사회에서 필요한 인권·평화·환경·교육·여성·문화 등과 관련된 서비스를 제공하는 데 한계가 있다. 정부가 NGO에 직접적인 재정지원과 함께 다양한 지원을 제공하고 정책과정에 대한 참여를 확대해가는 것은 이러한 여러 가지 목적을 달성하기 위한 것이다.

물론 정부는 NGO에 대해 견제전략도 사용한다. 한국 NGO는 짧은 시간 동안 시민의 지지를 확보하여 정부에 대한 영향력을 확대해왔다. 1993년 말 시사주간지인 《시사저널》이 조사한 바에 의하면 경제정의실천시민연합(경실련)은 정당이나 정부기구보다도 영향력이 강한 단체로 평가받았다. 이후 많은 대형 NGO들이 조직되었기 때문에 NGO의 영향력이 강화되었

---

[14] 국정홍보처는 2001년에 전 국민을 상대로 각종 집단에 대한 신뢰도를 조사하였는데, NGO가 65%로서 가장 높은 지지를 받았다.

다. 한국 NGO는 '영향력의 정치'에 관한 한 일정한 성공을 거두었다고 볼 수 있다. 심지어 오늘날 많은 시민들은 NGO를 한국사회의 각종 문제를 해결하는 대안세력으로 보기도 한다.[15] NGO의 영향력 확대는 일종의 권력의 재배치(relocation of power)를 의미하고, 이것은 정부에게 권위의 상실과 영향력의 축소를 의미한다. 강제력을 독점하여 합법적인 지배를 영속화해야 하는 정부로서는 NGO의 영향력 확대에 대해 일종의 위기감을 가질 수 있다. 이러한 현상은 시민사회를 활성화하기 위해 NGO가 추진하는 각종 입법운동에 대한 정부의 부정적이고 미온적인 태도에서 잘 드러난다. NGO의 권력확대를 요구하는 각종 법률은 대부분 국회에서 폐기되고, 국회가 적극적으로 나서는 경우는 거의 찾아보기 어렵다. 행정부는 정책의 정당성을 확보하는 최소한의 기준에서만 일정한 시혜를 베풀고 있다. 따라서 국회에서 제정된 법률도 대통령령과 같은 하위 법령에서 규제지향적으로 나아간다. 심지어 '집회 및 시위에 관한 법률(집시법)', '기부금품모집규제법'과 같이 이미 무용화된 법률의 일부조항을 정부이익에 따라 선별적으로 적용하기도 하였다(박상필, 2001d). NGO에 대한 정부의 견제는 정부 내의 행정부·입법부·사법부 간의 공고한 동맹관계를 통해 연합전선 형식으로 나타나기도 한다. 이것은 NGO의 선거개입에 대한 위법판결을 내린 총선시민연대의 선거법위반 판결에서 쉽게 발견할 수 있다.

이상에서 설명한 것을 정리하면 〈표 4-1〉과 같다. 〈표 4-1〉은 NGO와 정부가 가지고 있는 전략과 각 전략의 이점을 보여주고 있다. 게임이론에서 본다면, NGO와 정부는 각각 견제전략과 협력전략 중에서 어떤 전략을 선택할지 딜레마에 봉착하게 된다.

---

[15] 의약분업 갈등으로 의사가 파업을 하자 많은 시민들이 NGO에 전화를 걸어 불만을 토로하고 대책을 주문하였다.

〈표 4-1〉 NGO와 정부의 전략

행위자	전략	이점
NGO	견제전략	정부권력 견제, 시민권리 옹호, 시민사회의 자율성 확대
	협력전략	정부의 재정지원 확보, 정책참여 기회 증대, 개혁의 추진
정부	견제전략	NGO의 영향력 제한, 정부 권위의 강화
	협력전략	정책집행의 순응성 확보, 개혁 지지세력 확보, 사회통합 유지, 복지서비스 제공

2. NGO와 정부 간의 게임균형

그러면 NGO와 정부는 각각 어떤 전략을 선호하고 어디에서 균형이 이루어지는가? NGO와 정부 간의 전략형 게임을 〈그림 4-1〉과 같이 구성할 수 있다. 〈그림 4-1〉은 NGO와 정부가 각각 견제와 협력 전략을 사용하는 데 따르는 보상행렬(payoff matrix)을 보여주고 있다. NGO는 견제전략을 사용하면 1의 보상을 얻고, 협력전략을 사용하면 −1/2의 보상을 얻는다. 정부는 견제전략을 사용하면 −1의 보상을 얻고, 협력전략을 사용하면 1의 보상을 얻는다.

왜 NGO와 정부는 각각 견제전략과 협력전략에서 보상가가 높은가? 먼저 NGO의 경우를 살펴보자. 한국에서는 아직도 정부에 대한 신뢰가 낮고 시민권리를 보장하는 정부능력에 한계가 있다. 이것은 정부가 강력한 통제전략을 통해 경제성장을 추진하였고, 이 과정에서 많은 부패 구조 및 문화가 산출되었기 때문이다. 따라서 NGO는 시민의 지지를 확보하고 자신의 정체성을 유지하기 위해서 정부를 견제하는 급진성을 지녀야 한다. 이러한 NGO의 정체성에 대한 기대는 김영삼 정권 등장 이후 NGO 지도자들이 정부의 요직으로 이동한 것에 대한 민감한 비판에서 잘 드러난다. 총선시민

〈그림 4-1〉 NGO와 정부 간의 전략형 게임

		정부	
		견제	협력
NGO	견제	(1, −1)	(1, 1)
	협력	(−1/2, −1)	(−1/2, 1)

연대 활동에서도 시민들은 NGO가 추진하는 낙천·낙선운동에는 찬성하였지만, 정부와의 유착관계를 제기하는 보수정당의 주장에 동의하기도 하였다. 그리고 의약분업을 둘러싼 갈등에서도 NGO들이 정부로부터 재정을 지원받아 의사협회를 견제하자, NGO와 정부가 한편이라는 의사들의 비판에 귀를 기울이곤 하였다. NGO가 제한된 합리성을 추구하여 정부에 협력전략을 사용할 수도 있다. 협력전략은 시민의 지지를 이끌어내는 데 일정한 한계가 있지만, 물적 자원을 확보하고 정부 내의 의사결정과정에 참여할 수 있는 기회를 증대할 수 있다. 그러나 이러한 협력전략이 NGO의 역량강화와 공공선의 증대에 유리하다고 하더라도 지속적으로 사용하는 데는 한계가 있다. 오히려 정부에 일정하게 협력하면서도 견제활동을 주로 하고 있다는 믿음을 주는 은폐전략이 NGO에게는 유리하다. 즉, 정부로부터 일정하게 재정을 지원받으면서도 정부에 견제적이라는 이미지를 강화하는 것이다. 정부에 견제적인 것으로 보였던 많은 NGO들이 사실은 정부로부터 재정을 지원받고 정책과정에 참여하여 정보를 제공하기도 하였다. 이상에서 설명한 바와 같이, NGO의 견제전략은 대체로 정(+)의 값을 갖고, 협력전략은 대체로 부(−)의 값을 갖는다.

한편 정부는 견제전략보다 협력전략을 선호하고 보상가가 높다. 민주정부의 구조하에서 정부는 장기적인 관점에서 볼 때 시민권력의 확대를 요구하는 NGO의 주장을 외면하기 어렵다. NGO는 시민사회의 공익성을 증진하는 대표적인 단체로서 여론을 주도한다. 따라서 NGO에 견제적인 태도로 NGO의 요구를 무시하는 것은 불리한 여론을 유도하기 때문에 정부의 정당성을 훼손할 수 있다. 오늘날 NGO는 행정부만이 아니라 사법부와 입법부에 대해서도 치밀한 감시와 견제활동을 수행하고 있다. 정부는 영향력을 확대하고 있는 NGO를 견제하더라도 상징적으로는 NGO에 협력하고 있다는 이미지를 갖는 것이 유리하다. 정부가 개혁을 지속하고, 시장권력을 견제하며, 공공서비스의 양과 질을 확대하기 위해서는 NGO의 지지가 필요하기 때문이다. 이러한 경향은 정도의 차이는 있어도 정책과정에 대한 NGO의 참여가 늘어나고, NGO의 활성화를 위한 각종 법률이 점진적으로 제정되거나 개정되고 있는 것에서 알 수 있다. 예를 들어 환경 NGO를 대상으로 한 연구에 의하면 아직도 NGO는 비제도적인 방식으로 정책의제설정단계에 집중적으로 참여하고 있기는 하지만, 정책결정단계와 정책집행단계에도 상당한 단체가 참여하고 있고 정책과정에 대한 영향력도 증대하였다(박상필, 2001c). 그리고 최근까지 비영리민간단체지원법, 기부금품모집규제법, 정보공개법, 행정절차법, 집시법, 자원봉사활동지원법 등이 제정되거나 개정되었다. 한편 민주사회에서 정부가 NGO에 대해 견제전략을 사용하는 것은 NGO가 정부에 대하여 협력전략을 사용하는 것보다 대체로 보상가가 더 낮다고 볼 수 있다.[16] 이상에서 설명한 바와 같이 정부의 협력전략

---

[16] 여기에서는 정부의 견제전략이 NGO의 협력전략보다 상대적으로 더 손해를 가져오기 때문에 각각 −1과 −1/2의 보상가를 정하였다. 그러나 게임에서 정부의 견제전략과 NGO의 협력전략의 보상가가 차이가 나지 않고 똑같이 −1/2이거나, 혹은 똑같이 −1이어도 게임의 결과에는 차이가 없다.

은 대체로 정(+)의 값을 갖고, 견제전략은 대체로 부(-)의 값을 갖는다.

〈그림 4-1〉과 같은 보상행렬에서 NGO에게는 협력전략이 열등전략(dominated strategy)임을 알 수 있다. 왜냐하면 NGO는 견제전략을 선택하는 것이 더 높은 보상을 받기 때문이다. 그리고 정부에게는 견제전략이 열등전략에 속한다. 정부는 협력전략을 선택함으로써 더 높은 보상을 받을 수 있다. 따라서 NGO와 정부는 (견제, 협력), 즉 보상행렬의 우측 상단에서 내쉬균형(Nash equilibrium)을 이룬다. NGO는 견제전략의 보상이 높기 때문에 협력전략으로 바꿀 유인이 없고, 정부는 협력전략의 보상이 높기 때문에 견제전략으로 바꿀 유인이 없기 때문이다. 그리고 〈그림 4-1〉에서 (견제, 협력)은 파레토효율(Pareto optimum)이기도 하다. NGO와 정부 중 어느 한쪽을 손상시키지 않고서는 더 좋아지는 상태가 없기 때문이다.

NGO가 견제전략을 취하고 정부가 협력전략을 취하는 것이 NGO와 정부 각각에게 상호 유리하다. 따라서 NGO가 견제전략을 취하고 정부가 협력전략을 취하는 것에서 균형을 이룬다. 이렇게 각각 다른 전략에서 균형이 이루어지는 것은 민주정부의 구조하에서 정부와 NGO 간에 정보교환이 활발하고 상호 공익을 중시하기 때문이다. 군부정권의 장기집권을 경험하고 정치적 민주화가 진행되고 있는 한국에서, NGO와 정부는 계약(contract)이 아니라 관행(convention)에 의해 (견제, 협력)의 위치가 각자에게 유리하고, 나아가 이 구성이 사회 전체에 가장 이익이 된다는 묵시적 합의를 이루고 있는 것이다.

3. NGO와 관변단체 및 민중단체와의 차이

1987년 6월항쟁 이후 정부는 시민사회의 도전에 직면하게 되었다. 정부는 기존의 관변단체나 민중단체와는 달리 NGO, 즉 시민의 자발적 참여에 의해 공익을 추구하는 시민단체의 요구를 무시할 수 없게 되었다. 관변단체의 경우 재정을 지원해주고 일정한 특권을 주면 각종 선거운동이나 계몽운동을 통해 정부의 정통성과 정당성을 보완하는 데 필요한 반대급부를 받을 수 있었다. 또한 민중단체는 체제변혁을 시도하기 때문에 반공주의와 같은 이데올로기를 동원하여 억압할 수 있었다.[17] 그러나 NGO는 관변단체처럼 시민의 지지를 받지 못하는 것도 아니고, 민중단체처럼 일정한 계층의 이익만을 대변하는 단체도 아니다. 정부로서는 NGO가 시민의 자발적 참여를 통해 불특정 다수나 사회적 약자의 이익을 추구하는 단체이기 때문에 그들의 요구를 외면할 수 없다.

NGO와 정부는 각각 견제전략과 협력전략이라는 상이한 전략을 사용하면서도 균형을 이룬다. 그러나 정부의 상대가 NGO가 아니라, 관변단체나 민중단체인 경우는 사정이 달라진다. 정부의 상대가 관변단체일 경우, 〈그림 4-1〉에서 관변단체의 협력전략의 보상가가 현재보다 높아질 것이다. 관변단체는 정부에 협력함으로써 정부에게 일정한 정당성을 제공하는 동시에 그에 걸맞은 특권을 부여받는다. 따라서 관변단체가 정부에 협력하고 정부도 관변단체에 협력하는 점, (협력, 협력)에서 균형을 이룰 수 있다. 그러나 정부의 상대가 NGO일 경우, 상호 호혜주의는 일시적으로만 가능하다. NGO는 정부에 대한 협력을 통해 재정을 지원받고 정책과정에 참여할

---

[17] 민중단체와 시민단체를 구별하는 것은 시민운동이 급진성을 상실하고 시민운동을 합법적인 공간에 매몰시킬 가능성이 있다. 따라서 양자 간의 구별에 대하여 노동운동진영에서는 많은 비판을 하기도 하였다. 민중단체는 주체, 운동방식, 이슈, 목적 등에서 시민단체와 차이가 있다고 볼 수 있다. 민중단체는 기층민중 또는 민중적 주체성을 가진 사람이 중심이 되어, 비합법 또는 반합법적인 방법으로 분배문제 등 계급적인 이슈를 제기하고, 궁극적으로 체제변혁을 목표로 한다는 점에서 시민단체와 차이가 있다. 실제로 한국에서 계급의식을 가진 주체가 계급투쟁을 하는지에 대해서는 의심의 여지가 많다 (박상필, 2001a).

수 있는 기회를 갖는 등 일정한 이득을 얻을 수 있다. 특히 정부가 민주정부일 때 NGO는 협력전략을 통해서도 자신의 정체성을 어느 정도로 유지하면서 사업을 확장하고 NGO의 역량을 강화할 수 있다. 그리고 정부와의 협력이 입법이나 정책의 실행을 통해 시민권리를 확대하는 데도 기여할 수 있다. 정부도 NGO에 재정지원과 정책참여 확대를 통해 NGO의 지지를 확보함으로써 복지서비스를 확대하고 정책을 수월하게 집행하며 정부의 개혁정책을 용이하게 추진할 수 있다. 이것은 정부의 정당성을 높이는 데 도움이 된다. 그러나 NGO와 정부 간의 관계는 양자만의 이익이 계산되는 것이 아니다. 양자 모두 시민의 지지와 여론이라는 변수를 중시하지 않을 수 없다. 따라서 상호 협력하는 호혜주의는 일시적으로만 가능하다. NGO가 협력전략을 사용하는 것은 일정한 위험을 감수해야만 한다. 장기적인 관점에서 볼 때 아직도 정부는 정당성이 빈약하여 시민의 지지가 약하다. 그러므로 NGO는 정부에 대한 견제활동을 해야 한다. 더구나 민주정부가 구성된 이후에도 정부는 시민사회에 적극적으로 협조하는 것이 아니었다. 공안정권을 형성하여 시민사회를 억압하고 선거 등에서 시민의 의사표출을 제한하기도 하였다. NGO가 정부에 대한 견제기능을 통해 자신의 정체성을 확립할 때, 조직유지에 필요한 회원의 모집, 자금의 모금, 시민의 지지 등과 같은 기본조건을 충족할 수 있다.

  NGO 대신에 정부의 상대가 민중단체라면 〈그림 4-1〉에서 정부의 견제전략의 보상가가 현재보다 높아질 것이다. 분단상황에 있는 한국에서는 보수정권이 반공주의에 근거하여 민중단체를 억압하면서도 시민의 지지를 확보할 수 있기 때문이다. 따라서 민중단체가 정부에 견제적이고 정부도 민중단체에 견제적인 점, (견제, 견제)에서 균형을 이룰 수 있다. 그러나 정부의 상대가 NGO일 경우, 상호 견제는 일시적으로만 가능하다. NGO가 정부에 견제지향적인 정체성을 가지고 이에 맞는 견제활동을 할 경우, 정부도 타협이나 설득과 같은 방법이 아니라 위협적인 방법으로 NGO를 견제한다면 불리한 쪽은 오히려 정부이다. 물론 NGO가 정부에 견제를 강화하고 저항적인 성격을 띨 때, 정부는 견제적인 전략을 사용하여 NGO에 대한 재정지원과 NGO의 정책참여를 제한할 수 있다. 그리고 입법과정에서 NGO의 권한을 축소하는 방향으로 법을 제정·집행·해석할 수 있다. 이것은 강제력을 독점하고 있는 정부가 상대적으로 강자이면서 억압적인 성격을 가지고 있기 때문이다. 그러나 민주정부의 구조하에서 상당기간 동안 시민의 자발적 단체를 무시한 채 행정의 절차적 합리성을 소홀히 하고, 시민의 정책참여를 배제하며, 시민사회를 활성화하기 위한 각종 법률제정과 개정을 미루기는 어렵다. 이것은 정부가 원하는 시민의 지지를 확보하는 데 도움이 되지 않는다. 따라서 정부가 NGO에 견제적이고 강제력으로 통치를 지속하는 것은 불가능할 뿐만 아니라, 가능하다고 하더라도 그 비용이 너무 비싸기 때문에 비효율을 낳는다. 더구나 정부의 견제정책은 NGO 내의 연대를 강화하고 시민사회의 세력강화를 초래하기 때문에 더 커다란 저항을 불러일으킬 가능성이 있다. 심지어 NGO 외에 시민사회 내의 다른 집단, 즉 이익집단, 노동조합, 정당, 언론 등과의 연대강화와 공동저항을 초래할 수 있다. 특히 지식인과 언론이 NGO에 동조하고 NGO와 연대하게 되면 정부에게는 커다란 위협이 된다.

V. 맺음말

이상에서 NGO와 정부 간의 견제·협력관계를 게임이론을 적용하여 살펴보았다. NGO는 정부의 억압성이 존재하고 정당성이 빈곤할 때 정부에 대하여 견제적인 활동을 한다. 그것은 NGO가 시민사회의 대표적 결사체로서 정부를 견제하는 것이 자신의 정체성을 확보하는 데 중요하기 때문이다. 그러나 NGO는 시민사회 내에서 스스로 물적 자원을 충당하는 데 한계가 있고, 정부에 대한 견제지향적인 활동만으로는 시민의 삶의 질을 증대하기 어렵다. 따라서 정부에 협력적인 활동을 하기도 한다. 한편 정부는 NGO가 시민사회의 자발적 단체로서 공익을 추구하기 때문에 NGO에 협력적인 자세를 취하지 않을 수 없다. 시민의 지지를 획득하고 정부의 정당성을 높이는 것이 정부로서는 중요하기 때문이다. 그런데도 정부는 NGO의 영향력을 제한하고 지배력을 강화하기 위해 일정하게 NGO를 견제하기도 한다.

NGO와 정부는 상호 일정한 근거에서 견제와 협력 전략을 병행하고 있지만, NGO는 견제전략을 선호하고 정부는 협력전략을 선호한다. 상호 협력전략으로 합의가 될 수 없는 것은 NGO가 불리하기 때문이다. NGO는 한국에서 1987년 6월항쟁에서 군부정권이 굴복하고 시민사회의 자율성이 확대됨에 따라 급속도로 성장하였다. 그러나 과거 군부정권의 장기적 지배를 경험한 바 있고, 아직도 정부의 정당성이 빈약하기 때문에 NGO가 정부에 협력전략을 장기적으로 사용하는 데는 한계가 있다. NGO가 견제전략을 사용하고 있는데도 정부가 협력전략을 사용할 수밖에 없는 것은 정부가 개혁정책을 추진하고 시장권력을 견제하며 시민의 다양한 욕구를 충족시키기 위해서이다. 이러한 이유로 NGO와 정부는 양자 간의 게임관계에서 NGO가 견제전략을 취하고 정부가 협력전략을 취하는 지점에서 균형이 이루어진다. 이것은 1987년 6월항쟁 이후, 특히 김영삼 정권의 등장 이후 한국 NGO들이 견제전략을 주로 사용하고, 정부가 협력전략을 주로 사용하고 있는 이유를 일정부분 설명해주고 있다.

NGO가 견제전략을 취하고 정부가 협력전략을 취하는 곳에서 균형이 이루어진다는 것은 얼핏 보아 모순으로 보인다. 그러나 NGO와 정부는 공익단체로서 민주주의의 공고화라는 사회적 목표를 고려하는 합리적 행위자이다. NGO의 견제전략과 정부의 협력전략이 변증법적으로 조화를 이룰 수 있는 것은 두 전략 간의 균형이 양자에게 상호 이익이 된다는 비전을 내포하고 있기 때문이다. 물론 이 비전은 양자가 목표로 삼고 있는 사회정의와 밀접한 관련이 있다. NGO와 정부는 시민사회와 국가가 상호 상대적인 위치에 있는 상황에서 자신이 속하는 영역의 이익을 극대화하려는 합리적 행위자이기도 하지만, 롤스(Rawls, 1999)와 고티에(Gauthier, 1993)가 말하는 바와 같이 사회 전체의 이익을 위해 상호 합의하는 능력을 가지고 있다. NGO와 정부에 내재하는 이러한 공공의 윤리는 시민사회의 발전이 민주주의의 성장과 개인의 창조적 삶에 중요한 역할을 하는 현대사회에서, 시민의 다양한 요구가 권력 앞에 결코 공허한 메아리로 사라지지 않도록 하는 방어벽이 된다. 이것은 자본주의의 구조적 불평등이 우리들의 일상적인 삶을 구성하고 신자유주의가 국가주권의 영역을 축소시키는 현시점에서 중요한 의미를 지닌다.

마지막으로 본 연구의 한계와 앞으로의 연구에 대하여 언급해야겠다. 본 연구는 다양한 NGO를 일반화하여 게임이론의 초보적인 수준에서 NGO와 정부 간의 견제·협력관계를 살펴보았다. 따라서 다양하게 전개되고 있는 NGO와 정부 간의 관계를 견제와 협력의 이분법으로 단순화하는 한계를 지니고 있다. 이와 관련된 후속연구는 NGO를 조직구조, 재정충원방식, 활동영역, 활동목표 등에 따라 세분화하여 유형화하고, 게임이론도 다단계 게임이나 불완전정보하의 동태적 게임으로 확장하여 보다 차원 높은 연구로 이어지도록 할 필요가 있다. 이러한 연구는 NGO를 전문으로 연구하는 학자와 게임이론 전문의 경제학자가 학제적 연구를 통해 성취될 수 있을 것이다.

제5장
NGO의 정책참여 분석
─ 환경단체를 중심으로

I. 서론

    18세기 이후 국민국가의 부상이 사회구조와 인간 삶의 방식을 바꾸어놓았듯이, 20세기 후반 이후 우리가 경험하고 있는 NGO혁명(nongovernmental organization revolution)은 개인의 권리, 정부의 역할, 민주주의의 질과 범위, 인간과 환경과의 관계, 현 세대와 미래 세대 간의 자원배분 등에 관한 개념을 새롭게 규정하고 있다. 오늘날 NGO는 선진국과 개발도상국, 국내사회와 국제사회를 막론하고 인권·복지·환경·문화·여성·평화·국제원조 등 많은 분야에서 그 역할과 영향력을 확대하고 있다. 후산업사회에서 시민은 자기정체성과 창조적 삶을 유지하기 위해 다양하고 수준 높은 공공서비스를 요구하고 있다. 그러나 정부는 이념적·구조적 한계로 인해 이러한 요구를 충족할 수 없기 때문에 NGO에 대한 시민의 요구와 기대가 증대하고 있다. 오늘날에는 정부와 NGO를 혼동할 정도로 NGO의 공적 역할이 강화되고 있다. 새로운 사회문제가 생기면 이를 해결하기 위해 바로 자발적인 결사체가 생기곤 한다(Najam, 1999; Smith & Lipsky, 1998). 실제로 국제활동뿐만 아니라 국내문제에서도 많은 사람들이 NGO의 능력을 초월하는 역할을 요구하는 현장을 쉽게 목격할 수 있다.[1]

NGO는 공공서비스의 제공, 국가권력과 시장권력의 견제, 사회적 약자의 이익 대변, 사회적 갈등의 조정, 민주시민 교육의 수행, 국제원조와 교류 등 여러 가지 기능을 한다(박상필, 2001b). NGO는 이러한 기능을 수행하는 과정에서 필연적으로 정부와 상호작용하게 된다. 사실 NGO는 정부가 하기를 거부하거나, 충분히 수행하지 않거나, 수행할 능력이 없거나, 수행할 수 없는 여러 가지 일을 한다(Najam, 1999). 드러벡(Drabek, 1987)은 NGO가 정부가 할 수 없거나 하지 않는 일을 하기 때문에 많은 사람의 주목을 받게 되었다고 주장한다. 그러나 NGO가 정부를 대체하거나 독자적으로 사회변혁을 완성할 수 있는 것은 아니다. 따라서 NGO는 정책의 주창자·감시자·집행자·평가자로서 정부정책의 다양한 단계에 다양한 방식으로 참여하여 정부를 견제하기도 하고 공동으로 공공재를 생산하기도 한다. 이것은 NGO의 정체성에서 볼 때도 매우 중요하다. NGO는 시민사회의 다양한 의견을 정책과정에 투입함으로써 시민의 의사를 반영하고 사회적 비전을 실현하는 것을 중시하기 때문이다. 맥코믹(McCormick, 1993)은 정부의 공식적 구조 밖에서 정부정책에 영향을 미치는 것이 NGO의 근본적인 목적이라고 주장하고, 코튼(Korten, 1990)은 자원활동(voluntary action)의 중요한 목적 중 하나로서 정책변화의 촉매역할을 들고 있다.

NGO가 정책과정에 참여하는 것은 현대사회에서 개인의 삶의 질을 향상시키고 민주주의의 질적 성장을 견인하는 데 중요하다.[2] 시민들이 NGO를

---

[1] 예를 들어 2001년 한국에서 커다란 이슈로 우리의 관심을 끌었던 의약분업 논쟁에서 의사들이 파업을 하자 많은 시민들이 NGO에 전화를 걸어 해결을 요구하기도 하였다.
[2] 최근 한국사회의 병리현상으로서 부정부패 만연, 엘리트의 일탈, 지역주의와 연고주의, 야만적인 외국노동자 학대 등을 보면 NGO의 참여가 얼마나 중요한지를 알 수 있다.

통해 공공의 업무에 참여하는 것은 그 자체로서 개인의 신념을 강화하고 자기주체성을 확인하는 중요한 가치이다. 또한 이러한 참여를 통해 시민은 수동적 인간에서 벗어나 능동적 인간으로 변모하게 되고, 시민으로서의 자기권리와 책임을 인식하게 된다. 그리고 시민들의 자발적 결사체인 NGO의 정책참여는 사회정의를 실현하고, 관료의 독점권과 공직 사유화를 견제하며, 이익집단의 과도한 이기주의를 완화함으로써 민주주의의 질적 발전에 기여한다. 정책과정에 대한 시민의 집단적 참여는 시민요구에 대한 행정의 대응성을 높이고 정책결정의 공정성을 강화한다. 정부 입장에서도 정책의 정당성을 획득하고 정책집행의 순응성을 높일 수 있다. 나아가 시민들이 공적 업무에 활발하게 참여하는 것은 시민사회의 공공성을 증대하고 시민사회에 의한 국가의 통제를 강화할 수 있다.

현대사회에서 시민사회의 다양한 단체가 정책과정에 참여하는 것은 피할 수 없는 현상이다. 대의민주주의가 한계를 드러내고 대중의 정치적 무관심이 심화된 현대사회에서 민주주의를 보호하고 참여민주주의를 유도하기 위해서는 시민참여가 필수적이다. 이러한 시민참여가 정책과정을 복잡하게 하고 비용을 증가시키는 문제가 있지만, 이러한 견해는 뉴턴식 기계론적 사고방식을 대변하는 것이다. NGO의 정책참여는 복잡성이론이나 혼돈이론에서 본다면 자연스럽고 바람직한 현상이다(Pagels, 1991; Prigogine, 1994; Kiel, 1994). 정부의 정책과정에 대한 시민참여는 다양성을 통한 지식과 경험의 확대이면서 조직쇄신에 필요한 요동과 불안정을 가져다주기 때문이다. 사회체계의 자기조직화(self-organization)에 대한 신뢰를 가지고 있다면 한정적 불안정(bounded instability)은 자기혁신과 창조를 강화하는 기회가 된다(김영평, 1999; 이용필, 2000; 최성두, 2000). 강제성의 원리, 다수결의 원리, 독점성의 원리, 획일성의 원리가 지배하는 정부영역은 자기조직화를 통하여 끊임없이 자신을 새롭게 규정하고 혁신하면서 자기구조의 통합성을 유지할 필요가 있다.³ 이러한 필요에 적절한 수단을 제공하는 것이 NGO라고 할 수 있다. NGO는 정책과정에 참여하여 일종의 창조적 무질서(creative disorder)를 생산함으로써 정부혁신을 유도하는 잠재적 에너지를 제공하게 된다.

선진국에서 참여는 개인권리를 보호하기 위한 수단으로서, 민주주의를 지키기 위한 시민적 책무로서 일상적으로 행해진다. 한국은 근대에 들어와서 전제정치체제, 식민체제, 군부권위주의체제를 겪어오면서 공적 영역에 대한 시민참여를 인정하지 않았고 국가에 의한 시민사회의 지배를 당연시 하였다. 그러나 1987년 6월항쟁 이후 민주주의가 발달하고 시민사회가 성장함에 따라 정책과정에 대한 시민참여가 활발하게 논의되고 있다. NGO의 정책참여에 대한 담론은 NGO가 정책과정에 참여할 수 있느냐의 논쟁에서부터 시작하여 참여단계, 참여방식, 영향력의 정도에 대한 논의가 활기를 띠고 있다. 최근 김병준(1998), 조석주·김필두(2000), 김종래(2001), 박재창(2001) 등 행정학자들이 NGO의 정책참여에 대한 연구논문을 발표하였다. 그러나 이에 대한 연구는 아직 초보적인 수준에 있다. 이 논문은 환경 NGO가 정책과정에 참여하면서 어느 단계에 어떤 방식으로 참여하고, 어느 정도 영향력을 행사하는지 분석하려는 시도이다. NGO는 크기, 활동범위, 목표, 조직구조, 운영방식 등에서 너무나 다양하기 때문에 일반성을 확보하기가 간단하지 않다. 따라서 연구대상은 한국에서 정책참여가 가장 활발한 환경 NGO에 한정하였다.⁴ 이러한 연구는 제한된 영역의 NGO에

---

3 키엘(Kiel, 1994)은 자기조직화를 항구적으로 쇄신상태를 유지하고, 내외환경으로부터 환류를 계속하며, 창조적 쇄신의 원천으로서 불안정과 무질서를 인정하고, 새로운 형태의 업무와 조직을 창조하기 위하여 균형파괴를 허용하는 내부능력을 소유하는 것으로 규정한다.
4 환경 NGO의 정책참여가 활발한 것은 환경부, 농림부, 건설교통부 등 환경 관련 정책

한정되어 있지만, 나중에 다른 영역과의 비교연구에 활용될 수 있을 것이다. 그리고 NGO 자체에 대한 연구를 넘어 NGO의 정책참여에 대한 분석으로 연구지평을 확대하는 것은 아직 이론구축이 빈약한 NGO와 정부와의 관계, 공공서비스 제공수단의 변화, 참여민주주의와 개방행정체제에서의 NGO 역할 등에 대한 연구에 이론적 지원이 되는 이점이 있다.

II. NGO의 정책과정 참여

1. 정책과정의 단계

여기서 정책이란 정부가 주체가 되어 각종 공공문제를 해결하기 위해 결정하는 행동방침을 말한다. 정책과정(policy process)은 정책이 형성되어 집행되고 평가되는 과정으로서 여러 단계로 구분할 수 있는데, 학자들마다 견해가 다양하다. 정책학의 창시자인 라스웰(H. Lasswell)은 정보(intelligence)·동원(promotion)·처방(prescription)·행동화(invocation)·적용(application)·평가(evaluation)·종결(termination) 등 7단계로 나누고, 정책학을 하나의 학문으로 성장시킨 드로어(Y. Dror)는 기본정책결정(meta-policymaking)·정책결정(policymaking)·정책결정이후(post-policymaking) 등 3단계로 구분하고 있다(유훈·김지원, 1995; 정정길, 1997). 브레위와 딜레온(Brewer & deLeon, 1983)은 시작(initiation)·분석(estimation)·선택(selection)·집행(implementation)·평가(evaluation)·종결(termination) 등 6단계로 분류한다. 그리고 존스

을 형성하고 집행하는 부처가 다른 부처에 비해 시민적 지지를 확보하는 것이 중요하기 때문이라고 볼 수 있다.

<표 5-1> 정책과정의 단계 구분

정책단계	주요 내용
정책의제설정단계	정책의제 설정, 문제정의, 목표설정
정책결정단계	대안의 탐색·비교·평가·선택
정책집행단계	선택된 대안의 집행·수정·재집행
정책평가단계	집행된 결과를 목표에 대비하여 평가

(Jones, 1984)는 크게 문제의 정부귀속화, 형성·합법화·예산, 집행, 평가·수정·종결 등 4단계로 나누고, 앤더슨(Anderson, 1990)은 의제설정·정책형성·대안채택·집행·평가 등 5단계로 나눈다. 유훈과 김지원(1995)도 이와 비슷하게 문제정의·대안탐색·대안선택·집행·평가 등 5단계로 나누고 있다.

정정길(1997)은 정책의제설정·정책결정·정책집행·정책평가 등 4단계로 나누고 있는데, 여기서는 그의 견해를 따르도록 한다. 이것은 브레워와 딜레온, 앤더슨, 유훈·김지원의 정책과정에서 대안탐색(또는 분석이나 정책형성)과 대안선택을 정책결정단계로 일원화한 것이다. 정책은 크게 정책결정·집행·평가 등 3단계로 나눌 수 있다. 여기에 정책결정의 전(前) 단계로서 의제설정단계를 첨가한 것이다. 정책결정단계를 대안탐색단계과 대안선택단계로 나눌 경우 NGO가 어느 과정에 참여하는지를 명확하게 구분하기 어렵다. 실제로 대안탐색과 대안선택은 연속적인 과정이고, 궁극적으로 대안선택은 대안탐색과 분석에 근거하여 공식적인 권위를 가진 정부가 행한다. 정책과정의 각 단계에 대한 설명은 <표 5-1>과 같다.

2. NGO의 정책참여 방식

여기서 참여란 넓은 의미로서 정책의제설정단계부터 정책평가단계까지 정책과정에 영향력을 행사하기 위한 직·간접적 모든 행위를 의미한다. 현대사회에서 개인은 많은 분야에서 정부정책에 의해 영향을 받는다. 따라서 정책과정에는 대통령, 행정부, 입법부와 같은 공식적인 참여자 외에도 정당, 이익집단, 언론단체, 전문가집단과 같은 비공식적인 행위자도 직·간접적으로 참여한다. 특히 최근에는 NGO가 양적으로 증가하였을 뿐만 아니라, 분석적이고 전문적인 능력을 갖춤에 따라 정책과정에 대한 NGO의 참여기회와 영향력이 확대되고 있다. NGO 활동이 무임승차의 한계를 가지고 있으면서도 정책과정에 대한 영향력이 증대하는 이유를 NGO가 공익을 추구하는 대의명분과 탈물질적 가치를 중시하는 이데올로기로 인해 중산층의 지지를 동원하기 때문이라고 주장하는 학자도 있다(Berry, 1999). 물론 적절한 시대 이데올로기 외에 적절한 실천전략을 구비하는 것도 영향력 강화에 중요하다. NGO는 전통적으로 시위, 캠페인, 유인물 배포, 공청회 개최, 서명운동, 항의집회, 성명서 발표와 같은 방법으로 간접적으로 정책과정에 참여하지만, 정부와 협력관계가 발달함에 따라 위원회나 공청회 등에 공식적으로 참여하기도 한다.

시민참여의 방식에 대해서는 이미 많은 연구가 진행되었다. 우선 8단계 유형론으로 유명한 아른슈타인(Arnstein, 1969)은 참여단계에 따라 비참여, 형식적 참여, 실질적 참여 등으로 나눈다.[5] 듀베르제(Duverger, 1972)는 이익집단의 정치참여를 직접적 방법과 간접적 방법으로 구분한다.[6] 알몬드

---

[5] 비참여(non-participation)는 ① 조작(manipulation), ② 치료(therapy)가 있고, 형식적 참여(degree of tokenism)는 ③ 정보제공(informing), ④ 상담(consulting), ⑤ 회유(placation)가 있다. 그리고 실질적 참여(degree of citizen power)는 ⑥ 협동(partnership), ⑦ 권한위임(delegated power), ⑧ 시민통제(citizen control)가 있다.

[6] 직접적 방법은 정부기관에 대한 공개적·비공개적 행동, 정보제공 등이 있고, 간접적 방법은 선전물 발간, 편지, 전화, 시위 등이 있다.

와 포웰(Almond & Powell, 1978)은 정책과정에 대한 접근방식을 합법적 방식과 무력적 방식으로 분류한다.[7] 한편 리온스와 로워리(Lyons & Lowery, 1989)는 능동성과 수동성, 건설성과 파괴성을 기준으로 하여 네 가지 참여유형을 제시하였다.[8] 사부세도와 아르세(Sabucedo & Arce, 1991)도 급진성과 보수성, 체제내부성과 체제외부성을 기준으로 하여 네 가지 참여유형을 제시하고 있다.[9] 국내에서도 일찍이 시민참여 방식에 대한 연구가 진행되었는데, 최호준(1982)은 지방수준에서 일어나는 시민참여의 유형을 운동, 교섭, 기관참여, 자주관리 등으로 구분하였다.[10] 김호섭(1992)은 지방자치에 대한 시민참여 유형을 조직적 참여, 개별적 참여, 정보교환 등으로 분류하였다.[11] 황윤원(1997)은 합법성과 제도성을 기준으로 하여 네 가지 참여유형을 제시하고 있다.[12] 조석주·김필두(2000)는 지방자치단체에 대한 주

---

[7] 제도적 방식(constitutional access channel)은 접촉, 비폭력적 시위 등이 있고, 강제적 방식(coercive channel)은 폭동, 테러, 비합법적 시위 등이 있다.

[8] 능동적·건설적 참여는 관료 접촉, 정치토론, 선거운동, 근린집단 참여, 데모 참가 등이 있고, 능동적·파괴적 참여는 관할구역 이탈, 사적 서비스 선호 등이 있다. 수동적·건설적 참여는 투표, 선전활동, 지지표명 등이 있고, 수동적·파괴적 참여는 투표거부, 관료불신 등이 있다.

[9] 급진적·체제내부적 참여는 서명운동, 신문투고, 합법적 데모 등이 있고, 급진적·체제외부적 참여는 폭력시위, 보이콧 등이 있다. 보수적·체제내부적 참여는 정치집회 참석, 투표 등이 있고, 보수적·체제외부적 참여는 불법적 데모, 도로·건물 점거 등이 있다.

[10] 운동은 일방적·비정형적 주장을 말하고, 교섭은 쌍방 간의 대립를 통한 정형적인 활동을 말한다. 기관참여는 정책결정에 대한 참여를 통한 책임분담을 말하고, 자주관리는 행정기관이 위임한 범위 내에서 자주적으로 관리하는 형태를 말한다.

[11] 조직적 참여에는 위원회·반상회 참여, 이익집단·시민단체 참여가 있고, 개별적 참여는 집회참여, 행정상담, 진정, 투서 등이 있다. 그리고 정보교환은 공청회, 여론조사, 모니터제 등이 있다.

[12] 제도적·합법적 참여는 국민투표, 국민발안, 국민소환, 공청회 등이 있고, 제도적·비합법적 참여는 항의시위, 보이코트 등이 있다. 비제도적·합법적 참여는 합법적 시위, 시

민참여 유형을 반대·저항형, 요구·참여형, 주창·창조형, 절충형 등으로 구분하였다.[13]

이상 개인이나 집단이 정부의 공적 업무에 참여하는 다양한 유형을 살펴보았다. 여기서 우리가 관심을 갖는 것은 NGO가 조직적으로 정책과정에 참여하는 것이다. 나잠(Najam, 1999)은 NGO가 정책과정에서 하는 역할을 단계적으로 감시자(monitor), 주창자(advocate), 혁신자(innovator), 서비스 제공자(service provider)로 나누고 있다.[14] 클라크(Clark, 1991)는 선진국의 지역개발에서 프로그램 건의, 주민교육, 프로그램 조정, 프로그램 수행, 개발전략형성 지원 등의 방법으로 NGO가 정책과정에 영향력을 행사한다고 보았다. NGO의 정책과정에 대한 참여방식을 분류하는 기준으로서는 제도성·합법성·공식성·능동성·연대성 등을 제시할 수 있다. 여기서는 제도성과 연대성을 기준으로 참여방식을 나누고자 한다. 한국에서 NGO가 정책과정에 참여할 때는 사회적 수용도, 참여비용, 영향력 등을 중시하고 있다. 대체로 제도적 참여와 연대적 참여는 사회적 수용도가 높고, 참여비용이 적으며, 영향력이 강하다고 볼 수 있다.[15] 비제도적 참여와 개별적 참여

민단체 가입 등이 있고, 비제도적·비합법적 참여는 폭력시위가 있다.

[13] 반대·저항형은 혐오시설·댐 건설 등에 대하여 집단적으로 반대시위를 하는 것을 말하고, 요구·참여형은 정책이 시행되고 있을 때 시설 관리·감독에 참여하는 것을 말한다. 주창·창조형은 주민들이 직접 나서서 지역사회의 변화를 꾀하는 녹색가게·생활협동조합운동 등이 있고, 절충형은 이상 세 형태가 절충된 형태이다.

[14] 감시는 NGO가 정책이 원래 계획대로 적절하게 수행되고 있는지를 감시하는 것이고, 주창은 NGO가 원하는 또는 원하지 않는 정책에 대하여 직접적으로 로비를 하는 것을 말한다. 그리고 혁신은 NGO가 정책을 개발하거나 정부가 제시한 정책에서 무시된 것을 부각하는 것을 말하고, 서비스 제공은 NGO가 직접 사회적 약자에게 서비스를 제공하는 것을 말한다. NGO는 대체로 감시자에서 주창자와 혁신자로, 그리고 서비스 제공자로 역할을 전환시켜간다.

[15] 장기적인 전망에서 시민운동은 제도화되면 운동의 동력을 상실할 수 있고, 제도화되

〈표 5-2〉 제도성에 따른 NGO의 정책참여 방식 구분

분류	주요 참여방식
제도적 참여	정부회의·위원회 참가, 공청회·청문회 참가, 입법청원, 사법부 고발, 위탁 - 계약 업무 수행
비제도적 참여	시위·집회·캠페인, 서명운동·유인물 배포, 성명서 발표·기자회견, 전화·투고·방문, 공청회·세미나 개최, 정보제공, 감시활동

는 대체로 그 반대이다.[16] 일정하지는 않지만, 대체로 제도적인 참여는 합법적이고 공식적인 참여가 많고, 비제도적인 참여는 비합법적이고 비공식적인 참여가 많다.

제도적 참여란 정부의 의사와 공식적인 절차에 따라 이루어지는 참여를 말하고, 비제도적인 참여란 NGO가 정부의 의사와 관계없이 비공식적인 방법을 통해 참여하는 방식을 말한다. 제도적 참여와 비제도적 참여는 상충관계(trade-off)에서 제도적 참여기회가 많으면 비제도적 참여의 필요성이 그만큼 적어지고, 제도적 참여기회가 적어지면 비제도적 참여요구가 그만큼 많아지게 된다(정세욱, 1984). NGO가 정책과정에 참여할 때 연대적으로 참여하는 것을 지향하지만, 이것은 참여단계나 방식에 따라 다양하다. 여기서는 다수연대, 소수연대, 단독참여로 구분한다. 다수연대는 5개 이상의 단체가 공동으로 참여할 경우, 소수연대는 2~4개 단체가 공동참여할 경우, 그리고 단독참여는 개별단체가 단독으로 참여하는 경우를 말한다.[17] 이상에서 설명한 것을 정리하면 〈표 5-2〉 및 〈표 5-3〉과 같다.

지 않으면 동원자원이 고갈되는 모순을 가지고 있다.

[16] 물론 제도적 참여가 비제도적 참여보다 반드시 영향력이 강한 것은 아니다. 예를 들어 반핵운동은 비제도적 참여방식이지만 상당한 영향력을 행사한 대표적 사례이다.

[17] 이 기준은 NGO가 연대적으로 정책과정에 참여할 때 보통 몇 개 단체가 연대하는지를 NGO의 상근자와 논의하여 정하였다.

〈표 5-3〉 연대성에 따른 NGO의 정책참여 방식 구분

분류	내용
다수연대	5개 단체 이상 공동참여
소수연대	2~4개 단체 공동참여
단독참여	개별 단체의 단독참여

3. NGO의 정책과정에 대한 영향력

NGO는 사회가치의 변화를 도모하고, 정책을 주창하거나 변화를 추동하며, 새로운 제도의 설립이나 기존 제도의 변혁을 추구한다. 정책변화를 위한 NGO의 투입기능은 시민권리를 옹호하고 국가권력를 견제하기 위해 중요하다. NGO는 정책과정에서 때로는 주창자, 감시자, 조언자로서, 때로는 서비스 제공자, 평가자로서 자기역할을 수행하면서 정책과정에 영향력을 행사한다. 환경 NGO의 경우 전향적인 환경정책을 제시하고 기업 등 환경 파괴 집단을 감시한다. 그리고 환경정책이 제대로 입안·집행되도록 여론을 형성하고 투입하는 기능을 한다. 또한 환경분쟁이 발생할 경우 조정자로 나서거나 환경정책의 평가자로서 그 역할을 자임하기도 한다. 정책과정에 대한 NGO의 영향력은 시민권리가 확대되고 시민사회의 자율성이 증가함에 따라 증대하고 있다.[18] 정책과정에 대한 NGO의 영향력은 단체의 크기, 정부의 성격, 정책의 단계, 참여방식, 리더십의 영향력 등에 따라 다르다. 예를 들면 단체가 클수록, 민주적인 정부일수록, 정책의제설정단계에

---

[18] 베리(Berry, 1999)는 현대 미국사회에서 개인은 어떤 정당에 소속되었다는 것보다는 자신의 철학에 맞는 어떤 NGO의 회원이라는 정체성을 더 강하게 가지고 있기 때문에 의회에 대한 NGO의 영향력이 크다고 말한다.

서, 제도적 참여방식일 경우 대체로 영향력이 크다고 볼 수 있다.

한국에서도 정책과정에 대한 NGO의 영향력이 증대되고 있다. NGO의 영향력이 증대함에 따라 NGO의 과소대표성, 과도한 영향력 행사로 인한 공적 권위의 훼손, 다수결원리 침해, 문제발생의 책임 문제 등에 대한 비판이 일어나고 있다. 그러나 실제로 NGO에서 활동하는 활동가는 정책과정에 대한 영향력의 한계로 허탈감을 느끼고 있다. 실질적 민주주의의 심화라는 측면에서 볼 때 국가에 대한 시민사회의 통제는 바람직한 것이다. 그런 측면에서 본다면 시민사회의 자발적인 결사체인 NGO가 정책과정에 일정한 영향력을 행사할 수 있어야 한다. 물론 NGO의 과도한 영향력 행사는 정책과정에 참여하는 행위자 간의 세력균형을 깨뜨려 시민사회의 다른 집단이나 다른 공식적 행위자의 견제와 비판을 받기도 한다.[19]

정책과정에 대한 NGO의 영향력 정도를 측정·구별하는 것은 간단하지 않다. 실제로 정책과정에 영향력이 어느 정도로 미쳤느냐는 주관적인 판단이다. 그리고 영향력을 행사하는 입장과 영향력을 받는 입장은 상호 시각의 차이가 있다.[20] 여기서는 영향력을 강·중·약으로 구별한다. 영향력이 강하다는 것은 제도적인 참여에서 정부가 NGO를 정책과정의 파트너로 인정하여 NGO의 주장이 상당히 수렴되고, 비제도적인 참여에서 정부가 어떤 이슈를 정책의제로 받아들이거나, 정책결정과 집행을 앞당기고 미루고 수정하거나, 정책평가에서 NGO의 의사를 반영하는 등 NGO의 주장을 수

---

[19] 현대사회에서 어느 한 섹터 또는 한 조직의 영향력이 강하여 균형이 깨지는 것은 사회적 조절을 어렵게 한다. 따라서 섹터나 조직 간에 상호 균형을 이루는 것이 중요하다. 예를 들어 산아제한정책에서 가톨릭의 피임 반대는 태아의 생명에 대한 새로운 문제를 제기한다는 측면에서 중요하다.

[20] 대체로 정부에 근무하는 공무원은 NGO의 영향력이 크다고 보는 반면, NGO 상근자는 약하다고 보고 있다.

<표 5-4> NGO의 정책과정에 대한 영향력 정도 구분

분류	내용
영향력 강	정부가 NGO를 정책과정의 파트너로 인정하여 NGO의 주장을 상당히 수렴한다.
영향력 중	정부가 NGO의 주장을 약간만 반영한다.
영향력 약	정부가 NGO를 동원의 대상으로 보고 NGO의 주장을 거의 받아들이지 않는다.

럼하는 것을 말한다. 영향력이 약하다는 것은 제도적인 참여방식에서는 NGO가 정책의 정당성을 확보하기 위한 수단으로 동원되거나 단순한 자문 역할에 그치고, 비제도적인 참여에서는 NGO의 주장이 거의 반영되지 않는 경우를 말한다. 영향력 중(中)은 그 중간에 해당한다. 이상 설명한 것을 정리하면 <표 5-4>와 같다.

III. 환경 NGO의 정책참여 분석

1. 환경 NGO의 분류

환경 NGO란 환경분야에서 활동하는 자발적인 민간단체를 말한다.[21] 한국은 자연과 생태계 보호에서 출발한 미국의 환경운동이나 오염물질 피해자를 중심으로 전개된 일본의 환경운동과는 달리, 민주화운동의 연장선상

---

[21] 여기서 환경이란 자연환경(기상, 지형, 동물, 식물, 해양환경 등)뿐만 아니라, 생활환경(토양, 수질, 폐기물, 소음, 일조장애, 경관, 위생, 공원 등)과 사회·경제적 환경(인구, 주거, 산업, 공공시설, 교통, 에너지, 문화재 등)도 포함하는 개념으로 사용한다.

에서 환경운동이 전개되었다(김달수, 2001). 따라서 전문적으로 환경분야에서 활동하지 않는 NGO들도 환경운동을 겸하고 있다. 물론 이것은 환경운동이 사회의 총체적 개혁과 관련된 종합적 시민운동의 성격을 띠고 있기 때문이기도 하다. 그리고 한국의 시민운동이 1990년대에 와서 본격화되었기 때문에 아직도 백화점식으로 여러 가지 운동을 동시에 수행하는 단체가 많다는 사실에도 연유한다. 따라서 여기서는 전문적으로 환경분야에만 활동하는 단체에만 한정하지 않고 다른 분야에서 활동하더라도 환경운동을 단체의 중요한 활동으로 간주하는 단체를 포함하였다.

한국에는 현재 2만여 개의 크고 작은 NGO가 있다고 추정된다. 이것을 활동분야별로 나눌 경우, 환경단체가 가장 많다(박상필, 2001b). 현재 전국에 걸쳐 약 300여 개의 환경 NGO가 활동하고 있고, 서울에서는 약 100여 개의 환경 NGO가 활동하고 있다.[22] 여기서는 중앙정부를 상대로 정책과정에 참여하는 서울지역의 환경 NGO에 제한하여 살펴보기로 한다.[23] 현재 한국환경시민사회단체연대회의(한국환경회의)에는 35개의 환경단체가 가입되어 있다. 이 중에서 단체를 회원으로 하는 연합체이거나, 제대로 활동하지 않거나, 종교적 성격이 강하거나, 지방에 있는 단체를 제외하였다.[24] 그리고 여기에 가입되어 있지는 않지만 활발하게 환경운동을 하고 정책참여가 빈번한 한국조류보호협회, 한국야생동물보호협회, 한국환경교육협회, 생태보전시민모임 등 4개 단체를 포함하여 총 30개 환경단체를 대

---

[22] 여기에 제시된 환경 NGO의 숫자는 환경운동연합의 김달수 간사가 말한 것이다.
[23] NGO의 정책과정 참여는 중앙정치와 지방정치 사이에 상이한 점이 많다. 예를 들어 지방정치에서는 공익단체인 NGO보다는 사익성이 강한 직능단체, 친목단체 등의 영향력이 강하다고 볼 수 있다. 한국 지방정치의 특성에 대해서는 박종민 외(1999) 참조.
[24] 수원환경운동센터는 서울에 소재하고 있지 않지만 중앙정부를 상대로 활발하게 활동하고 있고 서울 근교에 있으므로 여기에 포함하였다.

〈표 5-5〉 서울지역 환경 NGO의 분류

활동영역	주요 단체
종합환경 운동(13)	환경운동연합, 녹색연합, 그린훼밀리운동연합, 기독교환경운동연대, 한국여성환경운동본부, 환경정의시민연대, 녹색교통운동, 수원환경운동센터, 원불교천지보은회, 홍사단, 청정국토만들기운동본부, 녹색미래, 인드라망생명공동체
녹색소비자 및 공동체운동(6)	녹색소비자연대, 소비자문제를 연구하는 시민의 모임(소시모), 한살림, 한국여성민우회, 한국YMCA전국연맹, 대한YWCA연합회
환경교육 및 연구(7)	한국불교환경교육원, 한국환경사회정책연구소, 천주교환경문화원, 환경과공해연구회, 전국귀농운동본부, 두레생태기행, 한국환경교육협회
자연보호 운동(4)	대한조류협회, 한국조류보호협회, 한국야생동물보호협회, 생태보전시민모임

상으로 2001년 6월 말과 7월 초에 걸쳐 이메일, 전화, 방문 등을 통해 조사하였다.

환경단체는 활동영역별로 크게 종합환경운동, 녹색소비자 및 공동체운동, 환경교육 및 연구, 자연보호운동 등 4분야로 나눌 수 있다.[25] 종합환경운동은 환경적 삶을 위한 관점에서 여러 영역에 걸쳐서 활동하고, 녹색소비자 및 공동체운동은 친환경적 소비생활과 생활양식을 지향한다. 환경교육 및 연구는 친환경적 생활과 산업발전을 위한 교육·연구·정책제언 등의 활동을 하고, 자연보호운동은 인간과 자연과의 공존을 위해 인간행동을 통제하고 자연을 보호하는 활동을 한다. 연구대상 단체를 활동분야별로 나누면 〈표 5-5〉와 같다.

---

[25] 여기서 환경단체를 분류한 것은 이해를 쉽게 하기 위한 편의상 시도로서 독립변수가 아니다.

2. 정부의 주요 기관 및 관련 환경정책

서울지역의 환경 NGO들이 환경과 관련된 정책과정에 참여하면서 상호 작용하게 되는 중앙정부기관은 많은 편이었다. 환경 NGO들이 직·간접적으로 접촉하게 되는 부처는 대략 16개 정도이다. 이것은 현재 중앙정부가 18부 4처인 것을 감안하면 매우 많은 편이다. 대표적인 부처는 환경부(한강

〈표 5-6〉 중앙정부 각 부처의 환경 관련 정책

관련 중앙부처	주요 환경 관련 정책
재정경제부	소비자보호 대책
교육인적자원부	환경교육 강화, 교육환경 개선
국방부	부대 내 환경보전
행정자치부	도시녹지 및 습지 보전,
과학기술부	원자력발전소 건립 반대
문화관광부	청소년환경 캠프 지원
농림부	야생조류 보호, 귀농자 정착 지원, 환경농산물 지원, 유전자조작 농산물 반대
산업자원부	에너지 고효율화, 대체에너지 개발
보건복지부	식품기부문화 활성화
환경부	자연생태계 보전, 천연기념물 지정 새 보호, 생태공원 조성, 폐기물 자원화, 음식물쓰레기 줄이기, 환경국제협약 준수, 야생동물 보호, 쓰레기 소각장 건설 반대, 환경호르몬 억제, 국립공원제도 개선
여성부	여성환경운동 지원
건설교통부	그린벨트 해제 반대, 자전거 도로 건설, 지리산 살리기 대책, 대형댐 건설 반대, 신도시 건설 반대, 경인운하 건설 반대, 교통안전 대책
해양수산부	갯벌 보존
국정홍보처	환경 관련 국민의식 고양

관리청, 자원재생공사 포함), 건설교통부, 농림부(농업기반공사, 농촌진흥청, 산림청 포함), 산업자원부(에너지관리공단 포함), 보건복지부, 교육인적자원부, 해양수산부, 국정홍보처 등이었다. 각 부처와 관련된 환경정책을 정리하면 〈표 5-6〉과 같다. 표에서 보는 바와 같이, 환경 NGO와 관련된 정책이 가장 많은 부처는 환경부, 건설교통부, 농림부 등이다. 환경 NGO들이 주로 상대하는 중앙정부도 환경부, 농림부, 건설교통부 순이었다.[26]

3. 정책참여 단계

〈표 5-7〉에서 보는 바와 같이 환경 NGO들은 다양한 정책단계에 참여하였다. 예상했던 대로 정책의제설정단계에 참여하는 단체가 가장 많았고, 정책평가단계에 참여하는 단체가 가장 적었다.[27] 시민사회의 발전역사가 일천한 한국에서 그동안 지적되어온 것처럼, NGO들이 이슈를 제기하고 문제를 정의하는 정책의제설정단계에서 가장 참여가 빈번하였다.[28] 정책의제설정단계는 상대적으로 전문성과 조직화가 부족한 단체도 참여할 수 있는 정책단계라고 할 수 있다. 심지어 환경운동연합, 녹색연합, 그린훼밀리운동연합 등 대형 환경 NGO들도 주로 정책의제설정단계에 참여한다고 응답하였다. 그러나 정책의 성공과 실패를 판가름하는 정책평가단계에 집

---

[26] 조사대상 환경 NGO들이 주로 상대하는 중앙정부의 부처를 복수로 응답하도록 하였는데, 환경부(28), 농림부(18), 건설교통부(11), 산업자원부(5), 보건복지부(4), 해양수산부(3), 국정홍보처(3), 재정경제부(3) 순이었다. 이 외에도 통일부(1), 법무부(1)를 대상으로 한다는 NGO도 있었다.

[27] 표의 수치는 주로 참여하는 정책단계 하나만을 응답하도록 한 것이고, 복수응답에서는 정책의제설정단계(27), 정책결정(20), 정책집행(20), 정책평가(8) 순이었다.

[28] 정책참여 단계를 복수로 응답하도록 하였는데, 정책의제설정단계에 참여하지 않는 단체는 30개 단체 중 3개 단체뿐이었다.

<표 5-7> 환경 NGO의 정책참여 단계 구분

정책단계	참여단체
정책의제설정 단계(15)	환경운동연합, 녹색연합, 그린훼밀리운동연합, 한국여성환경운동본부, 홍사단, 청정국토만들기운동본부, 녹색미래, 녹색소비자연대, 소시모, 한살림, 대한YWCA연합회, 한국불교환경교육원, 두레생태기행, 대한조류협회, 한국조류보호협회
정책결정 단계(9)	환경정의시민연대, 녹색교통운동, 수원환경운동센터, 원불교천지보은회, 한국YMCA전국연맹, 한국환경사회정책연구소, 천주교환경문화원, 환경과공해연구회, 생태보전시민협회
정책집행 단계(6)	기독교환경운동연대, 인드라망생명공동체, 한국여성민우회, 전국귀농운동본부, 한국환경교육협회, 한국야생동물보호협회
정책평가단계(0)	

중적으로 참여하는 NGO는 없었다. 이것은 NGO들이 정책평가단계에 참여할 수 있는 전문성이 부족한 때문이기도 하지만,[29] 정부가 참여를 제한하고 있다고 볼 수도 있다.[30] 선진국에 비해 아직도 정책과정의 민주화가 낮은 한국에서는 NGO들이 정책결정·집행·평가 등 실제적인 정책과정에 참여할 수 있는 제도적 장치가 미비한 것이 사실이다.[31]

정책결정단계와 정책집행단계에서 예상보다 많은 단체가 참여하고 있

---

[29] NGO의 전문성은 전문가의 참여에 의한 전문능력의 증대보다 시민운동 영역의 분화를 통해 구체적 이슈에 집중하는 전문능력이 더 중요하다.
[30] 환경 NGO는 현재 환경문제를 일으킨 대상집단에 대해 시민단체가 감사를 청구할 수 있는 환경감사청구제를 제의해놓고 있다.
[31] 권위주의 정권이 쇠퇴하기는 했으나 아직도 정부관료는 정책과정에 NGO가 참여하는 것을 꺼리고, 참여하더라도 조언이나 자문역할로 제한하려는 경향이 있다. 따라서 정부 위원회 중에서 1년에 한 번도 회의를 열지 않는 위원회가 절반에 가깝고, 위원회를 개최하더라도 이미 결정된 사항의 정당성을 강화하는 방편으로 NGO를 이용하려는 경향이 있다.

다는 것은 한국의 환경 NGO들이 이슈제기나 문제정의에 그치지 않고, 정책대안의 분석과 선택과정에 대한 참여가 늘어나고, 선택된 대안의 집행과정에서도 집행을 촉구·반대하거나 직접 집행하는 경우가 증대하고 있음을 보여주고 있다. 달리 말해서 정책결정과 집행단계에서 NGO들이 참여할 수 있는 제도적 장치가 서서히 형성되고 있음을 말한다.[32] 환경정의시민연대, 한국환경사회정책연구소, 환경과공해연구회 등 활발하게 정책을 제안하고 있는 단체들이 주로 정책결정단계에 참여한다고 응답하였다.

4. 정책참여 방식

〈표 5-8〉에서 볼 수 있는 바와 같이, 환경 NGO들이 정책과정에 참여하는 방식은 제도적인 참여보다는 비제도적인 참여가 많았다. 이것 또한 합법적이고 공식적으로 정책과정에 참여하기 위한 제도적 장치가 제대로 구비되어 있지 않음을 말해주고 있다. 환경운동연합, 녹색연합, 그린훼밀리운동연합 등 주요 환경 NGO들도 비제도적인 참여방식을 주로 사용하고 있다. 〈표 5-9〉에서 나타난 바와 같이 정책단계별로 볼 때 대체로 비제도적인 참여가 많지만 정책결정단계에서는 제도적인 참여가 많았다. 정책 대안을 탐색·분석하여 최적의 대안을 선택하는 단계에서는 정부회의나 공청회 등에 참여하는 제도적인 참여방식이 더 효과적임을 알 수 있다.

정책과정에 참여하는 방식을 모두 선택하도록 한 질문결과에서도 환경 NGO는 제도적인 참여방식보다 비제도적인 참여방식을 활발하게 사용하는 것으로 드러났다. 〈표 5-10〉에서 보는 바와 같이 제도적 참여는 정부회

---

[32] 예를 들어 환경영향평가법에는 환경에 관한 정책을 결정하기 이전에 공청회를 의무적으로 하기로 되어 있다.

〈표 5-8〉 제도성에 따른 환경 NGO의 정책참여 구분

참여방식	참여단체
제도적 참여(12)	수원환경운동센터, 원불교천지보은회, 녹색미래, 인드라망생명공동체, 녹색소비자연대, 소시모, 한살림, 한국여성민우회, 한국불교환경교육원, 전국귀농운동본부, 한국환경교육협회, 생태보전시민모임
비제도적 참여(18)	환경운동연합, 녹색연합, 그린훼밀리운동연합, 기독교환경운동연대, 한국여성환경운동본부, 환경정의시민연대, 녹색교통운동, 홍사단, 청정국토만들기운동본부, 한국YMCA전국연맹, 대한YWCA연합회, 한국환경사회정책연구소, 천주교환경문화원, 환경과공해연구회, 두레생태기행, 대한조류협회, 한국조류보호협회, 한국야생동물보호협회

〈표 5-9〉 환경 NGO의 정책단계별 참여방식 구분

(단위: 참여단체수)

정책단계 \ 참여방식	제도적 참여	비제도적 참여
정책의제설정단계	11	16
정책결정단계	10	9
정책집행단계	7	12
정책평가단계	3	4

의·위원회 참가, 공청회·청문회 참여방식이 다수를 점한 반면, 비제도적인 참여에서는 대체로 고른 분포를 보였다. 시민단체에서 시민운동의 전략으로 많이 사용하는 사법부 고발과 같은 방식이 환경단체에서는 많이 사용되고 있지 않는 것은 법률의 미비로 구체적인 조항에 없어 법원에서 승소할 확률이 적기 때문이다.[33] 비제도적인 참여에서 공청회·세미나 개최와

---

[33] 최근 환경 NGO에서 환경 관련 전문 변호사들의 자원봉사활동이 늘어남에 따라 사법부 고발도 확대될 것으로 전망된다. 이러한 역할을 담당하기 위해 환경운동연합에는

〈표 5-10〉 제도성에 따른 환경 NGO의 정책참여 정도

분류	주요 참여방식	참여단체수(개)
제도적 참여	정부회의·위원회 참가	21
	공청회·청문회 참가	20
	입법청원	8
	사법부 고발	5
	위탁 - 계약 업무 수행	9
소계		63
비제도적 참여	시위, 집회, 캠페인	23
	서명운동, 유인물 배포	19
	성명서 발표, 기자회견	20
	전화·투고·방문	18
	공청회·세미나 개최	26
	정보제공	12
	감시활동	17
소계		135

같은 참여방식이 많은 것은 환경운동의 독특한 성격을 말해준다. 환경운동은 지역주민의 생활과 밀접한 관련이 있고, 이들의 합의와 지지를 이끌어 내는 것이 운동의 동력을 확보·유지하는 데 중요하다. 그리고 환경운동은 다른 시민운동에 비해 이론적 연구가 발달되어 있고 전문적인 인력 풀이 풍부하다. 따라서 공청회나 세미나 개최와 같은 방식이 많다고 볼 수 있다. 비제도적 참여는 이 외에도 로비활동, 시민교육 등과 같은 방법이 사용되고 있었다.

연대성에 따른 분류에서는 〈표 5-11〉에서 보는 바와 같이, 환경 NGO는 주로 다수연대를 통해 정책과정에 참여하는 방식을 사용하였다. 이것은 정

공익소송센터, 녹색연합에는 환경소송센터가 설치되어 있다.

〈표 5-11〉 연대성에 따른 환경 NGO의 정책참여 구분

참여방식	참여단체
다수연대(18)	환경운동연합, 그린훼밀리운동연합, 기독교환경운동연대, 환경정의시민연대, 녹색교통운동, 수원환경운동센터, 원불교천지보은회, 홍사단, 청정국토만들기운동본부, 녹색미래, 인드라망생명공동체, 녹색소비자연대, 한살림, 한국여성민우회, 한국YMCA전국연맹, 대한YWCA연합회, 한국불교환경교육원, 전국귀농운동본부
소수연대(3)	두레생태기행, 대한조류협회, 한국야생동물보호협회
단독참여(9)	녹색연합, 한국여성환경운동본부, 소시모, 한국환경사회정책연구소, 천주교환경문화원, 환경과공해연구회, 한국환경교육협회, 한국조류보호협회, 생태보전시민모임

〈표 5-12〉 환경 NGO의 정책단계별 연대방식 구분

(단위: 참여단체수)

연대방식 정책단계	다수연대	소수연대	단독참여
정책의제설정단계	12	6	10
정책결정단계	11	5	4
정책집행단계	10	3	5
정책평가단계	1	1	6

부의 정책과정에 참여할 수 있는 제도적 장치가 미비하고 아직 조직력이 약한 수준에 있는 한국의 환경 NGO들이 영향력을 극대화하기 위한 방법이기도 하다. 실제로 다수연대 방식을 주로 사용하는 단체 중에서 정책과정에 대한 영향력이 강하다고 응답한 단체가 없는 반면, 정부의 정책과정에 영향력이 강하다고 답변한 3개 단체는 모두 주로 단독참여 방식으로 정책과정에 참여하였다.[34] 또한 다수연대는 NGO들이 정책참여에서 시민적 대표성이 약한 시민단체의 정당성을 획득하는 방법이기도 하다. 〈표 5-12〉

〈표 5-13〉 환경 NGO의 정책에 대한 영향력 정도 구분

영향력 정도	관련 단체
영향력 강(3)	녹색연합, 소시모, 천주교환경문화원
영향력 중(24)	환경운동연합, 그린훼밀리운동연합, 기독교환경운동연대, 한국여성환경운동본부, 녹색교통운동, 수원환경운동센터, 홍사단, 청정국토만들기운동본부, 녹색미래, 인드라망생명공동체, 녹색소비자연대, 한살림, 한국여성민우회, 한국YMCA전국연맹, 대한YWCA연합회, 한국불교환경교육원, 한국환경사회정책연구소, 환경과공해연구회, 전국귀농운동본부, 두레생태기행, 한국환경교육협회, 대한조류협회, 한국야생동물보호협회, 생태보전시민모임
영향력 약(3)	환경정의시민연대, 원불교천지보은회, 한국조류보호협회

에서 보는 바와 같이 정책단계별로 연대방식은 다양하였지만, 정책평가단계에서는 단독참여 방식이 상대적으로 많았다. 즉, 집행된 정책을 평가하는 단계에서는 연대적으로 참여하기보다는 단독으로 참여하는 방식을 사용하였다. 실제로 정책평가단계에 참여할 수 있는 단체는 단독으로 참여할 정도의 전문능력을 구비하고 있는 단체라고 볼 수 있다.

5. 영향력 정도

환경 NGO의 정책과정에 대한 영향력은 대체로 약한 편이었다. 〈표 5-13〉에서 보는 바와 같이 영향력이 강하다고 응답한 단체는 녹색연합, 소시모, 천주교환경문화원 등 3개 단체에 불과하였고, 대부분의 단체는 정책과정에서 약간의 영향력만 행사한다고 보았다. 환경정책에서 환경 NGO의

---

34 다수연대 방식을 사용하는 18개 단체 중에서 영향력(중)이 16개 단체였고, 영향력(약)이 2개 단체였다.

〈표 5-14〉 환경 NGO의 정책단계별 영향력 구분

(단위: 참여단체수)

정책단계 \ 영향력	강	중	약
정책의제설정단계	7	13	7
정책결정단계	3	8	7
정책집행단계	2	6	10
정책평가단계	2	2	3

〈표 5-15〉 환경 NGO의 참여방식별 영향력 구분

(단위: 참여단체수)

참여방식 \ 영향력	강	중	약
제도적 참여	6	7	7
비제도적 참여	4	12	10

영향력은 여러 가지 요인의 영향을 받는다. 예를 들면 대통령보다는 장관이 주도하는 정책에서 환경 NGO의 영향력이 강하고, 정부 부처 중에서도 건설교통부와 같이 개발 부처보다는 환경담당인 환경부와 접촉할 때 영향력이 강하다. 그리고 같은 부처 내에서도 하위직 공무원보다는 정치성이 강한 고위직 공무원에 대해 영향력이 강하다. 그리고 사업별로도 사회적 쟁점이 되거나 환경사고가 발생할 경우 NGO의 영향력이 강해지게 된다. NGO 입장에서도 시민지지를 확보하거나, 자료수집 및 가공능력이 뛰어나거나, 참여시스템이 잘 구비되어 있을 경우에 영향력이 강하다고 볼 수 있다.

〈표 5-14〉에서 보는 바와 같이, 정책단계별로는 정책결정단계와 정책집행단계에서 상대적으로 영향력이 약하였다. 〈표 5-15〉에서 볼 수 있는 바와 같이, 제도적·비제도적 참여방식에서는 비제도적인 참여방식이 상대적

〈표 5-16〉 환경 NGO의 연대방식별 영향력 구분

(단위: 참여단체수)

연대방식 \ 영향력	강	중	약
다수연대	7	11	2
소수연대	3	8	3
단독참여	3	7	6

으로 영향력이 약하였다. 그리고 〈표 5-16〉에서 나타난 바와 같이, 연대방식에 따른 영향력의 차이에서는 다수연대 방식을 사용하는 것이 상대적으로 정책과정에 대한 영향력이 강하고, 단독참여 방식을 사용하는 것이 상대적으로 영향력이 약하였다. 즉 앞 절에서 말한 바와 같이, 정책과정에 영향력이 강한 단체는 주로 단독참여 방식을 사용하는 단체였지만, 실제로 연대방식에 따른 영향력 차이에서는 다수연대 방식이 정부에 더 강한 영향력을 미쳤다고 보았다.

IV. 결론

이상에서 NGO의 정책과정에 대한 참여단계, 참여방식, 영향력 정도를 서울지역 환경 NGO에 국한하여 살펴보았다. 환경 NGO는 정부의 많은 부처와 상호작용하면서 다양한 환경정책에 참여하고 영향력을 행사하였다. 정책단계에서는 주로 정책의제설정단계에 참여하는 단체가 많았고, 정책평가단계에 참여하는 단체가 적었다. 이것은 한국 NGO가 전문적인 능력이 부족하다는 최근의 비판을 대변하고 있다. 참여방식은 제도적인 참여방식보다 비제도적인 참여방식이 많았다. 그러나 정책결정단계에서는 제도적인 참여방식이 많았다. 비제도적인 참여방식이 많다는 것은 상대적으로 비합법적으로 시민운동을 전개할 개연성이 높다는 것을 의미한다. 이것 또한 한국 NGO 활동의 특성을 말해주고 있다. 연대방식에서는 주로 다수연대를 통하여 정책과정에 참여하였다. 다만 정책평가단계에서는 단독으로 정책에 참여하는 단체가 많았다. 연대를 통한 정책참여는 시민운동의 중요한 전략이기도 하지만, 최근에 이데올로기와 전략의 차이로 단독참여를 선호하는 NGO가 시민사회의 다원성 왜곡, 새로운 소외의 창출과 같은 문제를 제기하고 있다. 정책과정에 대한 영향력에서는 대부분의 시민단체가 약한 편이었다. 특히 정책결정단계와 정책집행단계에서 영향력이 상대적으로 약하였다. 그리고 제도적인 참여보다는 비제도적인 참여가, 다수연대보다는 단독참여가 영향력이 약하였다.

지금까지 정책과정에는 민간영역 중에서 시장이 강한 영향력을 행사하였다. 시민사회에서도 사적 이익 추구를 주요 목표로 하는 이익집단들의 영향력이 강하였다. 사익추구를 목적으로 하는 집단의 영향력 확대는 다원주의사회에서 용인될 수 있지만, 강한 집단의 특수이익의 극대화로 인해 사회적 합의와 통합을 어렵게 한다는 우려를 낳기도 한다. NGO는 공익을 추구하는 결사체로서 정책에 대한 참여를 확대하는 것이 민주주의의 질적 발전에 중요한 의미를 지닌다. 이제 NGO가 정책과정에서 영향력을 강화하는 시대가 오고 있다. 다양한 NGO의 정책과정에 대한 영향력 확대는 관료가 통제와 현상유지에 집착하는 것을 막고, 끊임없는 외부의 충격과 요구에 대응하여 스스로 혁신하고 시민의 요구에 민감하도록 유도한다. 민주주의가 발달함에 따라 정책과정에 기술적 합리성뿐만 아니라 정치적 합리성을 강화해야 한다는 점에서, NGO의 정책참여 확대는 정책의 정당성과 집행의 용이성을 확보하는 데 중요하다.

한국은 아직도 NGO가 정책과정에 참여할 수 있는 제도적 장치가 미비하고 영향력에서도 한계가 있다. NGO의 정책참여는 시민의 다양한 요구를 정책과정에 반영할 수 있다는 점에서 참여민주주의를 담보하는 중요한 사회적 장치이다. 따라서 정부는 시민의 목소리가 NGO를 통해 정책과정에 반영될 수 있는 합리적인 채널과 장치를 마련해야 할 것이다. NGO가 정책과정에 실질적으로 참여할 수 있는 위원회제도, 공동생산, 공동평가 프로그램을 활성화하여 실질적인 거버넌스가 이루어지도록 하는 것이 바람직하다. NGO를 단지 정책의 정당성을 확보하기 위한 수단으로 인식하여 공동협의 과정을 미리 정해진 내용을 확인하는 장소로 이용하거나, 단지 조언이나 자문을 얻는 요식행위 정도로만 간주할 경우 NGO의 실질적 참여가 불가능하다. 이러할 경우 정부와 NGO 간의 생산적인 협력은 사실상 기대하기 어렵다. NGO도 정책과정에 참여할 수 있는 전문능력을 강화해야 할 것이다. 그리고 선진국 NGO도 마찬가지로 고민하고 있는 사항이지만, NGO가 공공의 목소리를 대변하고 내부의 민주적 의사결정과정을 거쳐 단체의 주장이 산출될 수 있도록 하는 민주적 장치가 필요하다. 이와 동시에 제도적 참여의 확대에 따른 운동의 동력상실을 어떻게 막을 것인가를 고민해야 한다. 단체의 풀뿌리를 강화하는 것은 이러한 파생문제를 완화하는 하나의 대안적 장치가 될 수 있다.

지금까지 살펴본 것은 환경 NGO의 정책참여에 대한 조사와 기본적인 통계분석이다. 보다 정치한 분석틀을 통해 NGO의 정책참여 현황을 파악하고 여러 변수 간의 인과관계를 규명하는 것은 이 논문의 범위를 벗어난 것이다. 이러한 분석에 근거하여 NGO의 활동영역, 회원수, 재정의 크기, 설립기간, 리더십 유형 등에 따라, 혹은 NGO의 각종 사업에 따라 정책참여의 유형과 영향력이 어떻게 다른지 연구를 심화할 수 있다. 그뿐 아니라 연구영역을 국제적으로 확대하여 국가 간에 어떠한 차이가 있는지 비교함으로써 연구지평을 확대할 수 있을 것이다.

제6장
NGO에 대한 정부의 재정지원 유형

I. 머리말

세계는 지금 신자유주의의 이념을 확산하려는 세계화의 영향에 의해 국가의 급속한 재구조화를 경험하고 있다. 세계화의 핵심은 시장의 세계화이고, 시장의 세계화는 글로벌 경제(global economy)의 형성과 시장논리의 확산으로 요약될 수 있다. 세계가 하나의 시장이 되어 국민국가의 결정권은 약화된 반면, 초국적기업·주식중개인·채권거래인과 같은 초국적 행위자들의 결정권이 강화되었다. 상대적 약자인 제3세계 국가들은 국경을 넘나드는 자본의 힘 앞에서 국가주권을 제대로 행사하지 못하고 있다. 국가가 시장에 개입할 수 있는 권한이 매우 축소되었기 때문이다. 그리고 국가영역까지 시장의 원리가 침투하고 있다. 따라서 국가영역 내에서 공동체·평등·참여 등과 같은 민주주의 이념보다는 경쟁·효율성·탈규제·실적주의 등과 같은 시장주의의 이념이 강조되고 있다. 이로 인하여 개인의 위상은 강화될 수 있지만, 사회적 연대와 공공복지는 약화되고 있다. 사회적 연대와 복지가 제대로 구축되어 있지 않은 상태에서 세계화 이념의 확산은 사회적 불평등과 분열을 가져올 수 있다.

국가의 재구조화는 국가영역 자체의 한계로부터 제기되기도 한다. 이것은 1970년대 복지국가의 위기 이후 신자유주의가 부상하게 된 근거 중 하나이기도 하다. 국가는 강제적인 수단을 통해 자원을 추출하고 사회를 통제해야 하기 때문에 위계적인 관료조직으로 구성되어 있고, 독점권을 가지고 획일적인 서비스를 제공하는 특성을 지닌다. 이것은 끊임없는 부패와 외부변화에 대한 경직성을 초래한다. 그리고 정부는 구조적으로 불합리와 비효율의 문제를 안고 있다. 따라서 작은 정부, 민영화, 분권화, 규제완화 등과 같은 이념이 강조되면서 국가 관료제에 의존하는 공공서비스 생산방식에 대한 회의가 일어나게 되었다. 오늘날 국가는 많은 서비스를 민간영역에 이양하거나 민간영역과 상호 협력하여 공동생산(coproduction)하는 방식을 도모하게 되었다.

1990년대 단체혁명(associational revolution)이라고 불리는 각종 NGO(nongovernmental organization)의 분출은 시장주의의 외연적 팽창과 국가의 내연적 한계에 대한 저항과 보완의 의미를 내포하고 있다. 세계화 속에서 강대국의 논리가 강요되고 시장원리가 국가와 시민사회영역까지 침투하고 있는 상황에서, NGO는 환경을 파괴하고 소비자권리를 무시하는 시장의 무차별적 이윤행위를 감시하고 견제한다. 그리고 시장원리로부터 사회적 약자의 권리와 공동체적 윤리를 지키기 위해 시민사회의 자발적 시민행동과 연대를 추구한다. 한편 국가의 권한이 축소되는 반면 공익범위가 확대되고 시민의 욕구가 다양하며 삶의 질에 대한 요구가 증대하는 현실에서, NGO는 국가의 한계를 보완하고 극복하기 위해 다양한 공공서비스를 생산한다. 그리고 부패하고 경직된 국가를 견제·비판하여 정책변화를 추동하고 각종 사회적 의제에 대해 공론장을 형성하는 역할을 한다.

한국 NGO는 1990년대에 와서 선진국이나 다른 제3세계 국가들에 비해 비약적인 발전을 이루었다. 이것은 1987년 6월항쟁 이후 정치적 민주화의 점진적 진행, 지난 수십 년간 자본주의의 급속한 발달, 정치불신·부정부패·비효율성 등과 같은 일련의 국가주의의 위기 등과 관련된 한국의 역사구조와 정치변동을 반영하고 있다(박상필, 2001b). 한국 NGO는 행정부·의회·정당에 대한 비판과 견제를 통해 시민권리를 옹호하고 정책변화를 추구하고 있다. 그리고 시장의 정당하지 못한 자본축적과 공정하지 못한 거래행위를 견제하면서 환경을 보호하고 소비자의 권리를 옹호한다. 오늘날 수만 개에 달하는 한국 NGO는 허약한 시민사회의 토대에 비해 과대성장한 측면이 없지 않다.[1] 물론 NGO의 과대성장이 한국사회에 부정적인 영향을 끼쳤다는 것은 아니다. 그러나 NGO에 자양분을 주고 NGO를 지탱할 수 있는 시민사회의 역사가 일천하기 때문에 NGO는 단체를 운영하고 시민운동을 전개하는 데 여러 가지 어려움을 겪고 있다. 시민들의 소극적 참여, 재정부족, 리더십 빈곤, 정부의 부정적 시각 등을 예로 들 수 있다.

NGO가 직면하고 있는 각종 곤란 중에서 가장 심각한 것은 재정의 빈곤이다. 이러한 경향은 한국뿐만 아니라 선진국을 포함한 외국의 경우도 마찬가지이다(박상필, 2001a). NGO의 재정빈곤은 조직의 사명에 부합하는 사업 진행의 어려움, 다른 출처에 재정을 의존함으로써 생기는 신뢰의 하락, 낮은 보수로 인한 상근자의 이직률 증가 등 여러 가지 문제를 발생시킨다. 따라서 NGO는 어떠한 방식이든 재정빈곤의 문제를 해결해야 한다. 사실 NGO는 재정빈곤이라는 문제를 해결하기 위해 여러 가지 방안을 강구하고 있다. 그 방안 중에서 정부의 재정지원은 가장 현실적인 대안 중 하나이다. 특히 2000년 '비영리민간단체지원법'이 제정됨에 따라 NGO에 대한 정부

---

[1] 한국 NGO의 숫자가 정확하게 몇 개인지는 개념의 범주에 따라 다양하다. 2006년 한국민간단체총람에 근거하여 약 2만 5,000개 내지 3만 개 정도로 추정한다.

지원이 법제화되었다.

지금까지 NGO에 대한 정부의 재정지원에 대해서는 많은 연구가 진행되었다(김준기, 1999; 이근주, 2000; 정윤수, 2000; 박상필, 2001a; 신기현, 2001; 강상욱, 2001). 대부분의 연구는 '비영리민간단체지원법'에 따라 행정자치부와 지방자치단체에서 실시하는 공개경쟁 지원방식에 집중하고 있다. 그러나 NGO에 대한 정부의 재정지원은 여러 가지 유형이 있다. 각 지원 형태는 각각 다른 법률에 근거하고 있고 서로 장단점을 지니고 있다. 이 글은 한국에서 실시되고 있는 정부의 NGO 재정지원 형태를 NGO의 자율성, 재정충족의 정도, 신뢰구축의 효과 등과 같은 기준에 따라 비교하고 현재의 지원체제를 보완할 수 있는 방안을 모색하고자 한다. 연구범위는 NGO에 대한 중앙정부의 자금지원에 한정하기로 한다. 따라서 지방자치단체가 지원하는 재정지원이나 간접적인 지원형태는 분석에서 제외한다. 연구는 양적 방법보다는 질적 방법을 사용하였다. 이를 위해 각 유형에서 정부지원을 받는 대표적인 NGO를 방문하여 자료를 수집하고 심층적인 인터뷰를 하였다. 따라서 NGO에 대한 정부의 재정지원에 대해 일반성을 확보하는 데는 한계가 있다. 그러나 현재 진행 중인 구체적 현실을 이해하고 이에 대한 후속연구를 촉발하는 데 일정한 유용성을 가질 수 있을 것이다.

II. NGO 재정출처의 다양성

정부는 주로 세금으로 재정을 충당하고 기업은 상품과 서비스의 판매를 통해 재정을 확보한다. 그러나 NGO는 정부가 가지고 있는 강제력이 없고, 기업이 행하는 영리활동을 하지 않는다.[2] NGO의 재정충원 방법은 다양하다. NGO는 기본적으로 회원의 회비와 기부금으로 재정을 충당한다. 기부금에는 개인기부금, 재단기부금, 기업기부금 등이 있다. 이 외에도 정부지원금, 서비스 요금, 수익사업 이익금 등 재정의 출처가 다양하다. 자원봉사 활동, 면세제도, 행정적 지원 등도 NGO에게는 커다란 재정적 원천이다.

이상적으로 볼 때, NGO가 재정의 대부분을 회원의 회비로 충당하는 것이 바람직하다. 그러나 이것은 현실적으로 불가능하기 때문에 기부금에 의존하게 되는데, 개인 및 재단기부금은 NGO의 자율성과 독립성을 크게 훼손하지 않는다. 그러나 회비, 개인기부금, 재단기부금으로 재정을 충당할 수 없기 때문에 기업기부금을 받아들이고 정부지원금에 의존하게 된다. 이것도 모자라서 서비스를 판매하거나 각종 수익사업을 한다.

NGO가 국가와 시장으로부터 독립하여 시민사회 내에서 물적 자원을 동원할 수 있을 때, 자율적으로 국가와 시장을 견제하는 영속적·조직적 힘을 가지고 본연의 사명에 충실할 수 있다. NGO가 자율성을 가지고 본연의 사명에 충실하면 시민참여가 활성화되고 풀뿌리 민주주의가 발달하게 된다. NGO가 재정을 정부지원에 의존할 경우 정부에 대한 견제기능을 수행하기 어렵고 정부의 간섭을 초래하여 NGO의 자율성이 훼손될 수 있다. NGO에 대한 기업기부금은 기업에 대한 NGO의 견제기능을 위축시켜 소비자권리, 환경권, 경제권 등과 같은 중요한 권리 확보를 어렵게 한다. 그리고 NGO가 재정을 확보하기 위해 서비스 요금이나 수익사업에 치중하는 것은 비영리를 지향하고 사회적 약자의 권익을 옹호한다는 NGO 본래의 이념을 훼손할 수 있다. 그리고 상근자가 단체의 목적에 부합하는 활동을 전개하기보다는 재정을 확충하는 사업에 시간을 투자해야 하는 모순이 생긴다.

회비와 기부금의 확대를 통한 NGO의 자율성 확보와 본래 사명으로의

---

2 NGO도 서비스를 판매하거나 각종 수익사업을 한다. 그러나 이것은 배분을 목적으로 이윤을 추구하는 기업의 영리활동과는 다르다.

<표 6-1> 한국 NGO의 수입 출처

수입원	비율(%)
회비 및 후원금	41.2
기업 협찬	8.5
정부 지원	14.8
공공 기금	6.8
수익사업	12.8
기타	15.9
계	100.0

* 양용희(1998) 참고.

<표 6-2> 미국 TNC의 수입 출처

수입원	비율(%)
회비 및 개인기부금	36
재단기부금	17
정부 지원	10
기업기부금	5
투자사업	26
기타	6
계	100

* Forman(2001) 참고.

회귀라는 이상적인 목표에도 불구하고, 현실적으로 NGO는 정부와 기업의 재정지원에 의존하지 않을 수 없다. 한국의 경우, 양용희(1998)가 1998년 23개 NGO를 대상으로 조사한 바에 의하면 <표 6-1>과 같이 회비와 후원금은 41.2%로 절반에도 미치지 못하고, 정부지원 및 공공기금이 전체 수입의 21.6%에 이른다. 임승빈(2000)이 2000년 국정홍보처 민주공동체 실천사업에 참가한 33개 NGO의 재정현황을 분석한 것에서도 회비 및 자체수입(수익사업 포함)이 46%로서 절반을 넘지 못하였다. 이러한 경향은 정도의 차이는 있지만, 선진국에서도 마찬가지다. 미국의 자연보호단체인 TNC(The Nature Conservancy)는 대형 환경단체로서 2000년 연간 예산이 8억 달러에 달하였다.

이 중에서 현금 수입이 약 6억 1,000만 달러였다. <표 6-2>에서 보는 바와 같이 회비, 개인기부금, 재단기부금은 현금수입의 53%를 차지하였다. 이것은 전체 재정수입의 40.5%에 해당하는 수치이다. 이 외 나머지 재정은 정부지원금, 기업기부금, 투자수익금 등에 의존하였다.

NGO에 대한 정부의 재정지원은 NGO 재정의 상당 부분을 차지하고 있다. 시몬스(Simmons, 1998)에 의하면 미국 NGO는 재정의 40%를 각종 공공지원에 의존하고 있다고 말한다. 조효제(2000)는 미국에서 국제원조를 주요 목적으로 하는 대형 NGO들이 재정의 3분의 2 이상을 정부에게서 지원받는다고 강조한다. 독일, 프랑스, 벨기에, 네덜란드 등 유럽 선진국에서도 국제원조활동에 참여하는 NGO의 경우 재정의 절반 이상을 공공보조에 의존하고 있는 것으로 조사되었다(김수현, 2001). 한국에서도 NGO는 재정의 20% 내지 30% 정도를 정부지원에 의존하고 있다.[3]

III. NGO에 대한 정부의 재정지원 논거

1. 정부의 NGO 재정지원에 대한 찬반논쟁

NGO에 대한 정부의 재정지원에 대해서는 찬반논쟁이 팽팽하다. 박상필(2001a)이 1999년 '서울 NGO세계대회'에 참여한 NGO지도자를 대상으로 조사한 바에 의하면, 한국과 외국 모두 정부의 직접적인 재정지원을 찬성하는 비율이 높았다.[4] 주성수(2001a)가 2000년 서울시정참여사업에 참여한

---

[3] 임승빈(2000)이 2000년 국정홍보처 민주공동체 실천사업에 참가한 33개 NGO를 대상으로 조사한 바에 의하면, 1999년 재정에서 27.7%가 정부지원으로 충당되었다.
[4] NGO의 재정충원 방법에서 회비와 개인기부금만으로 해야 한다고 주장하는 사람은 한국(14.8%), 외국(15.1%) 모두 낮았다. 반면에 정부지원금이 포함되어야 한다고 주장하는 사람은 한국(53.2%), 외국(55.7%) 모두 절반을 넘었다. 정부의 재정지원 수준에 대한 물음에서도 한국(54.9%)과 외국(55.3%) 모두 간접지원보다 직접지원을 찬성하는 비율이 높았다.

NGO 실무자 93명을 대상으로 한 조사에서도 정부지원을 찬성하는 사람(57%)이 반대하는 사람(43%)보다 많았다.[5] NGO에 대한 정부의 재정지원은 무엇보다도 NGO의 재정에 도움이 될 수 있다. 강상욱(2001)이 2000년 서울시 소재 61개 NGO를 대상으로 조사한 바에 의하면, 77%가 정부의 재정지원이 NGO 성장에 도움이 되었다고 응답하였다.[6] 그리고 NGO에 대한 정부의 재정지원은 양자 간에 대화 기회를 촉진하고 파트너십을 형성할 수 있는 기회를 제공하는 긍정적인 효과가 있다(Drabek, 1987; Forman, 2001). 한국에서는 아직도 정부가 NGO 활동에 대해 부정적인 시각을 가지고 있다(박상필, 2001a).[7] 이러한 부정적 시각은 정부가 NGO에 대해 재정을 지원하고 공공서비스를 공동생산하기 위한 협력양식이 발달함에 따라 완화될 수 있다. 마찬가지로 NGO도 정부의 재정지원으로 공공서비스를 제공함으로써 정부에 대한 이해를 높일 수 있다. 정부와 NGO는 반드시 대립이나 갈등관계만 형성하고 있는 것이 아니라, 필요에 따라 협력할 수도 있다. 즉, 정부와 NGO는 정책과 이슈에 따라 견제와 협력이 변증법적으로 조화되는 것이 바람직하다.

NGO에 대한 정부의 재정지원에 대해 다수가 찬성함에도 불구하고 반대의 목소리도 만만치 않다. 먼저 NGO에 대한 정부의 재정지원은 NGO의 자율성을 침해할 수 있다. 정부가 선별적 재정지원을 통해 NGO를 통제하

---

[5] 한편 주성수의 연구에서는 서울시 공무원 217명 중에서 84%가 NGO에 대한 정부의 재정지원을 반대하였다.

[6] 강상욱의 연구에서 정부의 재정지원이 NGO의 성장에 어느 정도 도움이 되었느냐는 질문에 대한 답변은 크게 도움이 되었다(23.0%), 어느 정도 도움이 되었다(54.2%), 그저 그렇다(9.8%), 별로 도움이 되지 않았다(3.3%), 전혀 도움이 되지 않았다(0.0%) 등이었다.

[7] NGO에 대한 정부시각이 어떠하냐는 물음에 한국은 적대적(18.8%), 보통(53.2%), 우호적(27.9%) 등이었고, 외국은 적대적(8.4%), 보통(53.3%), 우호적(38.3%) 등이었다.

거나 수직적 포섭을 시도하기 때문이다. 정부의 재정지원이 NGO 재정에서 차지하는 비율이 높으면 높을수록 NGO는 구조적으로 정부에 종속하게 된다. 그리고 NGO에 대한 정부의 재정지원은 NGO의 왜곡된 성장을 초래할 수 있다. NGO는 정부지원을 받기 위해 본래의 사명보다는 재정지원을 받기 쉬운 방향으로 사업을 구상하고 조직을 형성하게 된다. 이로 인하여 정부비판과 견제라는 NGO 본래의 사명에서 일탈할 수 있다. 그뿐 아니라 시민사회 내에서 정부의 재정지원을 받기 위해 서로 경쟁하고 감시하는 것은 NGO 간의 협력과 연대정신을 파괴할 수 있다. 또한 NGO가 재정을 지원받기 위해 서류작업에 매달리게 되면 조직은 관료화되기 마련이다. 마지막으로 NGO에 대한 정부의 재정지원은 궁극적으로 NGO의 재정독립을 저해할 수 있다. NGO 재정에서 정부가 차지하는 비율이 높아지면 NGO는 회비나 기부금 확충을 위해 노력하기보다는 정부의 지원금에 안주하게 된다. 이것은 회비나 기부금으로 운영되는 이상적인 재정모델 구축을 향한 NGO의 창의적인 노력을 방해하게 된다.

  NGO에 대한 정부의 재정지원 방식과 근거는 국가마다 다르다. 민주주의가 발달하고 복지국가 시스템이 잘 구축된 선진국에서는 NGO에 대한 정부의 재정지원이 자연스럽게 받아들여지고 NGO의 자율성 침해도 상대적으로 적다. 미국과 같은 선진국에서는 공공기금의 형태로 NGO를 지원하고 있다. 후진국의 민주주의 발전에 기여하는 NGO에 재정을 지원하는 NED(National Endowment for Democracy)가 대표적이다.[8] 영국에서는 우리나라와 같이 보조금(grant) 형태로 직접 자금을 지원하기도 한다. 1998년 영국은 중앙과 지방을 합쳐서 NGO에 약 3억 달러 상당의 보조금을 지급하였

---

[8] 미국의 NED는 수입을 대부분을 정부기금(USAID: United States Agency for International Development)에서 지원받는다.

다. 그러나 한국과 같이 정부에 대한 신뢰가 낮고 아직도 권위적인 요소가 많이 남아 있는 상태에서 정부가 NGO에 재정을 지원하는 것은 NGO의 신뢰도와 시민참여에 부정적인 영향을 미칠 수 있다. 그러나 정부의 재정지원이 현실적으로 이루어지지 않으면 한국 NGO는 심각한 운영문제에 봉착하게 된다. 한국에서 NGO가 정부의 지원 없이 시민사회 영역에서 재정을 충당해야 한다는 순수주의는 일종의 자발적 결사체에 대한 신화(myth of voluntarism)에 불과하다.

  NGO에 대한 정부의 재정지원에 대해서는 전략적이고 분석적인 태도를 가지고 접근하는 것이 필요하다. 즉, 장기적으로 시민사회의 물적 토대가 강화되면 정부의 재정지원을 줄이거나 폐지할 수 있지만, 현실적으로는 현재의 외적 환경과 내적 역량을 고려해야 한다. 그리고 NGO가 정부로부터 재정을 지원받는 것이 기회비용 면에서 어떠한지도 따져보아야 할 것이다. 또한 NGO도 여러 종류가 있고 여러 가지 기능을 수행하기 때문에 NGO의 종류와 기능에 따라 구분해야 한다. 예를 들면, 정부견제적 역할을 주로 수행하는 주창형 NGO와 정부를 대신하여 복지서비스를 제공하는 NGO는 정부지원에 대한 찬반논리에서 차이가 있을 수밖에 없을 것이다.

2. NGO에 대한 정부의 재정지원 논거

  현실적으로 NGO는 재정의 상당 부분을 정부지원에 의존하고 있다. NGO에 대한 정부의 재정지원은 선진국에서도 제도화되어 있고, 한국에서도 제도화되는 과정에 있다. 따라서 NGO에 대한 정부의 재정지원에 대해 반드시 부정적 시각을 가질 필요는 없다. NGO가 재정을 회비와 기부금에만 의존하는 것이 이상적임에도 불구하고, 정부가 NGO에 재정을 지원해야 한다면 그 논리적 근거는 무엇인가? NGO는 공익을 추구하는 민간단체이고, 정부와 협력하거나 단독으로 후산업사회의 각종 사회문제를 해결하는 유용한 장치이며, 극심한 재정 빈곤을 겪고 있다. 정부가 강제력을 동원하여 세금을 거두고 공공의 목적을 실현하기 위해 어떤 방법을 사용할 것인가는 민주성·형평성·효율성·효과성 등 여러 가지 행정이념에 따라 결정된다. NGO에 대한 지원을 통해 사회문제를 해결하는 방법도 그중 유용한 하나의 방법이 될 수 있다. 여기에서는 이러한 사실에 근거하여 NGO에 대한 정부의 재정지원 논거에 대해 살펴보기로 한다.

NGO는 공익을 추구하는 시민사회의 자발적 결사체로서 국가권력과 경제권력을 견제할 뿐만 아니라, 복지서비스를 제공하고 사회적 갈등을 조정하며, 사회적 약자의 이익을 대변하고 민주시민교육 기능을 담당한다. 공익의 개념을 정의하기란 간단하지 않지만, 여기서는 사회구성원 불특정 다수의 이익과 사회적 약자의 이익을 포함하는 적극적인 개념으로 정의한다. 사회적 약자의 이익을 추구하는 행동은 집단이익으로 전화될 가능성이 있으나, 긍정적 외부효과(positive externality)의 논리에서 볼 때 사회 전체를 유익하게 한다. NGO의 공익활동이 현대사회에서 중요한 의미를 갖는 것은 공적 영역의 확대와 국가 역할의 한계와 결부되어 있다. 현대사회에서는 과거에 사적 영역으로 간주되었던 복지·교육·문화·위생·환경·소비 등의 영역이 공적 영역에 편입됨에 따라 삶의 질에 대한 시민의 요구가 증대하였다. 삶의 질은 단순히 억압·착취·불평등·소외로부터의 해방만으로 해결되지 않는다. 그것은 공동체사회에서 자발적인 행동과 유대를 통해 공공업무에 참여하고 타자를 고려하는 행동 속에서, 자신의 잠재력을 계발하고 노동에 대한 동기부여를 얻게 되는 자아실현의 정치 속에서 가능하다. 삶의 질에 대한 개인의 관심은 지역사회나 주권국가의 범위를 벗어나 국제적으로 확대되기도 한다. 제3세계의 빈곤·전쟁·자연재해를 예방하거나 극복하기 위해 자원활동에 참여하고, 환경과 생태계를 보호하기 위해 국가이기주의나 초국적기업을 견제하는 활동으로 이어진다. 이러한 역할을 국가가 모두 수행할 수 없을 뿐만 아니라 그렇게 하는 것은 바람직하지도 않다. 이러한 경향은 복지국가 위기 이후에 신자유주의 이념이 부상함에 따라 더욱 강화되고 있다. 따라서 시민사회의 자발적 에너지를 동원하는 각종 NGO들이 국가와 협조하거나 견제활동을 통해 공공의 이익을 위한 활동에 나서고 있다.

　NGO가 공익을 추구한다는 사실만으로 정부가 재정을 지원하기는 어렵다. 공익을 추구하는 것은 NGO뿐만 아니라, 다양한 차원의 정부조직, 준정부조직, 국제기구, 그리고 민간영역의 다른 비영리단체도 있다. NGO는 공익을 추구할 뿐만 아니라 자발적 참여에 근거하여 각종 사회문제를 효과적으로 해결하는 사회적 장치이다. 고도의 자율성과 다원성을 특징으로 하는 현대사회에서 인간은 누구나 자신의 삶을 창조적으로 발전시키기를 원하고 자신에 대한 성찰을 통해 사회 속에서 자신의 정체성과 권리를 인식·획득하고자 한다. 가치가 분화되고 사회조직이 다원화됨에 따라 탈물질적인 가치에 대한 관심이 증대하고 갈등이 빈번하게 일어나고 있다. 그리고 세계화의 추세 속에서 국민국가의 범위를 뛰어넘는 교류와 갈등이 교차하고 있다. 이 속에서 개인에게 자율성과 정체성을 부여하고, 자율적으로 사회갈등을 조정하며, 국제협력을 강화하는 것은 주권국가나 국제기구의 역할만으로는 한계가 있다. 더구나 한국사회는 정경유착, 부정부패, 연고주의, 가족주의, 지역주의 등과 같은 사회병리 속에서 경제성장과 민주화라는 이중적 목표를 성취해야 할 상황에 있다. 이것은 국가의 계획과 통제만으로는 달성하기 어렵다. 개인의 다원적 가치를 실현하고 공동체의 이익을 증진하기 위해서는 시민사회의 자발적 에너지를 국가개혁과 사회발전에 적극적으로 이용할 수 있어야 한다. 더구나 신자유주의 이념의 찬반논쟁을 떠나서 지나친 정부기능 확대는 행정의 효율성과 적응력을 해치기 때문에,

NGO의 공공서비스 생산과 사회문제 해결 참여는 서비스 주체를 다원화하고 사회문제의 자율적 조정능력을 증진시킨다는 측면에서 효율적일 수도 있다.

NGO가 비록 공익을 추구하고 사회문제를 효율적·효과적으로 해결한다고 하더라도 회원의 회비와 기부금으로 재정을 충당할 수 있다면 굳이 정부의 재정지원이 필요하지 않을 것이다. 앞서 살펴본 바와 같이, 정부의 재정지원은 NGO의 자율성을 침해하고 NGO의 자립능력을 위축시킬 수 있다. 그러나 NGO는 개발도상국뿐만 아니라 선진국에서도 심각한 재정난을 겪고 있기 때문에 정부의 지원이 필요하다. 물론, NGO에 대한 공적 자금의 지원은 NGO의 목적과 성과에 대한 타당성 조사에 근거해야 할 것이다. 한국의 경우, NGO의 재정난은 일시적인 문제가 아니라 시민사회의 토대가 빈약하다는 구조적인 한계에서 연유한다. 시민들은 공동체활동에 대한 참여에 큰 관심을 보이지 않고 기부금을 제공하는 데도 인색하다. NGO는 최소한 일정한 공간의 사무실 유지, 일정한 수의 상근자 충원, 단체의 목적에 맞는 일정한 사업의 수행에 필요한 재정을 확보해야 한다. NGO가 이러한 기본적인 재정을 확보하지 못하고 재정을 충당하기 위해 기업의 지원을 요청하거나 수익사업에 치중할 경우, 기업의 기회주의적 속성과 환경파괴 행위를 견제할 수 없고 인력과 시간을 재정충원 활동에 낭비하게 된다. 한국은 지금까지 시민사회의 토대가 빈약한데도 과거 민주화운동을 경험한 지도자와 상근자들의 헌신적인 노력에 의해 시민운동이 지탱되어왔다. 그러나 현재와 같이 재정빈곤이 계속된다면 NGO의 활동기반이 침해되고 리더십의 쇠퇴를 겪게 될 위험에 놓이게 될 것이다. 그것은 곧 시민운동을 전개할 수 있는 조직역량의 위축을 의미한다. 따라서 공공기금을 마련하여 NGO를 지원하기 위한 제도적인 장치를 강구할 필요가 있다.

지금까지 살펴본 바와 같이 NGO의 공익성, 사회문제 해결능력, 재정빈곤 등을 감안한다면 공익성이 강하고 성과를 많이 내고 있는 NGO에 대해서는 정부가 적극적으로 재정을 지원하는 것이 필요하다. 오늘날 하이테크 혁명이라고 하는 '제3의 혁명' 이후에 기술의 발달에 따라 실업이 증가하고 있다. 경제성장에 힘입어 탈물질적인 가치에 대한 관심이 증대하고 부와 시간의 평등에 대한 요구도 확대되고 있다. 대의민주주의가 한계를 드러내게 됨에 따라 공공업무에 대한 시민참여의 중요성이 강화되고 있다. 이러한 상황에서 국가는 단순히 화폐의 분배가 아니라, 사회적 유용성을 갖는 각종 자발적 민간단체에 자금을 지원하고, 이를 통해 사회문제를 해결하고 시민의 욕구를 충족하는 창의적인 노력이 필요하다(박상필, 2001b; Gorz, 1993; Inglehart, 1977; Lipietz, 1993; Rifkin, 1996).

IV. NGO에 대한 정부의 재정지원 유형 비교

1. 비교의 기준

한국에서 NGO에 대한 정부의 재정지원은 여러 유형이 있다. 각 유형에서 우리의 관심을 끄는 쟁점은 다음 세 가지로 축약할 수 있다. 첫째, 정부의 재정지원이 NGO의 자율성에 미치는 영향이다. 실제로 정부의 재정지원은 정부의 간섭과 통제를 수반하게 되고, 정부가 원하는 방향으로 시민운동을 유도할 수 있다. 그리고 정부의 재정지원은 장기적으로 NGO의 재정자립을 강화하는 것이 아니라 왜곡할 수 있다는 문제점을 안고 있다. 정부의 재정지원이 NGO의 자율성을 침해하고 왜곡한다면 이것은 궁극적으로 시민사회의 능력을 증진하는 것이 아니라 위축시키는 결과를 가져온다. 왜냐하면 시민사회의 능력을 증진하기 위해서는 국가를 대신하여 복지서비스를 제공하는 NGO의 역할도 중요하지만, 국가권력을 견제하여 정책변화를 유도하고 국가의 억압으로부터 시민의 자유와 권리를 보호하는 역할도 중요하기 때문이다.

둘째, 정부의 재정지원이 실제로 NGO의 재정을 충족시키는가 하는 문제이다. 정부의 재정지원이 NGO 재정의 대부분을 차지하는 것은 바람직하지 않지만,[9] 고유의 사업을 추진하는 데 별로 도움이 되지 않는다면 이것은 커다란 의미를 갖기 어렵다. 정부의 재정지원은 NGO의 재정빈곤을 극복하기 위한 대안으로 제시된 것이기 때문이다. 그리고 정부의 재정지원이 일시적일 경우 NGO의 재정을 충족시키는 데 한계가 있다. 다년간 지속적으로 지원되어야만 NGO가 장기적인 전망을 가지고 단체의 이념에 맞는 사업을 수행할 수 있다. 또한 각종 NGO는 정부지원금을 사업비 외에 사용할 수 있기를 원한다. NGO 활동은 인건비와 같은 경상비의 지출이 많기 때문이다. 1999년 행정자치부의 재정지원을 사업유형별로 분류하면 교육·토론회(40%), 문화행사 및 현장활동(22%), 실태조사(19%), 캠페인(16%) 등이다(한국시민단체협의회, 1999).[10] 이러한 활동들은 상근자가 기존 임무와 동시에 진행하기가 어렵다. 따라서 NGO가 사업을 원활하게 수행하기 위해서는 경상비 지출을 어느 정도 허용할 필요가 있다.

셋째, 정부의 재정지원이 NGO의 사업수행, 정부와의 관계, 시민사회로부터의 지지 등에서 신뢰를 얻는 데 어떠한 효과가 있느냐 하는 문제이다. 정부로부터 재정을 지원받는 단체는 공익목적에 자금을 효율적으로 사용

---

[9] NGO에 대한 재정지원자는 정부가 아니라도 반대급부를 바라고 영향력을 행사하게 된다. 정부에 의한 지원은 오히려 NGO 본연의 사명인 공공성을 반영한다는 측면에서 긍정적일 수도 있다.
[10] 2000년 국정홍보처 지원사업을 유형별로 분류하면 교육·토론회(45.2%), 실태조사(28.0%), 문화행사 및 현장활동(12.9%), 캠페인(9.7%) 등이었다(국정홍보처, 2000).

〈표 6-3〉 NGO에 대한 정부의 재정지원 유형 비교의 기준과 내용

기준	주요 내용
자율성 확보	NGO에 대한 정부의 간섭은 어느 정도인가? NGO의 사명 일탈 가능성은 어느 정도인가? 장기적으로 NGO의 재정자립을 강화하는가?
재정충족 정도	NGO의 재정을 어느 정도 충족시키는가? 다년간 지속적인 지원이 가능한가? 지원금에서 사업비 외 경상비 지출이 가능한가?
신뢰구축 효과	자금사용의 효율성과 회계투명도는 어느 정도인가? NGO와 정부 간의 신뢰구축에 도움이 되는가? NGO에 대한 시민의 지지와 참여 증대에 도움이 되는가?

하고 투명하게 회계를 처리해야 한다. 형식적으로 사업을 진행하거나 자금을 사적 용도에 유용하면 NGO의 도덕성을 훼손하게 된다. 또한 NGO에 대한 재정지원이 정부와 NGO 간의 협력관계를 구축하여 상호 부정적 시각을 해소하고 시민의 삶의 질을 향상시킬 수 있는 기회가 되어야 한다.[11] 그리고 궁극적으로는 NGO에 대한 재정지원이 시민사회의 신뢰와 지지를 확보하는 데 긍정적으로 작용해야 한다. 정부의 재정지원이 시민의 지지와 참여를 저해하게 된다면 기존 제도의 문제점을 극복하는 새로운 지원방안을 모색해야 할 것이다.

이상에서 살펴본 비교의 기준과 내용을 정리하면 〈표 6-3〉과 같다. 첫 번째 NGO의 자율성은 정부의 재정지원에 따르는 조건, 단체의 목적과 정부지원 사업의 일치 여부, 장기적인 NGO의 재정자립 여부로 결정할 수 있다. 두 번째 재정충족도는 정부의 재정지원이 NGO의 수입에서 차지하는

---

[11] 여기서 협력이라 함은 종속과 같은 부정적 의미가 아니다. 협력은 두 개 이상의 조직이 각각 자기 정체성과 관리능력을 가지고 기본 이념에 반하지 않는 범위 내에서 공동의 목표를 성취하기 위하여 공동행동을 취하는 것이다.

비율, 사업비에서 차지하는 비율, 지속성 여부, 경상비 지출 허용 여부 및 정도를 추적함으로써 알 수 있다. 세 번째 신뢰구축 효과는 재정지원 이후 NGO의 사업평가와 회계보고, 정부와의 관계에서 신뢰형성 정도, 시민의 지지와 참여 정도 등으로 판단할 수 있다.

2. NGO에 대한 정부의 재정지원 유형 비교

우리나라에서 NGO에 대한 정부의 재정지원 유형은 크게 다섯 가지로 나눌 수 있다. 첫째, 행정자치부나 국정홍보처를 비롯한 각종 정부기관이 공개모집과 경쟁을 통해 자금을 지원하는 형태이다. 둘째, 정부의 각 부처가 개별적으로 일부 공공업무에 대해 NGO와 단독계약을 통해 자금을 지원하는 형태이다. 셋째, 시대적 요청으로 일정한 시민운동을 전개할 필요가 있는 영역에 대해 정부가 단체의 설립부터 운영자금을 지원하는 형태이다. 넷째, 특별법에 의해 특별한 단체에 배타적으로 자금을 지원하는 형태이다. 이 유형은 '비영리민간단체지원법'의 제정 이후 실제적인 지원이 거의 중단되었으나 아직도 관련법이 살아 있다. 다섯째, 정부가 직접 NGO에 자금을 지원하는 것이 아니라 각종 기금에 자금을 지원하고, 이 기금이 NGO에 자금을 지원하는 형태이다. 기금형태는 정부 산하에 여성발전기금이 있고, 설립 당시 정부가 일정한 역할을 한 환경발전기금이 있다.[12] 그러

---

[12] 민간기금이 정부로부터 재정을 지원받아 NGO에 자금을 지원하는 형태는 NGO의 재정빈곤 문제를 해결하기 위한 하나의 대안으로서 여러 차례 제안되었다(성경륭, 1997; 박상필, 2001a). 그러나 현재로서는 이러한 형태는 존재하지 않고, 정부기관으로 존재하면서 정부로부터 재정을 지원받거나, 민간조직으로 존재하면서 정부로부터 재정을 지원받지 않는 형태가 있다. 전자의 예가 여성발전기금이고, 후자의 예가 환경발전기금이다. 여성발전기금은 1995년 북경여성대회 이후 여성의 발전과 사회참여 확대를 위해 1995

〈표 6-4〉 NGO에 대한 정부의 재정지원 유형

지원 유형	주관 부서	지원받는 단체	법적 근거
공개경쟁	행정자치부	환경운동연합	비영리민간단체지원법
	국정홍보처	열린사회시민연합	없음(민간지원 예산)
단독계약	행정자치부	경제정의실천시민연합	보조금의 예산 및 관리에 관한 법률
	재정경제부	녹색소비자연대	
단체설립 지원	산업자원부	에너지시민연대	보조금의 예산 및 관리에 관한 법률
	환경부	쓰레기문제를 해결하는 시민운동협의회	
특별지원	행정자치부	새마을운동중앙협의회	새마을운동조직육성법
	행정자치부	바르게살기운동중앙협의회	바르게살기운동조직육성법

나 민간기금에 정부가 자금을 지원하는 형태는 아직 발견하기 어렵기 때문에 여기서는 제외하기로 한다.

이상에서 설명한 네 개의 지원유형과 정부의 주관부서, 지원받는 단체의 예, 법적 근거 등을 정리하면 〈표 6-4〉와 같다.

각 지원유형에서 정부의 지원을 받는 단체는 많이 있으나 여기서는 연구의 제약상 각 유형에서 두 개 단체만을 조사하였다. 그리고 조사과정에서 다른 단체에도 적용되는 일반적인 사실을 얻으려고 노력하였다. 각 지원유형에 대한 구체적인 내용을 살펴보기로 하자.

년 제정된 '여성발전기본법'에 근거하여 1997년 여성부 내에 설치되었다. 1998년부터 NGO에 대한 지원사업을 개시했는데, 2000년에는 24개 공모사업과 4개 자체 기획사업에 5억 9,000만 원을 지원하였다. 2001년에는 공모사업이 없어지고 여성인력 양성, 여성권익 보장, 여성 국제협력 등 여성발전기금 자체에서 기획한 사업에 14억 9,000만 원을 사용하였다. 환경발전기금은 설립 당시 정부가 일정한 역할을 하였으나 정부가 직접 재정을 지원하지는 않는다.

1) 공개경쟁

행정자치부나 국정홍보처에서 공개경쟁을 통해 NGO에 자금을 지원하는 형태의 프로그램에는 많은 단체들이 참여하고 있다. 2000년 행정자치부 지원 프로그램에는 340개 단체가 신청하여 151개 단체가 선정되었고 총 75억 원이 지원되었다.[13] 평균 경쟁률은 2.3대 1이었고, 단체당 평균 지원금액은 5,000만 원이었다. 한편 2000년 국정홍보처 지원 프로그램에는 67개 단체가 신청하여 33개 단체가 선정되었고 총 9억 5,000만 원의 재정을 지원받았다. 평균 경쟁률은 2대 1이었고, 단체당 평균 지원금액은 2,900만이었다.

먼저 자율성의 측면에서 살펴보자. 공개경쟁에 의한 지원형태는 포괄적이지만 정부가 미리 지원사업의 범위를 정한다.[14] 지정된 사업이 NGO의 주요 목적에서 크게 벗어나는 것은 아니지만, 정부지원이 없으면 NGO들이 반드시 추진해야 할 사업은 아니다.[15] 물론 정부의 부정부패 방지와 관련된 정부견제적 사업도 지원이 가능하다. NGO는 정부지원을 받기 위해 일정한 사업계획서를 작성하고, 선정되어 지원을 받은 후에는 사업보고와 회계보고를 한다. 따라서 사업과 관련된 의사결정과정에 대한 정부의 간섭은 없으나 정부가 원하는 방식으로 계획서를 작성해야 한다. 특히 경쟁을 뚫고 지원을 받기 위해서는 정부가 정한 원칙에 따르지 않을 수 없다. 지원

---

[13] 사업건수로는 432개 사업이 신청되어 195개 사업이 선정되었다. 따라서 1개 단체가 2개 이상의 사업을 지원받는 경우도 있었다.
[14] 행정자치부에서 실시하는 공개경쟁은 1999년 자유공모사업이 있었으나 2000년부터는 없어졌다.
[15] 2000년 환경운동연합이 행정자치부로부터 자금지원을 받은 사업은 '공단지역의 민관환경안전망 구축사업'과 '환경생태문화 가이드양성 프로그램 개발을 위한 기초조사 및 교재개발' 등 두 가지 사업이었다. 그리고 열린사회시민연합이 국정홍보처로부터 자금을 지원받은 사업은 '주민참여 삶터가꾸기사업'이었다.

사업은 대체로 단체의 고유목적이나 사명과 어느 정도 일치하였다. 정부의 지원금액은 단체를 유지하고 고유사업을 진행하는 데 한계가 있기 때문에 재정자립을 위한 노력을 크게 훼손하지는 않는다.

재정충족 정도에서 볼 때 정부지원은 NGO 전체 재정의 10% 이내였다.[16] 2000년 환경운동연합이 행정자치부로부터 2개 사업에서 지원받은 1억 8,000만 원은 연간 예산 20억 원 중 9%에 해당하였다. 그리고 열린사회시민연합이 국정홍보처로부터 1개 사업에서 지원받은 4,500만 원은 전체예산 5억 2,000만 원의 8.7%였다. 따라서 전체 예산에서 차지하는 비율은 낮았지만, 사업비에서 차지하는 비율이 높기 때문에 어느 정도 도움이 되었다. 두 단체 모두 정부로부터 지난 몇 년간 재정지원을 받아왔으나 동일한 사업은 아니었다.[17] 또한 정부지원금은 사업비 이외의 사용이 원칙적으로 금지되어 있어서 NGO들은 지원금액에서 일정한 비율의 경상비 지출 허용을 요구하고 있다.

신뢰구축 효과에서는 먼저 자금사용의 효율성에 있어서 두 단체 모두 어느 정도 효율적으로 사용하고 있었다. 물론 이것은 정부나 시장에서 수행하는 것에 비해 상대적으로 효율적이라는 의미이다. 정부는 사업평가와 회계보고를 받지만 실질적인 심사는 이루어지지 않고 있다. 다만 경쟁을 거치고 일정한 사업경력을 가진 단체이기 때문에 다른 단체에 비해 내부통제시스템이 잘 발달되어 있었다. 정부와의 관계에서 상호 이해는 높일 수 있

---

[16] 1999년 행정자치부가 123개 단체에 75억 원을 지원하였기 때문에 단체당 평균 지원액은 6,000만 원이었다. 이때 지원한 단체의 연간 평균 예산이 9.9억 원이었다. 따라서 행정자치부에서 지원한 금액만 따진다면 전체 예산의 6%를 차지하였다(이근주, 2000).

[17] 행정자치부에서 시행하는 사업에서 1999년과 2000년 연속으로 지원받은 단체는 전체 151개 단체 중 87개 단체로서 40%였고, 이 중에서 동일하거나 유사한 사업에 연속으로 지원받은 단체는 41개 단체로서 전체의 27%였다(이근주, 2000).

으나, 재정지원을 통해 정책참여가 확대된다는 보장은 거의 없었다. 시민사회의 시각에서는 정부지원에 대한 도덕적인 비판이 있다. 그러나 일정한 과정을 거쳐 효과적으로 사업을 진행한다는 측면에서는 오히려 시민의 지지와 참여가 증대하는 이점이 있다.

2) 단독계약

정부와 단독으로 프로젝트를 통해 자금을 지원받는 형태는 예가 많이 있는 것으로 추정되나 이를 발견하는 것은 쉽지 않았다. 2000년 '비영리민간단체지원법'이 발효되어 행정자치부와 지방자치단체에서 공개경쟁을 통해 재정을 지원하고 있기 때문에 개별 프로젝트는 상대적으로 줄었다. 그리고 다른 법률에 근거하고 있는 정부지원 형태도 점점 경쟁형태로 나아가고 있는 실정이다. 경제정의실천시민연대(경실련)나 녹색소비자연대가 정부로부터 단독 계약을 통해 자금을 지원받은 것도 약간 변형된 형태로서 완전한 단독 계약은 아니었다.[18]

단독계약은 정부가 직접 공공서비스를 생산하는 것이 아니라 NGO에 위임할 때 사용하는 방법이다. 경실련의 경우에는 경실련이 제안한 것이지만 정부사업과 관련이 있는 것이고, 녹색소비자연대의 경우에는 정부가 미리 사업을 정하여 NGO에 사업수행을 제안한 것이다. 정부에서 대체로 어느 정도 영향력과 사업수행능력을 가진 단체를 선정하기 때문에 정치적 이용도 가능하다. 물론 정부의 재정지원을 받기 위해서는 정부가 원하는 일정

---

[18] 경실련의 경우는 단독 계약이기는 하지만, 경실련에서 제안한 사업을 공동으로 주최하면서 행정자치부가 경실련에 자금을 지원한 것이 아니라, 행정자치부가 직접 사업비용을 지급하였다. 그리고 녹색소비자연대의 경우도 단독 계약이기는 하지만, 재정경제부 산하의 국세청이 복수단체를 지정하여 프로젝트 계획서 제출을 요구하였고 여기서 선정되었기 때문에 지원받은 경우이다.

한 사업계획서를 제출해야 한다. 정부가 일정한 사업에 대해 그와 관련 있는 단체에 프로젝트를 주는 것이기 때문에 단체의 목적으로부터 크게 일탈하지는 않지만, 단체의 고유목적과 딱 맞아 떨어지는 것은 아니다. 단독계약의 지원형태는 NGO로서는 일회성 지원이기 때문에 NGO의 장기적 재정확보에는 한계가 있다.[19] 따라서 NGO는 이러한 정부지원에 의존하지 않고 자체의 재정구축을 해야 하기 때문에 재정자립 정신을 크게 훼손하지는 않는다.

재정충족도의 측면에서 볼 때 단독계약은 지원액도 크고 NGO의 예산에서 차지하는 비율도 높다. 경실련은 2000년 '지방자치개혁 박람회' 1개 사업에 1억 1,000만 원의 지원금을 받았다.[20] 이것은 경실련 자체 예산 10억 원과 지원액을 포함한 액수의 9.9%에 해당하였다. 녹색소비자연대는 2000년 국세청으로부터 '세금 바르게 내기 운동' 1개 사업에 1억 원을 지원받았다. 이것은 녹색소비자연대의 연간 예산 3억 원의 33%에 해당하였다.[21] 따라서 단독계약 형태는 NGO의 재정에 상당한 도움이 되었다. 그러나 이것은 다년간 지속되는 형태가 아니라 1년에 한하여 지원되는 형태이다. 단독계약은 일종의 사업위임 형태이기 때문에 일정한 정도의 인건비 지출이 가능하다.[22]

---

[19] 경실련의 경우에는 2000년 단독 계약으로 정부지원을 받았으나 2001년부터는 어떠한 유형의 정부지원도 받지 않겠다고 공언하였다. 그리고 녹색소비자연대도 2000년 이전과 이후에 이러한 단독 계약이 없었다.

[20] 1억 1,000만 원은 행정자치부가 이 사업에 지불한 금액이지만 경실련에 지원한 것이 아니라 직접 경비를 지불한 것이다. 이것은 경실련 소속 인사와 정부 공무원이 공동으로 구성된 조직위원회에서 사업을 추진하였기 때문에 가능하였다.

[21] 3억 원은 녹색소비자연대의 서울본부의 예산이다. 지원받은 1억 원 중에서 서울본부가 직접 사용한 금액은 4,000만 원이고 나머지는 지방에 있는 단체에 이전하였다. 따라서 서울만 따져본다면 3억 원 중에서 4,000만 원이기 때문에 13%에 해당한다고 볼 수 있다.

자금의 사용에 대한 감독에서는 공개경쟁보다 엄격하다. 정부는 단체로부터 사업평가와 회계보고를 받을 뿐만 아니라 중간평가를 실시하기도 한다. 그러나 NGO가 어떻게 자금을 사용하고 있는지를 엄격하게 심사하고 감독하는 것은 한계가 있을 것이다. 정부지원을 통해 사업을 수행함으로써 정부와의 이해의 폭을 넓히고 정책참여에 대한 기회가 확대되지만, 정부조직과 NGO와의 문화적 차이로 인해 협력양식이 크게 발달하는 데는 한계가 있다. 단독계약은 시민사회 내에서 비판이 만만치 않다. 영향력을 가진 거대조직이 비공개적으로 정부지원을 받기 때문에 여기서 제외되는 단체의 불만을 사게 된다. 그러나 정부지원을 통한 사업수행에 의해 NGO의 역량을 강화하는 데는 도움이 되었다.[23]

3) 단체설립 지원

중앙정부에서 단체의 설립부터 자금을 지원하는 형태는 흔하지 않다. 대표적인 것이 산업자원부와 환경부에서 각각 에너지문제와 쓰레기문제를 해결하는 단체의 설립과 사업수행 및 운영에 자금을 지원하는 경우이다.[24] 에너지시민연대는 2000년 6월에 250개 환경·여성·소비자단체가 에너지문제의 심각성을 절감하여 연합체를 만들고 정부의 재정지원을 요구하였다. 쓰레기문제를 해결하는 시민운동협의회(쓰레기운동협의회)는 1997년

---

[22] 경실련의 경우에는 경상비의 지출이 없었다. 정부는 임대료, 부스설치비 등 주로 하드웨어에 비용을 지출하였다. 그러나 녹색소비자연대의 경우는 30%까지 인건비 등의 사용에 가능하였다.
[23] 경실련의 경우 지방자치단체에 대한 영향력이 크게 확대되었고, 녹색소비자연대의 경우는 전문분야에 대한 정보획득, 상근자의 능력증진 등에서 크게 도움이 되었다.
[24] 지방자치단체의 경우, 서울시에서 장묘문화개선과 화장실문화개선을 위하여 단체설립부터 자금을 지원하고 있다.

270개 환경단체가 쓰레기문제를 해결하기 위해 협의체를 구성하고 정부의 재정지원을 받았다.

단체설립 때부터 정부가 재정을 지원하는 형태는 매년 시민단체 본부(협의체)에서 회원단체로부터 사업계획서를 받아 이를 정부에 제출하지만, 사업범위와 방식에 대한 정부간섭이 거의 없다. NGO가 스스로 에너지와 쓰레기문제에 관해 사업내용을 결정하는 방식을 취한다.[25] 그리고 단체의 고유사명과 관계없는 사업을 하지 않는다. 그것은 협의체에 참여한 단체가 각각 에너지나 쓰레기문제와 관련이 있어서 스스로 가입한 단체들이기 때문이다.[26] 단체의 설립과정에서 시민사회 스스로 에너지와 쓰레기문제를 해결하기 위해 연대모임을 결성한 것이지만, 현재로서는 정부의 지원이 없으면 단체가 존립하기 어렵고 별도로 재정자립계획을 세우고 있지도 않다.

재정충족의 측면에서는 정부지원금이 전체 재정의 100%를 차지하고 있다. 2000년 에너지시민연대는 산업자원부 산하 에너지관리공단으로부터 15억 원을 지원받았고,[27] 쓰레기운동협의회는 5억 8,000만 원을 지원받았다. 두 단체 모두 정부지원 금액이 사업을 수행하는 데 부족하지만, 정부지원 금액이 다른 유형에 비해 꽤 높은 편이다. 그리고 정부지원도 다년간 지속적으로 지원되고 있다. 에너지시민연대의 경우 2003년에 1차평가를 하여 계속 지원여부를 결정하기로 되어 있으나, 에너지문제가 존재하는 한 정부지원이 중지되기는 어렵다. 이것은 쓰레기문제의 경우에도 마찬가지

---

[25] 물론 정부정책에 반대되는 사업(예: 원자력 반대)은 제출이 불가능하다.
[26] 협의체에 대한 가입도 매우 쉬워서 2개 회원단체의 지지가 있으면 협의체 가입이 가능하다.
[27] 에너지 시민연대는 2000년 6월에 결성되었기 때문에 2000년에는 6개월분 7억 5,000만 원을 지원받았고, 2001년에는 15억 원을 지원받았다. 따라서 2000년의 경우 1년을 계산하여 15억 원으로 계산하였다.

다. 그리고 지원금에서 본부의 인건비나 사무실운영비 지출이 가능하다.[28] 물론, 사업을 진행하는 회원단체는 원칙적으로 사업비 외의 지출이 불가능하도록 되어 있다.

신뢰구축 측면에서는 다른 형태에 비해 사업평가에 대한 감독이 강하다. 이것은 협의회의 본부에서 개별 사업을 하는 회원단체에 대해 사업을 평가하고 이것을 정부에 보고하기 때문이다. 두 단체는 전문가가 참여한 사업평가와 회계감사를 한 후에 문제가 있을 경우 지원금을 회수하거나 일정한 제재조치를 취하고 있다. 즉, NGO 내에 자정장치가 그만큼 유효하게 작용하고 있다. 정부와의 신뢰구축에도 긍정적인 면이 강하다. 정부와 NGO는 상호 이해의 폭이 넓어졌고, 에너지와 쓰레기 문제의 정책과정에 대한 NGO의 참여도도 높아졌다.[29] 그러나 시민사회로부터 많은 비판을 받는 편이다. 정부로부터 많은 자금을 독점적으로 지원받고 있고, 시민사회에 대한 국가의 포섭계획에 이용될 수 있다는 것이다. 실제로 두 단체는 다른 NGO에 비해 상근자의 월급이 1.5배 내지 2배 정도 높았다. 그럼에도 불구하고 에너지와 쓰레기 문제에 대한 캠페인을 정부가 직접 해결하는 데 한계가 있기 때문에, NGO가 정부지원을 받아 시민운동을 전개하는 것은 일정한 의미를 가진 해결방식이라고 할 수 있다.

4) 특별지원

정부가 특별법을 제정하여 NGO에 재정을 지원하는 형태는 주로 관변단체에서 많이 사용하는 방식이다. 새마을운동중앙협의회(새마을운동), 바르

---

[28] 두 단체 모두 상근자가 5명이고 회원단체의 사무실을 사용하는 것이 아니라 별도의 사무실을 가지고 있다.
[29] 에너지시민연대와 같은 경우는 의제설정이나 정책결정뿐만 아니라 정책평가과정에도 참여하는 기회를 가지게 되었다.

게살기운동중앙협의회(바르게살기운동), 한국자유총연맹 등은 각각 특별법에 따라 정부로부터 재정을 지원받았다. 새마을운동(1980년 설립)과 바르게살기운동(1990년 설립)은 1999년부터 행정자치부에서 시행하는 공개경쟁에 의해 자금을 지원받게 되면서부터는 특별법에 의한 지원을 거의 받지 않고 있으나,[30] 설립 이후 정부로부터 많은 자금을 지원받았었다. 그리고 지방자치단체에서는 아직도 이 법률에 근거한 정부지원이 계속되고 있다.

자율성 측면에서 볼 때 특별지원은 많은 문제를 안고 있다. 두 단체는 사업계획서를 정부에 제출하고 정부가 위임하는 사업을 수행하는 경우가 많다. 자체에서 시행하는 사업도 정부의 허가를 받아야 한다. 사업이 단체의 사명에서 일탈할 가능성은 없으나 국민의식개혁과 관련된 사업을 주로 수행하였다.[31] 이러한 경향으로 과거 정부에 포섭되어 정당성이 빈곤한 정부의 정권유지에 이용되는 경우가 많았다. 특별지원을 받는 새마을운동과 바르게살기운동은 재정의 대부분을 정부로부터 지원받기 때문에 재정자립 의지가 매우 빈약하였다.[32]

새마을운동은 1998년 정부로부터 25억 5,000만 원을 지원받았고, 이것

---

[30] 새마을운동중앙협의회, 바르게살기운동중앙협의회, 한국자유총연맹 등 3개 단체는 1999년부터 행정자치부에서 실시하는 공개경쟁에 의하여 자금을 지원받고 있다. 1999년에는 30.8억 원(전체 지원액의 41%), 2000년에는 12.1억 원(전체 지원액의 16%)을 지원받았다.

[31] 이러한 경향은 국가의 성격과 정당성의 차이에 따라 변화하게 되었는데, 상대적으로 정당성이 높은 정부가 들어서게 됨에 따라 통일, 환경, 자원봉사, 폭력근절 등과 같은 영역도 포함하게 되었다.

[32] 새마을운동은 1990년부터 1998년까지 예산의 15% 정도를 정부의 직접지원으로 충당하였으나 회비가 거의 없다. 대부분의 수입은 기존에 정부지원금으로 확보된 재산으로부터 나오는 것이다. 바르게살기운동은 예산의 80% 정도를 정부의 직접지원으로 충당하였고, 나머지는 회비 또는 성금으로 충당하였다.

은 연간 예산 166억 원의 15%를 차지하였다. 예산의 나머지 부분도 과거 정부로부터 지원받은 자금에서 파생된 것이다.[33] 그리고 바르게살기운동은 같은 해 정부로부터 8억 5,000만 원을 지원받았고, 이것은 연간 예산 11억 원의 77%를 차지하였다. 따라서 정부지원이 전체 재정에서 차지하는 비율은 높다. 그리고 특별법에 따라 재정을 지원받았기 때문에 재정지원의 지속성 정도도 높다. 지원금은 사업비 외에 사용할 수 없도록 되어 있다.[34]

신뢰구축의 측면에서 보면 먼저 두 단체는 정부에 사업실적 보고와 회계보고를 해야 한다. 그리고 이것은 법으로 정해져 있기 때문에 상대적으로 감독이 강하다. 그러나 의식개혁에 치중하는 사업에서 자금이 어느 정도로 효율적으로 사용되고 있는지는 확인하기 어렵다. 정부지원으로 정부와 NGO 간에는 상호 신뢰가 강화되고 협력양식이 발달할 수 있다. 그러나 이것은 자금을 지원하는 정부가 우위에 있고 NGO가 정부에 종속되는 형태를 띠고 있기 때문에 시민사회로부터 많은 비판을 받았다. 시민사회에서는 그동안 NGO가 특별법에 의해 독점적으로 정부로부터 재정을 지원받고 그 대가로서 정권유지에 동원되는 형태를 비판하고 그 근거가 되는 법의 폐지를 주장해왔다.

5) 종합

이상 설명한 네 가지 정부지원 유형은 각 기준에 따라 상호 장점과 단점이 있다. 공개경쟁은 자율성 확보는 안정적이지만 재정충족과 신뢰구축에

---

[33] 새마을운동은 축적된 자금을 이용하여 건물임대, 예식장 사업, 예금 등으로부터 수입을 얻고 있다.
[34] 새마을운동중앙협의회는 정부지원금으로 인건비와 운영비를 사용하는 것은 아니다. 그러나 과거에 정부로부터 지원받아 축적된 자금에서 사용하고 있기 때문에 궁극적으로는 정부지원금으로 사용하는 것과 마찬가지라고 할 수 있다.

〈표 6-5〉 NGO에 대한 정부의 재정지원 유형의 비교

유형	자율성	재정충족	신뢰구축
공개 경쟁	선정 경쟁에서 이기기 위해 정부가 원하는 서류작성 형식을 따라야 한다.	재정에서 차지하는 비율이 낮고 지속성이 약하며 사업비 외의 지출이 불가능하다.	자금사용의 실질적 심사에 한계가 있고 정책참여의 증대로 이어지지는 않는다.
단독 계약	대체로 정부가 사업유형과 방식을 정하지만 재정자립 정신을 크게 훼손하지는 않는다.	지속성이 없지만 지원액이 많고 사업비 외 경상비의 지출이 가능하다.	정부정책 과정에 대한 참여가 확대되고 단체의 역량증진에 도움이 된다.
단체 설립 지원	정부간섭이 약하고 단체 고유의 목적을 달성할 수 있으나 재정자립정신을 약화시킨다.	단체의 예산에서 차지하는 비율이 절대적으로 높고 지속적이며 사업비 외의 사용이 가능하다.	자금의 투명도가 높고 정부와 협력방식이 발달하지만 시민사회의 비판이 강하다.
특별 지원	정부 간섭이 심하고 재정자립정신을 약화시킨다.	단체의 예산에서 차지하는 비율이 높고 지속성이 있지만 사업비 외 지출이 불가능하다.	정부에 종속되고 시민사회로부터 커다란 불신을 받는다.

서 문제가 있다. 단독계약은 재정충족 정도와 신뢰구축 효과에서 좋지만 자율성의 침해 가능성이 있다. 단체설립 지원은 재정충족 정도에서 만족스럽지만 자율성 확보와 신뢰구축에서 한계가 있다. 특별지원은 재정충족에서 만족스럽지만 자율성 확보와 신뢰구축에서 상당한 문제를 노정한다. 이상 설명한 각 유형의 장단점을 개괄적으로 정리하면 〈표 6-5〉와 같다.

V. 맺음말

NGO는 자율·자치·연대를 지향하는 현대사회에서 시민의 자발적 에너

지를 활용하여 인간해방과 자아실현의 정치를 가능케 하는 데 매우 중요한 역할을 한다. 따라서 정부가 민주주의의 공간적 확산과 질적 발전을 위해서는 NGO의 위상을 인정하고 이를 적극적으로 이용하는 것이 필요하다. 공공서비스의 생산과 각종 사회문제 해결에 NGO를 유인하기 위해서는 다양한 지원제도가 구비되어야 한다. 재정지원은 이 중에서 가장 핵심적인 요소이다. 현재 한국에서 제도화되어 있거나 제도화되는 과정에 있는 네 가지 재정지원 유형에서 특별지원은 실질적으로는 거의 폐지된 상태에 있고, 단독계약은 점점 축소되고 있다. 반면에 단체설립 지원 형식은 현재로서는 흔하지 않지만 시민사회 메커니즘에 의해 해결하는 것이 바람직한 각종 사회문제가 발생하면 쉽게 현재화될 수 있다. 그리고 공개경쟁 방식은 점점 확대되는 상황에 있다.

NGO에 대한 정부의 재정지원에서 네 가지 유형은 모두 일정한 한계를 지니고 있다. 특히 현재 '비영리민간단체지원법'에 근거하여 활발하게 진행되고 있는 공개경쟁은 일면 NGO의 자율성을 확보할 수 있을 것으로 보이기도 한다. 그러나 정부가 지원사업을 포괄적으로 지정하고, 지원액수를 적게 하더라도 수혜대상자를 확대하려는 의도도 보인다. 지원기간도 대체로 단년 방식으로서 NGO의 장기적인 사업진행을 어렵게 한다. 그리고 서류 중심의 선정과 평가 방식이 NGO를 관료화시키고 유효한 평가를 어렵게 한다.

현재 진행 중인 제도의 한계를 극복하고 NGO의 자율성 확보, 재정충족도, 신뢰구축 효과 등과 같은 목표를 달성할 수 있는 완벽한 방안은 존재하지 않는다. 실제로 세 가지 기준은 상호 충돌하기도 한다. NGO는 종류가 다양하고 각 단체마다 단체의 목표, 사업의 성격, 재정의 출처, 재정충족도, 정부와의 관계 등도 다양하다. 다양한 재정지원 유형이 중첩적으로 존재하고 각 NGO가 단체의 목적과 사업의 성격에 따라 그에 맞는 정부지원을 받

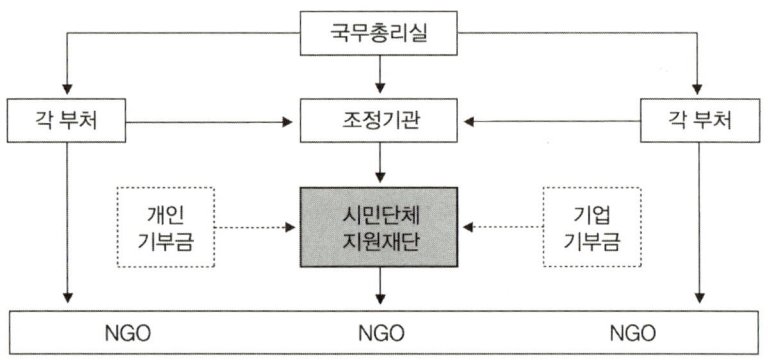

〈그림 6-1〉 독립재단을 통한 정부지원 모델

는 것이 필요하다. 그렇다 해도 〈그림 6-1〉과 같이, 현재 시행 중인 공개경쟁방식을 수정·보완한 형태로서 독립재단을 설립하고 여기에 정부가 예산을 지원하는 형태를 생각해볼 수 있다. 이것은 중앙정부의 경우인데, 지방자치단체도 산하에 이와 같은 지원재단을 만들 수 있다. 독립재단은 국무총리실 산하에 두지만, 각 부처에서는 별도로 부처의 성격에 맞는 지원방식을 사용할 수 있다. 그리고 사회가 다원화되고 NGO의 유용성이 확대되면 국무총리 산하로 지원창구를 집중하는 대신 각 부처별로 독립재단을 설립하는 다각화전략으로 전환할 수 있을 것이다. 물론 개인이나 기업도 여기에 기부금을 제공할 수 있다.

독립재단은 정부가 감독권을 갖지만, 근본적으로 민간재단이기 때문에 정부의 간섭을 배제하고 시민사회의 자율성을 확보할 수 있다. 그리고 시민사회 내의 자정장치와 상호 비판을 통해 사업 선정과 평가를 효과적으로 진행할 수 있다. 단체의 신뢰모델을 개발함으로써 NGO의 신뢰를 높이는 데도 유리하다. 또한 시민사회 자체에서 지원사업을 관리하기 때문에 신규 단체에 대한 지원이 가능하고, 다년간 사업에 대한 장기지원을 정착시킬 수 있으며, 사업비 외의 지출을 가능케 하는 포괄적 지원도 가능하다(박상필, 2001a). 그러나 독립재단을 설립하고 이를 통해 각 NGO에 자금을 지원하는 방식도 NGO 고유의 목적에 비추어볼 때 한계를 지니고 있다. 정부의 인사권 간섭, 시민사회 능력의 한계, NGO 자체의 재정자립 능력의 방해 등과 같은 문제가 제기될 수 있다.

NGO에 대한 정부의 재정지원은 다분히 과도기적 대처방안이다. 궁극적으로는 시민사회에서 자원을 동원할 수 있는 역량과 방안이 마련되어야 한다. 따라서 각종 민간재단이나 기금이 활발하게 설립되고 운영될 수 있도록 제도적 장치를 마련하는 것이 필요하다. 그리고 직접적인 재정지원 외에도 다양한 간접 지원방식을 병행할 필요가 있다. 조세감면, 기부금에 대한 소득공제, NGO센터의 설립을 통한 사무실 염가 제공, 우편료·통신료 등의 감면,[35] 상근자의 재교육 지원, NGO 정보인프라 구축 지원 등이 병행되어야 한다. 특히 상근자의 재교육은 NGO의 자정장치와 관리능력의 강화를 통해 NGO의 책무성(accountability)을 제고할 수 있기 때문에 매우 중요하다. 이를 위해서는 각 지역의 대학이 일정한 역할을 수행하고 정부가 재정을 지원하는 정책방안을 고려할 수 있다.

---

[35] '비영리민간단체지원법'에서 제시하고 있는 우편료 감면은 실제로 도움이 되지 않고 있고, 통신료는 감면대상에서 제외되어 있다.

제7장 사회문제 해결을 위한 제3의 길
—지방자치단체와 NGO 간의 협력

I. 문제제기

한 국가 내에서 구성원 사이에 자원을 효율적이고 효과적으로 배분하기 위해 국가와 시장이 중요한 기제로 논의되어왔다. 그러나 국민국가의 범위를 넘는 전 지구적 문제가 개인에게 직접적으로 영향을 미치고, 한 국가 내에서도 물질적 분배를 초월하는 다양한 욕구가 표면화되었다. 따라서 기존의 국가냐 시장이냐 하는 전통적인 이분법으로서는 현대사회의 다층적 사회현상을 분석하고 복잡한 사회문제를 해결하는 데 한계가 있다. 국가의 조정역할은 여전히 중요하지만, 국가의 조직원리인 강제성·획일성·계층제는 후산업사회의 다원적 가치를 보존하고 자율과 참여를 통한 문제해결을 어렵게 한다. 시장 또한 경쟁·효율성·물신성·실적주의 등과 같은 이념지향을 통해 불평등과 소외를 양산하기 때문에 현대사회에서 유기적 상호 관계망을 산출하는 데 필요한 상호 협력과 공동체정신을 방해한다.

1930년대 이후 시장실패에 대한 대안으로서 정부개입이 일정한 정당성을 획득하면서 국가주의적 문제해결방식이 광범위하게 사용되었다. 그러나 1970년대 이후 정부실패가 표면화되면서 다시 시장주의를 강조하는 자유주의로 회귀하고 있다. 이른바 신자유주의의 시대가 도래한 것이다. 그러나 정부의 비효율성과 조절능력의 한계에 대한 실망만큼이나 사회적 약자의 이익을 무시하고 정치적 기회구조(structure of political opportunity)와 정치적인 것(the political)의 영역을 축소·해체하는 신자유주의에 대한 저항도 만만치 않다.[1] 이러한 상황에서 국제적 수준과 국내적 수준에서 국가와 시장에 대한 대안적인 패러다임으로서 시민사회에 대한 담론이 활발하게 진행되어왔다. 그러나 시민사회의 각종 자발적 결사체는 실제로 공적 권위가 부족하고 내부 자원과 능력이 부족하여 각종 사회문제를 해결하는 데 일정한 한계가 있는 것이 사실이다. 따라서 후산업사회의 복잡하고 다양한 사회문제를 해결하기 위해서는 국가와 시장 혹은 국가와 시민사회 간의 양자택일보다는 양자 간의 변증법적 통일이 필요하다.

　국가와 시민사회 간에는 대립과 갈등만이 아니라 협력과 공존의 실천양식이 존재한다. 여기서 제3의 길이란 바로 국가와 시민사회 간의 대립적 관계를 넘어 양자 간의 창조적 융합을 의미한다.[2] 국가와 시민사회 간의 협력을 통해 공공서비스를 생산하는 제3의 길은 그동안 참여(participation), 파트너십(partnership), 공동생산(coproduction), 사회적 구상(social design), 거버넌스(governance) 등 다양한 개념으로 기술되어왔다. 샐러먼(Salamon,

---

[1] 정치적 기회구조란 집합적 행위를 통해 권력에 접근하고 일정한 영향력을 행사할 수 있는 어느 정도 일관된 정치환경을 말한다. 그리고 정치적인 것이란 공적 영역에서 시민들이 자신의 삶과 관련하여 상호 토의하고 협의할 수 있는 다양한 정치담론의 주제를 말한다.
[2] 물론 여기서 말하는 제3의 길은 기든스(A. Giddens)가 말하는 제3의 길과 다르다. 기든스의 제3의 길(Giddens, 1998)도 시민사회의 역할을 강조하고 있기는 하지만, 궁극적으로 국가와 시장 간의 변증법적 융합을 통해 사회민주주의를 재구축하려는 궁극적인 목표이다.

1995)은 보다 구체적으로 현대사회의 복지욕구를 해결하기 위해 연방정부가 프로그램의 방향과 우선순위를 결정하지만, 주정부·지방정부·사기업체·비영리단체 등이 공공서비스 전달의 주체로 기능하면서 상당한 정도의 공적 권위와 재량권을 공유하는 제3자정부(the third-party government)를 제시한 바 있다. 그리고 많은 서구 선진국은 복지국가 위기 이후에 공공서비스를 효율적으로 생산하기 위해 생산주체를 민간영역으로 전환하는 민영화(privatization) 외에 생산을 민간에 위탁하고 정부가 감독하는 대리정부(proxy government) 형태를 적극적으로 시행해왔다.[3]

제3의 길의 유용성 증대는 기존의 국가주의적 접근방식에 대한 불만의 증대와 전 지구적 문제의 광범위한 분출과 밀접한 관련이 있다. 우선 국가적 차원에서 국가의 권위에 의한 문제해결 방식은 각종 사회문제를 효율적으로 해결할 수 없을 뿐만 아니라, 다양하고 수준높은 시민적 욕구에 능동적으로 대응하지도 못하고 있다. 시민사회적 요구를 수렴하는 과정에서도 소수의 이익집단의 주장에 편향되어 정책이 형성되는 경우가 허다하다. 이러한 문제로 인해 시민들의 불만이 증대하였고 시민의 직접참여와 주체적 권력행사가 요구되고 있다. 그리고 지구적 차원에서는 환경·인권·평화·빈곤·인구 등과 같은 문제가 제기되고 지구화가 보편화되어가는 과정에서 개인 간, 국가 간 불평등이 확산되고 있지만, 이를 해결하기 위한 국가적 장치나 국제기구는 한계에 부딪히고 있다. 실제로 각종 지구적 문제를 접근하는 데 있어서 여전히 현실주의(realism)가 작용하고, 각종 국제기구도 강대국의 논리를 실현하는 대리기구의 한계를 벗어나지 못하고 있다. 그래서 다양한 지구적 문제를 해결하기 위한 국제협약이 형성되기도 어려울 뿐만 아니라, 합의에 의해 형성된 협약조차 구체적으로 실행되지 못하고 있

---

[3] 넓은 의미의 민영화는 대리정부형태를 포함하는 개념으로 사용될 수 있을 것이다.

는 상황이다.

　제3의 길을 실행하는 장치로서 국가적 차원이나 국제적 차원의 거버넌스가 활발하게 논의되고 있다. 그러나 국가와 시민사회가 결합하는 제3의 길이 유효하게 작동하는 공간은 오히려 지방이라고 할 수 있다. 특히 시민사회의 NGO가 거버넌스의 구체적인 행위자로 참여할 때 지방자치라는 제도는 중요한 의미를 지닌다. 사실 지방자치와 NGO는 이념적으로 친화성이 강하다. NGO는 근본적으로 지방수준에서 풀뿌리 조직화를 지향하고 있고, 또한 그렇게 해야만 NGO 본래의 정당성을 확보하고 생존할 수 있다. NGO가 지향하는 국가 영역의 민주화, 시민참여의 증대, 미시적 권리의 옹호 등은 지방단위에서 시민운동을 전개할 때 효과적으로 성취될 수 있다. 지방은 NGO가 국가권력을 구체적으로 견제할 수 있을뿐더러, 정책과정에 대한 참여를 통해 각종 생활문제를 실질적으로 해결할 수 있는 공간인 것이다. 물론 지방은 국가적 문제를 집행하고 국제협약을 실행하는 구체적인 실천공간이자, 지구화나 시장주의의 문제점을 방어하고 시민참여와 리더십이 실제로 일어나는 곳이기도 하다.

　이 논문은 제3의 길의 하나로서 지방자치단체와 NGO 간의 협력이 한국사회에서 어떤 방식으로 진행되고 있고, 현대사회의 각종 사회문제를 어느 정도로 효과적으로 해결하고 있으며, 정책과정에 대한 시민참여와 시민사회의 정치화에 어떠한 의미를 지니는지를 살펴보려고 한다. 연구는 사례조사를 통한 분석을 시도하였다. 따라서 지방자치단체와 NGO 간의 협력에 대한 일반화된 지식을 도출하는 것이 아니라, 이에 대한 이해를 높이고 일정한 유형을 제시하려는 것이다. 지방자치단체는 기초자치단체인 서울시 동대문구청을 사례로 하였다. 동대문구청은 지리적 근접으로 인해 연구가 용이할 뿐 아니라, 2001년 한국행정학회의 기초자치단체 평가에서 서울시의 2개 우수 구청 중 하나로 선정되었다. 연구는 2001년 11월 동대문구청직원의 협조를 얻어 문헌을 조사하고 인터뷰를 실시하는 방식으로 진행하였다.

II. 지방자치의 현대적 의미

1. 현대인의 삶의 변화

현대사회는 고도로 복잡하고 다원적이며 갈등이 빈번하다. 다원화·정보화·지구화 등으로 표현할 수 있는 현대사회는 산업사회와는 다른 구조와 작동원리, 그리고 행위양식을 가지고 있다. 사회구조의 분화와 직업의 다양화로 가치가 분산되었고 전문화가 강조되고 있다. 이 과정에서 경제적 가치로 환원할 수 없는 탈물질적 가치에 대한 사회적 담론과 집합적 행위가 활발하게 전개되고 있고, 창조적 개인이 발휘할 수 있는 힘과 영향력이 점점 증대하고 있다. 정보와 지식이 창출하는 부가가치가 증대하였고, 정보의 전달속도와 교환범위가 크게 확대되었다. 정보사회는 생산성을 높이기 위해 기술개발뿐만 아니라 기동성 있는 조직형태를 요구하고 있다. 지구화시대를 맞아 국민국가의 경계를 넘어 자본이 신속하게 이동하고 노동의 유연성도 증대하였다. 그리고 여러 형태의 전 지구적인 문제가 국민국가를 경유하지 않고 직접적으로 개인에게 영향을 미치고 있다.

다원적이고 복잡한 사회구조 속에서 현대인은 과거와는 다르게 사고하고, 다양한 가치를 선호하며, 새로운 조직을 필요로 한다. 따라서 개인적 삶이 추구하는 지향이 과거와는 크게 다르다. 복잡과 혼돈의 소용돌이 속에서 개인은 정체성·자율성·다양성을 원하고 있다. 인간은 자신의 사회적 정체성을 확인하고 창조적이고 감성적인 삶을 살기를 원한다. 자신의 잠재력을 계발하고 넓은 활동영역에서 자신의 목표를 달성하기를 바란다. 유연한 조직 속에서 제약받지 않는 사유를 하고 지적 해방을 지향한다. 누구든지 일상에서 개인적 가치를 증진하고 사회적 위상을 높이는 인생을 열망하고 꿈꾼다. 스스로 조직을 만들어 이니셔티브를 행사하고 공적 영역에 대해 영향력을 확대하기를 원한다. 다층적 공론장이 일어나고 여기서 자신의 의견을 표출할 수 있기를 소망한다. 사회적 갈등을 적극적인 토론과 참여를 통해 자율적으로 조정하기를 바란다. 개인권리가 재산권·자유권·정치권에 머물러 있지 않고 사회권과 경제권으로 확대되기를 바란다. 오늘날 환경에 대한 권리, 복지에 대한 권리, 소비자의 권리, 주주의 권리, 여성으로서의 권리, 노동자로서의 권리, 나아가 영성적 인간으로서의 권리는 인간의 삶의 질과 밀접하게 관련되어 있다.

사고·가치·조직에서의 이러한 변화는 한국에서도 예외가 아니다. 한국사회는 전통·근대·후근대가 혼재하면서 공존하고 있다. 봉건적 잔재가 여전히 남아 있고 근대적 가치가 제대로 뿌리를 내리지 못하는 반면, 후근대적 요소가 빠르게 확산되어 다양한 가치가 어지럽게 교직하고 있다. 전통적 가치로서 가족주의나 연고주의가 커다란 영향력을 행사하고 있다. 가부장적 의식이나 제도가 남녀 간의 성차별을 만들고, 비공식적 의사소통과 상하 간의 위계질서는 개인의 순응을 강요한다. 그런가 하면 국가제도나 시장경제는 근대적 모습을 갖추고 있다. 한편 복잡하고 다원적인 사회구조, 가치의 분화와 탈물질적 욕구, 갈등의 다원화, 지구화와 정보화의 발달, 시민참여의 확산 등에서는 후근대적 요소가 나타나고 있다. 이 속에서 개인은 자신의 권리와 삶의 질에 대해 커다란 관심을 보인다. 그래서 성장주의의 신화와 물질주의의 환각에서 벗어나 행복지수를 재구성하려는 움직임이 일어나고 있다. 자아정체성의 확립과 소외의 극복, 개인의 자율과 이니셔티브, 생활의 안전과 복지, 공적 영역에 대한 참여, 정치적 담론의 활성화, 공동체적 교류와 자아실현 등은 현대 한국인의 삶을 규정하는 중요한 요소들이다.

2. 분권과 자치의 확대

현대인의 삶이 지향하는 가치는 지방자치가 활성화되는 가운데 권력이 분화되고 자치가 확대되는 것을 요구한다. 지방자치란 일정한 지역을 기초로 지역주민이 자신의 의사에 따라 지역의 공공사무를 결정하고 처리하는 것을 말한다. 지방자치는 위로는 중앙정부로부터 자치권을 획득하여 자율성을 강화하고, 아래로는 지역주민의 능력증대와 참여확대를 통해 지역문제를 스스로 해결하는 것이다. 자율과 참여는 바로 지방자치의 주요 실천이념이다.

근대성은 기본적으로 경쟁의 원칙과 효율성의 원리를 통해 국가 중심의 발전을 지향하였다. 서구의 자유주의적 발전관은 기술을 발전시켜 자연을 이용함으로써 진보를 성취하는 것이었다. 이때 발전은 국가의 발전을 의미했고 진보의 조달자는 바로 국가였다. 국가는 자본주의적 발전을 지속하기 위해 각종 기구와 자원을 중앙에 집중하였다. 중앙정부는 정부 간 관계에서 단선적인 서열화와 구획화를 통해 수직적 위계체계를 형성하고 권위적인 명령을 전달하였다. 중앙 중심의 기구배치는 권한과 자원의 집중을 통한 효율성의 정치와 성장을 통한 정당성의 확보라는 대원칙에 따른 것이었다. 중앙집중은 당연히 수도권으로 공공기능과 인구를 집중시키는 결과를 초래하였다.

그러나 권력의 중앙집중은 과도한 도시화를 야기할 뿐만 아니라, 각종 사회문제를 해결하거나 개인적 가치를 보장하는 것을 어렵게 한다. 우선 중앙집중은 후포드주의적 생산방식이 보편화됨에 따라 효율성에서 한계를 가진다. 그리고 중앙집중의 통치양식은 개인의 다양한 서비스 욕구를 충족시키기 어렵다. 또한 권력의 집중은 배제의 정치를 초래하고 소외를 양산한다. 당연히 배제의 정치는 개인을 정태적 인간으로 추락시킨다. 정태적 개인은 공공생활에 있어서 자기결정원리를 관철하지 못하고 공동체적 책임도 지지 않는, 단지 국가발전에 동원되거나 수동적으로 서비스를 받는 수혜자이다. 이렇게 되면 현대 민주주의에서 필요한 자치권력(empowerment)이 형해화되고 만다. 자치권력이 존재하지 않는 곳에서는 시민참여의 기회와 능력이 박탈당하기 때문에 비판정신과 공익정신을 가질 수 없다. 비판정신과 공익정신이 빈곤한 상황에서는 인간의 잠재능력을 계발하기 어렵고 자아실현이라는 인간의 근본목적을 달성할 수 없다.

권한을 지방으로 분산하고 여기서 실질적인 자치가 이루어지는 것은 현대인의 삶의 만족도를 높이는 데 매우 중요하다. 지방자치는 다음과 같은 변화를 유도하는 데 기여한다. 즉, 지방자치는 경쟁논리와 성장주의의 허상에 매몰되지 않으면서 대안경제 모델을 실험하고 경제와 문화를 접목할 수 있다. 다양하고 구체적인 서비스 제공을 통해 미시적인 욕구를 충족할 수 있다. 민간의 창의적 사고와 노력을 수렴하여 사회변혁을 추진할 수 있다. 자원봉사활동이 활발하게 일어나 지역의 복지공동체를 형성할 수 있다. 민주주의에 대한 학습을 통해 주민의 자치능력을 고양하고 시민적 책무를 증대할 수 있다. 협력과 유대 문화를 창조하여 커뮤니케이션의 밀도를 높이고 개인과 조직 간에 네트워크를 강화할 수 있다. 다양한 주제에 대한 공론장이 일어나 시민적 의사를 표출할 수 있다. 공공업무에 대한 참여와 이해증진을 통해 사회자본을 창출할 수 있다. 각종 생활 이슈에 대한 의제를 설정하고 이를 정책과정에 반영함으로써 생활정치를 구현할 수 있다. 생활공동체를 기반으로 가치관의 변화를 도모하고 지역공동체가 필요로 하는 새로운 윤리를 구축할 수 있다.

지방자치가 현대인의 삶의 질을 높이기 위해 가질 수 있는 이러한 가능성에도 불구하고 한국의 지방자치는 많은 문제점을 안고 있다. 한국사회에서는 중앙의 경제성장을 위한 후방기지 혹은, 권위주의 정권의 권력유지를 위한 의도로 지방을 인식하고 지방자치를 실시하였다. 따라서 권력관계가 중앙집권적인 구조로 되어 있고 지방정치 공간이 매우 협소하다. 지방은 제한된 사무와 재정을 가지고 중앙에서 결정된 준거틀에 따라 경제성장을 재생산하는 역할을 하였다. 중앙정부의 사무가 전체의 75%를 차지하고, 중앙정부의 재정이 전체 예산의 70%를 차지한다.[4] 지방은 민주주의를 학습하거나 정치적 기회구조를 확대하는 공간보다는 중앙의 업무를 위임받아 효율적으로 집행하는 수단으로 인식되었다. 한편 지역사회는 패쇄적 지배구조를 가지고 있고 개인이 파편화·원자화되어 무력한 상황에 있다. 지방자치가 주민의 자치가 아니라 지방 토호세력의 권력분점에 의해 이권을 배분하거나, 지연·학연·혈연과 같은 귀속적 사회관계를 통해 상호 교환을 형성하는 장으로 기능하였다. 따라서 사회적 약자나 소수자에 속하는 개인은 권력을 행사하고 권리를 향유하는 데 무력하였다.

선진국과 개발도상국을 막론하고 중앙 집중화되고 관료화된 정부에 대한 반감이 늘어나고 있다. 권력의 분산과 자치의 확대가 권력의 집중과 전일적 통치보다는 현대인의 다원적·창조적 삶에 유리한 제도임에 틀림없다. 권력의 분산을 통해 자치를 증대하는 것은 주변부 계급의 참여와 결속, 공론장의 확장과 활성화, 시민사회의 정치화, 상호 환류를 통한 조직학습, 사회변혁을 위한 시민적 실천, 전 지구적 과제의 이행능력 제고 등에 중요

---

[4] 전체의 25%를 차지하는 지방사무도 1994년 기준으로 고유사무는 13%에 불과하고 나머지 12%는 중앙정부에 의한 위임사무이다. 그리고 전체의 30%를 차지하는 지방재정도 32%가 교부세·양여금·보조금 등 중앙에서 지원하는 재정이다(이종수·윤영진, 2000; 초의수, 2001).

한 의미를 지닌다. 자치공간의 확대를 통해 의사소통을 원활히 하고 시민 참여를 확대하는 것은 바로 참여민주주의가 현실화되는 것이다. 그런 의미에서 지방자치는 참여민주주의의 직접적인 공간인 셈이다. 참여민주주의가 활발하게 작동할 때 현대인이 바라는 가치가 실현되고 학습하는 사회(learning society)와 사회적 구상(social design)이 구축될 수 있다.[5]

III. 지방자치단체와 NGO 간의 협력

1. 지방자치단체와 NGO 간의 협력의 필요성

현대사회에서 개인은 근대사회와는 달리 다양하고 창조적인 욕구를 가지고 있다. 이러한 현대인의 차원 높은 욕구는 구체적으로 지역사회라는 공간에서 표출되고 충족된다. 타자와의 상호 교류, 밀도 높은 커뮤니케이션, 소조직에서의 리더십과 이니셔티브, 자원활동에 의한 공공문제의 해결, 참여를 통한 사회변혁 등은 바로 지역사회에서 더 구체적으로 이루어질 수 있다. 심지어 전 지구적인 문제를 해결하기 위해 지구적 연대망(global network)을 형성하고 행동의 실천성을 담보할 수 있는 공간도 지역사회이다. 그러나 지방정부에 의한 통치가 이러한 현대인의 욕구를 충족하고 각종 사회문제를 능동적으로 해결할 수 있는 것은 아니다. 이러한 현대

---

[5] 학습하는 사회나 사회적 구상은 새로운 이념에 개방적이고 아이디어를 서로 유통하며, 상호작용과 유대를 통하여 이해와 협력의 폭을 넓힌다. 발전을 위한 비판이 일상화되어 있기 때문에 변화지향적이다. 문제해결에 적극적이고 책임의 공유를 중시한다. 대안적 제도의 창출에 적극적이다. 양자는 분권화, 자율적 조직, 상호 참여를 강조한다는 점에서 비슷하다(신희권, 1999; Jun, 1995; Ranson & Stewart, 1994).

인의 삶에 대응하기 위해서는 지역사회에서 각종 자발적 결사체가 결성되고 여기에 시민들이 활발하게 참여하여 상호 교류와 공동행동이 일어나는 것이 중요하다. 오늘날 공적 권위의 수직적 재구조화뿐만 아니라 수평적 재구조화를 통해 시민사회의 활성화를 강조하는 이유도 여기에 있다. 각종 사회문제를 해결하고 시민적 욕구를 충족하는 메커니즘으로서 시민사회를 강조할 때, 시민의 자발적 참여를 통해 각종 공익활동을 전개하는 NGO의 존재가 중요해진다.

현대사회에서 NGO는 여러 가지 기능과 역할을 수행한다. 국가권력과 시장권력을 견제하여 시민권리를 보호하고, 국가가 제공하는 데 한계가 있는 각종 복지서비스를 제공한다. 또한 집합적 행동을 통해 사회적 약자의 권익을 대변하고, 집단 간의 갈등과 분쟁을 시민사회 내의 자율원리를 통해 조정하기도 한다. 그리고 국가가 제대로 수행하지 못하는 민주시민교육을 각종 프로그램이나 현장참여를 통하여 실시한다. 나아가 창조적 아이디어를 제공하고 대안제도를 실험함으로써 다양한 형태의 대안사회를 모색한다. 이러한 NGO의 활동은 필연적으로 정부와 상호작용하게 된다. 정부와 NGO는 기본적으로 상호 견제하기도 하고 협력하기도 한다. NGO가 국가권력을 견제하고 국가를 민주화시키는 것도 중요하지만, 정부와의 파트너십을 통해 각종 공공서비스 생산의 양과 질을 증대하는 것도 중요하다.

지방자치는 정부와 NGO 간에 파트너십이 구체적으로 실행되고 유효한 효과를 가져올 수 있는 제도적 공간이다. 그러나 지방자치단체의 모든 사무에서 협력이 가능한 것은 아니다. 지방자치단체는 중앙정부에 비해 상대적으로 NGO와 협력할 분야가 많지만, 모든 분야에서 파트너십이 효율적이고 효과적으로 작동할 수는 없다. 예를 들어 행정가의 전문지식이 필요한 일상적인 행정업무는 파트너십이 거의 필요하지 않다. 지방자치단체의 기능은 크게 일반관리적 기능, 주민복지적 기능, 지역발전적 기능 등으로 구분할 수 있다(한국지방자치학회, 1995). 지방자치단체와 NGO 간의 협력은 주로 생활보호·보건위생·노동·교육·문화 등 주민복지적 기능에서 활발하게 이루어질 수 있다.6 물론, 일반관리기능에서 화재예방과 소방, 범죄예방과 방범활동이나 지역발전적 기능에서 산림보호, 관광개발 등에서 양자 간의 협력이 가능하다. 그러나 지방자치단체가 수행하는 행정관리나 산업경제 등과 같은 정부의 고유기능에서 NGO가 직접적으로 참여하는 것은 분명 한계가 있다.

지방자치단체와 NGO 간의 협력은 각자에게 일정한 이점을 제공한다. 지방정부의 입장에서는 정책의 정당성과 정책집행의 순응성을 확보하고 중앙정부의 권력독점과 정치변동을 제어하는 데 유리하다. 그리고 지방의 토호세력이나 권력 카르텔을 견제하여 지방자치의 민주화를 선도하고 각종 사회변혁을 추진하는 데 NGO의 지원이 필요하다. 나아가 현대사회에서는 각종 사회적 갈등이 경제적인 생산영역을 초월하여 사회문화적인 재생산 영역에서 주로 일어나는데, 이러한 갈등을 조정하고 해결하기 위해서는 NGO와의 협력이 필수적이다. 한편 NGO의 입장에서는 정책참여의 유효성을 강화하고 정치적 효능감(political efficacy)을 증대시키는 데 지방자치단체와의 협력이 중요하다. 지방단위에서는 정책문제가 상대적으로 명료하고, 정보공개가 효과적이며, 이해당사자 간의 상호작용이 긴밀하기 때문에 설득과 참여가 효과적일 수 있다. 그리고 지방자치단체의 제도적 장치를 활용함으로써 각종 생활문제를 공론장으로 이끌어내고 시민사회의 정치화를 강화할 수 있다. 이런 과정에서 개인의 시민성을 계발하고 시민

---

6 지방자치단체의 주민복지적 기능에서 NGO와 협력이 일어날 수 있는 구체적인 사무에는 노인·아동·청소년·여성·장애인 등 사회적 약자의 보호 및 복지증진, 가족계획과 모자보건, 공중위생 개선과 지도, 쓰레기 분리와 수거, 환경보호와 공해방지, 실업대책 교육과 사업, 공원과 체육시설 운영, 지방문화 개발과 육성 등을 들 수 있다.

사회의 공공성을 증대할 수 있게 된다.

지방자치단체와 NGO는 상호 주민참여를 강화한다는 측면에서 교호적으로 상호작용할 수 있다. 지방자치는 주민참여가 실질적으로 이루어질 수 있는 공간이기 때문에 시민들은 주민참여를 통해 지방자치단체의 의사결정과정에 영향력을 행사한다. NGO는 주민의 자발적 참여를 통해 결성된다. NGO의 정당성은 지역단위에서 주민의 실질적 참여를 통해 사회자본을 형성하고 공동체적 윤리를 형성할 수 있을 때 배가될 수 있다. 지방자치단체와 지방NGO는 〈그림 7-1〉과 같이 주민참여를 매개로 하여 변증법적으로 교호작용을 하면서 상호 시너지 효과를 갖게 된다. 즉, 지방자치단체는 지방자치의 민주화와 정당성 강화를 위해 주민참여가 필요한데, 주민참여가 조직적으로 이루어진다는 점에서 지방NGO의 활성화를 돕는다. 지방NGO도 주민참여가 단체활동의 생명력이기 때문에 참여의 동학을 중시하는데, 이것은 자연적으로 지방자치의 활성화를 가져오고 지방자치단체의 정당성을 높이게 된다. 이러한 상승작용은 지방자치단체와 지방NGO 간의 협력을 통해 지역민의 생활복지를 증진하는 민주복지공동체의 구축에 기여한다. 현대인이 바라는 자율적이고 창조적 삶도 민주복지공동체에서 용이하게 구현될 수 있다.

2. 지방자치단체와 NGO 간 협력의 지향점

지방자치단체와 NGO 간의 협력은 사회가 다원화되어 다원적 가치가 존중되고, 시민사회가 성장하여 NGO가 조직력과 전문성을 갖추게 되면서 활성화되고 있다. 환경·복지·여성권리·교통·지역문화·위생 등의 생활문제는 지방자치단체와 NGO의 공통 관심사이다. 실제로 기초질서 확립, 청소년 보호 및 범죄 예방, 소비자권리 보호, 모자가족 및 소년소녀가장 지

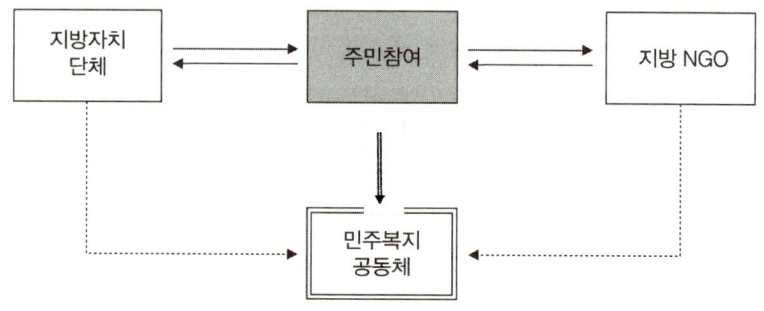

〈그림 7-1〉 지방자치단체와 지방NGO 간의 상호작용

원, 쓰레기문제 및 환경문제 해결, 지역축제 등과 같은 의제에 대해서는, 정도의 차이는 있지만, 양자 간에 다양한 형태의 협력이 이루어지고 있다.

지방자치단체가 각종 사회문제를 해결하기 위해 NGO와 협력할 때 그 협력양식은 여러 가지가 될 수 있다. 예를 들면, 단순히 정보를 제공하거나 자문위원회에 참여하여 아이디어를 제공할 수 있다. 그리고 정부에 협력하여 감시·조사·개선·계몽 등과 같은 역할을 수행할 수도 있다. 또한 정부로부터 위임을 받아 공공서비스를 직접 제공하거나 서비스를 전달하는 역할을 떠맡을 수도 있다. 나아가 일정한 사회문제를 해결하기 위해 민관이 함께 참여하는 조직을 구성하고 NGO가 사업 전반에 권한을 행사하고 책임을 지는 거버넌스를 실행할 수 있다. 양자 간의 협력은 어떠한 방식이든 시민들이 공공문제에 활발하게 참여하도록 유도하여 삶의 질을 높이는 것이 중요하다.

지방자치단체와 NGO의 협력 메커니즘은 다음과 같은 몇 가지 지향점을 갖는다. 첫째, 지방자치단체와 지방NGO의 입장에서 볼 때 양자 간의 협력은 먼저 시민의 서비스 욕구를 충족하는 것이 중요하다. 앞서 언급한 바와 같이, 현대 다원주의사회에서 정부가 독자적으로 시민의 다원적 가치를 보존하고 다양한 욕구를 충족시키는 것은 불가능하다. 정부관료제에 의한 서비스제공 방식은 다원적 욕구를 충족시키는 데 비용이 많이 들 뿐만 아니라, 시민사회를 수동화시킬 수 있다. 따라서 양자 간의 협력을 통해 공공서비스 제공 영역을 확장하고 서비스의 질을 증대하는 것이 필요하다. 지방정부 독자적으로는 불가능했던 환경감시, 청소년범죄 예방, 사회적 약자 보호, 쓰레기분리 수거, 직업훈련, 공원관리와 위생청결 등에서 서비스 범위를 넓히고 서비스 질을 높일 수 있다. 이러한 과정에서 자연스럽게 사회적 경제(social economy)가 발달함으로써 사회적 통합이 이루어지고 지역민의 삶의 질을 높일 수 있게 된다.[7]

둘째, 양자 간의 협력을 통해 정책과정에 시민참여를 증대하는 것이 필요하다. 현대민주주의에서 정책의 정당성을 높이기 위해서는 시민참여가 필수적이다. 이때 참여를 구성하는 집단은 NGO와 이익집단이 대표적이다. NGO는 이익집단과는 달리 공익을 추구하는 결사체라는 점에서 중요한 의미를 지닌다. 자발적 결사체로서 공익활동을 하는 NGO가 지방자치단체의 정책과정에 참여함으로써 시민적 요구, 특히 취약계층이나 집단의 요구를 반영할 수 있어야 한다. 또한 NGO의 정책참여는 자발적 결사체가 각종 공공문제를 다루는 정책과정에 직접 개입함으로써 민주주의 원리에서 중요한 자기결정성을 실현하는 매개체가 된다. 그리고 NGO의 정책참여는 일정한 참여패턴을 구조화한다는 점에서 정치적 기회구조를 확대하

---

[7] 사회적 경제는 브루인(Bruyn, 1977), 장테(Jeantet, 1986), 리프킨(Rifkin, 1996) 등이 주장하였다. 시장경제에 상대적인 개념으로서 일종의 사회적 제도이자 원칙이라고 할 수 있다. 여기서는 사회적 요소와 경제적 요소가 밀접하게 결합된다. 주요한 행위자는 교회, 학교, NGO, 정부 등이다. 각종 자발적 결사체가 단독으로 혹은 정부와 연계하여 자원봉사활동, 참여와 결속, 자유로운 조직과 민주적 의사결정 등을 통해 각종 미시적인 서비스를 제공한다. 따라서 시장영역에서 제공할 수 없는 서비스 제공이 가능하고 사회적 약자나 실업자를 고용하는 것이 가능하다.

〈표 7-1〉 지방자치단체와 NGO 간 협력의 지향점

목표	주요 내용
서비스욕구의 충족	공공서비스 영역의 확대 공공서비스 질의 증대
정책과정의 시민참여 확대	시민요구의 반영 자기결정원리의 강화 정치적 기회구조의 확대
시민사회의 정치화 강화	공론장의 활성화 정치적인 것의 확장

는 효과를 가져온다. 정책참여를 통해 이러한 요건들을 충족함으로써 대의민주주의의 한계를 극복하고 자유민주주의를 급진적으로 재구축하여 지방수준에서 참여민주주의를 구체적으로 실현할 수 있는 길이 열리게 된다.

셋째, NGO가 지방자치단체와 협력하여 공공문제 해결에 적극적으로 참여함으로써 시민사회의 정치화를 강화하는 것이 중요하다. 시민사회의 정치화를 강화하기 위해서는 무엇보다도 공론장의 활성화가 선급한 과제이다. 현대소비사회에서 공론장은 상업매체와 대중문화의 발달로 민주적 역량을 상실하고 형해화되고 있다. 따라서 정책참여를 통해 서비스의 욕구를 충족하고 정책과정에 대한 영향력을 확대하는 것만큼이나 시민사회 스스로 공론장을 여는 계기가 되어야 한다. 물론 이러한 공론장의 활성화는 단지 법적 과제나 정형화된 주제에 대해서만 담론이 일어나는 것이어서는 안된다. 시민사회의 정치화가 강화되기 위해서는 안보나 경제와 같은 안전 및 이해관계의 문제를 넘어 사회관계 속에 내재하는 다양한 모순과 갈등, 대립과 저항, 요구와 선호를 정치담론의 장으로 가져와 해결을 위한 노력을 모색하는 것이 중요하다. 바로 정치적인 것을 확장하는 것이다. 그러므로 NGO가 정책에 참여하는 과정에서 이주노동자, 혼혈아, 동성애, 병역거부, 국제원조, 상업광고, 대중문화, 영성, 죽음, 대안사회 등과 문제를 적극적으로 제기하고 이를 해결하기 위한 노력을 전개하는 것이 중요하다. 시민사회의 정치화가 강화되면 국가의 포섭이나 국가로부터의 식민화를 극복하고 시민사회의 능동성을 확보할 수 있다.

이상에서 언급한 것을 정리하면 〈표 7-1〉과 같다.

IV. 지방자치단체와 NGO 간의 협력사례 분석

강북지역에 위치하는 동대문구청은 2001년 한국행정학회와 (월간)신동아가 공동으로 기획한 '광역자치단체별 우수 기초자치단체 선정'과 관련하여 한국행정학회의 분과모임인 지방행정연구회로부터 송파구청(강남지역)과 함께 서울시의 우수 기초자치단체에 선정되었다. 우수 자치단체의 선정 평가기준으로는 혁신, 문제해결능력, 리더십, 주민만족도 등이 적용되었다. 물론 지방자치단체와 NGO 간의 협력이 자치단체가 안고 있는 문제해결능력을 증진하거나 주민만족도를 높이는 데 공헌을 할 수 있을 것이다. 그러나 선정결과에 대한 설명에서 양자 간의 협력에 대한 구체적인 내용은 없었다. 예비조사한 서울시의 다른 몇몇 구청도 마찬가지이지만, 아직 한국에서 기초자치단체 수준에서 정부와 NGO 간의 협력이 활발하게 진행되고 있는 경우는 드물었다. 동대문구청의 경우, 월드컵과 관련하여 서울시에서 기획한 화장실문화 개선, 교통질서 지키기 등에서 일부 시민단체들이 참여하기도 하였다. 예를 들어 구청으로부터 보조금을 받는 새마을운동협의회, 바르게살기운동협의회 등과 같은 단체가 의식개혁 캠페인을 시행하였다. 그리고 모범운전자 모임이 구청으로부터 복장과 기구에 대한 재정지원을 받아 교통혼잡 지역에서 수신호 교통정리를 하기도 하였다. 이 과정에서 어떤 지역에서 어느 시간에 어떠한 방법으로 활동할 것인가에 대해 구청과 시민단체가 협의하기도 하지만, 정책참여 수준과 시민사회의 정치화 등을 살펴보기에는 사례대상으로서 한계가 있었다. 자치행정과에서 시행하는 청소년영화 상영과 갯벌탐사도 마찬가지였다. 열린사회시민연합 동대문지부가 지역공동체사업의 일환으로 기획한 것을 구청에서 재정을 지원하는 것으로서 주민의 삶의 질에는 일정한 영향을 미치겠지만, 이것 역시 정책참여와 시민사회의 정치화 수준을 살펴보는 사례로서는 한계가 있었다.

  동대문구청에서 구청과 시민단체가 주민의 삶의 질을 높이고 지역사회의 공동문제를 해결하기 위해 체계적인 방식으로 지속적으로 시행하는 사업은 환경위생과에서 실시하는 '청소년 유해업소 단속'과 공원녹지과에서 실시하는 '녹지관리 실명제'였다. 두 사업도 아직 시행초기에 있기 때문에 지방자치단체와 NGO 간의 협력수준이 초보적인 단계에 머물러 있지만, 여기서는 두 사례에 대해 살펴보기로 하겠다.

1. 청소년 유해업소 단속

  1999년 화성 씨랜드 화재사건과 인천 호프집 화재사건에서 많은 유아와 청소년이 희생되는 참사가 있었다. 이를 계기로 서울시에서는 1999년 12월부터 청소년보호를 위한 대책으로서 청소년 유해업소 단속을 기획하여 각 구청에 시달하였다. 이 과정에서 민간의 NGO(시민단체)가 구청직원 및 경찰과 함께 순찰하는 프로그램이 마련되었다. 동대문구청에서는 환경위생과가 담당하여 동대문구의 식품접객업소(일반음식점, 단란주점, 유흥주점, 휴게음식점), 노래방, PC방 등을 대상으로 하여 첫째 청소년고용, 청소년 출입 및 시간외 출입, 술과 담배 판매 등 청소년보호 위반, 둘째 변태영업, 무허가 영업, 영업정지 중 영업 등 기타 불법영업 행위, 셋째 비상구 미설치 및 폐쇄와 같은 소방안전 시설 미비 등에 대해 계도하거나 적발하는 순찰을 실시하였다. 기획과정에서 시민단체를 포함시킨 것은 순찰에 있어서 공무원과 업주 간의 유착관계를 감시하고 민간인의 의견을 수렴하기 위해서였다. 초기에 동대문구에 소재하는 새마을운동협의회, 바르게살기운동협의회, 한국자유총연맹 등 3개 단체가 참여하였고, 2001년에 들어와서 청소년순결운동본부가 추가로 참여하여 현재 4개 시민단체가 활동하고 있다.[8] 정부감시와 견제적 성격이 강한 다른 시민단체는 동대문구청에서 참여시킬 의도도 없었고, 이 단체들이 참여를 요구하지도 않았다.

동대문구청은 현재 환경위생과 직원 4명, 경찰 1명, 시민단체 회원 2명으로 구성된 순찰반을 형성하여 주 6회 야간순찰을 돌고 있다. 동대문구를 몇 개의 구간으로 나누어 순찰하는데, 전체를 한 번 마치는 데 2개월이 걸리기 때문에 1년에 여섯 번 정도 전 지역을 점검하게 된다. 2001년도에는 9월까지 5,896개 업소를 점검하여 238개 업소를 적발하였다.[9] 이러한 실적으로 동대문구는 2000년에 청소년 보호 및 육성 분야 기초자치단체 평가에서 서울시 최우수구로 선정되기도 하였다.

시민단체는 단속반 참여에서 결석이 매우 드물고 2명 중 최소한 1명은

---

[8] 새마을운동중앙협의회, 바르게살기운동중앙협의회, 한국자유총연맹 등은 흔히 관변단체라고 부른다. 그러나 여기서는 관변단체와 시민단체를 구분하지 않는다. 관변단체란 군부정권하에서 국가가 권력의 정통성과 정당성을 인정받지 못하고 시민사회가 국가에 상대적인 견제능력과 자율성을 축적하지 못한 상태에서 발생한 개념이다. 그러나 오늘날 국가권력은 정통성을 가지고 있고 시민사회 또한 일정한 자율성을 가지고 있다. 그리고 이러한 단체는 시민단체와 같이 '비영리민간단체지원법'에 따라 정부의 재정지원을 받는다(박상필, 2001a).

[9] 적발내용은 청소년 출입 및 고용 44건, 청소년에게 술과 담배 판매 40건, 무허가 영업정지 중 영업, 업태위반 40건, 기타 114건 등이다.

참여할 정도로 참여에 적극적이다. 참여자도 공공의 이익을 위해 활동한다는 의식을 일정정도 가지고 있다. 물론 민간 참여자는 일정한 실비를 지급받는다.[10] 구청직원, 경찰, 시민단체 회원 간에 느슨한 협의체가 구성되어 있기는 하지만, 전략회의나 평가모임을 별도로 갖지 않고 구청직원이 필요하다고 생각할 경우 순찰 중에 내용을 전달하는 정도이다. 참여한 시민단체도 적극적으로 의견을 개진하거나 어떤 것을 요구하는 경우는 거의 없다. 가끔 업주가 행정소송이나 법원소송을 할 때 참견인으로 출석하여 진술하는 정도이다.

2. 녹지관리 실명제

서울시의 공원들이 제대로 관리되지 않아 시민들이 불편을 겪는다는 신문 또는 방송의 보도가 자주 있었다. 그럴 때마다 정부에서 내세우는 변명은 관리직원이 부족하다는 것이었다. 이러한 문제를 해결하기 위해 서울시는 2000년 도봉구에서 시험적으로 녹지관리 실명제를 실시하였고, 2001년에는 이를 서울시 전역으로 확대하였다. 동대문구청도 서울시의 이러한 방침에 따라 2001년 동대문구 내에 있는 공원을 관리하기 위해 민간의 자원활동을 적극적으로 이용하는 사업을 실시하였다. 즉, 구역 내에 있는 공원을 개인·학교·단체의 실명으로 자발적으로 관리하는 것이다. 동대문구청에서는 공원녹지과가 2001년 1월부터 5월까지 그린오너(green owner)제도에 대해 공문, 소식지, 반상회 등을 통해 홍보한 후 그린오너를 신청받아 위촉하였다.[11] 이후 6월부터 그린오너는 동대문구 지역의 마을마당(소규모

---

[10] 시민단체에서 참여한 민간인은 차비, 간식비 등으로 하루 3만 원을 지급받는다. 이것은 동대문구청에서 볼 때 1년 예산이 1,800만 원에 해당한다.
[11] 녹지관리 실명제에서 그린오너는 현장활동 그린오너와 기술지원 그린오너가 있다.

놀이공간), 녹지대, 가로화단 등을 대상으로 청소, 제초, 급수, 꽃 심기, 비료 주기, 수목 및 시설훼손 신고하기 등의 활동을 하고 있다.[12] 참가한 시민단체는 삼익아파트부녀회, 대우아파트부녀회, 답십리1동 새마을협의회, 장안동 새마을협의회 등이다.[13]

구청의 공원녹지과는 사업대상(마을마당, 녹지대, 가로화단)마다 담당공무원을 배치하여 민간인을 지도하고 있다. 현재 그린오너로 임명된 개인 또는 단체는 개인 7명, 학교 2개, 단체 11개 등 총 20건이다. 이들 개인 또는 단체는 매주 1회 정도로 활동하여 동대문구 지역의 6개 마을마당, 3개 녹지대, 1개 가로화단 등 총 10개소의 8,153m^2를 관리하고 있다. 매월 마지막 금요일은 '녹지 가꾸기 날'로 정해져 있어서 구청직원이 현장에 나가서 공지사항을 전달하거나 현장을 감독하기도 한다.

녹지관리 실명제에 참여한 시민단체는 개인이나 학교보다는 적극적이지만 전반적으로 소극적으로 참여하고 있고, 위촉된 후 전혀 활동하지 않는 단체도 있다. 적극적으로 활동하는 단체는 구청이 요구하는 월별 활동계획서를 제출하고 활동 후 활동내용을 서류나 사진으로 제출한다. 구청은 실적이 좋은 단체를 이미 서울시에 표창을 의뢰하였고 연말에 가서 구청장의 표창도 수여할 예정이다. 시민단체는 활동에 필요한 쓰레기봉투, 비료, 꽃 등을 구청으로부터 지원받는다.[14] 구청직원과 시민단체 간의 관계는 느

기술지원은 녹지관리에 대한 전문지식이 필요하기 때문에 녹지관리 전문가가 위촉된다. 시민단체가 참여하는 그린오너는 현장활동 그린오너를 말한다.

[12] 사업대상으로서 마을마당, 녹지대, 가로화단 외에도 공원, 어린이공원, 가로수 등이 있으나 2001년도에는 희망하는 개인이나 민간단체가 없었다. 2002년에는 구청에서 이러한 분야도 적극적으로 민간의 힘을 동원할 예정이다.

[13] 이 외에도 단체는 재향군인회, SGI불교회 등이 있다.

[14] 이에 대한 동대문구청의 연간 예산은 100만 원이다.

〈표 7-2〉 서울 동대문구청의 지방자치단체 - NGO 간 협력사업 내용

구분	청소년 유해업소 단속	녹지관리 실명제
담당부서	환경위생과	공원녹지과
실시시기	1999년 12월	2001년 1월
사업대상	식품접객업소, 노래방, PC방	마을마당, 녹지대, 가로화단
사업내용	청소년 고용 및 출입, 술·담배 판매, 불법영업, 소방안전 미비에 대한 계도와 적발	청소, 제초, 급수, 꽃심기, 비료주기, 수목 및 시설훼손 신고하기
시민단체 참여동기	공무원 부패감시 및 민간인 사고 접목	공무원 인력부족을 민간 자원 활동으로 대체
참여하는 시민단체	새마을운동협의회, 바르게살기운동협의회, 한국자유총연맹, 청소년순결운동본부	삼익아파트부녀회, 대우아파트부녀회, 답십리1동 새마을협의회, 장안동 새마을협의회
공동협의체 구성	구청직원과 시민단체 회원으로 느슨하게 구성	구청직원과 시민단체 회원으로 느슨하게 구성
협의체의 운영	거의 공무원이 지도하고 이끌어간다	거의 공무원이 지도하고 가끔 공동회의 개최
시민단체의 자발성	다소 적극적	다소 소극적
연간 예산	1,800만 원	100만 원

슨한 협의체 수준이다. 구청에서는 각종 공문을 통해 필요한 내용을 시민단체에 전달하고, 시민단체도 서류나 사진을 제출하고 필요한 사항이 있으면 전화나 서류를 통해 요구한다. 가끔 회의를 열어서 상호 관심사를 논의하기도 하지만 이것은 매우 드물다. 사업이 아직 초보적인 단계에 있기 때문에 시민단체에서 적극적으로 요구하거나 구청에 대해 비판적으로 바라보는 시각은 거의 없다.

이상 2개 사례를 정리하면 〈표 7-2〉와 같다.

3. 평가

　동대문구의 사례에서 살펴본 바와 같이 아직도 지방자치단체와 NGO 간의 협력은 초보적인 수준에 있다. 그럼에도 불구하고 양자 간의 협력은 지향하는 목표를 일정부분 충족시키고 있다. 먼저 청소년 유해업소 단속의 경우는 IMF 경제위기 이후에 구청공무원 수가 줄어들고 상대적으로 업무 내용이 늘어나는 상황에서, 시민단체의 참여는 공공서비스 범위를 확대하고 공무원 부패 감시와 중재자 역할을 통해 서비스의 질을 개선하는 측면이 있었다. 그리고 일정한 조직을 구성하고 지속적으로 정책집행에 참여한다는 측면에서 정치적 기회구조를 확대하는 이점이 있었다. 또한 민간영역의 자원적 에너지를 활용하고 정치영역을 확대한다는 측면에서도 긍정적인 효과가 있다. 녹지관리 실명제의 경우에서도 구청의 노무직 직원이 계속 줄어드는 상황에서 시민단체의 자원봉사 인력을 이용하여 공원을 관리하는 것은 공공서비스의 범위와 질을 확대한다고 볼 수 있다. 그리고 시민단체들은 공원관리에서 상당한 자율성을 가지고 공공의 이익을 위해 참여하고 봉사하기 때문에 자기결정원리가 강화되는 측면이 있었다.

　그러나 양자 간의 협력이 지향하는 목표를 충족시키는 데는 아직 많은 한계를 지니고 있다. 아직도 구청에서 주도권을 가지고 사업을 시행하고 시민단체들이 여기에 동참하는 형식이다. 프로그램도 서울시에서 기획하였기 때문에 거의 획일적으로 시행되고 있다. 따라서 시민의 자기결정원리를 강화하거나 정치적 기회구조를 확대하는 데는 한계가 있다. 그리고 참여한 단체들이 대부분 정부를 견제·비판하는 단체(advocate)보다는 서비스를 제공하는 단체(service deliverer)였다. 이들 단체는 참여하고 있는 이슈에 대해 공론장을 형성하거나 이를 다른 정치담론의 장과 연결시키려는 노력을 기울인 흔적을 찾아보기 어려웠다. 그렇다고 정부에 견제지향적 단체가 기초자치단체의 사업에 적극적으로 참여하는 것도 아니었다. 한국의 주요 시민단체는 아직도 풀뿌리 조직화가 초보적인 단계에 있기 때문에 대부분의 단체는 기초자치단체 수준에다 지부를 두고 있지 않고, 지방수준에서 자생하는 단체도 아직도 초기발달단계에 있다. 따라서 서비스욕구 충족, 정책과정의 시민참여 확대, 시민사회의 정치화 강화 등과 같이 양자 간의 협력이 지향했던 목표를 달성하는 데는 많은 한계를 가지고 있었다. 이러한 한계는 지방자치단체가 시민사회의 자원적 에너지를 이용한다는 의식과 전략이 부족했을 뿐만 아니라, NGO도 정책참여를 통해 참여민주주의를 활성화하고 능동사회(active society)를 구축한다는 전망을 갖고 있지 않기 때문에 발생하는 것이었다.[15]

V. 전망과 과제

앞에서 살펴본 사례분석에 의하면 제3의 길이 기존의 정부 주도적 문제해결방식에 비해 여러 가지 측면에서 비전이 있는가에 대해서는 아직도 회의적이다. 정부와 시민사회의 융합을 통해 공공서비스를 생산하는 방식이 서비스의 욕구를 충족하고, 시민의 정책참여를 확대하며, 시민사회의 정치화를 강화하여 참여민주주의를 활성화하고 능동사회를 구축하는 데 일정한 토대를 마련하는 것은 사실이다. 그러나 지방 차원에서 양자 간의 협력 양식은 아직 매우 제한된 수준에서 진행되고 있고, NGO가 참여하여 진행되고 있는 사업도 지향하는 목표를 제대로 충족하지 못하였다. 전반적으로

---

[15] 청소년 유해업소 단속은 연간 예산이 1,800만 원이고 녹지관리 실명제는 100만 원이다. 전자는 시민단체가 다소 적극적으로 참여하고 후자는 다소 소극적으로 참여하고 있는 사실도 간과할 수 없는 사항이다.

시민의 정책참여가 정부의 정당성을 높이고 민주주의의 질적 발전을 도모한다는 측면에서 장려되고 있기는 하지만, 이것이 효율적이고 효과적으로 추구하는 목표를 달성하는가에 대해서는 여러 측면에서 구체적인 연구가 필요할 것으로 보인다.

그렇다고 해도 지방수준에서 NGO가 정책과정에 적극적으로 참여하는 것은 민주복지공동체를 형성하고 참여민주주의를 활성화하여 시민의 삶의 질을 증대하는 데 매우 중요하다. 특히 실업자·퇴직자·주부·학생 등 소위 주변부그룹의 참여는 시민사회의 자원적 에너지를 공적 영역에 투입하여 각종 사회문제를 해결하는 데 기여할 뿐만 아니라, 취약계층에게 의사표현과 권력행사의 기회를 제공한다는 측면에서 민주주의의 질적 발전과 실질적인 사회변혁에 중요한 의미를 지닌다. 신자유주의의 원리가 작동되는 사회구조하에서 시장논리가 확산되고 소비지향적인 삶이 만연하며 빈부격차가 확대되고 있다. 이러한 상황 속에서 지방정부와 NGO 간의 협력은 사회적 경제를 활성화하는 동시에 물질을 넘어서는 다양한 가치에 대한 관심을 유도할 수 있다. 이러한 이유 때문에 정부와 NGO 간의 협력은 다양한 차원과 영역에서 계속 늘어나고 있는 추세에 있다.

지방자치단체와 NGO 간의 협력이 서비스의 욕구를 충족하는 동시에 주민의 정책참여를 활성화하고 시민사회의 정치화를 강화하기 위해서는 정부와 NGO가 각각 일정한 역할을 수행해야 한다. 정부는 먼저 NGO를 사회문제 해결을 위한 주체로 인식하고 이를 활용하기 위한 다각적인 제도적 장치를 구비하는 것이 필요하다. 정부가 주요한 결정을 내리고 지배적인 영향력을 행사하는 방식으로는 NGO의 적극적인 참여를 유도하기 어렵다. 정책의 전 과정에서 활발하게 아이디어를 제공하고 실질적인 공헌을 할 수 있는 장을 마련해야 한다. 따라서 NGO와 협력하는 분야를 늘리고, 이와 관련된 예산을 증액하며, 상시적인 지방자치단체 - NGO의 연락망을 구축하는 것이 필요하다. NGO도 지방자치단체와의 협력을 부정적으로 바라볼 필요가 없다. 정부와 NGO 간의 관계가 견제와 협력이 변증법적으로 조화를 이룰 때 정부를 개혁하고 시민의 삶의 질을 높이는 목표를 달성할 수 있다. 따라서 NGO는 지방자치단체가 마련한 각종 협력시스템에 적극적으로 참여하여 시민사회적 가치를 투입하고 사회를 변혁시켜가는 기회로 활용해야 한다. 이를 위해서는 단체의 풀뿌리 조직화를 강화하고 정책적 전문성을 증대시키는 것이 필요하다. 그리고 NGO 스스로 조직 내에 민주주의를 활성화하고 도덕적 정당성을 강화해야 할 것이다.

제8장
거버넌스에서 민주주의의 급진적 재구축 — NGO의 역할과 한계

I. 들어가는 말

국가, 시장, 시민사회는 근대국가의 성립 이후 각각 일정한 권력을 가지고 자원을 배분하고 갈등을 조정하는 중요한 사회제도 또는 기구로서 자기 역할을 해왔다. 각 영역 간 권력의 재분배는 사회문제 해결의 효율성·효과성·민주성 등의 이념에 따라 시간과 공간의 적절성에 맞추어 일어났다. 제2차 세계대전 이후 복지국가의 황금기에는 국가개입이 정당화됨에 따라 국가권력이 강화되었다. 이때 정부는 재정과 조직의 확대를 통해 인간이 필요한 각종 서비스를 제공하고 경제성장과 부의 재분배를 위한 사회변화를 주도하였다. 그러나 1970년대 이후 신자유주의가 부상함에 따라 시장원리가 강화되고 공적 영역에도 경쟁·효율성·능력주의 등의 이념이 선호되었다. 따라서 정부운영의 효율성을 높이기 위해 조직감축·민영화·경쟁강화 등의 조치가 이루어졌다. 1990년대에 들어와서는 거버넌스(governance)가 국가개입주의와 신자유주의의 한계를 극복하고 사회적 참여와 협력을 통해 변화에 적응하고 변화를 주도하는 새로운 원리로 주목받고 있다. 물론 이러한 변화는 국가마다 차이가 있었다.

거버넌스의 부각은 기존의 국민국가 중심의 통치체제에서 벗어나 후산업사회에 맞는 새로운 관계설정과 조정양식을 통해 국가운영을 새롭게 하려는 요구를 반영한 것이다. 오늘날 국가는 여전히 필수적인 서비스를 제공하고 공적 책임을 떠맡으며 갈등을 조정하는 중요한 행위자로 인식되고 있다. 그러나 국가는 지구화·지방화·정보화·다원화 등의 흐름에 따라 그 위상이 낮아졌고, 정도의 차이는 있을지언정 권력의 쇠퇴를 경험하고 있는 것이 사실이다. 사실 국가는 다양한 이유로 수직적·수평적 재구조화의 압박을 받고 있다. 국민국가는 지구화로 인해 통치능력과 권능이 약화되었고, 권력의 분화에 대한 요구에 따라 지방으로 권력의 상당 부분을 위임하였다. 또한 국가영역의 비효율성과 경직성에 대한 비판이 제기됨에 따라 기능의 일부를 시장과 시민사회로 이양하였다. 나아가 국가 내부의 운영방식에서도 위계적 조직과 획일적 의사결정에 근거한 명령과 통제에 반발이 일어나고 있다.

복잡하고 역동적인 현대사회에서 다양한 선호를 가진 개인의 요구에 대응하기 위해서는 문제를 해결하고 사회를 운영할 새로운 방식이 필요하다. 새로운 방식은 기존에 통용되던 관습이나 규칙에서 벗어나 거버넌스에서 강조하는 다양한 행위자의 참여, 행위자의 자치권력, 행위자 간의 의사소통·네트워크·파트너십 등을 중시한다. 이것은 국가를 부정하거나 반드시 최소국가를 지향하는 것이 아니라, 국가를 유지하면서 그 운영방식의 이론적 틀과 규범을 새롭게 하는 것이다. 구체적으로 말해 기존의 위계화, 관료제, 중앙통제, 권력집중, 획일주의, 성장주의 대신에 자율, 참여, 분권, 균형, 신뢰, 협력, 정당성 등의 이념을 접목하려는 시도이다. 이처럼 거버넌스에는 단지 정부영역에 시장주의를 도입하여 관리의 효율화를 이루는 신공공관리(new public management)라는 전략을 넘어, 시민참여와 인민주권의 원리를 강조하는, 민주주의의 질적 발전에 대한 열망이 잠재되어 있다. 거버넌스에 대한 논의는 과거에도 있었다. 그러나 전통적인 거버넌스는 중앙정부가 지방정부나 시장, 그리고 사회를 조종하고 통제하는 능력향상에 초점을 두었다. 이에 반하여 뉴거버넌스는 정부와 사회 간의 상호작용과 사회 스스로의 조종능력의 향상을 중시한다(Peters, 2000). 따라서 사회운영방식으로서 새롭게 논의되고 있는 거버넌스는 공적 영역에 민주주의의 원리가 충실하게 작동하는 것과 밀접하게 관련되어 있다.

정치형태로서의 민주주의는 자유와 평등의 이념을 보장하는 장치로서 오랫동안 인류의 보편적 이상이었다. 그러나 현대사회에서는 보비오(Bobbio, 1989)가 주장하는 바와 같이 다원적 사회의 출현, 특수이익의 부활, 과두제적 질서의 존립, 정치의 공간적 제한, 보이지 않는 권력, 시민의 질적 저하 등으로 인해 의도했던 민주주의가 이루어지지 못하고 있다. 고대 아테네의 페리클레스 이래로 민주주의의 중요한 가치로 전해오는 자율, 참여, 평등, 다원적 가치는 형해화된 대의민주주의나 정부 내의 법률적 권력분립으로만 실현하기 어렵다. 정보사회를 맞아 개인의 주체성과 전문성이 증대된 상황에서, 현대인이 원하는 창조적 삶을 충족시키고 생활정치를 실현하기 위해서는 민주주의를 급진적으로 재편하는 것이 필요하다. 민주주의의 급진성은 개인이 공중(公衆)으로서의 덕성을 가지고 자기입법의 실천에 평등하게 참여하여 권력의 정당성과 자기결정원리를 강화하는 것으로 표현될 수 있다.

민주주의를 급진적으로 재구축하는 것은 기존의 통치시스템이 거버넌스로 변화하고 있는 과정에서 그 가능성이 증대하고 있다. 특히 거버넌스에서 시민사회의 각종 자발적 결사체가 중요한 행위자로 참여하는 것이 중요한 의미를 지닌다. 사실 거버넌스는 공적 영역과 사적 영역 간의 상호 이입으로 인해 양자 간의 경계가 허물어지는 것을 전제한다. 따라서 거버넌스에서는 시민사회의 다양한 단체가 공공문제 해결에 참여하여 권위를 공유하고 일정한 책임을 떠맡게 된다. 시민사회의 각종 단체가 거버넌스의 행위자로서 공적 문제를 해결하는 데 참여하여 시민사회적 가치를 투입하고 국가의 작동기제를 재구성하는 것은 민주주의의 원시성을 복원하는 데 매우 중요하다. 시민사회의 각종 단체 중에서도 역동적인 시민운동을 통해 공익을 추구하는 NGO의 역할은 커다란 주목을 받고 있다. NGO는 국가영역의 민주화를 중요한 책무로 간주하고 있고, 실제로 이러한 책무를 달성하기 위해 중요한 영향력을 행사하고 있기 때문이다.

이 글은 거버넌스에 NGO가 행위자로 참여함으로써 민주주의의 급진성을 어떻게 재구축할 수 있을까 하는 의문에서 시작한다. 따라서 거버넌스가 민주주의의 기본가치와 어떠한 관련이 있고, 이러한 민주주의의 원리를 강화하는 데 NGO가 어떠한 역할을 할 수 있는지를 고찰하는 것이 본 연구의 목적이다. 이러한 연구가 실증적·역사적 연구로 발전하기까지는 아직도 지적 토대가 부족하다. 실제로 거버넌스 자체가 실증적인 모델이기보다는 규범적인 요소를 더 많이 내포하고 있다. 여기서는 앞으로 실증적·역사적 연구를 위한 토대구축의 작업으로서 주로 문헌에 의존하여 포괄적인 차원에서 연구문제를 살펴보기로 한다. 민주주의의 급진화는 최근 대의민주주의가 후산업사회의 사회문제 해결에 한계를 보임에 따라 다양한 시각에서 논의되고 있다. 여기서는 참여민주주의, 다원민주주의, 토의민주주의 등 세 가지 정치제도에 대해 고찰하기로 한다.

II. 거버넌스의 정의와 차원

1. 거버넌스의 개념정의

일반적으로 거버넌스라는 용어는 사회를 통치하는 양식(mode of governing)을 가리키는 넓은 의미를 지니고 있다. 1970년대까지만 해도 거버넌스라는 개념은 정부 혹은, 통치(government)와 같은 의미로서 공공서비스를 배분하는 공식적이고 제도적인 체계나 과정을 묘사하기 위해 주로 사용되었다. 그러나 오늘날 거버넌스는 전통적인 정부나 통치양식과 구별되는 개념으로 주로 사용되고 있다. 참여하는 주체와 체계의 차원에 따라 다양하지만, 그 개념의 정체성은 정부나 국가에 대응하는 의미를 지닌다. 즉, 새로운 문제가 대두되고 이 문제를 해결할 수 있는 국가능력에 한계가 발생함에 따라 새로운 통치형식이 필요하고, 여기에 다양한 민간영역의 행위주체가 참여하여 권위와 책임을 공유하는 것을 가정한다.

거버넌스의 개념은 바라보는 시각에 따라 다양하고 다의적인 의미를 내포하고 있다. 예를 들어 로즈(Rhodes, 1997)는 거버넌스가 최소국가, 기업 거버넌스, 신공공관리, 좋은 거버넌스(good governance), 사회 - 인공 시스템, 자기조직화 네트워크 등 다양한 의미를 내포하고 있는 것으로 본다. 그리고 허스트(Hirst, 2000)는 거버넌스가 경제개발, 국제기구와 체제, 기업 거버넌스, 신공공관리 전략, 사회 거버넌스 등을 의미한다고 본다. 피에르와 피터스(Pierre & Peters, 2000)는 거버넌스가 정책 네트워크, 공공관리, 경제의 섹터 간 조정, 공사(公私) 파트너십, 기업 거버넌스, 좋은 거버넌스 등 다양한 의미를 지니고 있음을 강조한다. 스토커(Stoker, 1998)는 정부를 초월하는 기구와 행위자 조직, 경계와 책임의 모호함, 상호 관계적 권력의존, 자율적 자기통치 네트워크, 명령과 권위를 넘어서는 새로운 통치도구 등과 같은 거버넌스 명제를 제시한다. 거버넌스는 실증적 차원이든, 규범적 차원이든, 아직까지는 하나의 이론이라기보다 새로운 통치양식에 대한 관점이나 분석틀이라는 의미가 강하다.

거버넌스의 개념은 크게 협의와 광의로 나누어 규정할 수 있다. 협의적 개념의 거버넌스는 정부의 효율성 증진을 위한 신공공관리 전략, 정부 내의 상호 의존적이고 협력적인 정책결정방식, 또는 시민사회 내의 자율적 조정양식 등을 의미한다. 협의적 의미의 거버넌스는 미국과 유럽 사이에 개념적 차이가 있는데, 미국은 기업가적 정부를 강조하면서 정부의 조종(steering) 능력 강화를 강조하는 반면에, 유럽에서는 정부의 조종능력을 완화하고 통치과정에 사회참여를 강조한다. 미국에서 말하는 정부재창조(reinventing government)는 바로 시장원리의 접목을 통한 정부의 조종능력에 초점을 둔 것이다(Osborne & Gaebler, 1992). 반면에 유럽은 정부 내의 자율적이고 상호 호혜적인 의사결정방식을 주로 지칭한다. 광의적 개념의 거버넌스는 공공목적을 달성하기 위한 새로운 통치양식으로서 자원동원과 권력행사 방식과 관련된다. 즉, 공공문제를 해결하기 위해 다양한 행위주체가 참여하고 행위주체들 간의 권한배분, 상호 조정, 상호 협력에 관한 것이라고 할 수 있다. 이러한 의미의 거버넌스는 추상수준이 매우 높은 것이다.

거버넌스의 개념을 정의하는 데 전통적인 정부통치양식의 전환을 의미하는 참여(participation), 사회적 구상(social design), 파트너십(partnership), 공동생산(coproduction) 등과 같은 개념이 존재하는데도 거버넌스라는 개념이 새롭게 부상하게 된 이유를 파악하는 것이 중요하다. 즉, 새로운 통치양식으로 부상하고 있는 거버넌스라는 개념은 단지 공적 영역에 외부의 행위자가 참여하여 정보와 아이디어를 제공하거나 공공서비스를 대리생산하는 기존의 변화를 넘어선다. 이렇게 볼 때 거버넌스는 추상수준이 높은 행위자 간의 상호작용이 아니라, 보다 구체적으로 정부영역의 운영에 있어서 비정부적 행위자가 참여하여 수평적인 네트워크 조직을 형성하고 상호 의존적이고 협력적인 통치양식을 도입하는 것을 의미한다. 특히 여기서 중요한 것은 네트워크형 조직의 탄생이다. 제숍(Jessop, 2000)이 거버넌스를 국가, 시장, 시민사회 등 상호 의존적인 행위자들 간의 자율적·수평적 복합조직(heterarchy)이라고 규정하고, 로즈(Rhodes, 2000)가 거버넌스를 자기조직적이고 상호 의존적인 행위자들의 복합조직과 통치과정이라고 본 것은 이러한 개념정의와 상통한다.

여기서는 기존에 통용되던 거버넌스 개념의 광의적·협의적 의미를 통합하여 공적 영역과 사적 영역 간의 경계 완화, 비정부적 행위자의 참여확대, 신뢰와 협력에 기반을 둔 수평적 네트워크, 행위자 간의 상호작용과 자율, 목표달성을 위한 상호 협력과 조정, 권력분화와 의사소통의 증대, 자기조직적 역동성 등과 같은 개념적 요소를 내포하는 것으로 본다. 이 외에도 권력의 정당성 증대, 책임의 강화, 불평등의 해소, 시민권리의 확대, 시민성의 계발 등과 같은 가치를 간접적으로 포함한다. 따라서 거버넌스는 다양한 사회적 행위자들이 서로의 가치와 의견을 수용하고 새로운 관계와 조직을 창의적으로 구성하여 사회변화에 적응하고 자기구조의 통합성을 유지하는 규범을 지니고 있다.

2. 거버넌스의 차원과 유형

거버넌스는 그 개념이 너무나 다의적이고 다층적이기 때문에 쓰는 사람에 따라 다르게 이해하고 분석하고자 하는 연구내용에 따라 다르게 적용된다. 따라서 거버넌스가 구조인지 과정인지, 이론인지 관점인지, 규범인지 경험인지가 명확하지 않다. 예를 들어 거버넌스가 네트워크를 통해 공공문제를 해결하는 다양한 행위자 간의 관계와 권력행사방식이라고 할 때 이것은 구조보다는 과정, 이론보다는 관점, 규범보다는 경험에 가깝다고 할 수 있다. 그러나 한 가지 예로서 거버넌스는 어떻게 문제를 해결하느냐의 방식뿐만 아니라, 누가 참여하여 어떤 권력을 행사하는가도 중요하기 때문에 과정만큼이나 구조적 성격도 지니고 있다. 따라서 거버넌스는 구조와 과정, 이론과 관점, 규범과 경험의 양자적 성격을 동시에 지니고 있다. 그리고 거버넌스는 좁게는 의사결정방식에서부터 시작하여 사회조정 메커니즘 혹은 정책기조, 제도 혹은 체계, 나아가 통치문화 등 넓은 수준으로 확대될 수도 있다. 거버넌스가 관료제적 의사결정방식에서 벗어나 개방적이고 수평적인 의사결정방식을 취하는 것을 의미하는가 하면, 새로운 가치를 통한 문제해결 메커니즘, 나아가 새로운 형태의 인간행동 패턴으로서의 제도, 그리고 상호 관계에서 일어나는 협력적 규범을 의미하는 문화까지 포함하기도 한다.

거버넌스는 다양한 수준으로 분류할 수도 있다. 가장 대표적인 것이 지리적 공간의 크기에 따른 분류이다. 글로벌 거버넌스는 개별국가가 해결할 수 없는 각종 문제를 해결하기 위해 전 지구적 차원에서 다양한 국제조직들이 참여하여 상호 협력하고 조정하는 방식이다. 국가 거버넌스는 한 국가 내에서 다양한 비정부적 행위자들이 참여하여 공동의 문제를 해결하는 방식이다. 이것은 궁극적으로 정부활동의 민주성·효과성·효율성 등과 같은 이념을 성취하여 정부의 정당성을 강화하기 위한 것이다. 그리고 기존에 무시되었던 생태계, 시민권리, 시민교육 등에 대한 관심도 공공담론과 의사결정의 장으로 끌어들인다. 로컬 거버넌스는 지방수준에서 지방정부가 각종 지방조직을 참여시켜 지역정체성을 강화하고 지역발전을 도모하는 것이다. 물론 거버넌스는 세 수준이 서로 연결되어 있는 양상을 보여주기도 한다. 이 외에도 거버넌스는 실행주체가 누구인가에 따라 국가 중심 거버넌스, 시민사회 중심 거버넌스, 시장 중심 거버넌스 등으로 나눌 수 있다.

거버넌스는 다양한 유형이 있다. 사회분야에 따라 정부 거버넌스, 사회 거버넌스, 기업 거버넌스, 학교 거버넌스, NGO 거버넌스 등으로 나눌 수 있다. 그리고 사회적 이슈와 의제에 따라 정치 거버넌스, 행정 거버넌스, 경제 거버넌스, 환경 거버넌스, 개발 거버넌스, 인권 거버넌스 등으로 나눌 수 있다. 또한 거버넌스를 정책과정과 연계하여 각 정책단계에 따라 구분할 수도 있다. 나아가 현실세계와는 달리 사이버공간에서 참여와 담론의 활성화를 통해 의제를 설정하고 대안을 제시함으로써 공공문제를 해결하려고 시도하는 사이버 거버넌스도 가능하다.

III. 거버넌스에서 민주주의의 급진적 재구축

1. 민주주의의 기본이념

자유민주주의에 대한 급진적 대안으로서 사회주의가 제시되었으나, 소련과 동유럽의 멸망에서 보듯이 현실사회주의는 많은 문제점으로 인하여 실패하였다. 그렇다고 현존하는 자유민주주의를 그대로 받아들이기에는 또 다른 문제가 제기된다. 자유민주주의하의 대의제는 복잡한 현대사회의 통치원리로 일정한 효과가 있지만,[1] 대표자가 개인의 사익을 추구하거나 정당의 이해관계에 따라 정략적으로 행동이기 때문에 국민의 의사를 실현하는 데 한계가 있다. 그리고 대의제는 소수파의 순응을 강제하는 다수결

---

[1] 멜루치(Melucci, 1991)는 대의민주주의를 현대사회의 복합성을 해결할 수 있는 중요한 제도적 장치로 인정하였고, 비덤(Beetham, 1993)은 대의제도를 대중적 통제 및 정치적 평등에 대한 요구와 시간적 긴급성 및 근대적 영토국가의 조건을 화해시킬 수 있는 효과적인 장치로 보았다.

주의를 추종하고, 현대정보사회에서 전문기술관료가 인공세계를 구축하여 의사결정을 독점하고 국민을 통제할 위험을 내포하고 있다.[2] 대의민주주의하에서는 특수이익의 지배를 제어하고 공공선이나 일반의사를 확인·증진할 수 있는 공론장도 제한되어 있다. 이러한 대의민주주의의 실시로 인해 민주주의는 프랑스혁명 이후 제기된 급진성을 상실하였다. 따라서 자유민주주의를 어떻게 급진화시켜서 민주주의의 기본이념을 충실하게 발현하느냐가 중요하다.

민주주의의 원시적 이념은 크게 네 가지 명제로 압축할 수 있다. 첫째, 모든 국가권력은 국민으로부터 나온다. 이것은 권력의 정당성에 관한 것으로 국가권력의 원천이 바로 국민의 동의에 있고, 국가권력의 행사는 국민의 의사를 결집·대변하는 것이어야 한다는 것을 말한다. 이렇게 될 때 권력은 국민에 의해 수용되고 법의 지배가 가능해진다. 둘째, 국민은 자신에게 영향을 미치는 모든 의사결정과정에 참여할 수 있고, 참여는 개인이 가진 자원의 소유정도에 따른 불평등이나 제약이 없어야 한다. 이것은 자기결정원리와 평등한 기회에 관한 것이다.[3] 개인은 공공의 결정에 유효하게 참여하여 자신의 의견을 제시하고 검증할 수 있는 평등한 기회를 가져야 한다.[4] 의사결정방식으로서 다수결원리는 중요하지만 소수의 권리도 중시

---

[2] 마르쿠제(Marcuse, 1983)는 현대산업사회가 기술에 의해 규제되고 있다고 본다. 그는 기술진보는 체제에 반대하는 저항과 부정을 분쇄하고 지배와 종속이 가능한 사회를 구축하여 일차원성을 가장 완벽하게 구체화하는 데 기여한다고 보았다.

[3] 볼프(Wolff, 2001)는 개인이 스스로 입법자인 동시에 준법자일 때 개인의 자율과 국가의 권위가 일치한다고 본다.

[4] 달(Dahl, 1992)은 하나의 이상(ideal)으로서의 민주주의가 가능하기 위해서 다섯 가지의 조건이 충족되어야 한다고 본다. 바로 평등한 투표권, 효과적 참여, 계몽된 이해, 시민에 의한 의제의 최종통제, 참여자의 포괄성 등이다. 이 중에서 계몽된 이해(enlightened understanding)란 개인이 미래에 결정될 문제에 대해 자신의 의견을 발견하고 검증

되어야 한다. 셋째, 인간의 삶에 관한 주제가 공론장에서 활발하게 토론되고 개인은 영향력을 행사할 수 있어야 한다. 이것은 정치적인 것을 확장하고 정체성의 정치를 강조한 것이다. 정치는 단지 도덕적 제약하에서 사적 이해관계를 합리적으로 타협하는 것이 아니라, 사회관계 속에 내재하는 모순과 갈등, 권력관계, 종속과 억압에 대한 내용을 포괄하는 역동적인 과정인 것이다. 넷째, 정치에 참여하여 영향력을 행사하는 시민은 공중으로서 필요한 시민성을 가지고 자기계발을 해야 한다. 이것은 시민의 자질과 덕성에 관한 것이다. 국가의 주인인 시민은 자기권리를 인식함과 아울러 성찰과 교육을 통해 합리적 이성을 지니고 참여정신·비판정신·공익정신 등과 같은 시민성을 길러야 한다.[5]

민주주의의 기본이념은 곧 정당성, 참여, 개방, 평등, 권력분화, 자율, 책임, 자치, 연대, 시민권리, 소수권익 보호, 의사소통, 토론, 공론장, 조정, 합의, 다원성, 신뢰, 투명, 저항, 부정, 협력, 공동체, 시민성 등과 같은 가치를 내포한다고 볼 수 있다.

2. 민주주의의 급진성 실현

대의민주주의가 현대사회에서 시민의 다양한 요구를 반영하지 못하고 공적 영역에 대한 실질적 시민참여와 공론장의 형성을 형해화시키자, 이에 대한 반발로서 새로운 정치제도가 논의되었다. 여기서는 기존의 대의제와 통치양식을 극복하고 민주주의의 기본이념을 충실히 발현하는 정치적 기

할 적절하고 평등한 기회를 갖는 것을 말한다.
[5] 장기간의 군부통치를 경험한 한국은 비판의 기회를 제대로 갖지 못하였다. 따라서 비판정신이 시민성을 구성하는 데 중요하다는 사실을 망각하기 쉽다. 그러나 비판정신은 구조적 억압과 모순에 대한 주체적 인식을 통하여 인간해방을 가능케 하는 데 기여한다.

획으로 참여민주주의(participatory democracy), 다원민주주의(pluralist democracy), 토의민주주의(deliberative democracy) 등 세 가지에 대해 살펴보기로 한다. 이 세 가지 정치적 실천은 민주주의의 급진성을 실현하는 데 일정한 역할을 하기도 하지만, 프랑스 혁명 이래 민주주의에서 긴장관계를 가져온 자유와 평등, 권리와 의무, 다양성과 합의, 다수의 권리와 소수의 권리 간의 변증법적 조화를 어느 정도 성취하기도 한다. 물론 세 가지 정치제도는 민주주의의 급진성을 실현하는 데 공통점도 있지만 상호 충돌하기도 한다. 그리고 민주주의의 급진성을 실현하는 데 방해되는 요소를 내포하고 있기도 하다. 예를 들어 참여민주주의는 과도한 참여로 인해 자기결정원리를 훼손할 수 있고, 다원민주주의는 소수자의 권리를 침해하거나 시민의 공공성을 저하시킬 가능성이 있으며, 토의민주주의는 조작에 의해 오히려 실질적인 평등을 방해할 수 있다. 그러나 여기서 세 가지 정치제도는 다소 규범적인 의미로 사용하므로 이러한 문제점에 대한 논의는 제외하기로 한다.

1) 참여민주주의

민주주의의 급진성을 발현하는 가장 중요한 정치적 실천은 참여민주주의라고 할 수 있다. 참여민주주의는 대의제를 극복하고 직접민주주의적인 요소를 가미하는 중요한 정치제도로 인식되어왔다. 참여민주주의란 사회구성원이 자신에게 영향을 미치거나 공동체의 이익에 관한 의사결정에 참여하여 효과적인 영향력을 행사하는 정치제도이다. 이 제도하에서 시민은 공공업무나 정책과정에 참여하여 국가권력을 감시·비판하고 공동의 문제를 적극적으로 해결해가는 주체로 등장한다. 여기서 참여는 좁은 의미로서 정부 내의 의사결정과정에 하급 관료를 참여시키거나 공직자를 선출하기 위해 시민이 선거에 참여하는 것에 제한되지 않는다. 시민이 직·간접적으로 자신에게 영향을 미치는 공동체의 업무에 다양하고 유효한 통로를 통해 참여하고 영향력을 행사하는 목적의식적 행동을 말한다. 물론, 시민참여는 실제로 시민사회의 각종 단체를 통해 집합적 행동으로 이루어진다. 현대사회에서 참여는 사이버공간을 통해 이루어지기도 한다.

현대사회에서 공동체의 업무에 시민이 적극적으로 참여하는 것은 영향력의 정치, 해방의 정치를 넘어 정체성의 정치, 자아실현의 정치에 매우 중요하다. 시민이 공공업무에 적극적으로 참여하여 정보를 제공받고, 의견을 제시하며, 영향력을 행사하는 것은 자율·자결·자치의 이념을 강화할 뿐만 아니라, 자기표현을 극대화하고 자아를 실현하는 수단이 된다. 자유주의에서는 개인을 공동체의 이익보다는 사적 이익 추구에 골몰하는 정태적 인간으로 가정한다(김대환, 1997). 그러나 참여민주주의에서는 공동체의 미래에 관심을 가지고 행동하는 적극적 시민, 협력적 시민을 가정한다.[6] 시민은 공동체의 업무에 참여함으로써 자기주체성을 확인하고, 사회적 정체성을 획득할 수 있다. 이 과정에서 시민으로서의 역할과 책임을 인식하고 공공정신을 함양하게 된다. 참여는 사회적 존재로서의 인간의 자기계발과 자아실현을 담보하는 것으로 참여가 결여된 정치제도는 민주주의라고 보기 어렵다. 물론 시민참여의 기회 확대와 유효한 영향력 행사를 보장하는 장치가 존재해야 한다.

참여민주주의에서는 공론장이 활발하게 작동하고 시민참여가 일상적으로 이루어지기 때문에 개인이 자신의 의견을 표출하고 자기권리를 확보하는 것이 가능해진다. 그리고 시민사회가 국가권력에 대한 감시와 견제활동을 전개하기 때문에 행정이 투명하게 되고, 공직자의 책임성을 높이며, 정부의 대응성을 증진시킨다. 나아가 시민들 스스로 공익에 대한 감각을 획

---

[6] 민주주의를 유지하는 데에서 아리스토텔레스는 지혜를 가진 시민이 중대한 공공업무의 결정에 참여하는 적극적 시민을 강조하였고, 스나이더만(Sniderman, 1981)은 정부권위를 공유하고 비판과 저항의식을 가진 협력적 시민을 강조하였다.

득함으로써 시민사회의 공공성을 증진시키고 시민성을 계발하는 기회를 갖게 된다. 그러므로 참여민주주의는 정치적인 것(the political)을 확장하고 시민의 정치적 기회구조(structure of political opportunities)를 강화하는 데 유리하다. 이렇게 되면 정부의 대표성을 증진시킬 뿐만 아니라 권력의 정당성을 강화할 수 있게 된다.7

2) 다원민주주의

보비오(Bobbio, 1989)가 언급한 바와 같이, 원래 민주주의는 (정치)사회를 개개 구성원의 의지에 의해 형성된 인공적 산물로 이해하는 개인주의적 사회관에 기초하였다. 따라서 정치의 장에서 영향력을 행사하는 주체적 인자는 개인이었다. 그러나 현실적으로는 국가와 개인 사이에 많은 집단이나 단체가 발생하고 이들의 영향력이 증대되는 쪽으로 역사가 발전하였다. 그러므로 현대사회에서 국가 혹은 단일집단이 단일행위자로서 결정을 독점하거나 절대적인 영향력을 행사하는 것이 불가능하다. 그야말로 현대사회는 하버마스(J. Habermas)나 루만(N. Luhmann)이 말하는 탈중심화된 사회(decentralized society) 또는 중심 없는 사회(centerless society)이다. 이런 사회에서 국가권력의 절대성은 부정될 수밖에 없다. 더구나 국가는 시민의 다양한 욕구와 가치를 해결할 수 없고, 각종 부패와 비효율성으로 인해 국민의 신뢰를 받지 못하고 있다. 그러므로 국가를 포함한 각종 결사체 간의 공존이 불가피하다. 다원민주주의란 집단적인 구속력을 갖는 법률과 정책에 다양한 단체들이 참여하여 다원적 가치를 반영하고 이질적 가치의 공존

---

7 하버마스는 국가의 정당성 위기를 계급구조에 기인하는 것으로 본다. 즉, 국가는 한 계급의 이익을 위해 행동하면서 계급을 초월한 모든 계급의 지지를 확보해야 한다. 이러한 정당성의 위기는 자본주의에서 해결하기 어렵고 새로운 조직화원리가 필요한데, 하버마스는 참여민주주의를 하나의 대안으로 간주한다(Held, 1996).

을 지향하는 정치제도이다.8 시민의 다양한 요구와 가치를 정치에 반영시키려는 노력은 갈등을 유발하는 동시에 정치의 존재이유가 된다. 따라서 무페(Mouffe, 1993a)가 주장하는 바와 같이, 다원민주주의는 정치를 완전한 합의나 조화로운 의지에 귀속시키기보다는 갈등과 적대의 권력관계를 적극적으로 용인한다. 오늘날 서구의 신사회운동은 이러한 점에서 다원민주주의를 강화한다고 볼 수 있다.

다원주의사회는 자율성을 가진 다양한 단체의 존재를 인정하고 이들 간의 상호 경쟁과 협력을 통한 공존을 가정하고 있다. 다양한 단체가 존재한다는 것은 정부의 물리력을 최소화시킬 뿐만 아니라, 정치적 자유와 인간복리를 위해서도 필요하다(Dahl, 1992). 다원민주주의가 제대로 운영되기 위해서는 참여의 권리와 평등한 기회가 보장되어야 한다. 그리고 자율성을 가진 다양한 세력들을 조정하고 소수집단을 보호할 수 있는 정부의 역할이 중요하다.9 정치의 장에 참여하는 다양한 단체가 힘의 논리에 따라 자기 집단의 이익을 극대화하기 위해 행동함으로써 민주주의를 약화시킬 수 있기 때문이다. 국가가 조정역할을 제대로 수행한다면 국가와 시민사회의 각종 결사체 간에 상호 조정과 균형을 통하여 민주주의적 가치가 보존될 수 있다.

다원적 사회는 콘하우저(W. Kornhauser)가 주장하는 바와 같이 엘리트에 대한 대중의 접근가능성은 높지만, 대중에 대한 엘리트의 조종 가능성은

---

8 여기서 말하는 다원민주주의는 극단적인 다원주의와는 다소 구별하는 개념으로 사용한다. 다원주의는 다양한 이익집단이 참여하여 이익을 조정하고 정책을 결정하지만, 자유주의 시장원리를 강조하고 강력한 힘을 가진 집단이 소수자를 지배할 가능성이 있다.
9 달(Dahl, 1992)은 다원민주주의가 성공하기 위해 일정한 사회적 부의 달성, 산업화와 도시화, 교육서비스의 완비, 참여형 정치문화, 공정한 절차와 제도적 장치 등이 보장되어야 한다고 말한다.

낮은 사회이다.10 따라서 사회가 개방되고 의사소통이 활발하다. 다원민주주의는 언론·집회·결사와 같은 민주주의의 기본적 자유를 전제로 하기 때문에 개방과 토론 속에서 공동의 문제를 해결하기 위한 단체 간의 협력과 연대가 활발하다. 그리고 위계적인 조직보다는 네트워크적인 조직을 통해 상호 작용과 조정이 이루어질 수 있다. 또한 어느 정도 시민성이 발달하게 되면 일정한 세력균형 속에서 소수자의 권익이 보호되고, 나아가 소수자가 다수의 폭력에 저항하고 균형된 사회로 전환시키는 창조적 변화도 가능하다.11 그리고 다원민주주의는 시민적 관용과 덕성을 필요로 하기 때문에 소유적 개인주의에 전도되는 것을 방지하여 시민사회의 공공성을 증대시키는 효과도 발휘할 수 있다. 그뿐 아니라 다원민주주의는 인간 간의 공존을 넘어 인간과 자연과의 공존관계를 형성하는 데도 기여한다.

3) 토의민주주의

시민참여가 이루어지고 다원적 가치가 존중된다고 하더라도 참여 이후에 의사결정이 어떻게 이루어지는가가 중요하다. 토의민주주의는 미시적인 의사결정과정에 대한 정치철학을 내포하고 있다. 토의민주주의는 공동체의 이익에 대한 각종 이슈가 공론장에서 활발하게 논의되고 적절한 토론과 심의과정을 통해 결정되는 정치제도를 말한다. 민주주의는 정치과정에 대한 시민참여 이후에 주요 사항에 대한 토론과 이해의 기회를 갖고 결정

---

10 콘하우저에 의하면, 반대로 엘리트에 대한 대중의 접근가능성은 낮고 대중에 대한 엘리트의 조종가능성이 높은 사회는 전체주의사회이다. 그리고 양쪽 다 낮은 사회는 공동체적 사회이고, 반대로 양쪽 다 높은 사회는 대중사회이다(이극찬, 1995).
11 민주주의의 급진성을 발현하는 측면에서 볼 때 다원민주주의 전략은 노동계급 중심성에서 벗어나 사회세력의 등가성을 확립하는 것과 관련된다. 따라서 무페(Mouffe, 1993b)가 주장하는 바와 같이, 노동자의 이익수호가 여성, 이민자, 소비자의 희생이 되지 않도록 하는 것이 중요하다.

을 수용할 수 있는 정당성을 확보하는 것이 중요하다. 그러나 대의민주주의는 시민참여와 토론을 제한하고 다수결의 원리에 따라 주어진 대안 중 하나를 선택하는 성격이 강하다. 따라서 현대인은 대의제적 구조하에서 정책과정에 자신의 의사를 표출할 수 있는 기회를 갖지 못하고 소외되고, 이것이 광범위한 정치적 무관심으로 나타나게 되었다. 그러나 토의민주주의는 정보와 참여에 대한 개방을 통해 공론장에서 광범위한 토론이 일어나고 정책과정에 대한 시민의 각종 요구와 갈등이 적절하게 반영되고 융해되는 제도이다.

대의민주주의는 이질적인 사회에서 의사결정의 효율성을 높이기 위해 참여와 정보개방을 제한하였다. 그리고 시민사회의 비판이나 견제를 제대로 수용하기보다는 소수가 의사를 결정하고 이것을 시민에게 강요하는 방식을 지향하였다. 폐쇄적인 의사결정과 계획의 강요는 개인을 사익추구의 존재로 보고 그들에 대한 불신을 전제로 한 것이었다. 따라서 개인 간의 신뢰, 협동, 공동체정신과 같은 사회자본(social capital)이 발생할 여지를 차단하는 문제를 노정하였다. 더구나 계획과 강요를 통한 문제해결방식은 소수자의 의견을 무시하고 다수 대중의 의견을 쫓아가는 것을 선호하였다. 이때 매스미디어가 중요한 역할을 하는데, 매스미디어의 폭력은 대중조작을 통해 다수의견을 조작하고 소비지향적 사회를 강요하면서 순응적이고 수동적인 행동양식을 창출한다(Held, 1996). 이러한 문제를 해결하기 위한 대응으로 부각한 토의민주주의는 공론장이 활발하게 작동하고 개인의 주체적인 참여와 영향력 행사를 촉진한다. 따라서 토론민주주의에서는 정치가 흥정이나 세력균형에 머무는 것이 아니라, 문제정의와 해결방식에 대한 정당성이 증진될 수 있다.

토의민주주의에서는 정보가 개방되고 대화와 토론이 활성화된다. 그리고 각종 사회적 이슈를 공론장으로 받아들여 활발한 의사소통이 일어난

〈표 8-1〉 주요 정치제도와 민주적 가치

정치제도	개념적 특징	민주적 가치
참여민주주의	시민이 자신에게 영향을 미치거나 공동체의 이익에 관한 의사결정과정에 참여하여 효과적으로 영향력을 행사	정당성, 참여, 개방, 평등, 권력분화, 자율, 책임, 자치, 시민권리, 소수권익 보호, 의사소통, 토론, 공론장, 저항, 부정, 공동체, 시민성
다원민주주의	국가의 절대성을 부정하고 정책과정에 다양한 단체들이 참여하여 다원적이고 이질적인 가치의 공존을 지향	정당성, 참여, 개방, 권력분화, 연대, 자율, 소수권익 보호, 토론, 공론장, 조정, 합의, 다원성, 저항, 적대, 협력, 시민성
토의민주주의	공동체의 이익에 대한 각종 이슈가 공론장에서 활발하게 논의되고 적절한 토론과 심의과정을 통해 결정	정당성, 참여, 개방, 자율, 책임, 시민권리, 소수권익 보호, 의사소통, 토론, 공론장, 조정, 합의, 신뢰, 투명, 협력, 공동체, 시민성

다.12 개인이 가진 선호와 이해관계는 토론 속에서 상대방의 의견과 조율되어 수정되고 합의에 이르게 된다. 공론장은 사회적 약자에게도 자신의 의견을 제시하고 영향력을 행사할 수 있는 공간을 제공하게 된다. 그리고 공동체의 관심에 대한 활발한 토론은 시민으로 하여금 상대방을 이해하게 하고, 공동체의 윤리를 체득하게 하며, 공익에 대한 인식을 통해 시민적 책임을 자각하도록 유도한다. 따라서 토의민주주의는 시민성의 계발과 민주적 규범의 내면화를 통해 사익추구를 자제하고 공공정신을 강화하는 효과를 발휘할 수 있다.13 또한 토의민주주의는 현대인의 근거리 교류와 상호

---

12 심지어 핵무기와 같이 소수전문가의 의견이 중시되는 분야도 전문가의 오류가 발생할 수 있고 내용의 사회적 성격으로 인해 공론장에서 활발하게 토론하게 된다.
13 토론이 활발하게 진행되면 증거가 나오고 이해도가 높아져서 개인이 사익추구를 자제하게 되고(Pierre & Peters, 2000), 공동선의 발견을 통해 이타주의적 행동을 장려하게 된다(임혁백, 2000).

이해에 중요한 공동체의 발달에 기여한다. 물론, 토의민주주의는 전자민주주의가 활성화됨에 따라 시간적·공간적 한계를 넘어 사이버공간에서도 활발하게 작동할 수 있다.

이상 설명한 참여민주주의, 다원민주주의, 토의민주주의가 어떠한 특징을 가지고 있고, 어떠한 민주적 가치를 실현하는가를 정리하면 〈표 8-1〉과 같다. 물론 세 가지 정치제도는 상호 밀접하게 연관되어 있기 때문에 많은 민주적 가치들을 중복적으로 포함한다.

3. 거버넌스에서 민주주의의 급진성 실현

근대국가의 성립 이후 국가는 자원과 기구를 중앙에 집중적으로 배치하여 수직적 위계체제를 형성하였다. 위계조직 내에서 의사결정은 상층이 독점하였고 명령과 통제와 같은 방식으로 지배·종속 관계가 이루어졌다. 지배·종속 관계는 강제와 불평등을 통해 순응을 확보하는 통치양식이다. 국가 내에서 이러한 통치양식을 중시한 것은 효율성의 강조를 통해 성장을 정당성의 원천으로 삼았기 때문이다. 성장을 지속하기 위해서는 국가가 중심이 되어 계획을 세우고 강제적인 방법으로 경제정책을 추진하게 된다. 국가 중심의 성장정책은 기술개발을 통해 부를 축적하는 것이 급선무였기 때문에 자연을 개발·착취하였을 뿐만 아니라, 인간 간에도 대립과 배제를 가져오고 강제와 폭력을 동원하게 되었다. 이것은 소외를 양산하고 균형적인 사회를 배척하는 결과를 초래하였다. 따라서 국가 중심의 통치는 자율·참여·평등·다양성 등과 같은 민주적 가치를 등한시 하고 개인적 자유를 소극적인 수준으로 한정하였다.

국가에 의한 통치의 대안으로서 거버넌스의 등장은 통치관계에 새로운 통찰력을 제공하고 민주주의적 가치를 실현할 수 있는 가능성을 보여준다. 거버넌스에서는 다양한 행위자가 참여하고 이들 행위자 간의 상호작용이 활발하다. 그리고 그 결과로서 새로운 관계의 사회구조와 질서를 창출하게 된다. 이러한 거버넌스의 근저에는 기존체제의 한계를 극복하고 새로운 사회운영방식을 도입하려는 변혁의 힘이 도사리고 있다. 거버넌스는 기존의 국가와 사회의 구분, 정부 중심의 획일적 통치, 관료제적 조직에 의한 서비스 생산, 명령과 제재를 통한 갈등조정 방식에서 벗어나는 것이다. 이것은 로즈(Rhodes, 1997)의 주장처럼 국가로부터의 자율, 자원교환과 목표의 조정, 행위자 간의 상호 의존, 신뢰하고 동의하는 게임 룰 등의 특성을 가지고 자기조직화(self-organizing)와 조직 간 네트워크의 새로운 양식을 내포한다. 따라서 국가는 사적 자원을 동원하여 외부환경에 적응할 수 있는 변형능력(transformative capacity)을 기르게 되고,14 지배하는 권력(power over)보다는 관계하는 권력(power to)을 통한 문제해결 방식이 통용된다.15

 통치방식의 변화는 새로운 행위자의 참여와 새로운 가치의 접목을 수반하게 된다. 국가는 헌법적 능력이나 법적 권력보다는 사적 자원을 동원하여 공적 자원과 사적 자원을 상호 융합·조정하고 상황적 맥락에 맞는 권력 행사를 실행한다(Pierre & Peters, 2000). 따라서 기존에 국가영역의 운영원리였던 권력의 독점, 수직적 명령, 위계적 조직, 획일적 결정 등은 배척된

---

14 바이스(Weiss, 1999)는 산업화와 세계화의 격랑 속에서 외부의 충격과 압력에 적응하고 자국의 산업발전을 보장하기 위해 국가는 변형능력을 가져야 한다고 주장한다. 현대사회에서 국가의 변형능력은 국가 외부의 자원에 주목하여 다양한 민간기구의 참여를 강화하고 이들과 협력하는 것이 필요하다.

15 스튜어트(Stewart, 2001)는 지배하는 권력(power over)과 관계하는 권력(power to)을 구분한다. 그에 의하면 전자는 목표를 성취하는 전략적인 능력으로서 권력을 지배로 이해하는 반면에, 후자는 연대의 구체적인 형태의 상호 주관적 발생으로서 권력을 집합적 자율의 표현으로 본다.

다. 거버넌스에서 국가는 다른 행위자와 권위를 공유하고 상호 조정을 통해 통치의 대표성·효과성·민주성 등을 실현하는 것을 지향한다. 이러한 이념을 달성하기 위해서는 먼저 시민참여가 활발하고 권력이 분화되어야 한다. 지금까지는 기술관료가 권력을 독점하여 정책을 결정하였다. 기술전문가에 의한 참여의 배제와 정책결정의 독점은 정책 정당성을 훼손하였을 뿐만 아니라, 책임성·투명성·신뢰성의 약화를 가져왔다. 따라서 거버넌스에서는 이에 대한 대안으로서 비정부적 행위자에게 권한이 부여되고 자율적 통치 네트워크와 상호 의존적 권력관계가 유지된다. 물론, 공적 권위를 가진 정부의 조정역할을 무시하는 것은 아니다.

거버넌스는 시민참여와 분권화를 통해 기존의 위계적인 관료조직에서 벗어나 복합적이고 네트워크적인 조직을 선호한다. 관료조직은 수직적인 명령과 강제성을 띤 통제에 의존하여 조직을 운영하고 자원을 배분한다. 따라서 개인의 자율과 창의가 왜곡되고 의사소통이 단절되기 쉽다. 거버넌스는 상대적으로 활발한 대화와 토론 속에서 행위자 간의 수평적 관계를 유지한다. 따라서 행위자 간에 상호작용이 활발하고 의사소통이 원활해진다. 네트워크 조직에서는 회의, 부정, 저항의 동학이 가능하고 이것은 발전에 중요한 역할을 한다. 예를 들어 현대사회의 소비문화와 대중문화는 개인을 상품가치에 종속시키고 단순소비자로 전락시키거나 획일적 문화유형에 귀속시키게 된다. 이때 부정적 사유와 저항적 행동은 현실을 올바로 인식하고 자기판단에 필요한 지식이나 아이디어를 제공하는 기능을 한다.

거버넌스의 핵심적 요소인 네트워크 조직에서는 행위자 간의 상호 의존도가 높고 파트너십이 활발하게 일어난다. 권위를 공유한 행위자는 공동의 목표를 달성하기 위해 정보를 공유하고 신뢰를 형성한다. 특히 행위자 간의 신뢰는 협력과 연대가 효과적으로 작동하는 데 중요하다. 제솝(Jessop, 1998)의 지적처럼 네트워크 조직에서는 도구적 합리성보다는 성찰적 합리성이 강조되기 때문에, 상호 학습이 효과적으로 일어날 수 있다. 성찰적 합리성의 문화 속에서 상호 학습이 일어나는 것은 시민교육을 통해 시민자질을 향상시키고 시민성을 증대시키는 데도 중요한 기반을 제공한다. 공공선에 대한 비판정신과 참여정신과 같은 시민성은 공동체적 가치를 확산하고 시민사회의 공공성을 강화하는 데 중요하다. 시민사회의 공공성이 강화되면 이익집단의 세력화로 인해 시민사회가 사유화되고 시민성이 형해화되는 것을 방어할 수 있다.

거버넌스에서는 시민참여가 활발하고 다양한 수준에서 자율적 공론장이 활성화됨에 따라 통치과정에서 폐기되었던 환경·인권·평화·여성·문화 등에 대한 권리가 활발하게 논의된다. 따라서 공동체의 업무에 참여할 권리, 노동할 권리, 정보를 나누어 가질 권리, 권력에 저항할 권리 등 적극적 자유가 중시된다. 또한 거버넌스에서는 균형이 중시되고 생산지상주의에서 벗어나 생태적 가치에 대한 새로운 인식을 하게 된다. 따라서 인간과 자연의 관계가 지배·종속관계에서 공존적 관계로 재설정될 수 있다. 그리고 거버넌스는 자기조직적 네트워크(self-organizing network)라는 조직적 특성을 지니게 되는데, 여기서는 이질적인 가치의 상호작용으로 인해 불안과 무질서가 나타나지만, 이것은 쇄신과 창조를 지속해가는 자기변형의 토대가 된다.

이상에서 살펴본 바와 같이 거버넌스는 앞서 민주주의의 급진성을 실현하는 정치제도로서 제시한 참여민주주의, 다원민주주의, 토의민주주의가 지향하는 민주적 가치들을 실현하는 계기를 제공한다. 〈표 8-2〉는 기존의 통치(government)에서 중시되는 가치와 거버넌스에서 발현되는 가치를 대비시킨 것이다. 물론, 양자의 구분은 상대적인 것으로서 각각의 가치가 반드시 어느 한쪽에만 위치하는 것은 아니다.

〈표 8-2〉 통치와 거버넌스 가치의 비교

통치(government)의 가치	거버넌스(governance)의 가치
독점적 결정	참여, 권한부여
권력집중	권력분화
강제, 불평등	자율, 평등
위계적 조직	네트워크형 조직
대의제	자결, 자치
명령, 제재	조정, 합의
권력남용, 부패	책임
종속, 순응	저항, 부정, 회의
불신, 폐쇄, 은폐	신뢰, 개방, 투명
획일, 성장	다양성, 균형
신속, 강요, 독단	토론, 협력, 연대
안전, 경직	쇄신, 자기변형
다수결원리	소수자 보호
소극적 권리	적극적 권리
이데올로기 주입	시민성 계발

IV. 민주주의의 급진적 재구축을 위한 NGO의 역할

 앞서 지적한 바와 같이, 거버넌스에서는 공적 영역과 사적 영역 간의 경계가 완화되고 공적 영역에 다양한 비정부 행위자들이 참여하게 된다. 여기에는 시장의 기업도 참여하지만, 시민사회의 다양한 비영리단체(NPO: nonprofit organization)가 참여하게 된다. 예를 들어 비영리병원·학교·복지기관 등이 정부와 협력하여 공공서비스를 공동생산하고, 직능단체가 정책과정에 참여하여 회원의 이해를 대변하거나 전문지식을 제공할 수 있다. 종교단체도 정부의 지원을 받아 사회적 약자를 보호하거나 새로운 윤리를 실천하는 역할을 할 수 있다. 국가권력에 대한 견제와 공공서비스 제공을 통해 공익을 수호하는 역할을 담당하는 NGO도 거버넌스의 중요한 행위자이다. 여기서 NGO란 한국에서 즐겨 사용하는 시민단체와 거의 같은 의미로서 시민의 자발적 참여로 결성되고, 회원가입의 배타성이 없으며, 주로 자원활동을 통해 공익을 추구하는 결사체를 말한다(박상필, 2001b).

기존에 국가가 중심이 되어 사회를 통치하던 방식은 다양한 수준에서 여러 가지 조건으로 인해 한계에 부딪히게 되었다. 따라서 21세기의 거버넌스 모델은 각 수준에서 NGO의 참여가 필요하다. 국제사회에서는 강대국 중심의 국가이기주의를 견제하고 국제기구가 해결할 수 없는 전 지구적 문제를 해결하기 위해 NGO의 협력이 필요하다. 국가적 수준에서도 정부는 NGO의 협력 없이 현대사회의 중층적 갈등과 다양한 욕구를 해결하기 어렵다. 특히 대리인체제(agent system)가 갖는 한계를 극복하고 '시민에 의한 정치'를 구현하기 위해서는 NGO의 참여를 요구한다. 지방적 수준에서도 지방사회의 폐쇄성과 비합리성을 타파하고 시민참여를 통해 정체성의 정치를 구현하기 위해 NGO가 중요한 역할을 할 수 있다. 각 수준에서 NGO의 참여는 바로 국가를 유지하면서 국가가 갖는 한계를 극복하여 국가의 정당성을 강화하는 중요한 메커니즘으로 작용한다. 왜냐하면 국가 혼자서는 문제를 해결할 자원도 부족하고 대의제적 체제에서는 정당성도 빈약하기 때문이다. 이제 국가는 작은 문제를 해결하기에는 너무 크고 큰 문제를 해결에는 너무 작은 상황이 되었다.

거버넌스에서 NGO의 참여는 NGO가 지니고 있는 다양한 가치와 행위양식이 일정하게 영향을 미침으로써 민주주의의 급진성을 실현할 수 있는 가능성을 높인다. NGO는 자율·참여·연대의 이념에 근거하여 시민의 집합적 활동을 통해 사회변혁을 추구하는 것을 목표로 한다. NGO는 내부의 조직운영과 외부의 시민운동 전개에서 참여의 확대, 다원성의 실현, 자원성의 동원, 사회자본의 생성, 공론장의 활성화, 사회적 약자의 이익 옹호,

시민성의 고양 등과 같은 가치를 실현하려고 노력한다. 여기서는 민주주의의 급진적 재구축과 관련하여 NGO가 할 수 있는 역할로서 시민참여와 시민교육의 강화, 다원적 가치의 실현, 정치적인 것의 확대, 공론장의 활성화 등에 대해 살펴보기로 한다.

1. 시민참여와 시민교육의 강화

NGO는 시민의 자발적 참여와 조직화를 통해 결성된다. NGO는 시민이 사적 이익추구에 골몰하거나 정책의 수동적 적용대상으로 남는 정태적 인간을 거부하고, 공동체의 이익에 적극적으로 참여할 것을 촉구한다. 이러한 참여를 통해 시민 스스로 민주시민으로서의 정체성을 가지고 시민성을 체득하도록 유도한다. 물론, NGO는 다양한 기획프로그램을 통해 민주시민을 위한 교육을 직접 실행하기도 한다.

우선 NGO가 거버넌스의 행위자로 참여함으로써 시민참여의 본질이 실현되도록 하는 데 기여한다. NGO의 참여는 단순히 공적 업무에 대한 시민의 형식적 참여로 끝나지 않는다. NGO는 정책과정에서 집단이익이 과도하게 영향을 미치는 것을 방지하고 공공선의 가치가 반영되도록 촉구한다. 특히, 거대한 자본을 가진 기업조직이나 직능단체가 공적 영역을 사유화할 때 NGO는 정부와 연대하여 민주주의 원리를 보호하고 정부의 조정역할을 강화하는 역할을 할 수 있다. 이것은 NGO를 정파적 이익에 치중하는 정당이나 집단이익추구를 목적으로 하는 이익집단과 구별할 수 있는 하나의 기준이기도 하다. 그리고 정책에 의해 가장 직접적인 영향을 받으면서도 참여능력과 대변능력이 없는 사회적 약자의 이익을 투입한다. 참여 이후에도 참여가 형해화되어 효과를 발휘하지 못하는 상황을 방지하는 역할을 할 수 있다. 즉, 참여가 단지 정책의 정당성과 순응성을 확보하기 위한 수단으로 전락하는 것을 방지하고, 실질적인 정보공개와 토론이 이루어지도록 압력을 행사할 수 있다. 심지어 NGO는 거버넌스에서 연대를 통해 적절한 규모의 참여가 이루어지도록 조정하는 역할도 할 수 있다.

NGO가 시민참여를 토대로 사회변혁을 추구한다고 해서 자신의 위상을 단순히 영향력의 정치, 목적지향적 행동에 한정하지 않는다. 그보다 NGO는 정체성의 정치를 지향한다. NGO는 공동체의 업무에 대한 시민참여를 통해 개인이 자기주체성을 확인하고, 사회적 정체성을 획득하며, 자신의 잠재력을 계발할 수 있도록 유도한다. NGO를 통한 국정참여는 바로 냉소주의와 순응주의를 극복하고 자율적 인간으로서의 권리와 의무를 학습하는 교육과정이기도 하다. 특히, NGO는 저항과 부정의 동학을 통해 국정참여에서 시민이 비판의식을 갖도록 하는 역할도 한다. 다원주의사회에서 공익정신과 비판의식과 같은 민주시민의식은 자신의 사적 이익에서 벗어나 합리적인 조정과정을 통해 사회적 합의를 창출하는 데 중요하다. NGO는 바로 자발적인 공익활동을 통해 이러한 민주시민의식을 교육하고 육성하는 대표적인 결사체라고 할 수 있다.

2. 다원적 가치의 실현

시민사회에 토대를 두고 있는 NGO는 그 자체가 다원적 가치를 중시하는 이념적 정향을 가지고 있다. NGO는 다양한 선호를 가진 시민들이 가치를 공유하고 공동협력을 통해 공공선을 실현하는 조직이다. NGO는 추구하는 목표, 크기, 전략, 재정구조, 활동영역 등이 다양하다. 예를 들어 NGO의 활동영역은 환경, 복지, 인권, 평화, 소비자, 여성, 문화, 교육, 국제원조, 교통 등 너무나 다양하다. 단체 수가 늘어나고 시민운동이 분화되면서 여기에서 다시 세분화되기도 한다. 예를 들어 환경에서도 반핵운동, 갯벌-

습지보호, 대안에너지, 녹지보존, 샛강살리기, 야생동물보호, 공해문제, 수자원보호, 환경교육 등으로 분화되고 있다. 이렇게 다양한 단체들이 서로 자신의 목표를 성취하기 위해 활동하고 필요에 따라 서로 연대하고 경쟁하기도 한다.

거버넌스에서 NGO는 시민사회의 다원적 가치를 반영하고 국가가 가지고 있는 강제성과 획일성 논리를 견제한다. NGO는 시민사회의 다양한 가치가 정책과정에 반영되어 정책이 소수자의 특권이나 다수결의 원리에 의해 결정되지 않도록 한다. 그리고 정책을 결정하는 의사결정과정에서 소수자의 의견을 반영하여 충분한 소통과 토론이 이루어지도록 압박한다. 또한 정부로부터 직접 권한을 부여받아 정부영역에서 제공하기 어려운 정신적 가치를 생산하는 데 기여한다. 특히 NGO의 참여에 의해 각종 사회적 경제가 발달하게 되면 국가와 시장에 의해 생산할 수 없었던 인간적 욕구를 충족시키는 데 기여한다. 현대인은 공적 영역에 대한 참여, 사회복지에 대한 요구, 개인 잠재력의 발휘, 소외의 극복, 타인에 대한 봉사, 영성의 계발 등에 대한 욕구를 가지고 있다. 이러한 욕구는 NGO가 거버넌스의 행위자로 참여함으로써 정책과정에서 더 많이 논의되고 구체적인 실행을 통해 개인에게 직접적으로 전달될 수 있다. NGO란 바로 이렇게 다양한 가치와 욕구를 추구하는 개인들의 자발적 결사체이기 때문이다.

3. 정치적인 것의 확대

최근의 신자유주의는 근대자유주의의 변용을 거쳐 독과점을 용인하고 불평등을 강화하고 있다. 이러한 신자유주의는 자유주의에서 중시되었던 정치를 오히려 퇴행시킴으로써 생활세계를 황폐화시킬 뿐만 아니라, 정치적인 것의 영역을 축소시키고 있다. 이러한 정치적인 것의 축소는 상업매체를 통한 대량광고가 소비지향적 인간을 생산하고 대중문화가 비판의식을 마취시킴으로써 더욱 확대·심화되고 있다. 현대사회에서 삶의 질을 높이기 위해서는 시민들이 삶과 관련된 가치를 공론장으로 포괄하여 상호 토론하고 영향력을 행사하는 것이 중요하다. 정치적인 것의 확장은 단지 도구적·법적 장치, 합리적 의사소통, 도덕적 선에 한정하는 것이 아니라, 자발적 결사체가 자율적으로 다원적 가치를 실현하는 역동이 존재해야 한다(O'Sullivan, 1997). 현대사회에서는 NGO가 바로 이러한 역할을 수행한다. NGO는 국가와 시장에 의해 폐기되었던 주제를 정치적 토론에 포함시켜 인간의 삶의 질과 연계시키고 있다. 대표적인 것으로 환경이나 여성의 가치를 예로 들 수 있다.

NGO는 거버넌스에 참여함으로써 정치가 슈미트(Schmitt, 1992)가 주장하는 바와 같이 적과 동지 사이의 권력을 둘러싼 적대투쟁으로 제한되거나, 롤스(Rawls, 1999)가 가정하고 있는 바와 같이 당사자 간의 이해관계를 합리적으로 조율하는 과정으로 축소되는 것을 경계한다. NGO는 거버넌스에서 정치가 단지 국가 중심적인 것으로 제한되거나 경제적 이해관계를 조정하는 제도적 차원으로 격하되는 것을 거부한다. 정치란 바로 시민의 자발적 단체가 정체성을 쟁취해가는 역동적인 과정임을 보여준다. NGO는 거버넌스에서 사회권의 확보, 각종 갈등과 모순, 억압과 종속, 생태계 보호, 소수자의 권리, 영성의 발현 등과 같은 주제를 제기할 수 있다. 또한 NGO는 거버넌스에서 갈등, 저항, 부정, 회의 등과 같은 행위양식을 투입함으로써 정치과정이 토론과 조정만이 아니라 역동적인 상호작용의 과정임을 보여준다.[16] NGO는 거버넌스에서 기존질서에 저항하는 견고한 사회적 토대

---

[16] 마르쿠제(Marcuse, 1983)는 부정적 사유가 참다운 지식으로서 다원적 사회로의 변화를 가능케 한다고 본다. 그리고 Arendt(1996)는 정치가 경제적 이해관계를 조율하는 제도적인 영역으로 남으면 행정으로 격하된다고 주장한다.

나 참호역할을 할 수도 있다. 특히, 생산지상주의가 소비를 조장하고 풍요를 곧 발전으로 보는 상황에서 NGO의 저항문화는 해방의 잠재력을 일깨우고 자유를 증진시키는 데 중요하다. 오늘날 신자유주의하에서 시장주의가 민주주의의 원리가 작동하는 공적 영역에 침투하여 경제적 원리가 중시되고 경제적 문제가 주요 주제가 되고 있다. 이러한 상황에서 NGO는 신자유주의의 논리에 맞서 거버넌스에서 정치담론의 역동성을 부활시키는 역할을 한다.

4. 공론장의 활성화

자유민주주의에서 민주주의의 급진성을 실현하려는 모든 정치철학적 기획은 정치적인 것의 이념과 함께 공론장에 대한 성찰을 통과해야 한다(윤평중, 2001). 정치적인 것의 확장은 공론장이 활성화되지 않고서는 그 본래의 의미를 살리기 어렵다. 하버마스(Habermas, 2001)도 공론장의 생성과정이 정치적인 것과 밀접한 관련이 있음을 제시한 바 있다. 또한 공론장의 활성화는 참여의 유효화와 다원적 가치의 실현과도 밀접한 관련이 있다. 공론장은 인간의 삶과 관련된 다양한 주제가 개인과 조직 간의 활발한 의사소통과 실천적 행위에 반영될 때 가능하다. NGO는 정부나 기업에 비해 개방되어 있고 수평적이고 네트워크적인 조직을 중시한다. 그리고 내부에 토론과 비판을 용인하는 가치와 문화를 가지고 있다. 따라서 NGO의 활동은 곧 자율적이고 다층적인 공론장의 생성과 직결된다.

거버넌스에 다양한 단체가 참여함으로써 정부는 효율성을 증진시킨다는 이유로 정보를 은폐하고 토론을 제한할 수 있다. 이러한 경향은 영향력 있는 기업조직이 참여함으로써 더욱 심화될 수 있다. 권력이나 화폐 또는 양자의 결합은 탈언어적 매체에 의한 지배와 불평등을 선호하고 목적합리적 성격을 노골화함으로써 담론장을 파괴할 수 있다. 이때 거버넌스의 한 행위자로 참여하는 NGO는 국가와 시장의 이러한 원리를 간파하여 의사과정의 개방과 투명화를 주장하고 공론장의 재봉건화와 불평등을 견제한다. 더구나 NGO는 언어적 담화 외에 신체나 예술을 사용함으로써 상징적 공론장을 제공하기도 한다. 몸의 저항, 저항의 체험, 전위예술 등을 예로 들 수 있다. 그리고 NGO는 거버넌스에서 정부나 기업과는 달리 공익의 범위를 확대함으로써 공론장의 크기를 확대하기도 한다. 정부는 다수가 원하는 것에 관심을 두고, 기업은 경제적 이익에 관심을 두고 있다. 그러나 NGO는 생활정치를 지향하기 때문에 일상생활에 시민이 부딪히게 되는 생활문제를 공론장으로 끌어내고, 사소한 것으로 무시될 수 있는 사회적 약자의 관심을 부활시킨다. 예를 들어 동성애, 에이즈, 난치병, 생태가치, 전통문화, 여행, 죽음, 축제, 놀이 등에 대한 담론을 제기하여 공론장을 활성화시킨다.

V. 끝맺는 말

이상에서 살펴본 바와 같이, 거버넌스는 1990년대 이후 시민참여와 상호의존을 요구하는 시대변화에 적응하는 새로운 통치양식으로 받아들여지고 있다. 거버넌스는 시민참여, 권력분화, 네트워크형 조직, 자율과 자치, 상호 협력과 조정, 다양성, 의사소통, 토론과 대화, 시민권리, 시민성 등과 같은 민주적 가치를 포함한다. 따라서 거버넌스는 권력의 정당성 증진, 자기결정원리의 강화, 정치적인 것의 확대, 공론장의 확장, 시민성의 계발 등을 통해 민주주의를 급진적으로 재구축하려는 정치적 기획에 일정한 계기를 제공한다. 그리고 NGO는 거버넌스에서 시민사회의 중요한 행위자로 참여하여 시민참여와 시민교육을 강화하고, 시민사회의 다원적 가치를 반영하며, 정치적인 것의 확대와 공론장의 활성화에 기여함으로써 민주주의의 급진성을 실현하는 데 일정한 역할을 한다.

거버넌스에서 NGO의 역할은 NGO가 가지고 있는 자발성, 자원성, 다원성, 국제성, 역동성, 공익성 등과 같은 이념으로 인해 시장의 기업이나 시민사회의 다른 비영리단체와 구별되기도 한다. 그러나 NGO는 거버넌스에서 민주주의의 기본이념을 실현하는 역할만큼이나 다양한 문제를 노출하고 일정한 한계를 보이기도 한다. 거버넌스에서 민주주의의 급진성을 실현하는 데 있어서 NGO의 한계는 크게 참여과정의 문제와 참여 후의 문제로 나눌 수 있다.

첫째, 참여과정에서의 문제이다. NGO는 너무나 다양하다. 그런데 거버넌스의 어떤 과정과 차원에서 누가 참여하느냐의 문제는 간단하지 않다. 이 과정에서 회원·재정·리더십 등이 취약한 단체가 실질적으로 참여하지 못하고 영향력이 강한 대형 단체가 권력을 독점할 수 있다. 그리고 참여과정에서 과도한 경쟁이 일어날 수 있고, 이러한 경쟁은 국가의 선택권력을 강화함으로써 정부에 대한 NGO의 종속을 초래할 수 있다. NGO는 영역별로 연대체가 구성되어 있기 때문에 이러한 문제를 해결할 수 있는 장치를 가지고 있기도 하지만, 연대체 내에서도 여전히 권력의 집중과 소외 문제는 남는다.

둘째, 참여 후 관리에서 나타나는 문제이다. NGO가 거버넌스에 참여하여 제도화됨으로써 역동성이 쇠퇴하고 보수화될 수 있다. 그리고 전문능력과 실제적인 수단의 빈곤으로 인해 제대로 권력을 행사하지 못하고 전문기술관료의 결정에 끌려 다닐 수도 있다. 가장 대표적인 것이 정보의 제한이다. 거버넌스 체제가 정보공개를 핵심적인 특징으로 하지만, 현실적으로는 정보는 여전히 정부의 소수자에 집중되어 있다. 그리고 정부관료와는 달리, NGO는 정책이 실패했을 경우 책임을 지는 수단도 애매모호하다. 또한 공적 영역의 정책과정에서 개별 단체의 권력과 영향력 확대를 지양하고 공익을 추구하는 목적으로 어떻게 유도하는가도 간단하지 않은 문제이다.

   NGO가 거버넌스에서 주요한 행위자로 참여하는 것은 시민사회의 이념이나 가치를 투입하여 국가를 변형시키고 민주주의의 질적 발전을 성취하기 위한 것이다. NGO가 거버넌스에서 이러한 목적을 달성하기 위해서는 NGO 자체의 역량을 강화하고 자기정당성을 확보하는 것이 중요하다. 그것은 무엇보다도 NGO 스스로 민주주의의 원리가 통용되는 조직으로 변신하는 것으로부터 시작한다.

제9장
NGO 활동의 활성화를 위한 법적 고찰

I. 서론

우리는 지금 이행기의 시대에 살고 있다. 산업혁명 이후 자본주의적 발전 동력을 지탱해왔던 포드주의적 생산방식이 후(後)포드주의 생산방식으로 전환되고 있고, 1930년대 이후 사회질서 형성과 제도적 조절기제로서 중심적 역할을 수행해왔던 국가의 시대가 끝나고 시장 중심으로 전환되고 있다. 기존체제가 해체되고 새로운 체제가 부상하는 전환과정에 있는 것이다. 다른 한편으로 우리는 위기의 시대에 살고 있다. 자본주의의 축적사이클에서 본다면 미국사이클이 거의 종말을 고한 반면에 새로운 사이클이 대두하지 않았고, 강력한 영향력을 행사하고 있는 시장주의는 조절기제로서 제 역할을 다하지 못하고 물질주의, 불평등, 인간성 상실 등과 같은 문제를 야기하고 있다. 그래서 우리가 겪고 있는 다양한 갈등과 딜레마를 현재의 체제나 조절장치로서는 해결하기가 어려운 시대이다.

이행기와 위기의 시대에 각종 사회문제를 조절하고 해결하는 기제로서 국가와 시장의 한계가 지적됨에 따라 시민사회에 대한 관심이 부상하고 있다. 서구사회에서는 보수주의자와 사회주의자가 공통적으로 공동체를 부흥하기 위한 가치의 재발견, 공공정신, 자원활동과 기부문화, 분권화된 자치제도와 토론정치, 시민참여와 공론장의 활성화 등을 강조하고 있다 (Bellah, et al., 1985; Eberly, 1994; Etzioni, 1993; Putnam, 1993; Sandel, 1996). 이러한 신(新)토크빌주의적인 발상은 시민사회의 부활에 초점을 두고 국가와 시장 사이에 있는 각종 시민사회단체의 역할에 주목하는 것이다. 즉, 강제적인 권력과 사적 이기주의의 한계를 파악하고 개인의 사회적 책임과 도덕심의 중요성을 강조한다. 물론, 이러한 현상이 국가의 존재를 부정하거나 법적 장치의 중요성을 무시하는 것은 아니다. 사실 근대국가체제에서 법적 장치에 기반한 법치주의의 확립은 국가의 정당성 형성뿐만 아니라, 시민사회의 질서와 다양성을 보존하는 데도 매우 중요하다.

국가에 의한 법적 장치는 국가권력에 일정한 제한을 가하고 시민사회가 정책과정에 참여하여 시민의 적극적 자유와 권리를 확보하는 데 매우 중요하다. 그리고 시민사회 내 각종 결사체 사이에 사적 이익과 공적 이익 간의 갈등을 조정하고 민주주의의 원리가 작동되도록 하는 데 중요한 역할을 한다. 나아가 법적 장치는 시민사회가 물적 자원과 자원활동을 동원하여 능동적으로 사회문제를 해결하는 데 일정한 제도적 기반을 제공하기도 한다. 따라서 서구사회에서는 일찍부터 시민사회의 각종 결사체가 정책과정에 참여하고 여러 가지 자원을 확보할 수 있는 법률을 제정하여 시행해오고 있다. 그러나 한국은 시민사회가 본격적으로 발달하기 시작한 지 그리 오래되지 않았고, 그나마 시민사회의 각종 결사체의 사회적 활동의 중요성을 제대로 인정하지 않았다. 그러다가 1990년대 말부터 시민사회의 영향력이 확대되고 거버넌스가 확산되는 가운데 시민사회의 공적 역할이 강조됨에 따라 이와 관련된 각종 법률이 제정되기 시작하였다. 그러나 아직도 각종 NGO들이 정책과정에 적극적으로 참여하고 사회변화를 위한 시민운동을 전개하는 필요한 법률이 제대로 제정되지 않았을 뿐만 아니라, 제정된 법률도 여러 가지 한계를 지니고 있다.

이 글은 한국의 NGO가 정책과정에 적극적으로 참여하고 시민운동을 독자적으로 전개하는 데 필요한 각종 법률(안)을 NGO의 입장에서 분석·비판하고 이러한 법률의 제정과 개정의 방향을 제시하려는 것이다. 한국 NGO는 지난 10여 년 동안 NGO의 활성화를 위한 각종 법률제정을 위한 입법청원운동을 활발하게 벌여왔으나, 아직도 제정되지 않은 법률이 많이 있다. 그리고 NGO의 요청에 의해 제정된 법률도 최후 산출과정에서 정부에 의해 왜곡되어 NGO의 활동을 제한하고 위축시키는 경우가 많다. 따라서 이러한 법률의 제정과 개정에 대한 분석을 통해 NGO 활동의 활성화와 시민사회의 성장에 필요한 이론적 틀을 도출하는 것은 의미가 있을 것이다. 여기서 NGO는 시민의 자발적 참여, 회원가입의 비배타성, 자원봉사에 의한 사업진행, 공익추구 등의 조건을 충족하는 좁은 의미의 시민사회 결사체, 즉 시민단체를 말한다. 그리고 시민운동이란 각종 NGO가 주체가 되어 일상생활에서 사회변화를 추구하고 공공선 증대를 지향하는 일련의 의식적이고 지속적인 집단활동을 의미한다.

II. NGO와 법(法)

사회가 일정한 질서를 유지하면서 진보를 거듭하기 위해서는 민주주의의 이념에 맞는 개인의 가치관과 의식, 그리고 공동체의 일에 대한 참여정신이 필요하다. 그러나 이러한 개인적 속성만으로 민주주의가 실현되지는 않는다. 민주주의는 현실적으로 모든 사람이 공정하게 행동할 수 있는 비인격적 룰(impersonal rule)과 일정한 규칙을 담보하는 제도적 장치가 필요하다. 이러한 제도적 장치가 부족하거나 과도하면 권력과 이익을 좇는 인간의 본성으로 인해 끊임없이 억압과 부패와 불평등이 발생한다. 물론, 사회구성원의 가치관과 의식은 제도와 상치되는 개념이 아니라 상호 보완적인 위치에 있다고 볼 수 있다. 예를 들어 문화적 토양에 근거하고 있는 가치관과 의식의 변화가 제도의 변화에 의해 영향을 받고, 한 제도의 발생과 정착도 그 사회를 구성하고 있는 개인의 가치관과 의식의 영향을 받는다. 오늘날 민주주의사회에서 일정한 권력분립의 토대 위에 운영되는 제도는 기본적으로 법의 형식으로 나타난다.

NGO는 사회변혁을 지향하면서 개인의 의식을 전환하고 가치의 변화를 도모한다. 우리 모두가 공유하는 철학적·윤리적 토대를 재구축하려는 목표는 시민운동의 장기적 목표에 해당한다. 그리고 단기적으로는 사회의 각종 문제를 해결하기 위해 정책의 변화를 지향하는데, 이러한 정책변화는 대체로 법률로 구체화된다. 실제로 법률의 변화는 NGO가 추구하는 사회변혁이 현실로 드러난 것이라고 할 수 있다. 왜냐하면 법률의 변화는 장기적으로는 개인의 가치와 의식에 변화를 초래할 뿐만 아니라, 현재의 상황에서 여러 가지 사회변화를 가져오기 때문이다. NGO가 한편으로는 시민을 계몽하고 시민사회의 자족능력을 증진시키기 위해 시민교육을 전개하면서도, 다른 한편으로 국가를 상대로 법률의 제정과 개정을 통해 정책변화를 도모해야 할 이유도 여기에 있다. 시민교육과 정책변화는 한국 NGO가 지니고 있는 이중적 과제이자 책무라고 할 수 있다.

민주주의국가에서 각종 사회문제의 해결이 주로 법에 근거하여 이루어진다는 점에서 법은 매우 중요한 위치를 차지한다. 법은 어떤 것을 선택함으로써 다른 것을 배제하는 특징을 지닌다. 법에 내재하고 있는 희소성의 원칙 때문이다. 물론 법의 희소성이 가지는 조정역할은 시장이나 시민사회에만 적용되는 것이 아니라 국가영역에도 통용된다. 이러한 법의 특징으로 인해 NGO는 법을 통하여 국가권력에 제한을 가할 수 있다. 그러므로 법은 시민사회가 국가를 견제할 수 있는 중요한 장치가 된다. 그리고 법은 시민사회에서 정치적 권리를 실현하기 위한 원칙의 토대가 되기도 하다. 근대국가의 수립 이후 개인이 국가에 의해 억압된 권리를 되찾고 확장하기 위해 입법국가의 중요성을 강조해온 것도 이러한 이유 때문이다. 국가권력의 제한과 개인의 권리 실현에 미치는 법의 영향력은 국가에 따라 정도는 달라도 현대사회에서도 마찬가지이다. 예를 들어 하버마스(Habermas, 2000)는 복잡한 현대사회에서 국가 패러다임의 한계를 인정하면서도 민주주의가 제대로 운영되기 위해서는 법치국가의 존재가 중요하다는 것을 강조한다.

물론 시민운동의 역학을 법적·제도적 어프로치로써 설명하는 것은 한계가 있다. 시민운동을 제도의 정착만으로 제한하는 것은 시민운동의 역동성을 저해하고 그 존재이유를 부식시킬 위험이 있다. 현대사회의 위기는 제도 내의 정당성위기나 관리위기에 국한되지 않는다. 사회조직과 윤리를 재구성하고 사회 각 부분의 정체성을 새롭게 형성할 것을 요구하기 때문이다. 예를 들어 사회변혁을 지향하는 시민운동은 국가적 장치와 법을 초월하여 새로운 조직과 가치와 윤리를 재생산하려고 한다. 법의 효용성과 정당성을 문제 삼아 시민의 정당한 권리를 요구하는 것은 시민의 적극적 삶의 한 부분이고, 이 일상적 삶을 집합적으로 구체화한 것이 시민운동인 것이다. 따라서 시민운동에 필요한 제도적 장치를 구비하는 입법운동이 적극적으로 진행되어야 하겠지만, 동시에 법적 어프로치의 효용성 한계를 인식하는 것도 중요하다.

한국사회에서 최근 10여 년간 NGO가 양적·질적으로 급성장하였다. 이러한 성장은 시민의 지지와 참여 없이는 불가능한 것이다. 이것은 한국사회가 안고 있는 각종 문제를 해결하는 대안세력으로서 시민사회의 자발적 결사체에 대한 기대를 보여준다. 그러나 기득권세력은 시민운동이 사회변혁을 지향하고 이것이 일정부분 기득권의 박탈을 초래함에 따라 NGO의 활성화에 부정적인 견해를 보여왔다. 정치사회는 시민운동이 일종의 권력의 재배치(relocation of power)를 지향하는 속성으로 인해 NGO의 영향력 확대에 방어적 자세를 보여왔다. 그것은 당적을 변경해서라도 권력을 유지하려고 발버둥치는 것과 같이 지배권력의 당연한 자기보존 속성 때문이라고 할 수 있다. 따라서 정당이나 국회가 NGO의 활성화를 위한 법률적 장치의 형성에 매우 미온적일 수밖에 없었다. 실제로 한국에서 국회가 적극적으로 나서서 시민사회를 지원하는 법률을 제정한 경우를 찾아보기는 어렵다. 오히려 시민사회가 제출한 법안조차 수년 동안 방치되는 경우가 대부분이었다. 그리고 행정부는 법률이 제정되어도 시행령의 제정과정에서 NGO에게 제한된 권력만 부여하거나, 법조문의 선택적인 적용을 통해 NGO를 견제하거나 포섭하려고 하였다. 따라서 NGO의 활동과 관련된 각종 법률에서 NGO의 활동을 극히 제한하거나 규제지향적인 내용을 담고 있고, 이미 무용화된 법을 정부 비판적인 NGO의 활동에 대해 선별적으로 적용하기도 하였다. 이러한 경향은 선거법, 집회 및 시위에 관한 법률, 기부금품의 모집 및 사용에 관한 법률 등에서 구체적으로 나타났다.

NGO의 다양한 전략구사에도 불구하고 법은 NGO 활동을 강화하기도 하고 규제하기도 하면서 NGO 활동의 여러 측면과 연계되어 있다. 한국에서 이와 관련된 법률은 크게 세 가지 영역으로 나눌 수 있다. 첫째, 법은 NGO가 시민운동을 전개하는 데 필요한 각종 물적 기반을 제공한다. 기본적으로 시민운동의 물적 기반은 시민사회에서 확보해야 한다. 시민이 자발적 결사체에서 봉사활동을 하거나 회비를 내고 기부하는 것은 시민사회의 공공성에서 볼 때 중요하다. 그리고 시민사회에서 자생한 각종 재단이 시민운동에 필요한 재정을 지원해야 한다. 그러나 오늘날 선진국에서도 NGO의 많은 자금이 정부에서 나오고 있다(박상필, 2001a). 한국에서 NGO

에 대한 직접적 재정지원이나 간접적 지원에 대한 찬반논쟁이 팽팽하지만, 한국 시민사회의 발전 정도와 우리의 문화적 토양을 생각한다면 현재로서는 정부의 역할을 배제할 수 없다. 중요한 것은 정부지원의 가부(可否)가 아니라 지원방법일 것이다. 한국에서 이와 관련된 법률은 비영리민간단체지원법, 기부금품의 모집 및 사용에 관한 법률, 사회복지공동모금법, 기부금에 대한 세금공제제도 등이 있다.

둘째, 법은 NGO가 시민운동을 적극적으로 전개할 수 있도록 정보를 제공하거나 활동영역을 넓이는 데 기여한다. NGO가 정부활동에 대한 정보를 입수하는 것은 국가영역의 전문관료와 경쟁하는 데 매우 중요하다. 그리고 NGO가 자신의 주장을 가지고 시민을 설득하거나 정책결정자에게 시민의 의견을 전달하기 위해서는 다양한 전략활동이나 근접활동을 할 수 있도록 보장해야 한다. 이와 관련된 법률은 공공기관의 정보공개에 관한 법률, 행정절차법, 부패방지법(내부고발자보호, 예산소송보상제도, 국민감사청구제 포함),[1] 집회 및 시위에 관한 법률, 공익소송법,[2] 로비활동공개법 등이 있다.

셋째, 법은 NGO가 시민사회의 인적 자원과 자원적(voluntary) 에너지를 개발하고 이를 적극적으로 시민운동에 투입하는 데 중요한 역할을 한다. 시민들이 정부의 작동구조를 이해하고 공동체 이익에 대한 인식과 참여수준이 높으면 활발한 공론의 장이 형성되고 자원활동이 활발하게 일어난다. 민주시민의 역량과 자원활동을 증대하여 능동사회를 구축하는 것은 시민사회가 지향하는 과제이자 책무이지만, 한국에서는 아직도 시민사회의 이러한 능력이 매우 제한되어 있다. 심지어 시민혁명을 통해 근대국가를 형성하고 시민사회가 발달되어 있는 서구 선진국에서조차 시민교육과 자원

---

[1] '납세자 소송에 관한 특별법(안)'은 현재 시민단체가 국회에 입법 청원해놓은 상태이다.
[2] 공익소송법에서 논의되던 '제조물책임법'은 2000년 1월에 별도로 제정되어 2002년 7월에 발효되었다.

활동의 강화에 국가가 중요한 역할을 수행하고 있다. 시민운동의 지속화에서 볼 때, 민주시민을 양성하기 위한 교육과 자원활동을 개발하기 위한 노력이 일어나지 않으면 NGO 활동은 결국 쇠퇴할 뿐만 아니라, 살아남는다 해도 그야말로 시민참여 없이 진행되는 엘리트들의 소모임으로 종착되고 만다. 이러한 문제를 해결하기 위한 법률로서 민주시민교육지원법, 자원봉사활동기본법 등이 있다.

이 외에도 시민의 권리를 확장·옹호하거나 NGO 활동을 규제하는 장치를 해제하는 것과 관련된 각종 법률이 있다. 국가보안법, 선거법, 공연법, 방송법, 출판사 및 인쇄소의 등록에 관한 법률, 음반 및 비디오물에 관한 법률, 영화진흥법, 광고물단속법 등이 있다. 이와 더불어 군부정권 시절에 제정되어 시민사회를 동원하는 수단으로 사용된 각종 특별법에 대한 폐지 요구도 강하게 일어나고 있다. 여기서는 NGO 활동과 직접적인 관련이 있거나 NGO들이 많은 관심을 보이고 있는 9개 법률(안)의 구체적인 내용과 개정 및 제정의 방향에 대해 살펴보기로 한다.[3]

III. NGO 활동의 활성화를 위한 법률의 제정과 개정

1. 비영리민간단체지원법

우리나라에서는 그동안 새마을운동중앙협의회, 바르게살기운동중앙협

---

[3] 부패방지법과 공익소송법(안)은 NGO를 활성화하는 것과 직접적인 관련이 있는 것은 아니다. 그러나 NGO는 부패방지에 대단한 관심을 가지고 있으며 부패방지법에 포함되어 있는 예산소송보상제는 NGO 활동과 관련이 있고, 공익소송법(안)은 시민권리 옹호와 사회정의 실현과 밀접한 관련이 있기 때문에 여기서 다루기로 한다.

의회, 한국자유총연맹 등에 배타적으로 재정을 지원하는 특별법이 오랫동안 존재해왔다. 시민사회는 관변적 성격이 관한 이들 단체에 재정지원을 명문화하고 있는 특별법을 폐지하고 시민단체에 대한 공정한 재정지원을 요구해왔다. 1997년 김영삼 정권 당시 야당이었던 국민회의 의원 77명이 '민간운동지원에 관한 법률안'을 국회에 제출한 바 있다. 그러나 이 법안은 그 당시 여당이었던 한나라당이 반대하여 통과되지 못하였다. 2000년 '비영리민간단체지원법'이 제정되기 이전에 정부의 각 부처는 주로 '보조금의 예산 및 관리에 관한 법률'에 근거하거나 구체적인 법적 근거 없이 NGO에 재정을 지원하였다. 행정자치부는 1999년에 새마을운동중앙협의회 등 3개 단체에 대한 배타적 지원에서 벗어나 공개경쟁을 통해 123개 단체 140건에 75억 원을 지원하였다.[4] 지방자치단체도 마찬가지로 그 해 75억 원을 지원하였다. 2000년에 제정된 비영리민간단체지원법은 바로 행정자치부의 지원방식을 법률화한 것이다. 이 법은 중앙정부나 지방정부에 등록한 단체(제4조)에 대해 '공익사업선정위원회'의 심사를 거쳐 공개경쟁방식으로 재정을 지원하고 있다(제7조).[5] 중앙의 경우 행정자치부가 2000년에는 151개 단체 195건에 75억 원을 지원하였다.[6] 지원금은 2004년 중앙과 지방 각각 50억 원으로 줄었다. 재정을 지원받은 단체는 사업보고서를 제출하고(제9조), 사업계획서에 허위기재하거나, 기타 부정한 방법으로 보조금을 교부

---

[4] 이때 새마을운동중앙협의회, 바르게살기운동중앙협의회, 한국자유총연맹 등 3개 단체는 10개 건에 30.8억 원을 지원받아 전체 금액 75억 원의 41%를 차지하였다.
[5] '공익사업선정위원회'는 국회의장 또는 당해 시·도의회 의장이 추천한 3인과 등록된 비영리민간단체에서 추천한 관계전문가로 구성하도록 되어 있는데(제7조), 2000년에는 국회추천 3인, 민간단체 추천 8인, 관계공무원 1인으로 구성되었고 위원장은 호선하였다.
[6] 이때 새마을운동중앙협의회, 바르게살기운동중앙협의회, 한국자유총연맹 등 3개 단체는 12.14억 원을 지원받아 전체 금액 75억 원의 16.1%를 차지하였다.

받거나, 다른 용도에 사용한 때에는 환수조치하기로 되어 있으며(제12조), 이러한 자는 형사처벌을 받도록 되어 있다(제13조).

현행 비영리민간단체지원법은 정부가 사업분야를 지정하기 때문에 NGO가 본래의 목적보다는 재정지원이 유리한 쪽으로 사업을 집중시킬 가능성이 있다. 그리고 제한된 금액으로 될 수 있는 한 많은 단체에 재정을 지원하려는 의도도 내포되어 있다.[7] 또한 공익사업선정위원회 위원의 일부를 국회와 행정부 등 정부가 임명하고 있다. 이 법의 문제점은 무엇보다도 정부가 직접 지원하기 때문에 NGO의 자율성을 침해할 수 있다는 점이다. 실제로 의료개혁과 언론개혁 당시에 의료개혁시민연합이나 언론개혁시민연합이 의사회와 언론에 대해 비판적 시각을 가지게 되자, 정부로부터 재정을 지원받은 사실에 대해 문제가 제기되었다. 그리고 이 법에 근거한 지원방식은 1년 단위로 지원하고, 사업평가도 정부에서 서류심사 위주로 하고 있어서 NGO의 책임성을 확보하기도 어렵다. 그리고 사업자의 선정과 사업비의 배분방식에서도 단체의 인지도, 영향력, 서류작성능력 등이 중시될 가능성이 있기 때문에 NGO를 관료화시키거나 풀뿌리 조직화를 방해할 수 있다.

NGO가 정부의 지원 없이 시민사회 내에서 시민운동에 필요한 자원을 동원하면 가장 이상적이지만, 그것은 우리보다 시민사회의 자족능력이 훨씬 뛰어난 선진국에서도 거의 불가능하다. 정부가 NGO를 지원해야 한다면 기부금 세금공제, 우편요금 및 통신료 할인, 무료 공익광고, 상근자 교육 지원 등과 같이 간접적으로 지원하는 것이 바람직하다. 그러나 이것만

---

[7] 지원하는 사업건수와 지원금액은 1999년 140건(평균 5,400만 원), 2000년 195건(평균 3,800만 원), 2001년 216건(평균 3,500만 원), 2002년 237건(평균 3,200만 원), 2003년 237건(평균 3,200만 원) 등으로 사업건수는 계속 늘어나는 반면, 평균 지원금액은 계속 줄었다.

으로는 현실적으로 한계가 있기 때문에 정부에 의한 직접적인 재정지원이 필요하다. 정부가 NGO에 재정을 지원한다면 NGO의 자율성을 침해하지 않고 독립성과 책임성을 강화할 수 있어야 한다. 이를 위해서는 독립적인 시민단체지원재단을 만들어 여기에 총괄적으로 자금을 지원하고, NGO의 재정지원에 관한 모든 사항을 민간재단에서 관할하는 것이 바람직하다. 이렇게 할 경우, NGO에 대한 재정지원을 민간화·전문화·체계화·제도화할 수 있다. 즉, 민간재단이 자체적으로 사업방향과 내용을 정하고 사업수행을 평가·감독하기 때문에 자율성을 확보할 수 있다. 지원사업의 선정과 평가를 시민사회 내의 NGO 전문가가 하고, NGO끼리 상호 감시하면서 자동 모니터링을 할 수 있기 때문에 책임성을 강화할 수 있다. 그리고 장기적인 지원과 평가, 지속적인 피드백의 수용, NGO 신뢰도 모델 개발 등이 가능하기 때문에 재정지원을 체계화·제도화할 수 있다. 그리고 민간재단이기 때문에 기업기부와 개인기부를 활성화할 수 있는 여지가 증대한다.[8]

2. 기부금품의 모집 및 사용에 관한 법률(기부금품법)

'기부금품법'은 1951년 한국전쟁 중에 무질서한 기부금품 강요로부터 국민의 재산권을 보호하기 위해 '기부금품모집금지법'의 제정으로 시작하였다. 이후 1962년, 1970년 두 차례의 개정으로 모금허용 범위가 확대되었다. 1995년에는 '기부금품모집규제법'으로 개칭하면서 모금허가 기준을 구제·구휼·자선사업 이외에 공익사업으로 확대하였고, 사회단체의 회비모금에 대한 금지 및 제한규정을 폐지하였다. 1997년과 1999년에 일부조항이 개

---

[8] 미국에서도 의회에 의해 설립된 NED(national endowment for democracy)의 수입에서 99%가 정부지원금이고 민간기부는 극히 일부분이다.

정되었고, 2006년 '기부금품의 모집 및 사용에 관한 법률'로 명칭을 변경하면서 모집에 대한 규제가 완화되고 사후관리를 강화하는 쪽으로 방향을 전환하였다. 그러나 여전히 법률의 목적이 기부금품의 모집절차와 사용방법에 대한 규정을 통해 무분별한 모집을 규제하는 것이어서 개정 또는 폐지 압력을 받고 있다. 2007년에는 용어를 일부 수정하는 개정이 있었다.

현행 기부금품법은 1,000만 원 이상의 기부금품을 모집하기 위해 행정자치부 장관이나 지방자치단체장에 등록하도록 되어 있다(제4조).[9] 과거에는 기부금품을 모집하기 위해 정부의 허가를 받도록 되어 있었다. 이에 대한 비판이 제기되면서 2006년 개정에서 허가규정이 등록규정으로 바뀌어 다소 완화되었다. 기부금품의 모집비용도 기부금품의 2%로 제한되어 있어서 현실성이 없다는 비판을 받아오다가 2006년 개정에서 기부금품의 15%까지 상향 조정되었다(제13조).[10] 그러나 기부금품의 모집장소는 여전히 국가기관·지방자치단체·언론기관·금융기관 등 공개된 장소로 한정하고 있다(제7조). 또한 기부금품의 대상사업도 교육·문화·환경·시민참여·자원봉사 등 시민사회의 각종 활동에 대한 영역으로 확대하였으나, 그 밖의 공익 활동에 대해서는 중앙행정기관의 장의 추천을 받도록 규제하고 있다(제4조).[11]

한국 자본주의의 천민성과 시민사회의 낮은 도덕성을 감안할 때 일정한

---

[9] 등록하지 않은 상태에서 기부금품을 모집할 경우 3년 이하의 징역 또는 3,000만 원 이하의 벌금을 받도록 되어 있다(제16조).
[10] 기부금품의 모집비용에서 미국·영국·프랑스 등은 실제로 제한이 없지만 대체로 20% 수준이다. 한국은 시행령 제18조에서 10억 원 이하(15%), 10억 원 초과 100억 원 이하(13%), 100억 원 초과 200억 원 이하(12%), 200억 원 초과(10%) 등 차별하여 규정하고 있다.
[11] 2006년 개정에서 기타 공익활동에 대한 중앙행정기관 장의 추천을 받도록 하는 규정을 첨가한 것은 오히려 개악적인 측면이 있다.

제한 없이 기부금품을 모집하는 데는 분명 한계가 있다. 그러나 한국 NGO들이 시민사회에서 자원을 동원할 수 있는 여건이 매우 열악함을 고려한다면, 기부금 모집은 규제지향적이기보다 자발적인 기부행위를 활성화하는 방향으로 나아가야 한다. 2006년 개정에서 허가제에서 등록제로 바뀌면서 다소 완화되었으나, 등록이라는 개념이 애매하여 정부가 여러 가지 이유로 등록을 거부할 수 있다. 일본은 사회복지분야를 제외하고 자율화되었으나 미국·영국과 같은 선진국에서 여전히 등록제인 것을 감안하면, 정부의 과도한 권한행사를 자제하는 관습을 정착시키는 것이 중요할 것이다. 현행 법률의 사업목적별 등록제는 정부의 규제와 관계없이 아름다운재단처럼 연간 80여 건에 달하는 모금행사를 벌이는 입장에서는 많은 불편을 초래한다. 따라서 장기적으로는 일정한 자격요건을 정하고 자율화하는 것이 바람직하다. 자율화하는 대신 여기서 발생할 수 있는 불법적인 요소는 모집결과의 공개, 공인회계사에 의한 회계감사, 주무관청에의 신고 등으로 대비할 수 있다.[12] 그리고 형법에서도 강제모금이나 횡령 등에 대한 제재가 가능하다. 기부금의 모집장소도 NGO들의 주 활동무대인 사무실에서 하거나 온라인 모금을 할 수 있도록 해야 한다. 모집행위와 결과의 투명성은 모집장소보다는 사후감독 장치가 더 중요하다고 볼 수 있다. 모집비용은 세계은행 권고비율인 기부금품의 20%로 상향조정하는 것이 바람직하다.[13] 이

---

[12] 미국에서는 연간 기부금이 10만 달러 이상일 경우 주정부의 회계사가 직접 감사하고, 2만 5,000달러 이상 10만 달러 미만은 외부의 독립 공인회계사가 감사하며, 2만 5,000달러 미만은 단체가 감사를 자청할 때만 감사하기로 되어 있다. 한국도 2006년 개정에서 모집종료 후 30일 이내 회계감사기관에 감사를 의뢰하고, 60일 이내 회계감사보고서 및 사용내역보고서를 등록청에 제출하도록 하고 있다(단, 1억 원 이하는 회계감사보고서를 생략하고 지출증빙서류를 제출)(시행령 제19조).

[13] 미국에서는 1988년 연방대법원에서 모금비용을 제한한 것은 표현의 자유를 침해한다고 판결한 적이 있다.

법 자체를 폐지하자는 주장도 만만치 않으나, 다른 법률에서 기부금에 관한 규정을 두는 것은 몰라도 기부금품 모집 자체에 대한 규정 폐지는 아직 우리 실정으로 보아 시기상조인 것으로 보인다.

3. 공공기관의 정보공개에 관한 법률(정보공개법)

'정보공개법'은 NGO가 시민운동을 전개하는 데 없어서는 안 될 중요한 법률이다. 전문관료로 이루어져 있고 독점권을 가진 정부기관의 부정부패와 권력남용을 감시·비판하기 위해서는 정부기관의 활동에 대한 각종 정보를 반드시 가지고 있어야 하기 때문이다. 또한 정보공개의 활성화는 시민 개개인이 공적 업무에 대한 관심과 참여의식을 높이는 데도 중요한 역할을 한다. 정보공개법의 제정에 대해서는 오래전부터 시민사회에서 강력한 요구가 제기되었다. 1996년 이전에는 '행정정보공개 운영지침'이라는 국민총리 훈령이 존재하다가 김영삼 정권에 들어와서 정보공개법심의위원회가 설치되었고, 1996년에 정보공개법이 제정되어 1998년에 발효되었다. 2004년에 전문개정이 있었고, 2005년 이후 몇 차례에 걸쳐 일부 개정이 있었다.

현행 정보공개법은 정보의 비공개 사유가 다소 광범위하고 추상적이다(제9조). 비공개대상으로 간주된 정보가 모두 비밀정보인 것은 아니다. 특히 각종 위원회의 회의록을 공개하는 것은 의사결정과정의 투명성과 공정성을 보장하는 데 중요하다. 공개방법도 오손 또는 파손과 그 밖에 상당한 이유가 있을 때 원본이 아니라 사본을 공개할 수 있다고 하고 있다(제13조). 이것은 행정기관에 의해 가공된 자료를 제공할 수 있는 여지를 높인다.[14]

---

[14] 그 밖의 사항에 대해서는 2005년 개정 이후 전자정보 공개(제15조), 문서목록 작성

정보공개의 거부에 대한 간단한 구제제도로서 그동안 논란이 되었던 정보공개위원회의 설치문제가 2005년 개정에서 설치 쪽으로 가닥을 잡았으나 (제22조~23조), 단지 정보공개에 대한 정책이나 관리 역할만 주어지고 구제장치로서의 적극적 역할은 제외되었다.

정보공개법은 국민의 알 권리를 보장하고 국정에 대한 시민참여와 국정운영의 투명성을 확보하기 위해 제정되었다. 정보공개제도는 국정에 대한 시민참여를 통해 능동적인 시민을 창출하는 것으로 시민운동의 활성화에 매우 중요하다. 따라서 개인이나 단체는 적극적으로 정보공개를 청구하여 공개된 정보를 타인과 공유하고, 정부는 공익을 위해 정보공개에 적극적으로 임하도록 해야 한다. 따라서 비공개원칙의 적용범위를 좀 더 제한하고 구체화하는 것이 필요하다. 특히 회의록을 의사결정과정이나 내부검토과정에 있는 것의 정보공개 예외규정(제9조)에서 제외하여 원칙적으로 공개하도록 해야 한다.[15] 원본공개 원칙도 강화하여 특별한 경우에만 사본공개를 하도록 해야 한다. 그리고 정보공개위원회에 정보공개 거부에 대한 1차적 구제역할을 적극적으로 부여하는 것이 바람직하다.

4. 행정절차법

'행정절차법'은 정보공개법과 함께 행정민주화와 선진행정의 바로미터이기 때문에 그동안 시민사회로부터 강한 제정압박을 받았다. 특히 행정절

에서 주요문서에 대한 제한 규정 철폐(제8조), 공개거부에 대한 구제방법으로서 행정심판과 행정소송에서 법률상 이익을 침해당한 자에 한해서만 청구하는 조항의 철폐(제18조) 등에서 개선이 있었다.

[15] 1999년 국무총리행정심판위원회는 회의록의 공개거부를 지지한 판결을 내린 반면, 서울행정법원은 찬성하는 쪽으로 판결을 내린 바 있다(박균성, 2000).

차법은 행정의 공정성과 투명성 및 예측가능성을 확보하고 정책과정에 대한 시민참여를 강화하는, 일종의 현대행정국가의 권리장전(bill of the right for the modern administrative state)으로 기능한다. 미국과 같은 경우는 1946년에 '행정절차법(APA)'이 제정되어 시민권리, 대표성, 시민참여 등을 확대할 수 있게 되었다. 우리나라는 1989년 이후 '국민의 권익보호를 위한 행정절차에 관한 훈령'이 존재해왔으나, 본격적인 행정절차법은 행정운영의 혼란을 초래한다는 행정가의 반대로 제정되지 못하였다. 이후 김영삼 정권에 들어와서 본격적으로 연구되기 시작하여 1996년 행정절차법이 제정되어 1998년부터 시행되었고, 1999년·2002년·2006년·2007년에 일부 조항이 개정되었다.

행정절차법은 적용범위에 일반법의 성격을 띠나 예외규정을 광범위하게 두고 있고,[16] 특히 대통령령에 포괄적으로 위임하고 있다(제3조).[17] 그리고 행정처분절차에 있어서 처분실행 이전의 처분기준 공표제한 범위를 다소 엄격하게 하고 있으나(제20조), 청문과 공청회 절차를 다른 법령에서 규정하는 경우와 행정청의 재량판단에 의한 경우로 한정해서(제22조) 절차참가를 실질적으로 제한하고 있다. 이것은 절차를 통한 정당성 확보라는 행정절차의 근본의의를 손상할 가능성이 있다. 이로 인해 약식절차인 의견제출 절차를 통해 처분에 대한 자기주장을 하게 되는데, 공공의 안전과 복리를 위해 긴급처분이 필요한 경우에는 의견청취를 아니할 수 있고(제22조

---

16 일본의 '행정수속법'도 적용대상에서 제외되는 처분 및 행정지도의 예외규정을 광범위하게 두고 있으나, 구체적인 사항을 열거하고 있고 명령에 위임하고 있지 않다(채익석, 2000).

17 행정절차법 제3조 제2항 9호에 "행정작용의 성질상 행정절차를 거치기 곤란하거나 불필요하다고 인정되는 사항과 행정절차에 준하는 절차를 거친 사항으로서 대통령령으로 정하는 사항"이라는 문구는 위헌의 소지가 있는 포괄적 위임의 성격을 띠고 있다.

제4항), 의견제출 기회도 침해적 처분에 한정하고 신청에 의한 처분인 수익적 처분을 제외하고 있다(제22조 제3항).[18] 청문도 비공개를 원칙으로 하고 있고(제30조),[19] 문서열람도 청문절차에 한정하고 청문의 통지가 있는 날부터 청문이 끝날 때까지만 인정하고 있는데(제37조), 이것은 행정 정보공개를 지향하는 일반적인 조류와 배치된다. 행정 입법예고에서는 입법예고 예외규정이 애매하고 광범위하여(제41조), 시민의 행정참여라는 입법예고제도의 취지를 퇴색시킬 우려가 있다. 마지막으로 행정절차법에는 지방자치단체의 행정절차 조례에 대한 명문규정이 없어서 지방자치단체의 행정절차 조례에 대한 관심과 제정노력에 제대로 기여하지 못하고 있다.[20]

행정절차법은 국민의 행정참여를 도모함으로써 행정의 공정성·투명성·신뢰성을 확보하고 국민의 권익을 보호하는 것을 목적으로 한다. 그러나 그동안 일반인에게는 제대로 알려져 있지 않았고, 전문지식이 없는 일반인이 참여하는 데는 한계가 있다. 따라서 행정개혁과 관련된 NGO들이 적극적으로 참여하게 되는데, 대부분의 규정이 행정청에게 많은 재량권을 주고 있어서 정부의 적극적인 실천의지가 없으면 법의 실효성을 담보하기 어렵다. 행정절차법이 오히려 행정의 절차적 정당성에 대한 시민사회의 요구를 저지하기 위한 방어장치라는 비판을 받고 있는 이유도 여기에 있다(홍준형, 1997). 따라서 행정절차법이 행정과정의 합리화, 행정의 민주화, 시민권익

---

[18] 행정절차법 제22조 제3항에 "당사자에게 의무를 부과하거나 권익을 제한하는 처분을 함에 있어서…… 당사자 등에게 의견제출의 기회를 주어야 한다"고 규정하고 있다.
[19] 행정절차법 제30조에 "청문은 당사자의 공개신청이 있거나 청문주재자가 필요하다고 인정하는 경우 이를 공개할 수 있다. 다만 공익 또는 제3자의 정당한 이익을 현저히 해할 우려가 있는 경우에는 공개해서는 아니 된다"고 규정하고 있다.
[20] 독일의 연방행정절차법과 일본의 행정수속법은 규정에 따라 지방자치단체의 절차에도 적용되도록 되어 있다(채익석, 2000).

의 보호라는 목적을 달성하기 위해서는 행정절차의 적용범위를 확대하고, 청문과 공청회절차에서 행정청의 재량권을 제한하며, 의견청취 기회를 확대하여 적극적인 시민참여를 유도할 필요가 있다. 또한 청문과 문서열람권의 공개와 적용범위를 확대하고, 입법예고에서 행정청의 재량권을 축소할 필요가 있다.[21] 그리고 지방자치단체의 행정절차조례에 대한 규정을 두어 조례제정의 활성화를 도와야 할 것이다. 마지막으로 행정계획절차를 행정절차법에 포함시킬 것인가의 여부가 논쟁이 되고 있는데(채익석, 2000), 도시계획, 토지이용계획, 공공사업실시계획 등에서 부패할 여지가 많고 시민의 권리와 밀접한 관련이 있기 때문에 이를 행정절차적으로 규제할 필요가 있다. 따라서 행정절차법에 포함하거나 별도의 법률을 제정하는 방안을 검토할 필요가 있을 것이다.

5. 부패방지법

한국이 국가 주도로 급속한 산업화를 추진하는 과정에서 부정부패가 심각하고 이것이 국가발전을 저해하고 있는 것은 누구나 알고 있는 사실이다. 그동안 NGO들은 줄기차게 부정부패를 방지하기 위한 개혁입법을 주장해왔다. 일찍이 경제정의실천시민연합(경실련)은 1994년 '공직자윤리법' 개정 당시 부정부패 방지를 위한 종합입법 제정을 주장하면서 법률안을 국회에 제출한 바 있다. 1995년 노태우 전대통령의 비자금 사건이 터지자 NGO들은 연대하여 가두캠페인, 공청회, 공개토론, 시국선언, 농성, 국회의

---

[21] 2002년 개정 이후 여러 차례의 개정을 통해 예고방법을 관보나 공보 외에 인터넷, 방송, 신문 등으로 확대하고, 그 밖의 단체에 대한 통지의무를 강화하였으며, 국회의 통제권도 강화하였다. 또한 예고된 입법안에 대한 열람과 복사의 의무를 규정하고 있다(제42조).

원 서명 등을 통해 부패방지법을 제정하기 위한 본격적인 활동을 추진하였다. 2000년 이후에는 참여연대, 경실련, 행정개혁시민연합 등 38개 단체로 구성된 '부패방지입법시민연대'가 결성되어 올바른 '부패방지법'을 제정하기 위한 조직적인 노력을 해왔다. 부패방지법은 2001년 7월 여야 합의로 제정되어 2002년부터 시행되었고, 이후 2005년과 2007년에 일부 개정이 있었다.

부패방지법은 시민입법운동의 오랜 결과로 제정된 것임에도 불구하고 제정 직후부터 시민사회로부터 커다란 비판을 받았다(박원순, 2001b). 이후 공직자 행동강령에 관한 규정 부가(제8조), 특별검사제의 도입 등에서 개선이 있기는 하였다. 그러나 공직자의 부패행위를 신고받아 조사하기 위해 설치된 국가청렴위원회는 매우 제한된 조사권을 가지고 있어서 실질적인 역할이 제한되어 있다. 국가청렴위원회가 독립기구가 아니라 대통령 직속으로 설치하도록 되어 있어서(제10조) 대통령의 의중에 따라 활동이 제한될 수 있고, 보복행위에만 조사권이 있고 부패행위에 대한 조사권을 다른 공공기관에 이첩하도록 되어 있다(제29조와 제53조). 부패방지법에서 가장 문제되는 것은 공익제보자에 대한 보호와 포상 규정이라고 할 수 있다. 공익제보자의 보호에 대해서는 2005년 이후 신분노출 금지, 신변보호조치, 특정범죄신고자 보호법의 준용 등에서 전향적인 개정이 있었다(제33조). 그러나 제보자에 대한 보복행위의 처벌규정에서는 1,000만 원의 과태료로 규정하고 있어서 여전히 경미하고(제53조), 별도의 규정이 없기 때문에 보복행위를 당했을 때 그 입증책임을 제보자가 지게 된다. 그리고 공익제보자의 포상에 대해서는 일정한 조치나 정책변화가 있을 경우 5,000만 원 미만, 금품의 자진납부의 경우 신고금액의 최고 20% 범위 내에서 최고 2억 원 이하로 하고 있다(시행령 제35조). 그리고 재산의 몰수 또는 세금의 부과 등에 대한 보상금은 20억 원 이하로 하고 있다(시행령 제40조).

우리나라에서는 1년 뇌물거래액이 최소한 수조 원에 이를 것으로 전망된다. 따라서 공직자의 부정행위를 고발하고 공익제보를 활성화하는 제대로 된 부패방지법은 국가의 경쟁력을 높이고 공동체의 생존을 담보하는 전제이다. 현행 부패방지법은 공직자윤리에 대한 보다 상세한 규정이 필요하다.[22] 고위공직자의 비리를 독립적으로 수사할 특별검사제가 그동안 계속 사용된 점을 감안한다면, 고위공직자 비리전담 특별수사기구를 설치하거나 최소한 검찰 내에 독립성을 지닌 고위공직자비리 특별검사부를 설치하는 것이 바람직하다. 공익제보자에 대한 보호와 포상은 구체적으로 보복행위자에 대한 형사처벌을 명시하고, 정액규정보다는 환수금의 일정 비율을 지불하도록 해야 비리제보가 활성화될 수 있다. 국가청렴위원회는 대통령의 자의적 압력으로부터 독립성을 유지할 수 있도록 하고, 독립기구로서 내부에 특별조사국을 두어 부패행위에 대한 실질적인 조사를 할 수 있도록 해야 한다.[23]

6. 집회 및 시위에 관한 법률(집시법)

'집시법'은 1962년 국가재건최고회의에서 제정되어 1980년 제3차 개정까지는 주로 집회의 자유를 제한하는 방향으로 운용되었다.[24] 1989년 여소

---

[22] 예를 들어 업무 외 취업 및 소득 제한, 본인 또는 친인척의 경제적 이해와 연결되는 직무로부터의 배척, 금품·향응·숙박·여행경비·회원권 제공 금지 및 선물처리 절차 명시, 퇴직공직자단체의 영리행위 제한, 부정공직자의 장기간 취업 제한, 재산등록의무자의 확대(4급 또는 5급 이상), 등록대상 재산범위의 배우자 직계존속 및 일정액(500만 원)까지 확대 등을 들 수 있다.
[23] 미국의 '내부고발자보호법'은 정부 내 독립기관으로 특별조사국을 설치하도록 하고 있는데, 공익제보자 보복행위에 대한 상당한 권한을 가지고 있다.
[24] 우리나라 최초의 근대적 형태의 집회·시위규제법은 일본의 '치안경찰법'을 토대로 만

야대의 국회에서 헌법에 보장된 국민의 기본권을 신장하기 위해 금지·제한규정을 대폭 완화하고 규제의 적법성을 강화하는 쪽으로 전면개정이 이루어졌다. 이후 1999년 개인 거주지역의 집회·시위 제한, 질서유지선과 질서유지인 등에 대해 일부조항이 개정되었다. 그리고 2004년과 2006년에 일부 개정이 있었고, 2007년에 전문 개정이 있었다. 그러나 현행 집시법은 NGO들이 시민운동을 전개하는 데 실질적인 행동을 규제하기 때문에 개정의 필요성이 줄기차게 제기되고 있다.

집시법은 헌법 제21조에서 "집회·결사에 대한 허가는 인정되지 아니한다"는 사전허가제 금지 원칙을 어기고, "공공의 안녕질서에 직접적인 위협을 가할 것이 명백한 집회 또는 시위"에 대해 금지규정을 두고 있다(제5조). 미국이나 서독에서도 이러한 규정을 두고 있으나, "공공의 안녕질서"라는 용어가 매우 막연하고 광범위하여 경찰이 자의적으로 판단할 수 있는 근거가 된다.[25] 신고서는 집회·시위를 하고자 하는 자와 공공장소를 이용하는 타인의 이익을 조정하는 것이 목적인데, 현행 집시법은 집회·시위의 목적, 책임자, 일시, 장소의 명시 외에 시위자를 잠재적 피의자로 보고 신문(訊問)에 필요한 내용을 신고서에 적도록 요구하고 있다(제6조).[26] 그리고 신고서

든 1907년 '보안법'이라고 할 수 있다. 1980년까지의 집시법은 이 보안법에서 사용한 문구와 비슷하고 표현행위를 억압하는 논리에 따랐다(심의기, 1989).

[25] 공공의 안녕질서에 대한 직접적인 위협이라고 하더라도 "명백현존하는 위험"이 있어야 하고, 이것 또한 매우 명백한 경우에 제한적으로 사용되어야 한다. 또한 명백현존하는 위험이 있다고 하더라도 사후심사를 위한 기준으로 적용될지는 몰라도 집회의 요건으로 하기에는 무리가 있다(심의기, 1989).

[26] 집시법 제6조 제1항에 "옥외집회 또는 시위를 주최하고자 하는 자는 그 목적, 일시, 장소, 주최자·연락책임자·질서유지인의 주소·성명·직업, 참가예정 단체와 인원, 시위 방법(진로와 약도) 등을 기재한 신고서를 옥외집회 또는 시위의 720시간 전부터 48시간 전에 관할 지방경찰서장에게 제출해야 한다"고 규정하고 있다.

가 미비할 경우 이의 보완 불이행은 행정상 단속규정 위반에 해당하는데, 시위금지까지 가능하도록 하고 있다(제8조). 또한 이중집회를 금지하도록 하고 있는데(제8조), 이는 NGO의 집회를 방해하려는 위장집회를 부추기는 결과를 초래할 수 있다. 실제로 열리지도 않는 집회신고 때문에 NGO의 집회가 차단되는 경우를 자주 목격할 수 있다. 그리고 원칙적으로 일몰 후 집회를 금지하고 있는데(제10조), 이것은 직장인의 일과 후 시민운동 참여를 제한하게 된다. 특히 현행 집시법은 각급 법원과 국회, 그리고 이들 기관장 공관, 국무총리공관 100m 이내의 집회·시위를 금지하고 있다. 100m 제한도 실제적으로 시위의 대상에 대한 의사전달을 무력화하고 있다. 주요도시의 주요도로에서의 집회·시위도 교통소통을 위해 대통령령에 따라 제한할 수 있다고 규정하고 있다(제12조).

　민주사회에서 집회·시위는 표현의 자유로서 최대한 존중되어야 한다. 다만 공공의 안녕질서에 명백한 위협이 될 때, 그것도 매우 한정된 범위에서 제한할 수 있다. 따라서 표현의 자유의 우월적 지위, 사전제한 금지, 명백·현존하는 위험 존재, 막연한 것의 무효추정 등의 원칙이 존중되어야 한다(심의기, 1989). 집시법은 안녕질서 위협에 대한 정부의 명백한 입증책임과 해석의 중립성을 강화해야 한다.[27] 집회·시위 신고서의 기재조항을 축소하고 미비한 경우의 시위금지 조항을 삭제해야 한다. 또한 이중집회는 고의로 시민운동을 저해할 우려가 있기 때문에 집회금지가 아니라 집회자의 조정을 통해 해결하도록 해야 한다. 일몰 수 집회금지는 현대사회에서 주간과 야간의 차이가 거의 없으므로 이를 삭제하거나 오후 12시 이후로

---

[27] 고등법원 판결에 의하면, 종전에 개최한 집회에서 수차 집단적인 폭력행사가 있었다고 하더라도, 그러한 사정만으로 원고가 주최하는 옥외집회에서 집단적인 폭력행사가 있을 개연성이 명백하다고 단정할 수 없다고 하였다(권두섭, 2001/서울고등법원 1995년 5월 30일, 선고95구6146판결).

제한해야 한다. 주요 기관 주위의 집회·시위금지도 독일이나 일본과 같이 연방법원이나 회기 중인 국회에 제한하고, 거리제한도 20m 내지 50m로 축소해야 한다. 주요도로의 집회·시위금지 조항도 법률에 근거하여 극히 일부분에 제한하거나 규정 자체를 삭제하는 것이 바람직하다. 집회와 시위는 언론·출판과 함께 시민운동뿐만 아니라 현대 대중사회에서 대의민주주의의 한계를 보완하고 직접민주주의를 실현하기 위한 장치로서 자유권 중에서 매우 중요한 권리에 속한다. 실제로 대의민주주의에서 집회와 시위는 불만을 표출하고 시민의 의견을 제시하므로 소수자의 국정반영 창구로서 정치적 안정에 기여할 수 있다(권두섭, 2001).

7. 자원봉사활동기본법

후산업사회의 각종 사회문제를 해결하고 사회개혁을 지속적으로 추진하기 위해서는 시민사회에서 자원활동이 활발하게 일어나야 한다. 현대사회가 겪고 있는 문제는 국가와 시장의 힘만으로는 해결하기 어렵다. 따라서 시민사회의 무한한 자원적 에너지를 개발하여 이를 개혁과 발전의 동력으로 삼아야 한다. 미국과 같은 선진국에서는 시민봉사와 책임윤리를 바로 세우고 시민들, 특히 청소년과 노인들에게 공익에 대한 헌신과 참여기회를 주기 위해 1973년 이후 각종 '자원봉사법', '지역사회봉사법', '자원봉사보호법' 등이 제정되었다.[28] 우리나라에서는 최근 중등학교·대학교에서 자원봉사활동을 의무적으로 시행하거나 이에 대한 강의를 개설하고 있고, 기

---

[28] 미국에서는 1973년에 국내자원봉사법이 제정되었고, 1990년에 전국 및 지역사회봉사법이 제정되어 전국에 자원봉사위원회를 설치하고 청소년 자원봉사 프로그램을 지원하고 있다. 또한 1993년에 전국 및 지역자원봉사지원법이 제정되고, 1997년에 자원봉사보호법이 제정되어 고의가 아닌 사고에 대한 피해보상까지 지원해주고 있다.

업에서도 사회적 기여를 통한 기업 이미지 제고를 위해 자원봉사활동을 조직적으로 시행하고 있다. 1991년에 '전국자원봉사연합회'가 발족되었고, 1994년에 '한국자원봉사단체협의회'가 결성되었다. 이후 한국자원봉사단체협의회를 포함하여 각종 시민단체들이 자원봉사 관련 법률안을 국회에 입법청원하였으나, 오랫동안 제정되지 않다가 10여 년 후인 2005년에 자원봉사활동기본법이 제정되었다.

현행 자원봉사활동기본법은 자원봉사활동의 진흥에 대한 국가와 지방자치단체의 책무를 규정하고(제4조), 연도별 시행계획을 수립하도록 의무화하고 있으며(제9조), 자원봉사에 대한 포상과 자원봉사의 날 및 주간의 설정에 대한 규정을 두고 있다(제12조~13조).[29] 그리고 국무총리 산하에 자원봉사진흥위원회를 설치하여 자원봉사와 관련한 정책과 계획을 관리하도록 하고 있다(제8조). 또한 자원봉사활동 동안에 발생할 수 있는 자원봉사자 및 타인에 대한 각종 사고와 손실에 대한 보호규정도 두고 있다(제14조와 시행령 제10조). 나아가 각종 자원봉사를 하는 민간단체가 협의회를 구성하여 각종 홍보·조사·건의와 관련된 활동을 하도록 하고 있고(제17조), 국가 및 지방자치단체 산하에 자원봉사센터를 설치하여 정부가 직접 운영하거나 비영리 법인에게 운영을 위임하도록 하고 있다(제19조).

자원봉사와 관련해서 가장 쟁점이 되는 것은 정부의 적극적인 지원과 민간단체의 자율성을 보장하는 것이다. 따라서 우선 정부에서 자원봉사에 대한 재정지원, 자원봉사에 대한 홍보, 자원봉사자에 대한 포상, 각종 사고에 대한 보상 등을 강화해야 한다. 그러나 자원봉사단체에 대한 행정적 지원이나 '비영리민간단체지원법'에 따른 사업비 지원 등 소극적 지원에 머무르

---

[29] 자원봉사의 날은 매년 12월 5일이고, 자원봉사의 주간은 자원봉사의 날로부터 1주간으로 하고 있다.

고 있고, 한국자원봉사단체협의회는 법정단체임에도 불구하고 예산지원에 대한 법적 근거가 없는 상태이다(제17~18조). 자원봉사단체나 단체의 협의회를 지원하기 위해 재단을 설립하거나 기금을 설치하여 적극적으로 재정지원을 하는 것이 필요하다. 지방자치단체나 민간의 자율성에 대해서는 우선 자원봉사진흥위원회가 중앙에 설치하도록 되어 있는 것을 지방자치단체에도 설치하도록 하여 자원봉사가 지방 위주로 이루어질 수 있도록 하는 것이 바람직하다. 그리고 자원봉사센터를 정부 산하에만 설치하도록 되어 있는데, 청소년·여성·환경 등 특화된 영역에서 민간단체가 설치하도록 하여 정부의 지원을 받도록 해야 한다. 그리고 정부에 설치된 자원봉사센터가 필요할 경우 정부가 직접 운영하도록 되어 있는 조항은 선거나 정부정책에 대한 지지동원으로 활용할 수 있는 독소조항이므로 삭제하고, 반드시 민간법인에 운영을 위임하는 것이 바람직하다. 또한 학교와 기업에서 자원봉사활동이 활발하게 일어날 수 있도록 청소년지도사제도, 자원봉사 강의 개설 등을 정책적으로 지원하는 방안을 포함하는 것도 고려해볼 만하다.[30]

8. 공익소송법(안)

오늘날 환경, 소비자, 도시개발, 사회보장 등과 같은 공공문제에서 불법행위나 불공정행위에 따른 다수의 피해에 의해 확산적 이익(diffuse interest)이 침해되는 것을 사전에 방지하거나 구제하기 위해 공익소송에 대한 논의가 활발하다.[31] 공익소송은 사회적 약자나 분산된 다수가 정부나 기업, 또

---

[30] 중등학교나 대학교에서 청소년들이 자원봉사활동을 경험할 수 있도록 하는 것이 시민사회의 자원성을 개발하고 지속하는 데 중요하다. 따라서 장기적으로는 고등학교에 자원봉사활동을 지도할 청소년지도사를 배치하는 문제도 고려해볼 만하다.

[31] 여기서 확산적 이익이란 가난하거나 흩어져 있어서 사회적으로 제대로 대변되지 못

는 다른 특정인에 의해 피해를 입었지만 개별소송이 불가능하거나 어려울 경우, 대표당사자나 NGO가 이들을 대표하여 소송을 제기하는 것을 말한다.32 공익소송은 피해당사자 소수만이 소(訴)를 제기할 수 있다는 근대적 소송관을 수정하고 전통적 권리개념을 확장하는 것이다. 즉, 원고적격의 기초가 자기권리의 보호라는 종래의 기준으로부터 전환하여 시민들이 소액다수나 공공의 이익에 대해 권리를 구제받고 재판받을 권리를 요구하는 것이다. 공익소송제도는 17세기 영국의 공동소송에서 시작하였으나 주로 미국에서 발달하였다.33 미국은 대표당사자소송(class action)에 의해 석면에 의한 집단피해, 고엽제 후유증, 피임기구의 부작용 등 소비자보호나 제조물책임에서 커다란 반향을 불러일으켰다.34 우리나라에서는 1984년 '서울 망원동 수재사건'에서 조영래 변호사가 주축이 되어 배수관로 설계를 소홀히 한 국가로부터 손해배상을 받아낸 것이 공익소송의 효시라고 할 수 있다. 이후 여성 조기정년제, 백화점 사기세일, 국민연금 기금운용 손실, 노령수당 지급대상자 선정, 고름우유 광고논쟁 등에 대한 소송이 공익소송의 일환이라고 볼 수 있다. 특히 참여연대는 1994년 창립 때부터 산하에 '공익소송센터'를 두고 공익소송의 시행을 적극적으로 주장해오고 있다.

한 소외집단의 이익을 말한다. 이것은 사회적 다수의 이익과 밀접한 관련이 있기 때문에 적극적 공익으로 전화될 수 있다.
32 집단소송은 다수당사자의 소송관계를 간편하게 처리하는 것을 주 내용으로 하고 있다. 이런 점에서 공익소송은 집단소송보다 넓은 개념이라고 할 수 있다.
33 독일에서도 집단소송과 유사한 단체소송(verbandsklage) 제도가 있다.
34 미국의 대표당사자소송은 1938년에 제정된 미국연방민사소송규칙 제23조에 근거를 두고 있는 제도로서, 집단으로 묶을 수 있는 정도로 이해관계가 밀접한 다수의 개인이나 집단 중에서 그 집단을 대표하는 대표당사자가 소송을 수행하고, 이에 대해 집단의 성원들이 별도로 제외신청을 하지 않는 한 당연히 판결의 효력이 집단의 구성원 전체에 미치는 제도이다(김태한·함영주, 1996).

그동안 참여연대를 중심으로 하여 진보적 변호사들이 '공익소송법'의 제정을 추진해왔으나, 아직도 제정되지 않고 있다.[35·36]

공익소송은 법원에 소를 제기한다는 점에서는 소송의 형태를 띠지만, 확산이익을 구제하기 위해 많은 원고가 등장하고 집단소송의 형태를 띠게 되는 것이 일반적이다. 공익소송법을 제정하는 데는 확산이익의 결집, 합리적 소송진행, 소송비용의 절감, 간단한 입증절차, 판결효력의 확장 등의 문제가 제기된다(황승흠, 1996). 원고적격으로서 대표당사자나 단체를 인정할 수 있지만 여기서 관심은 바로 NGO라는 단체이다. 일정한 자격을 갖춘 NGO가 변호사선임을 통해 원고를 모집하고 소송을 진행하게 된다. 그러나 대부분의 NGO는 공익소송을 진행할 만한 전문적인 상근변호사가 없기 때문에 이를 해결하기 위해 법률구조공단 소속 변호사, 공익법무관, 법과대학원의 임상법률사무소(legal clinic) 등을 이용하는 규정이 필요하다.[37] 합리적인 소송진행을 위해서는 피해자의 원고집단 참여기회를 광범위하게 부여하는 제도, 법원의 허가에 의한 자유로운 원고집단 가입과 탈퇴 인정,[38] 손해배상책임과 손해액의 분리 심리 및 판결 등의 규정이 필요하다.[39] 소송비용을 절감하기 위해서는 소송확정시까지 감정비 납부 유예,

---

[35] 미국에서 연방법원판사들의 대표당사자소송에 대한 찬반비율을 보면 카터행정부에서는 49%가 찬성한 반면, 레이건행정부 때에는 23%만이 찬성하여 보수주의의 영향으로 대표당사자소송이 위축되고 있다(김태한·함영주, 1996).

[36] 제조물책임법은 별도로 2000년에 제정되어 2002년부터 발효되었다.

[37] 이것은 변호사에게 공익법률활동을 적극 권장하고 법과대학원생에게 공익활동을 직접 체험하는 기회를 제공할 수 있다.

[38] 개별 피해자는 법원의 허가를 받아 사실심변론종결시까지 원고집단에 참여할 수 있고, 단체는 사실심변론종결시까지 새로운 구성원을 참여시킬 수 있어야 하며, 이미 참여한 구성원도 탈퇴할 수 있어야 한다.

[39] 공익소송에서 손해배상책임은 법리적인 접근을 할 수 있지만, 손해배상액을 확정하

소송구조기금의 운용에 의한 감정비의 국가부담, 분명한 경우 피고의 감정비용 부담원칙 등의 해결책이 필요하다. 입증절차를 간소화하기 위해서는 입증책임을 피고에게 떠넘기는 것이 일반소송법의 질서를 흩뜨릴 수 있기 때문에 당해 행위가 없었다면 결과가 발생하지 않았을 정도의 개연성만으로 입증이 가능하고, 개략적인 소명수준으로 피고의 문서제출 명령을 적극화하는 것이 필요하다. 판결효력의 확장에 대해서는 법원의 재량에 의해 될 수 있는 한 많은 원고적격자에게 판결의 효력을 미치도록 하고,[40] 행정처분의 취소 외에 처분을 하도록 하는 판결을 가능하도록 하며, 금지명령 외에 작위명령을 신청할 수 있도록 해야 할 것이다.[41]

공익소송법(안)은 개별 피해자의 피해는 적지만 다수가 피해를 입은 경우, 소의 제기를 활성화하고 합리적인 소송 및 소용비용 절감을 통해 공익문제를 법률적으로 해결하는 것을 목적으로 한다. 이것은 현대사회에서 시민 개개인이 인식이 부족하거나 경제적 효용성이 없어서 무시되는 권리를 이슈화하고 구제받을 수 있도록 하는 제도이다. 또한 법원의 입장에서는 일회적 판결로 다수의 문제를 해결할 수 있다는 이점이 있다. 그리고 개별소송이 어렵다는 이유로 사회적 강자에 의해 저질러지는 고질적인 부정행

는 것은 쉽지 않다. 그리고 실제적으로 공익소송은 손해액보다 손해배상책임을 확정하는 것이 더 중요하다. 따라서 책임과 손해를 분리하여 심리하고 판결하면 손해배상책임을 먼저 확정하고 손해액은 당사자 간의 협상이나 법원의 조정으로 해결하고, 이것을 불가능하면 손해액을 확정하는 절차를 실시할 수 있다(황승흠, 1996).

[40] 예를 들어 공해피해의 경우 원고로 참여하지 않은 피해자에 대해 피해자를 분명하게 특정할 수 있는 경우에는 별도의 판결을 통해 판결의 효력이 확장되도록 하는 것이다.

[41] 미국의 금지 또는 강제명령(injunction) 제도에서 금지명령은 행위의 부작위를 명하는 것이다. 어떤 특정한 행위를 하도록 하는 작위명령은 그 상대가 정부가 아니라 기업일 경우 간단하지 않지만, 공익소송의 피고가 기업에서 대기업이 많기 때문에 작위명령을 도입하는 것이 바람직할 것이다(황승흠, 1996).

위를 징벌하는 효과도 있다. 미국에서는 독점금지, 증권거래, 공해피해, 인종차별, 사회보장, 제조물책임 등에서 시민권리를 옹호하는 것으로 이용되어 미국 민주주의의 발전에 크게 기여했다. 공익소송법이 소기의 목적을 달성하기 위해서는 능력 있는 NGO가 필요하고, 공익소송 전문변호사가 존재해야 하며, 법원의 적극적인 역할이 중요하다. 우리나라는 NGO들의 전문성이 매우 제한되어 있다. 미국의 인권단체인 ACLU(American Civil Liberties Union)에는 60명 이상의 상근변호사가 있지만, 우리는 상근변호사가 있는 NGO가 손에 꼽을 정도이다. 따라서 공익소송을 전문으로 하는 NGO의 존재가 필요하다. 그리고 공익소송은 변호사가 원고를 대표하여 소송을 진행하기 때문에 대리변호사의 역할이 매우 중요하다. 그러나 우리나라에는 공익소송에 대한 전문변호사가 부족하고, 변호사의 공익활동이나 자원활동이 빈약하다. 따라서 변호사의 공익활동을 유도하는 NGO의 전략과 국가의 제도적 장치가 필요하다. 공익소송에서 법원은 다양한 해석·조정·판결의 권한을 가지고 있기 때문에 객관적인 제3자로서 소극적인 판단을 하는 것이 아니다. 법원의 판결은 입법기준을 제시하는 정책적 효과를 가지고 정치적 기능을 하게 된다. 따라서 법원은 기존의 보수적 판결이 아니라 시민사회적 관점에서 공익을 수호하는 적극적인 역할이 해야 한다.

9. 민주시민교육지원법(안)

민주주의를 정착시키기 위해서는 비판정신과 공익정신을 가지고 공공업무에 활발하게 참여하는 시민을 필요로 한다. 이러한 시민을 양성하기 위해서는 제도권이나 비제도권에서 민주시민에 대한 교육이 체계적으로 이루어져야 한다. 그러나 한국인은 일본제국주의에 의한 식민지 지배, 남북한 간의 분단과 대립, 군부권위주의 정권의 억압정치 등을 경험하면서 오히려 체제에 순응하는 우민(愚民)으로 전락하였다. 그것은 시민교육이 제대로 이루어지지 않았을 뿐만 아니라 언론·결사·참여의 기회가 봉쇄당하였기 때문이다. 독일·미국·일본과 같은 선진국에서는 각각 정치교육(politische bildung), 시민교육(civic education), 공민교육(公民敎育)의 이름으로 민주시민교육이 활발하게 진행되고 있다. 우리나라는 해방 이후 국가가 주도적으로 체제순응적인 국민교육이나 반공교육을 주로 실시하였고, 시민사회 내에서의 자유로운 시민교육을 금지하였다. 군부독재의 억압구조 틈새에서 재야단체나 학생운동단체 등이 체제저항적인 정치교육을 실시하는 정도였다. 이후 1980년대 후반부터 정치적 민주화와 함께 체계적인 민주시민교육에 대한 논의가 활발하게 전개되었다. 1997년 이후에는 각종 시민단체가 '민주시민교육포럼',[42] '민주시민교육네트워크'[43] 등을 결성하여 '민주시민교육지원법(안)'을 국회에 제출하고 민주시민교육 입법운동을 전개하였으나, 아직까지도 법률이 제정되지 않고 있다.

민주시민교육지원법에는 기관의 구성, 교육의 주체, 교육의 내용 등에 대한 문제가 제기된다. 지금까지 제기된 민주시민교육지원법(안)에는 민주시민교육의 기본정책을 심의하고 지원정책을 수립할 '민주시민교육위원회'를 설치하도록 하고 있다. 일부에서는 국회 산하에 설치할 것을 강조하고 있으나, 오늘날 정치권에 대한 불신과 저항이 만만치 않고 교육의 일관성을 유지하기 위해 국무총리실 산하에 설치하는 것이 바람직할 것이다. 다만 정치적 중립성과 정부로부터의 독립성을 보장하기 위해 민주시민교

---

[42] '민주시민교육포럼'은 경실련, 공동체의식개혁시민운동협의회, 기독교윤리실천운동, 여성사회교육원 참여연대, 한국여성단체연합 등 12개 단체가 1997년 결성하였다.
[43] '민주시민교육네트워크'는 국제평화전략연구원, 녹색소비자연대, 민주개혁국민연합, 새마을운동중앙협의회, 민주언론시민운동연합 등 30개 단체가 1999년 결성하였다.

육에 전문적인 식견 및 경험이 있는 학자나 시민운동 지도자를 참여시키는 것이 바람직하다. 그리고 위원회 산하에 학술자문위원회를 두어 교육의 전문성을 보강하고, 민주시민교육센터를 설치하여 교육방법 연구, 교재개발, 교육담당자의 연수교육 등을 담당하도록 한다. 중앙의 위원회는 기본적인 정책방향과 연구에 전념하고, 민주시민교육에 대한 직접적인 감독과 사무는 지방자치단체별로 위원회를 별도로 설치하여 수행하도록 하는 것이 지방자치시대에 적합할 것이다. 교육에 대한 지원은 정부가 예산이나 기금을 통해 지원하지만 교육의 주체는 시민사회에서 담당하도록 한다. 물론 정부기관이나 정당이 산하에 교육기관을 두고 민주시민교육을 실시할 경우 이에 대한 지원도 가능하지만, 대체로 NGO들이 일정한 주제와 형식을 가지고 자신의 이념에 맞게 민주시민교육을 실시할 수 있도록 하는 것이 중요하다. 물론 교육의 내용은 공익성을 띠어야 한다. 특히 통일에 대비하여 한국사람으로서 어떠한 책임을 떠맡고 북한주민과의 융합을 어떻게 할 것인가에 대한 내용과 세계시민으로서 어떠한 의식과 실천이 필요한가에 대한 내용도 중요하다.

민주시민교육지원법(안)은 인간존중, 개인의 권리와 책임, 정부의 운영원리, 민주주의의 이념과 가치, 공동체사회의 형성, 인류공영의 세계관, 대안사회의 모색 등에 대한 교육을 통해 권리의식·책임의식·비판의식·참여의식을 강화하고 민주주의를 발전시키는 데 있다. 민주주의는 민주주의에 대한 지식과 의식을 가진 시민의 존재 없이 제도나 지도자의 노력만으로는 불가능하다. 더구나 각종 정보가 홍수를 이루고 대중문화의 범람 속에서 이미지와 상징만을 좇는 현대사회에서 시민교육은 국가의 재권력화, 시장의 탈법적 축적행위, 시민사회의 비민주성을 극복하고 민주주의를 공고히 하기 위해서 절대적으로 필요하다. 나아가 민주시민교육은 공공성·자율성·자원성·국제성 등의 가치를 지닌 시민사회의 활성화와 NGO의 발

〈표 9-1〉 NGO 활성화와 관련된 법률들

법률명	입법취지	주요 내용	개정 및 제정 방향
비영리민간단체 지원법(2000년)*	비영리민간단체의 공익활동 증진을 위한 재정지원	1년 단위로 공개경쟁에 의한 심사 및 정부에 의한 집행	독립재단 설립을 통한 재정지원의 민간화·전문화·체계화
기부금품법 (2007년)	성숙한 기부문화를 조성하고 건전한 기부금 모집제도를 정착시켜 기부금품의 적정사용을 유도	정부기관에 등록하여 공개된 장소에서 기부금품의 15% 이내 모집비용으로 모집하고 회계검사보고서 제출	모집비용을 기부금품의 20%로 상향조정하고, 사무실이나 온라인 모금을 가능하도록 하며, 모집 대상사업을 확대하고, 장기적으로는 자율화로 전환
정보공개법 (2007년)	정보공개를 통해 국민의 일권리를 보장하고 국정에 대한 시민참여와 국정운영의 투명성 확보	공공기관이 정한 범위와 방식 내에서 정보를 공개하고 별적 자치를 통해 공개거부에 대해 구제	비공개사유를 제한하고 회의록 적극적으로 공개하며, 한편 공개 현적을 강화하고 정보공개위원회를 통한 간편한 공개거부의 구제제도를 강화
행정절차법 (2007년)	국민의 행정참여를 도모하여 행정의 공정성·투명성·신뢰성 확보	제한된 적용범위와 행정청의 일정한 재량권하에서 청문, 공청회, 의견제출을 규정하고 입법예고제도를 실시	적용범위를 확대하고, 청문, 공청회, 이전 제출, 문서열람, 입법예고제도 등에서 시민참여를 확대하며, 민간참여를 위한 행정청의 적극적 의무 부과
부패방지법 (2007년)	부패행위를 효율적으로 예방하고 규제함으로써 청렴한 공직 및 사회풍토의 확립	국가청렴위원회의 권한이 제한되어 있고 공익제보자에 대한 보호와 포상이 미약한 상태에서 부패방지 활동 규정	공직자윤리를 상세히 규정하고, 국가청렴위원회의 권한을 강화하며, 공익제보자에 대한 보호와 포상 규정을 강화

법률명	입법취지	주요내용	개정 및 제정 방향
집시법 (2007년)	적법한 집회 및 시위를 보장하고 위법한 시위로부터 국민을 보호하여 양자간의 조화 유지	매우 제한된 범위의 까다로운 조건과 경찰의 자의적 해석하에서 집회·시위가능	신고서 기재조항을 축소하고, 이중집회 규정을 삭제하며, 일몰 후 집회, 주요기관 근처 집회의 거리 규정, 주요도로 집회에 관한 규정을 완화 또는 폐기
자원봉사활동 기본법 (2005년)	자원봉사에 관한 기본적인 사항을 규정하여 자원봉사활동을 진흥하고 행복한 공동체 건설에 기여	국가기관과 지방자치단체의 지원 하에 정부 산하에 설치된 자동 자원봉사센터를 통해 정부 중심으로 자원봉사활동을 진행	자원봉사를 지원하기 위한 제대이나 기금 설치를 통해 재정지원을 강화하고, 민간 자원봉사센터를 설치할 수 있도록 하여서, 정부 산하에 설치된 자원봉사센터는 반드시 민간에서 운영
공익소송법(안)	공익과 관련된 소송기를 활성화하고 소송 비용의 절감을 통해 공익문제 해결 촉진	공익소송의 전문변호사 국가지원 제도, 피해자의 원고집단 참여기회 확대, 손해배상액 산해액의 분리 심리 및 판정, 감정비의 국가부담 및 피고 부담으로의 임증책임이 개연성 도입과 문서제출 요건의 완화, 처분에 작위명령 허용	
민주시민교육 지원법(안)	민주시민을 양성하기 위해 정부의 역할을 규정하고 자동 시민단체의 활동을 활성화	국무총리실과 지방자치단체 산하에 민주시민교육위원회의 설치, 정부의 재정지원과 시민단체에 의한 민주시민교육 시행, 공익과 관련된 다양한 주제에 대한 교육의 실시	

* 법률명 밑의 연도는 최종 제정 및 개정년도를 나타낸다.

달에 매우 중요하다. 시민사회에서 NGO들이 주축이 되어 공공선의 증대와 사회변혁을 위해 벌이는 시민운동은 지속적인 민주시민교육에 의한 민주시민의 재생산 없이는 쇠퇴할 수밖에 없기 때문이다. 따라서 NGO를 활성화하기 위해서는 민주시민교육에 대한 법률이 제정되어 국가의 지원과 NGO의 참여 속에 활발하게 시행되어야 한다.

이상 설명한 9개의 법률(안)을 요약하여 정리하면 〈표 9-1〉과 같다.

IV. 결론

민주주의란 사회구성원의 다수를 차지하는 민중이 지배하는 사회이다. 이것은 달리 말하면, 시민사회가 국가를 통제하는 것이다. 이런 점에서 시민사회의 발달은 민주주의의 발전에 매우 중요하다. 물론 시민사회의 자율성과 능력증대는 국가에 대한 통제뿐만 아니라, 현대사회에서 국가와 시장이 해결하기 어려운 각종 사회문제를 해결하고 시민의 능동성을 개발하기 위해서도 중요하다. 그러나 한국에서 국가는 시민사회의 발달에 자기역할을 수행하지 못하였다. 지금까지 정치권은 자발적으로 NGO를 활성화하기 위한 방안을 모색하거나 적극적으로 NGO의 입법운동을 지원하지 않았다. 이미 누리고 있는 기득권을 유지하기 위해 NGO의 입법청원에 소극적으로 대응하거나 오히려 방해하는 행태를 보여주었다. 입법을 통해 시민사회의 정치적 기회구조가 확대되고 시민사회의 정치화가 강화되어 권력을 확대하는 것에 반감을 가지고 있었기 때문이다. 여론에 밀려 법률을 제정할 때도 시민사회에 매우 제한된 권한만 부여하였다. 이러한 현상은 최근의 정보공개법, 부패방지법, 집시법, 선거법 등의 제정이나 개정에서 잘 드러난다. 그리고 위임입법을 통해 관료에게 재량권을 줌에 따라 정치권과 관료가 국가영역의 공고한 동맹관계를 형성하여 연합전선으로 시민사회를 견제하는 모습을 보이기도 하였다.

입법활동은 주로 의회에서 이루어진다. 오늘날 위임입법의 성행으로 인해 많은 입법이 정부관료에 의해서 추진된다고 하더라도, 이것은 국회의 동의를 거쳐야 하며 원칙적으로 입법권은 국회의 고유한 권한이다. 따라서 이상적으로는 의회가 활성화되면 NGO의 입법운동은 그 존재이유를 상실한다고 볼 수 있다. 그러나 의회에서 만들어지는 법은 정치사회의 권력갈등이 투영된 것이라고 할 수 있다. 그리고 정치사회는 국가와 시민사회 사이에서 시민사회의 요구와 지지를 국가영역에 전달하는 매개체이기도 하다. 따라서 아무리 정치사회가 활성화되고 정당에 제 역할을 한다고 하더라도 입법에 있어서 시민사회의 역할은 중요하다. 실제로 주민발의와 같은 제도는 대의민주주의의 한계를 극복하기 위한 중요한 제도로 인식되고 있다. 더구나 한국의 제도정당은 국가로부터 자율성을 갖지 못하고 국가의 하위영역으로 종속되어 제 역할을 수행하고 있지 못하다. 그러므로 NGO의 입법운동은 시민사회의 능력증진과 시민운동의 활성화뿐만 아니라 제도정당의 제 역할을 추동하기 위해서도 필요하다.

한국 NGO는 그동안 제한된 인력을 가지고 각종 입법운동을 해왔다. 그럼에도 불구하고 NGO들이 추진한 입법운동은 상당한 분야에서 법률의 제정과 개정으로 나타났다. 금융실명제, 정치개혁, 남녀평등, 부패방지, 정보공개, 자원봉사 등을 예로 들 수 있다. 그러나 NGO가 원하는 각종 법률안이 국회 상임위원회에 장기간 방치되어 있고, 이미 제정된 법률도 추가 개정이 필요하며, 대통령령의 이름으로 관료에게 넘겨진 시행령도 NGO가 원하는 조항보다는 NGO를 견제하는 내용이 많다. 따라서 NGO는 입법운동에 관심을 가지고 여러 단체가 연대하고, 변호사·대학교수·연구가 등의 전문가와 유기적으로 결합하여 전문적이고 체계적으로 대처해야 한다. 그리고 입법운동은 캠페인, 공청회, 서명운동, 로비활동 등을 통하여 끈기 있게 추진해야 한다. 하나의 법률이 제정된다는 것은 국회에서 과반수의 지지를 확보하는 것을 말한다. 이를 위해서는 5년 정도의 장기간 동안 여론을 조성하고 조직적인 로비활동을 추진하는 것이 필요하다. 여론이 조성되더라도 조직적인 활동을 하지 않으면 NGO가 원하는 내용을 포함하는 법률을 생산하기 어렵다. 로비활동에서도 일정한 시나리오를 작성하고 전략적으로 개별 국회의원을 접촉해야 한다. 특히 최후의 단계에서 개별 상임위원회에서 거부되거나 타협의 산물로서 본래의 정신이 훼손되는 것에 대비해야 한다.

제10장
민주시민교육 프로젝트
─ NGO와 정부 간의 협력모델

I. 위기의 한국사회

　최근 국내외적으로 체제의 위기에 대한 담론이 활발하다. 국제적으로는 자본축적과 생산방식의 전환, 국민국가 주권과 민주주의 이념의 쇠퇴, 환경과 같은 전 지구적 문제의 발생, 자본과 전쟁 및 테러와의 연계 등으로 인해 기존체제가 자원을 배분하고 갈등을 해결하는 데 한계에 부딪히고 있다. 국내적으로는 군부권위주의 정권의 후퇴 이후 희망했던 국가의 정당성 증진, 시장의 공정거래, 시민사회의 민주화 등이 제대로 진행되지 않아 실질적 민주주의의 성취가 지체되고 있다. 오늘날 한국에서 정치의 무력함, 정부의 비효율과 부패, 시장경제의 왜곡, 신뢰의 상실, 사회복지의 빈곤, 공동체윤리의 실종, 시민의식의 부족, 교육의 부재 등과 같은 수사(修辭)는 공동체적 위기의 일면을 보여주고 있다. 문제를 올바로 정의하고 적절한 대안을 모색하는 데 있어서 위기담론이 반드시 바람직한 것은 아니다. 위기담론은 문제를 현상적으로 파악하고 긴급처방을 주문하게 될 가능성을 높이기 때문이다. 그럼에도 불구하고 현재의 상황적 인식은 사회적 불안과 이행기적 성격을 강하게 반영하고 있음이 사실이다. 그만큼 기존체제의 재구성에 대한 열망이 높다는 의미이다.

한국사회는 근대화의 태동기에 자율적인 근대화가 좌절된 후 일본식민지 지배에서 신음하다가 타국의 힘에 의해 해방되어 서구민주주의를 이식하는 과정을 거쳤다. 그러나 유교적 권위주의, 일본의 식민지 지배, 남북한 간의 분단과 긴장, 군부정권의 장기적 통치 등과 같은 역사적 유산과 경험이 민주주의의 발전을 가로막고 있다(박상필, 2001a). 한국적 유교에서 전래된 배타적 권력관계, 연고적 인간관계, 권력의 중앙집중, 위계질서의 중시, 복고적 가치관 등은 계몽적 이성과 합리적 사고가 필요한 민주주의의 발전을 방해한다.[1] 일본의 식민지 지배경험은 강압적 국가권력, 순응적·패배적 시민의식, 생존을 위한 자기보존과 분열,[2] 국가권위에 대한 냉소와 불신 등과 같은 부정적 유산을 낳았다. 남북한 간의 분단·전쟁·갈등은 강성국가와 안보국가, 반공이데올로기의 지배, 치열한 생존욕구와 공공성의 빈약 등과 같은 비민주적 가치를 양산하였다.[3] 그리고 군부독재에 의한 근대화는 국가주의와 권위주의체제, 성장위주의 경제정책, 권력의 집중, 권위부재와 불신의 만연 등과 같은 부작용을 초래하였다.

유교적 가치가 실질적으로 약화되고 일본의 식민지 지배로부터 벗어난 지 60여 년이 지났으며, 남북한 간의 긴장이 완화되고 군부정권의 유산이

---

[1] 유교는 호혜적 인간관계를 통한 사회적 조화 추구, 재야 사림의 국가권력 견제, 공동체적 삶 등을 지향하는 이념적 가치를 가지고 있지만, 주자학과 성리학적 명분론에 집착한 한국의 유교는 민주주의와 관련하여 긍정적인 요소보다도 부정적인 요소를 더 많이 가지고 있다(박상필, 2001a).

[2] 일본이 제한된 군대와 경찰병력으로 한국을 지배할 수 있었던 것은 한국인을 단지 수동화시키는 것에 끝나지 않고, 일부를 능동화시켜 제한된 권력을 부여하고 시민사회를 분열시킴으로써 가능했다.

[3] 전쟁상태에서 질서를 지키고 공익을 생각하는 것은 곧 자신의 죽음을 의미한다.

서서히 청산되고 있지만 그 부정적 역사의 잔영은 여전히 국가영역에 강하게 남아 있다. 아직도 국가권력은 상층과 중앙에 집중되어 있고 권위적이고 억압적인 요소가 상당히 잔재하고 있다. 그리고 권력엘리트는 변화를 수용하고 새로운 아이디어를 받아들이는 데 인색한 반면, 자의적 권력행사를 통해 지대추구에 골몰하고 있다. 또한 지배를 영속화하기 위해 반공주의·지역주의·연고주의 등과 같은 이데올로기를 동원하여 편의적으로 사용하기도 한다. 시장영역 또한 오랫동안 국가의 하위 지배파트너 지위를 통해 기회주의적으로 자본을 축적한 재벌과 대기업이 경제를 장악하고 있다. 따라서 정경유착, 경제적 집중, 권위주의적 의사결정, 부의 세습 등이 만연되어 있다. 더구나 세계경제에 편입되어 세계적 규모의 기업이 존재하면서도 공정하지 못한 행위준칙이 통용되고 정당하지 못한 부 축적의 관습이 그대로 남아 있다. 최근에는 제도언론마저 족벌체제를 옹호하고 무분별한 성장주의와 소비문화를 부추기고 있다. 더구나 언론은 보수공론을 주도하여 합리적인 의사소통을 체계적으로 봉쇄하는가 하면, 국가 및 자본과 동맹하여 지배카르텔을 형성하려고 시도한다. 이러한 국가영역과 시장영역의 부정의와 비합리성은 그대로 시민사회에 영향을 미쳐 구조적 모순과 문화적 왜곡을 낳고 있다.

주로 국가와 시장에 의해서 대물림된 시민사회의 사유화와 비합리성도 상당한 문제를 드러내고 있다.[4] 먼저 시민사회는 국가권력을 통제하여 권력을 사회화할 수 있을 만큼 참여의식과 시민권력을 보유하고 있지 못하다. 강압적인 국가권력하에서 많은 사람들은 순응적인 태도를 배웠고 실질적인 참여가 금지되었다. 더구나 참여와 비판에 대한 대가가 너무나 가혹하여 공동체문제에 대한 참여에 일종의 피해의식을 가지고 있었다. 지배엘

---

[4] 김정훈(2001)은 시민사회의 비합리성이 주로 국가와 시장에서 연원한다고 주장한다.

리트의 자기보존 속성을 파악하여 이를 저지하는 행동에 참가하기보다는 반공주의·연고주의·지역주의 등과 같은 이데올로기에 끊임없이 조작당하는 대상으로 머물러 있다. 그리고 시민사회 내에 공정한 인간관계가 형성되어 있지 못하고 비판과 연대를 이끌어낼 규범적 사회윤리도 부족하다. 가족주의·연고주의·집단이기주의 등과 같은 이데올로기에서 유래하는 부정적 가치가 시민사회 내에 그대로 잔존하고 있어서 갈등과 분열을 되풀이 한다.[5] 또한 급속한 경제성장과 부 축적을 추종했던 속도주의와 물질주의와 같은 이데올로기가 시민사회에서도 지배적인 가치로 자리 잡고 있다. 따라서 프롬(Fromm, 1988)의 생활양식 분류에서 본다면, 공존과 상호 이해가 통용되는 존재양식보다는 화폐와 권력의 소유에 집착하는 소유양식에 매몰되어 있다. 이러한 가운데 개인은 내면화된 시민의식을 갖추지 못한 채 이기주의적 속성을 가지고 공동체적 책임에서 무임승차하려는 경향을 띤다.

국가의 민주화와 시장의 공정성이 제대로 이루어지지 않은 상황에서 시민사회조차 국가와 시장을 견인할 수 있는 권력적·윤리적 토대와 역동성을 가지고 있지 못하고 있다면, 이것은 위기담론의 유용성과는 관계없이 일정한 위기적 징후가 나타날 수밖에 없다. 한국사회는 독특하게도 전통·근대·후근대가 역사적 시간으로서 동시적으로 공존하고 있는 복합사회이다. 그만큼 사회적 합의를 이루기가 어렵다. 따라서 각자는 어떤 사건이나 상황에 대해 자신의 입장에 유리하게 편의적으로 해석하고 주장하며 행동하는 경향이 있다. 이러한 특징으로 인해 많은 사람들은 한국사회의 구조적 불능을 파악하지 못하고 위기를 간파하지 못하고 있는 것이다. 그러나 과

---

[5] 예를 들어 시민사회는 국가권력 내부의 연고주의를 강하게 비판하면서도 자신도 모르게 연고주의에 체질화되어 있고 자신의 편의와 이익을 위해 연고주의 이데올로기를 동원하는 모순을 지니고 있다.

거 IMF의 경제위기가 우리가 감지하지 못하는 사이에 갑자기 덮쳤듯이, 한국사회에는 또 다른 영역에서 구조적 압력과 불능이 어느 날 갑자기 우리를 고통으로 몰아넣을 가능성이 농후하게 배태되어 있다.

한국사회의 새로운 위기는 무엇보다도 가치의 위기이자 문화의 위기라고 할 수 있다. 현대사회는 지구화로 인해 지구의 거의 모든 국가와 조직이 서로 연결되어 상호 영향을 주고받는다. 따라서 어느 누구도 자유로울 수 없는 전 지구적인 환경위기나 축적의 위기, 나아가 통치의 위기를 맞이할 수 있다. 그러나 이러한 위기는 결코 사회의 한 영역의 불능과 딜레마에서 나오는 것이 아니라, 근본적으로 삶을 살아가는 인간이 지향하는 가치와 규범의 왜곡에서 나오는 것이다. 인간사회의 정신적 기초를 이루는 가치·규범·윤리의 문제를 생각할 때 우리는 먼저 교육을 생각한다. 왜냐하면 인간은 교육을 통해 인간으로서의 존엄과 사회인으로서의 책무를 학습하기 때문이다. 특히 교육 중에서도 사회구성원으로서의 능력과 책임의식을 가진 민주시민을 어떻게 교육할 것인가를 고민하지 않을 수 없다.

II. 민주시민교육의 의미

시민이라는 개념은 역사적으로 고대사회부터 존재해왔고 오늘날에 이르기까지 범위·역할·권리·책임 등에서 많은 변화를 겪어왔다. 그리스·로마 시대의 시민은 사적인 경제적 이해관계를 떠나 폴리스에 참여하여 권력을 행사하는 특수계층이었다. 따라서 독립성과 자립성을 갖지 못하고 생계를 타인에게 의존해야 하는 직인(職人)·여성·이방인·노예 등은 시민계급에 포함되지 않았다. 이후 시민이라는 개념은 잠복상태에 있다가 중세말 계몽주의와 함께 재등장하였다. 12~13세기를 전후하여 봉건영주로부터 자치권을 획득하여 길드조직이 중핵을 이루는 자유도시가 발달하고 수공업이 성장하게 되면서 봉건적 신민과는 다른 계층이 등장하였다. 지역마다 차이가 있지만, 유럽에서 14~15세기가 되면 중세시민은 화폐경제의 발달로 경제적 힘을 축적하여 봉건적 질서와 신분적 차별에 저항하기 시작하였다. 따라서 중세의 시민은 도시에 거주하는 상공업자로서 자유를 누리는 사람을 가리켰다. 도시의 상공업자는 절대군주와 결합하여 봉건적 특권계급으로부터 해방되었지만, 또다시 절대군주의 독재정치와 정치억압에 시달리게 되었다. 그러나 근대사회에 들어와서 시민의 요구사항은 정치적 자유보다 경제적 안전으로서 개인의 생명과 재산을 보호하는 것이 급선무였다. 이것이 바로 우리가 근대적 시민을 부르주아로 부르는 이유이다. 부르주아는 사적 이익의 보호를 위해 절대체제를 해체시키고 대의제 민주주의를 성취하는 혁명을 주도하였다. 물론 이때에도 시민은 법적으로 자유롭고 평등한 권리를 가진 사람을 지칭하는 프랑스혁명의 권리선언과는 달리, 공직에 참여할 수 있는 시민은 전체인구의 소수에 불과하였다. 이후 시민의 범위가 계속 확장되어오다가 오늘날에 이르러 시민은 정치공동체에서 정치적 주권과 각종 권리·의무를 갖는 모든 법적 구성원을 포함하는 것으로 확대되었다.

오늘날 시민이라는 개념에는 계급적 의미가 해체되었기 때문에 차별이 없다. 그러나 시민이라는 개념에는 경험적 성격과 아울러 규범적 성격이 내포되어 있고, 자유주의적 전통과 아울러 공화주의적 전통이 포함되어 있기 때문에 형식적 의미와 실질적 의미가 다르다. 형식적으로는 법적 요건을 갖춘 모든 사람을 시민에 포함하지만, 실질적으로는 시민단체·시민운동·시민사회라는 개념에 함축되어 있는 바와 같이 시민은 일정한 자격과 의무를 요구한다. 따라서 시민은 단순히 개인의 사적 이익추구에 집착하는 공리적 인간이 아니라, 민주주의의 작동원리에 대한 이해와 공공의 발전에 대한 책임감을 가지고 공동체의 발전을 위해 능동적으로 참여하는 개인이다. 즉, 실질적 의미의 시민은 공중적 자질과 실천적 행동을 동반하는 민주시민이라고 할 수 있다. 민주시민은 시민적 주체로서의 자각과 권리·의무 의식을 가지고 있다. 그래서 자유권을 넘는 참정권 및 사회권에 대한 적극적인 권리의식을 가진다. 그리고 국가공동체의 구조와 작동원리, 민주주의와 시민사회의 가치를 이해하고 공동체의 발전을 위해 적극적으로 참여한다. 그리고 민주시민은 사회적 약자에 대한 애정과 세계시민으로서의 이상을 가지고 이를 생활에 실천한다. 민주시민은 한마디로 공동체의 발전에 필요한 자질과 태도를 갖추고, 개혁적이고 능동적인 사고를 가지고 민주주의의 기본가치를 추구하는 존재라고 할 수 있다.

민주주의를 보존하고 발전시키기 위해서는 그 주체로서 민주시민이 존재해야 한다. 민주시민은 부단한 교육을 통해 생산될 수 있는데, 민주시민을 체계적으로 교육시키는 것이 바로 민주시민교육이다. 즉, 민주시민교육이란 학교·정부·민간단체 등에서 민주시민으로서 갖추어야 될 가치관과 태도를 교육하는 의도적이고 체계적인 노력이라고 할 수 있다. 여기에는 인간성 존중, 개인의 권리와 책임, 국가와 시장의 운영원리, 민주주의의 이념과 가치, 공동체사회의 형성, 자연과의 공존, 인류공영의 세계관 등에 대한 내용을 포함한다. 그리고 시민의 주체의식·권리의식·책임의식·평등의식·비판의식·참여의식 등을 내면화하여, 개인을 맹목적 순종자나 방관적 냉소자가 아니라 참여적 비판자로 만드는 것을 목표로 한다. 오늘날 민주시민교육은 학교에서 제대로 이루어지지 않기 때문에 국가의 중요한 과제가 되었다. 그러나 국가 또한 여러 가지 구조적·재정적 한계를 가지고 있기 때문에 시민사회에서 다양한 시민운동을 통해 이루어지고 있는 것이 현실이다.

III. 민주시민교육의 필요성

　한국사회의 위기는 역사적 경험에 연원하고 구조적으로 체계화되어 있으며 그 근저에 가치의 왜곡이 배태되어 있다. 따라서 이러한 위기에서 탈출하기 위해서는 단순히 현상적인 처방만으로는 불가능하다. 정책의 변화를 통한 제도개혁이 구조적인 문제를 해결하는 데 도움이 되겠지만, 이것 또한 근본적인 해결책으로는 한계가 있다. 제도의 변화에도 불구하고 일상적인 의식이나 생활습관이 변화에 완강하게 저항하는 사례를 우리는 무수하게 볼 수 있다. 사실 한국 민주주의의 결함은 제도적인 문제라기보다 오히려 의식의 문제라고 할 수 있다. 따라서 한국사회의 문제를 치유하기 위해서는 장기적인 관점에서 시민의식을 전환하고 민주시민을 양성하는 교육이 동반되어야 한다. 한국사회가 가지고 있는 구조적·문화적 위기는 단순히 경제성장과 함께 자동적으로 사라지거나 시간이 흘러 세대가 바뀌면 스스로 해결되는 것이 아니다. 한국사회를 구성하는 시민 스스로 주체자로서의 자각을 가지고 새로운 윤리의 정립과 시민의식의 내면화를 통해 사회를 변혁하고 일상을 변화시켜갈 때 가능한 것이다.

　한국사회를 선진화시키고 시민의 삶의 질을 증대하기 위해 민주시민교육이 절실히 필요함에도 불구하고 지금까지 제도교육은 반공교육·입시교육·취직교육으로 점철되어왔다. 한국에서는 오랫동안 정당성이 빈약한 군부정권이 자신을 합리화시키고 권력을 유지하기 위해 반공교육을 실시하여 학원을 억압하고 포섭하였다. 1987년 6월항쟁 이후 군부정권이 서서히 쇠퇴하면서 반공이데올로기가 영향력을 잃게 되자, 반공교육의 자리에는 이제 대학진학과 출세를 위한 교육을 주를 이루고 있다. 공동체사회에서 한 사람의 민주시민으로서 어떻게 법과 윤리를 지키고, 다른 사람과 협력하여 공동체의 이익을 증진시키며, 타인의 존재를 인정하고 배려하는가 하는 교육은 사라졌다. 그 대신 일류대학에 합격하고 좋은 자리에 취직하는 수단적 지식이 교육의 주요 주제가 되었다. 그래서 교실의 윤리가 무너지고, 지적능력이 후퇴하였으며, 사교육비가 하늘 높은 줄 모르고 치솟고 있다. 심지어 교육을 위한 이민과 원정출산이 횡행하고 있는 현실이다. 민주시민교육이 제자리를 잡지 못하는 사이에 젊은이들은 상업매체에 조작당하여 대중문화에 심취하거나 이기적인 안일주의에 빠져 있다. 공동체의 유지와 미래전망에 대해 고민하고 실천하는 것은 주요 관심에서 사라져버렸다. 이러한 현상은 각종 여론조사에서도 그대로 나타나는데, 많은 젊은이들이 사적 이익을 위해 법을 어기거나, 부정부패를 방관하거나, 사적 연결망을 이용하는 것에 찬성하고 있다.

한국사회가 안고 있는 무수한 문제를 극복하고 절차적 민주주의를 넘어 실질적 민주주의를 보장하는 것은 근본적으로 민주시민을 양성하는 것에 의해 가능하다. 정치가의 수준이 유권자의 정치의식 수준을 넘지 않는다고 했듯이, 한국사회가 지금 직면하고 있는 정치의 왜곡과 무관심, 물질적 성공을 향한 무분별한 경쟁, 신뢰의 하락과 윤리의 상실도 궁극적으로는 시민의식과 이를 발양하는 시민교육의 부재에서 오는 것이다. 시민교육, 시민의식, 시민참여, 민주주의의 제도화는 일정한 인과관계를 형성하고 있다. 민주주의를 제도화하기 위해서는 사회를 구성하는 시민이 공동체의 문제에 적극적으로 참여해야 한다. 그런데 이러한 시민참여는 단순한 구호나 강요에 의해 가능한 것이 아니다. 그것은 공공문제에 대한 시민적 책임과 윤리가 철저하게 의식화되었을 때 가능한 것이다. 그리고 이러한 시민의식은 일시적인 계몽이나 선전에 의해 가능한 것이 아니다. 그것은 지속적이고 의식적인 시민교육의 실천에 의해서만 형성될 수 있는 것이다. 따라서 실질적 민주주의를 제도화하여 우리가 원하는 바람직한 사회를 건설하기 위해서는 근본적으로 민주시민교육이 철저하게 이루어져야 한다.

한국에서 민주시민교육이 필요한 것은 실질적 민주주의를 성취하는 근본적인 목적 외에도 한국적 특수성에 연원하는 여러 가지 이유가 있다. 한국은 식민지 지배, 분단과 전쟁, 급속한 근대화, 군부정권의 지배 등을 경험하면서 반공주의, 군사주의, 권위주의, 지역주의, 연고주의, 속도주의, 물질주의, 성장주의, 이기주의, 가족주의, 냉소주의, 비밀주의 등과 같은 부정적 이데올로기 유산을 가지고 있다. 이러한 유산은 지속적인 민주시민교육에 의해서만 일상적인 사고와 생활에서 몰아낼 수 있다. 그리고 한국에서 민주시민교육은 통일시대를 대비하기 위해서도 필요하다. 남북한 간의 통일은 한국의 긴급한 과제이지만, 통일 이후에 무수한 문제가 노정될 수 있다. 남북한 간의 사회적 통합을 위해서는 열린 사고, 상호 이해, 공동가치의 발견, 갈등의 자율적 조정 등을 위한 교육이 선행되어야 한다. 독일이 통일 이전에 통일을 대비한 교육을 선행하였는데도 동서독 주민 간의 심각한 차별과 갈등이 존재한다는 사실을 타산지석으로 삼아야 할 것이다. 또한 1990년대 이후 본격적으로 실시되고 있는 지방자치의 효율성을 높이기 위해서도 시민교육이 필요하다. 지방자치는 시민 스스로 주체가 되어 권력을 행사하고 정체성의 정치를 실현하는 공간이다. 따라서 지방자치가 성공하기 위해서는 자치권력, 시민참여, 공공의식 등에 대한 적절한 민주시민교육이 병행되어야 한다. 마지막으로 지구화의 시대에 세계시민으로서의 이상을 가지고 이에 필요한 책임을 이행하기 위해서도 민주시민교육이 필요하다. 민주시민이란 일국적 가치에 집착하여 편협한 민족주의나 국가적 이기주의에 매몰되는 것이 아니라, 국경을 넘어 타국민의 생존과 행복에 적극적인 관심과 책임의식을 가져야 한다. 특히 한국인은 아직도 과거 선진국으로부터 도움을 받았던 체질에서 벗어나지 못하고 있다. 이제 한국인은 지원을 받는 입장이 아니라, 개발도상국가의 발전을 위해 지원을 하는 입장이다. 이와 관련된 교육도 민주시민교육에서 이루어질 수 있다.

IV. 민주시민교육의 실행

1. 선진국의 민주시민교육

선진국에서는 선진화된 민주주의를 지탱하는 주체로서 민주시민에 대한 교육이 활발하다. 독일의 정치교육(politsche bildung), 미국의 시민교육(civic education), 일본의 공민교육(公民教育) 등을 예로 들 수 있다.

민주시민교육은 독일이 가장 대표적인데, 혹독한 전체주의를 경험하고 분단현실에 직면한 독일은 민주주의를 제도화하고 통일 이후 사회적 통합을 위해 정부가 적극적으로 나서서 민주시민교육을 시행하였다.6 독일은 제2차 세계대전 이후 국가가 탈전체주의 기획을 주도하고, 여기에 정당이 중요한 역할을 떠맡는 것이 민주시민교육의 특징이다(Offe, 1996: 337~39). 따라서 독일에서는 초등학교, 중등학교, 대학교 등 학교교육에서 정치교육이 체계화되어 있을 뿐만 아니라, 학교를 벗어나서도 연방정치교육원을 중심으로 연방정부기관과 주정부기관에서 정치교육이 활발하게 이루어지고 있다. 이 외에도 지방자치단체에서 시민대학을 개설하거나 시민단체가 자체적으로 정치교육을 실시하고, 각종 재단이나 정당이 정치교육에 필요한 프로그램과 공개토론의 장을 제공한다. 시민사회의 정치교육에 대해서는 연방정치교육원이 네트워크를 구축하고 재정과 자료를 제공함으로써 적극적으로 지원하기도 한다. 오늘날 독일의 민주주의와 통일의 달성은 선행적인 민주시민교육에 힘입은 바 크다고 할 수 있다(심익섭, 2001). 독일의 정치교육은 기본권 존중, 다원주의 옹호와 전체주의 배격, 정당정치와 의회

---

6 분단독일 시절 동독에서는 민주주의에 상응하는 민주시민교육이 불가능했기 때문에 여기서 말하는 독일은 주로 서독을 말한다.

제도, 사회정책, 통일과 민족적 공존 등 민주주의의 발전과 사회통합에 필요한 다양한 내용을 포함한다(김택환, 1992).

미국의 민주시민교육은 독립 이후부터 그 필요성이 제기되어왔다. 다양한 인종으로 이루어진 신생국이 사회적 통합을 이루고 민주주의를 정착시키기 위해서는 무엇보다도 민주시민을 교육하는 것이 중요하다고 판단했기 때문이다. 그러나 시민교육은 20세기가 될 때까지 종교교육과 직업교육에 밀려 체계적으로 이루어지지 못하였다. 20세기에 들어와서 중등교육개혁이 일어나고, 제2차 세계대전 이후 동서냉전과 사회적 혼란, 그리고 1970년대 이후 참여민주주의에 대한 논의가 활발해지면서 자유·인권·평등·참여 등에 대한 시민교육이 활발해졌다. 미국 시민교육의 특징은 제도권에 있는 학교가 중요한 역할을 떠맡는다는 것이다. 오늘날 미국은 학교교육에서 민주시민에 대한 교육이 철저하다. 이것은 미국의 교육학자 듀이(Dewey, 1910)가 말한 바와 같이, "시민이 민주적 가치체계를 이해하고 존중하지 않는 곳에서는 독재체제의 종식만으로 진정한 의미의 영속적인 민주주의를 실현할 수 없다"는 명제에 부응하기 위한 것이다. 물론 미국은 개인에 대한 국가의 간섭과 국가기능의 확대를 반대하는 전통을 가지고 있고 다양성을 지향하기 때문에 시민사회의 종교단체, 직능단체, 시민단체가 지역사회에서 정부와 협조하여 다양한 시민교육을 시행하기도 한다. 이때 재정은 자체적으로 조달하거나 정부나 민간재단이 지원한다. 미국의 시민교육에는 연방주의 구조, 공공질서, 시민참여와 공적 기여, 타인의 이해와 존중, 준법정신과 책임의식, 국제관계의 이해 등과 같은 내용을 포함한다(최현섭, 1992).

일본은 태평양전쟁 패전 이후 군국주의의 유지를 위해 강요된 국가주의·획일주의 교육에서 탈피하고 미국식 민주주의를 수용하기 위한 필요에서 민주시민교육을 강화하였다. 따라서 기존의 국가에 의한 억압과 간섭에서 벗어나 자율적 개인과 시장경제를 강조하였다. 일본의 공민교육은 정부의 문부성이 공식적인 책임을 지고 일선에서는 각종 민간단체와 학교에 의해 시행되고 있다. 특히 일본에서는 지방자치단체가 공민교육에 중요한 역할을 맡고 있는데, 소규모의 지역까지 설치되어 있는 공민관이 공민교육의 진흥을 위한 공간과 기회를 제공한다(심익섭, 2001). 오늘날 일본의 체계화된 사회질서와 책임의식, 나아가 타인의 인권에 대한 철저한 배려는 이러한 공민교육에 힘입은 것이다. 일본 공민교육의 내용은 개인의 인격형성, 공존적 인간관계, 자연사랑, 시민적 책임, 국제인으로서의 자질 등을 포함한다(이준구, 1992).

2. 한국 민주시민교육의 현실

한국이 일본식민지 지배로부터 해방된 후 서구민주주의를 시도했을 때 가장 중요한 것은 민주주의 정치제도를 이해하고 운영할 수 있는 민주시민의 존재였다. 그러나 한국인은 조선왕조 시대와 일본식민지 시대를 통과하면서 단지 신민적 지위만 가졌을 뿐 민주시민으로서의 의식을 갖거나 이를 위한 교육을 받을 기회를 갖지 못하였기 때문에 민주시민이 존재하지 않았다. 해방 이후에는 반공독재와 군부독재가 지배권을 장악하면서 체제순응적이고 획일적인 국민교육과 반공교육을 실시하였다. 이 과정에서 민주주의의 가치를 이해하고 공동체의 결정에 적극적으로 참여하는 시민을 길러내는 교육은 존재하지 않았다. 이것은 정당성이 빈약한 정권에서 민주시민교육이란 것이 궁극적으로 자기부정이 아니면, 종국적으로 '성공의 실패'를 초래하기 때문에 당연한 이치였다. 군부독재의 억압구조 틈새에서 제한적이나마 재야단체나 학생운동단체가 체제저항적인 정치교육을 실시할 수밖에 없었던 이유도 여기에 있다. 따라서 1987년 6월항쟁 이후 시민사회가 자율성을 획득하고 일정한 자족능력을 갖출 때까지, 한국에서는 국민교육을 위주로 하는 제도교육에 맞서 간헐적이고 제한적인 시민교육만이 존재했다. 이러한 결과로 대부분의 시민은 공공문제를 해결하는 정치에 냉소적이거나, 합리적인 판단력이 부족하거나, 순응적이고 복종적인 자세를 지니게 되었다.

국가에 의한 민주시민교육 부정의 역사는 1987년 6월항쟁 이후 민주화가 진행되고 민주정부가 들어섰는데도 그대로 계속되고 있다. 한국의 학교교육이란 그야말로 물질적 성장을 위한 지식교육, 대학에 입학하기 위한 입시교육, 대학졸업 후 취직을 위한 직업교육에 초점을 두고 있다. 이러한 이유로 인해 한국에서 민주시민교육은 시민사회에서 그 필요성이 먼저 제기되는 모순을 안고 있다. 특히, 1990년대 이후 시민운동이 활성화되고 이를 추동할 수 있는 민주시민의 필요성을 절감함에 따라 민주시민의 교육에 대한 담론이 활성화되었다. 물론 민주시민교육의 일환으로 볼 수 있는 평생교육과 통일교육이 각각 '평생교육법'과 '통일교육지원법'에 의해 먼저 실시되기도 하였다.[7] 그러나 평생교육 프로그램은 주로 대학에서 형식적으로 진행되면서 민주시민교육에 대한 욕구를 충족시키는 데 한계가 있고, 통일교육은 주로 공공기관에서 제한적으로 실시하고 있어서 능동성과 포괄성에서 한계가 있다. 2000년에 '비영리민간단체지원법'에 따라 시민단체가 정부로부터 재정을 지원받아 안정적으로 민주시민교육을 실시할 수 있는 길이 열렸으나, 이것은 단시간에 소수의 프로그램에만 적용될 수 있을 뿐이다.

국가에 의한 민주시민교육의 방치와 시민사회의 재정적 능력의 한계를

---

[7] 평생교육법은 1982년 사회교육법이 제정된 이래 몇 차례 개정을 거쳐(1990년, 1995년, 1997년 일부개정), 1999년 전문을 개정하고 평생교육법으로 바뀌었다. 그리고 통일교육지원법은 1999년에 제정되었다.

극복하기 위해 각종 시민단체는 1990년대 후반부터 민주시민교육을 위한 입법청원운동을 전개하였다. 1997년에 경제정의실천시민연합(경실련)을 포함한 12개 단체가 '민주시민교육포럼'을 결성하였고, 1999년에는 민주개혁국민연합을 포함한 30개 단체가 '민주시민교육네트워크'를 결성하였다(박상필, 2001e). 이들 연대조직은 민주시민교육의 당위성을 역설하고 정부의 행동을 촉구하면서 수차례에 걸쳐 민주시민교육지원법(안)을 국회에 제출하였다. 그러나 이러한 노력이 국회의 나태와 정부의 무관심에 의해 자동 폐기되었다. 그 후 2004년에 한국YMCA 등 많은 시민단체들이 또다시 연합하여 '민주시민교육원' 설치를 핵심으로 하는 민주시민교육 입법운동을 전개하였으나, 시민단체간의 의견불일치와 정치권 및 행정부의 무관심 속에 전혀 진전되지 못하고 있다.

　이러한 입법청원과는 별도로 1990년대부터 각종 시민단체들은 한국 시민사회의 포괄적 수요와 개별 시민단체의 특수목적에 따라 민주시민교육을 실시하기도 하였다. 이것은 민주시민교육을 받은 민주시민의 참여가 있어야만 시민사회가 발달하고 시민단체가 존립할 수 있기 때문이다. 한국의 시민단체는 시민교육을 받은 풍부한 민주시민의 인적 자원에 의해 시민운동을 전개하는 것이 아니라, 각 분야에서 시민운동을 전개하는 동시에 민주시민을 생산해야 하는 과제를 수행하고 있다. 한국 시민단체가 시민교육과 시민운동이라고 하는 '비동시적인 것들의 동시적인 진행'을 추진하는 이중부담을 져야 하는 이유도 여기에 있다. 따라서 시민단체들은 자체에 시민강좌, 개방대학, 청소년학교, 여성아카데미, 토론광장, 환경캠프 등과 같은 전략적 프로그램을 통해 민주시민교육을 실시하였다. 그러나 시민단체의 역량의 부족, 시민의식과 참여의 빈곤, 재정의 부족과 정부의 무관심 속에 이러한 개별적 시민교육운동은 한계가 있다. 따라서 개별 시민단체들이 벌이는 민주시민교육은 그 효과가 매우 제한적일 수밖에 없다. 그렇다고 시민사회의 다른 영역에 위치하고 있는 대학이 교양과정의 핵심적인 분야로서 민주주의, 시민사회, 시민운동, 봉사활동, NGO 등에 대해 철저하게 교육하고 있는 것도 아니다. 일부 대학에서 이러한 강좌가 개설되어 교육을 실시하고 있으나 아직도 매우 제한된 수의 대학에서 초보적인 수준에 그치고 있다.[8]

3. 민주시민교육에서 NGO와 정부의 협력

한국에서 민주시민교육에 대한 국가의 무관심과 대학의 제한적 역할로 인해 시민사회의 NGO가 민주시민교육에서 중요한 위상을 차지하게 되었다. 그러나 NGO가 자체적으로 민주시민교육을 체계적으로 운영하기에는 아직 많은 한계가 있다. 따라서 정부가 민주주의의 질적 발전을 위해 민주시민교육에 대한 필요성을 절감하고, 이를 체계적으로 시행할 수 있도록 기구와 예산을 설치·확보하는 것이 필요하다. 이때 NGO와 정부가 유기적으로 협력하는 시스템이 유효할 수 있다. 즉, 정부가 일정한 기구를 설치하여 재정을 지원하고 프로그램의 진행에 필요한 각종 정보와 전략을 제공하고, 시민사회의 각종 NGO가 직접 교육을 담당하는 것이다. 물론 이것이 정부기관이 중앙선거관리위원회 선거연수원, 국회사무처 연수국, 한국학중앙연구원 등이 선거·정치·윤리 등에 대한 민주시민교육을 독자적으로

---

[8] 미국에서는 최근 NGO와 시민운동에 대한 교육이 교양교육의 5대 핵심분야의 하나로 자리잡아가고 있다. 한국에서도 모든 대학생에게 민주주의, 봉사활동, 시민운동 등에 대한 교육이 필요하다. 예를 들어 의과대학생은 인체의 구조와 수술의 방법이 교과과정의 중요한 내용을 이루고 민주시민교육이 필요 없는 것 같지만, 이것은 사실과 전혀 다르다. 응급한 환자의 구제, 의사와 환자와의 관계, 의료사고의 분쟁조정 등과 같은 문제뿐만 아니라, 최근 사회문제가 되고 있는 병원의 인턴에 대한 의사의 구타행위는 의과대학생에게도 민주시민교육이 얼마나 중요한가를 잘 보여준다.

시행하고, 각 정당이 정부의 지원을 받아 체계적으로 정치와 민주주의에 대한 교육을 실시하는 것을 배제하는 것은 아니다. 여기서 NGO는 시민사회의 각종 결사체 중에서 회원 중심으로 공익활동을 하는 시민단체를 말한다.

민주시민교육을 시행하는 데에서 NGO와 정부가 협력하는 것은 양자가 지니고 있는 한계를 극복하고 교육 프로그램의 효율성과 효과성을 높이는 데 유용하다. 정부가 단독으로 민주시민교육을 담당하는 것은 여러 가지 문제를 낳는다. 첫째, 정부에 의한 민주시민교육은 국가주의를 강화할 수 있다. 정부 주도적인 교육은 체제유지적이고 정부우호적인 교육으로 편향될 수밖에 없다. 한국사회에서 국가주의는 오랫동안 시민사회를 억압하고 시민을 수동적 행위자로 위치시키는 데 그 원인을 제공하였다. 더구나 민주시민은 체제적 균형뿐만 아니라 국가에 대해 적극적으로 비판하고 저항할 수 있는 능력도 필요하다는 점에서 정부 주도의 시민교육은 한계가 있다. 둘째, 관료화를 초래할 수 있다. 다양한 영역에서 다양한 주제를 가지고 이루어져야 할 시민교육이 국가라는 단일체계에 의해 실시될 경우 필연적으로 관료제의 경직성이 나타나게 된다. 역설적으로 민주시민교육이란 이러한 관료화를 극복하는 것도 하나의 내용이기 때문에 정부 주도의 시민교육은 자기모순에 처할 수밖에 없다. 셋째, 시민사회의 자율성을 훼손할 수 있다. 정부가 프로그램을 주도하고 시민을 동원하는 것은 시민의 능동성을 침해하고 시민사회의 정치화를 축소시키게 된다. 정부가 주도하는 것은 시민사회의 이니셔티브를 침해하여 민주시민교육 본래의 목적달성을 어렵게 한다. 따라서 정부가 학교의 정규교육을 통해 민주시민교육을 강화하는 것은 필요하지만, 학교를 벗어난 영역에서 정부가 독자적으로 교육을 주도하는 것은 오히려 역효과가 크다고 할 수 있다.

물론 정부 주도의 민주시민교육이 초래하는 이러한 문제가 자동적으로 NGO에게 면죄부를 주는 것은 아니다. NGO도 독자적으로 민주시민교육을 시행하기에는 많은 능력의 한계를 가지고 있다. 우선 가장 큰 문제로서 재정의 부족을 들 수 있다. NGO가 일정한 장소의 확보, 교육자의 초빙, 교육자료의 발간, 교육에 대한 홍보 등을 독자적으로 수행하기에는 재정이 부족하다. 따라서 재정이 풍부한 소수의 대형단체를 제외하고는 실질적으로 민주시민교육을 체계적으로 진행하기 어렵다. 그리고 NGO 스스로 교육목표의 설정, 프로그램의 제도화, 교육 내용과 방법의 개발, 교육자의 공급 등을 해결하기에는 능력이 모자란다. 이러한 내용 또한 소수의 대형단체 혹은 민주시민교육을 전문으로 하는 단체는 가능할지 몰라도 대부분의 단체에서는 현실적으로 충족할 수 없는 요건들이다.

민주시민교육을 실시하는 데에서 정부와 NGO 각각이 가진 한계는 양자 간의 협력을 유인하는 원인을 제공한다. 양자가 상호 협력을 통해 역할을 분담함으로써 각자가 가진 한계를 어느 정도 극복할 수 있기 때문이다. 즉, 정부는 재정지원, 목표설정, 자료제공, 감독 등과 같은 역할을 하고, NGO는 정부의 재정지원을 받아 일정한 목표에 따라 각 단체의 이념에 맞게 교육서비스를 직접 제공하는 역할을 담당하는 것이다. 이러한 협력시스템은 정부가 민주시민교육의 필요성을 인식하고 풍부한 매체를 통해 홍보하거나 이에 필요한 재정을 제공하고, 전국의 수많은 NGO가 각 영역의 수요자의 욕구에 맞게 현장에서 교육을 시행함으로써 상당한 시너지효과를 가질 수 있다. 더구나 민주시민교육이란 것이 단순한 지식의 습득에 의해 가능한 것이 아니라, 현장에 참여하고 몸소 실천함으로써 체득될 수 있다는 점에서 NGO를 통한 시민교육의 시행은 중요한 의미를 지닌다.

〈그림 10-1〉은 NGO가 정부와 시민 사이에 민주시민교육을 중개하는 간단한 모델을 제시한 것이다. NGO는 정부로부터 재정을 지원받아 시민을 교육하고, 시민의 요구를 수용하여 프로그램을 개선·향상시키며, 정부의 정책에 필요한 정보와 감독에 필요한 보고를 제시한다. 이것은 시민의 요

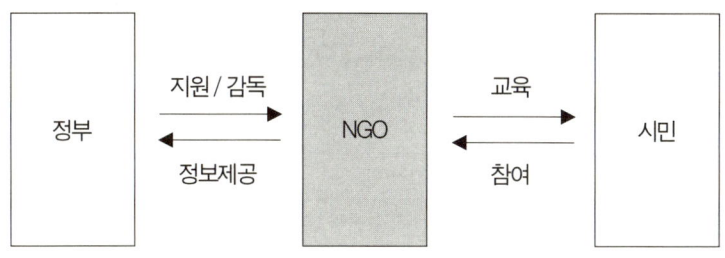

〈그림 10-1〉 민주시민교육을 위한 NGO와 정부 간 협력모델

구가 교육에 적절하게 반영될 뿐만 아니라, 정부는 정책을 결정하는 본연의 목표에 충실할 수 있고, NGO가 시민교육에서 일정한 사회적 책임을 지는 것을 가능하게 한다.

4. NGO와 정부 간 협력을 통한 민주시민교육의 시행

NGO와 정부가 협력을 통해 민주시민교육을 시행하기 위해서는 먼저 사회적 합의가 형성되어 법률이 제정되어야 한다. 지금까지 각종 NGO들이 연합하여 민주시민교육에 대한 법안을 국회에 제출해왔다. 따라서 행정부가 법안에 대한 의제를 적극적으로 다루고 국회가 법안을 심사하는 데 적극성을 보여야 한다. 이를 위해서는 우선 NGO들이 민주시민교육의 필요성을 절감하고 이를 법제화하기 위한 다각적인 시민운동을 통해 대중의 여론을 형성하고 국회와 행정부를 압박해야 한다.

법이 제정되고 예산이 배정된다면 시민사회의 능력에 맞게 민주시민교육을 단계적으로 실시할 수 있다. 〈표 10-1〉은 최초 10년간 민주시민교육 프로젝트의 모형을 제시한 것이다.[9]

---

[9] 교육분야에서 노동을 제외하였다. 노동에 대한 교육도 중요하지만 이것을 포함시킬

<표 10-1> 민주시민교육 프로젝트 대강

구분	예상 수치 및 분야
주체	NGO와 정부
프로젝트 기간	10년
총 예산	4,000억 원(년 400억 원)
참여단체 수	2,000개(프로그램 복수진행 단체 이중계산)
교육기간	10주(1년 4회 실시)
교육시간	20시간(주당 2시간)
교육대상자	학생, 주부, 퇴직자, 실업자 등 주변부계층 외에 직장인 포함
1회 피교육자 수	30명
총 피교육자 수	240만 명(연 24만 명)
교육내용	인간성 존중, 개인의 권리와 책임, 정부와 시장의 운영원리, 민주주의의 이념과 가치, 공동체사회의 형성, 인간과 자연의 공존, 인류공영의 세계관
교육분야	환경, 인권, 평화, 통일, 여성권리, 예술/문화/체육, 교육, 정치/선거, 보건/의료, 청소년/아동 권리, 소비자권리, 소수자와 약자 권리, 권력감시/부패방지, 교통, 경제정의, 지방자치, 자원봉사, 공동체, 국제협력, 기부, 대안사회, 복지일반, 시민의식일반, 시민운동일반, 민주주의일반

<표 10-1>에서 보는 바와 같이, 교육의 주체는 NGO와 정부이다. 정부는 재정지원과 감독을 수행하고, NGO가 각자 자신의 영역에서 교육을 실시한다. 최초 10년간 소요되는 예산은 4,000억 원이다.[10] 이것은 현재 실시되

경우, 기업과 노동조합 양쪽으로부터 반대에 부딪혀 민주시민교육에 대한 사회적 합의에 도달하는 데 어렵게 된다. 노동에 대한 문제는 노동조합 자체에서 실시하는 것이 바람직할 것이다.

[10] 비용은 30명이 참여하는 10주 프로그램 1개에 500만 원으로 하였다. 이 비용은 주로

고 있는 BK21사업이 10년간 1조 4,000억 원을 투입한 것에 비하면 그리 많은 비용이 아니다. 그리고 매년 2,000개의 NGO가 참여하게 된다. 이것은 대형단체가 복수로 프로그램을 운영할 경우 이중으로 계산한 것이다.[11] 교육은 매 프로그램이 10주 동안 총 20시간 전개된다. 물론 교육을 받고자 하는 사람은 다른 프로그램과 복수로 교육을 받을 수 있다. 교육대상자는 주로 학생, 주부, 퇴직자, 실업자, 죄수, 환자 등 주변부그룹이지만 사기업 근무자, 자영업자, 공무원 등도 야간 프로그램에 참여할 수 있다.[12] 각 단체는 1년에 4회에 걸쳐 프로그램을 실시하고, 각 프로그램의 정원은 30명을 기본으로 한다. 이렇게 할 경우, 10년간 최대 240만 명까지 교육을 받을 수 있게 된다. 이것은 곧 시민 1명에게 20시간의 민주시민교육을 실시하는 데 약 167,000원이 소요된다는 것을 의미한다. 이것은 결코 적지 않은 돈이다. 그러나 국가가 예산을 편성하는 데에서 나타나는 여러 형태의 낭비와 비효율을 생각한다면, 민주시민교육을 받은 자가 10년간 240만 명에 달한다는 것은 결코 낭비라고 할 수 없다. 왜냐하면 이것이 한국 민주주의의 발전에 대단히 중요한 기초가 될 수 있기 때문이다. 교육내용은 인간성에 대한 것에서 시작하여 세계시민으로서의 자세와 실천까지 포함한다. 그리고 교육분야는 환경분야를 포함하여 25여 개 분야에 걸치게 된다.

민주시민교육이 제도화되어 체계적으로 이루어지기 위해서는 공식적인

교육자의 강사비, 장소비용, 행정비 등을 포함한다. 2,000개 단체가 1년에 4회에 걸쳐 10년간 지속되기 때문에 500만 원×2000×4×10 = 4,000억 원이다.

[11] 2000년 총선시민연대에 참여한 단체가 1,000개가 넘은 것을 생각한다면 복수 프로그램 운영까지 고려하여 2,000개 단체의 예상은 불가능한 것이 아니다.

[12] 민주시민교육이 정상적으로 실시되면 이것은 기업과 연계하여 다양한 형태로 이루어질 수 있다. 기업이 근무시간에 사회봉사에 참여하는 것을 적극적으로 지원하듯이, 근무시간에 민주시민교육을 받도록 하는 것도 가능할 것이다.

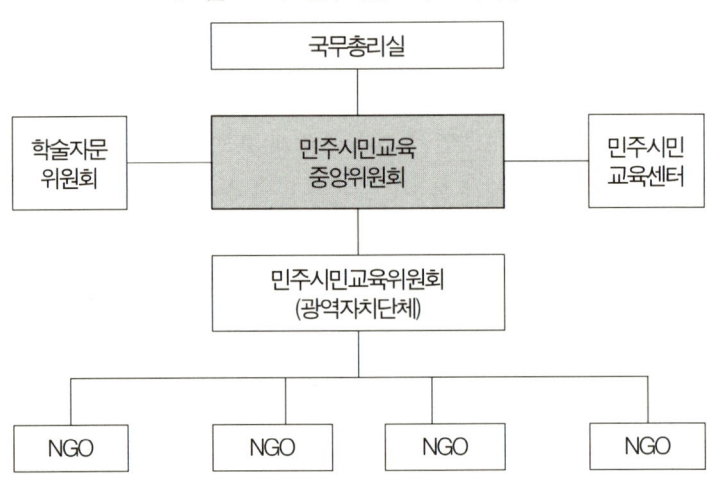

〈그림 10-2〉 민주시민교육 조직기구표

　기구가 설치되어야 한다. 물론 이러한 기구에 대해서는 민주시민교육지원에 관한 법령에 구체적으로 언급되겠지만, 여기서 제시하는 기구표는 〈그림 10-2〉와 같다.

　민주시민교육을 위한 기구는 먼저 중앙정부하에 민주시민교육위원회를 설치하는 것이 중요하다. 현재 NGO 내에서 국회 산하나 대통령 직속으로 설치하는 안도 제기되고 있으나, 정치권력으로부터 자유롭기 위해서는 국무총리 산하에 설치하는 것이 바람직할 것으로 보인다. 민주시민교육중앙위원회에 일부 공무원이 참여할 수 있겠지만, 민주시민교육에 대한 전문적인 지식을 가진 학자나 시민운동가를 많이 참여시키는 것이 중요하다. 따라서 국무총리는 사회적 명망이 있는 사람을 대상으로 하여 위원장만 임명하고, 위원은 위원장이 임명하도록 함으로써 정부의 간섭을 줄일 수 있다. 위원은 10명 미만으로 충분할 것이다. 민주시민교육중앙위원회는 민주시민교육의 방향, 목표, 주요 내용, 예산, 전략 등에 관한 개괄적인 정책을 결정한다. 그리고 민주시민교육에 대한 학술대회나 포럼의 개최, 의견수렴을 위한 공청회의 개최, 교육에 대한 장기계획의 수립 등을 담당한다. 위원회 산하에는 학술자문위원회와 민주시민교육센터를 설치한다. 전자는 민주시민교육의 내용에 대한 학술적 자문을 위해 이 분야의 학자들로 구성하고, 후자는 프로그램 개발, 교육방법 연구, 다차원적 교재 개발, 교육자의 교육 등을 담당한다.

여기서 제시하는 민주시민교육은 중앙에서 교육의 방향과 내용에 대해 결정하고 프로그램, 교육방법, 교재, 교육자의 교육 등에 관해 지원하되, 교육에 관한 사무와 감독은 지방의 민주시민교육위원회에서 담당하도록 하는 것이다. 각 광역자치단체에 설치되는 민주시민교육위원회는 중앙정부로부터 예산을 지원받아 각 지방에서 교육을 시행한다. 지방의 민주시민교육위원회도 될 수 있는 한 전문학자와 시민운동가가 많이 참여할 수 있도록 한다. 각 지방의 민주시민교육위원회에 등록된 NGO는 예산을 지원받아 각 단체의 이념에 맞게 시민교육을 실시한다. 이러한 모델은 통일 이후 한국사회가 연방제로 나아가고 지방자치가 활성화되면, 중앙 중심의 기구를 폐지하고 각 지방자치단체에서 별도의 조례에 따라 NGO와 협력하는 형태로 변경될 수 있다. 이때 중앙정부는 재정을 지원하고 공익광고를 하는 등 소극적인 역할에 머무르게 된다.

V. 전망과 한계

민주시민교육은 민주주의가 필요로 하는 민주시민을 재생산하여 체제의 안정을 도모하는 동시에 민주주의의 질적 발전을 강화하는 데 중요하다. 민주주의를 발전시키기 위해서는 개개인이 자율성에 근거하여 자신의 권리를 제대로 인식할 뿐만 아니라, 적극적으로 공동체의 일에 참여하고 사회적 책임을 이행하는 민주시민이 필요하기 때문이다. 따라서 국가는 어떻게 민주시민을 양성할 것인가를 고민해야 하고, NGO 또한 민주시민의 존재가 시민참여와 시민운동의 활성화에 얼마나 중요한가를 인식할 필요가 있다. 이런 점에서 양자 간의 장단점을 파악하여 상호 장점을 활용하는 협력시스템이 필요하다.

정부와 NGO가 협력하여 민주시민교육을 효과적으로 추진하기 위해서는 법률이 제정되고 기구가 설치되는 것 외에도 여러 가지 조건이 충족되어야 한다. 먼저 정부는 재정지원, 감독, 교육연구 외에도 공익광고를 통해 민주시민의 규범과 민주시민교육의 필요성을 홍보하는 역할을 수행하는 것이 필요하다.[13] NGO는 장기적인 프로젝트를 실시하기에 앞서 시민사회 내의 윤리를 스스로 제정하여 이를 지킬 수 있도록 내부의 자정장치를 강화해야 한다. 민주시민교육 과정에서 부정부패가 있다든가, 과정보다는 결과에 중시하여 전시적인 목표달성에 치중한다든가, 연고적 연결망을 통해 교육자와 피교육자를 동원하는 행태를 보여서는 안 된다. 지식인들은 민주시민교육에 참여하여 봉사활동을 적극적으로 수행할 뿐만 아니라, 참여가 활성화될 수 있도록 담론을 형성하고 여론을 조성하는 것에 게을리 해서는 안 된다. 대학이나 각종 비영리기관은 교육에 필요한 장소를 제공할 수 있다. 심지어 백화점과 같은 기업도 기업의 사회적 참여의 일환으로 장소를 제공할 수 있다. 장소의 확보는 최근 주민자치센터가 전국에 걸쳐 설치되었는데, 이를 적극적으로 이용하는 방법도 생각해 볼 수 있다.

물론 앞서 제시한 민주시민교육 프로젝트를 실행하는 데는 여러 가지 문제가 있는 것이 사실이다. 현재로서 가장 큰 문제는 시민적 자각의 부족이

---

[13] 공영방송인 KBS(1TV)가 프로그램의 막간에 공익광고가 아니라 자기 방송국에서 방송하게 될 드라마를 광고하는 것을 보면 KBS가 다른 방송국과 다른 것이 무엇이며, 공영방송의 존재의의가 무엇인지 의심하지 않을 수 없다.

라고 할 수 있다. 한국인은 과열될 정도로 정치에 관심을 갖고 권력을 지향하면서도 민주시민으로 존재하기 위한 토론과 교육에 참여하는 데는 소극적이다. NGO의 능력 또한 현재로서는 한계가 있다. 과연 일정한 수준의 민주시민교육을 진행할 수 있는 NGO가 2,000개가 되느냐의 문제가 있다. 그리고 각 분야에서 교육을 할 강사를 확보할 수 있느냐의 문제도 있다. 또한 다양한 영역에서 다양한 이슈를 가지고 시민사회 스스로 민주시민교육을 전개할 경우 이념과 영역 간의 충돌이 발생할 수 있는데, 이럴 경우 다양성을 용인하고 서로 합의할 수 있는 관용의 문화가 형성되어 있느냐도 문제가 될 수 있다. 그러나 이러한 한계에도 불구하고 민주주의의 질적 발전을 위해 민주시민의 중요성을 인식한다면, 민주시민교육은 결코 늦출 수 없는 우리 모두의 시대적 과제라고 할 수 있다.

보론

능동사회의 구축과 시민사회의 재구성

I. 머리말

17세기 이후 근대문명은 인간생활에 거대한 변화를 가져왔지만 그 부작용 또한 만만치 않다. 변화와 역사의 응결물로서, 근대성은 인간정신의 발전과 새로운 사회제도를 가져왔다. 전통적 권위로부터의 해방, 지배정당성의 강화, 생산과 소비의 확대, 개인자율성의 증대 등 근대성이 가져온 이점을 무시할 수 없을 것이다. 그러나 근대성은 기회와 위기, 해방과 속박, 건설과 파괴의 양면성을 가지고 인간성을 파괴하는 모순적인 체계이기도 하다. 서구사회에서 발달한 근대성은 이성이 폭력을 낳고, 진보가 불평등을 생산했으며, 개인주의가 이기주의로 전화되는 문제를 안고 있다. 서구식 발전은 당장 환경위기로 나타나 인간의 생존을 위협하는가 하면, 인간을 한낱 하찮은 상품으로 전락시키는 물신주의의 문제를 가지고 있다. 도구적 이성과 비인간적 기술문명, 관료화와 전체주의, 경제적 양극화와 환경파괴, 군사적 위협과 전쟁의 산업화, 강자의 지배와 서구적 보편주의 등은 근대성이 초래한 그늘이라고 할 수 있다.

근대문화 속에서는 인간이 도구로 전락하여 개인의 잠재력을 계발하고 창조성을 발현하는 것이 어렵다. 따라서 주체적 존재로서 개인이 존엄성을 보장받고 총체적 인격을 완성하려는 이상은 요원해 보인다. 그런가 하면 근대사회에서는 정신과 물질, 이성과 감성, 남성과 여성, 전문가와 비전문가, 성장과 균형, 개발과 보존, 중앙과 지방, 민족주의와 세계주의 사이에 첨예한 갈등이 존재한다. 이러한 갈등을 완화하고 인간의 수준 높은 욕구를 충족하기 위해 단순히 국가와 시장이라는 제도에만 얽매이는 것이 아니라, 새로운 이론적·실천적 전망을 가진 유토피아를 모색할 필요가 있다.[1] 인간을 상품으로 전락시키고 평화를 담보하지 못한 20세기의 발전을 되돌아보며 새로운 사회를 모색하는 것은 인간실존의 위기를 극복하기 위해서도 중요하다. 새로운 사회에 대한 비전은 인간사회의 발전에 중요한 문화적 가치를 유인한다. 이상적인 삶을 향한 인간의 의지와 노력은 결코 소수의 '초인'에게만 해당되는 것이 아니라, 우리 모두의 희망이요 일상적인 관심사이다.[2]

유토피아에 기반을 두고 근대문명을 넘는 대안사회를 모색하는 중요성에 대해 여러 학자들이 지적해왔다. 알랭 투렌(Alain Touraine)은 유토피아

---

[1] 유토피아라는 개념은 전통적으로 현실 초월적이고 실현 불가능한 미래를 말한다. 그러나 실제로 유토피아라는 개념은 극단적인 부정에서 극단적인 긍정까지 그 정의가 다양하다. 유토피아를 이데올로기와 비교하여 실현 가능한 것으로 본 만하임(K. Mannheim)이나, 유토피아의 부정적 이미지를 극복하기 위해 유토피스틱스(utopistics)라는 개념을 창출한 월러스틴은 유토피아가 가진 실현 가능성에 주목한다(Mannheim, 1991; Wallerstein, 1999). 여기서도 사회변혁을 위한 유토피아의 실현 가능성을 중시한다. 따라서 유토피아를 사회변혁을 위해 기존사회에 대한 문제의식과 함께 현실에서 존재하지 않는 새로운 것을 포착하는 인간적 상상력으로 규정한다.
[2] 니체(F. Nietzsche)에게 이상적인 삶을 구하여 노력하는 "힘에의 의지"는 소수의 초인에게만 속한다.

사상을 인간사회의 사회문화적 변화과정의 필수적인 단계로 보았고(Touraine, 1981), 라이트(Wright, 1995)는 유토피아적 이상에 대한 믿음이 현재의 근대성 위기를 벗어나기 위한 모티브라고 주장하였다. 새로운 사회를 꿈꾸는 것에 대해 밀스(C. Wright Mills)는 미래를 향한 인간의 꿈을 결집시키는 원동력이라고 하였고(Jacoby, 2000), 프랑켈(Frankel, 1997)은 일상적 삶의 불합리성과 황폐화를 넘는 활기찬 영감의 원천으로 작용한다고 보았다. 유토피아에 기반을 둔 대안사회의 모색은 인간생활의 현실적 고통을 뛰어넘어 미래를 지향하는 인간의 욕구와 희망을 구체화시키는 힘을 가지고 있다. 만하임(Mannheim, 1991)이 유토피아의 소멸이 인간을 정태적 사물성으로 전락시킨다고 우려한 것도 이와 같은 맥락이라고 할 수 있다.

현실의 모순을 뛰어넘어 이상적인 사회질서를 실현하려는 대안사회는 다양한 형태로 나타난다. 환경주의자에서는 산업사회의 환경파괴를 지적하면서 인간과 자연이 일체가 되는 생태사회를 주장한다. 페미니스트는 여성을 억압하고 차별하는 가부장제와 성별분업을 지양하여 양성평등의 정의사회를 촉구한다. 평화주의자는 전체주의에 매몰되지 않고 다원성과 정신성이 보장되는 열린사회(open society)를 제시한다.3 시민운동가는 시민들이 정치에 활발하게 참여하여 다층적 자율공론장이 생겨나고 공공성이 강화되는 참여사회를 주창한다. 이러한 대안사회를 보장하는 사상이나 메커니즘으로서 생태주의(ecologism), 공동체주의(communitarianism), 결사체민주주의(associational democracy), 참여민주주의(participatory democracy), 사회적 경제(social economy), 사회적 구상(social design), 제3자정부(the third-party government) 등 다양한 것이 논의되어왔다. 시민사회의 다양한

---

3 열린사회는 베르그송(Bergson, 1998)이 부족적 폐쇄사회에 상대적 개념으로 사용했고, 이후 포퍼(Popper, 1999)가 전체주의사회에 상대적인 개념으로 사용했으며, 소로스(Soros, 2002)가 글로벌 자본주의를 순화하는 개념으로 사용하였다.

자발적 결사체의 자율성과 역동성에 기초하는 능동사회(active society)도 이러한 대안사회 모델 중 하나이다.[4]

새로운 사회상을 선취하고 이를 실현하고자 하는 유토피아 정신에 기초하여 하나의 대안사회로서 능동사회를 구축하려고 할 때, 시민사회는 중요한 기반이 될 수 있다. 그러나 실제로 시민사회는 사익과 공익, 갈등과 협력, 분열과 통합이 공존하는, 다양한 가치와 세력의 집합소로서 정치의 각축장이자 헤게모니 투쟁의 장이다. 따라서 비판적 담론을 생산하고 사회적 연대를 실현하여 각종 공공문제를 능동적으로 해결하기보다는 항상 봉건화·관료화·보수화·사유화될 위험을 안고 있다. 그러므로 능동사회의 구축을 통해 인간의 다양하고 수준 높은 욕구를 충족시키기 위해서는 시민사회의 자율성·공공성·자원성·개방성·신축성·민주성·연대성·국제성 등을 강화할 필요가 있다. NGO는 시민사회에 토대를 두고 있으면서도 이러한 가치를 실현할 수 있는 자발적 결사체이다. 따라서 이 글의 초점은 능동사회를 구축하기 위해 시민사회가 가진 이점과 한계를 고찰하고, 시민사회에 내재된 한계를 극복하기 위한 NGO의 전략을 살펴보려는 데 있다. 지금까지 근대성의 모순을 극복하기 위한 시민사회의 규범과 가치에 대해 많은 논의가 있었다. 그러나 시민사회에 기초하여 대안사회를 구체적으로 설계하는 연구는 제대로 진행되지 못하였다. 따라서 이 연구는 시민사회에 기

---

[4] 능동사회라는 개념은 토크빌(Tocqueville, 1997)이 말한 바와 같이, 자발적 결사체(voluntary association)의 분출에 의해 공공권력을 분산하고 각종 공공서비스를 생산하는 시민사회의 역동에서 유추할 수 있다. 그 외에도 에치오니(Etzioni, 1968)가 개인이 사회 내에서 스스로 책임을 지고, 자기 억제적이며, 공공활동에 많은 시간을 투자하는 이상적인 사회의 의미로 사용하였다. 그리고 쯔톰까(Sztompka, 1991)가 한 사회가 내부의 규범과 가치의 재생산을 통해 현 상태를 유지하는 것이 아니라, 자율적인 인간의 의지를 통해 끊임없이 변형하는 능력을 가진 사회라는 의미로 사용하였다.

초한 대안사회의 연구를 촉진하기 위해 일정한 모형과 전략을 제시하는 데 초점을 둔다. 이를 위해 여기서 지칭하는 대안사회의 모형인 능동사회의 의의부터 살펴보기로 한다.

II. 능동사회의 의의

1. 시민사회론의 전개

능동사회는 시민사회에 기초한다. 따라서 우선 시민사회가 무엇인지 살펴볼 필요가 있다. 고대사회에서 시민사회는 국가와 구분되지 않은 채, 자연상태 또는 원시상태에 대비되는 문명화된 사회(societas civils)로서 입헌정치하에서 법치가 이루어지는 국가와 동일시되었다. 이러한 시민사회는 18세기 이후 근대국가가 발달함에 따라 국가의 대척지점에서 국가를 견제하고 개인의 권리를 옹호하는 독자적인 영역으로 자리 매김하게 되었다.[5] 근대적 시민사회론으로서 가장 대표적인 것으로 자유주의적 입장과 마르크스주의적 입장을 들 수 있다.

자유주의적 시민사회론은 국가와 시민사회를 분리하고 시민사회에 의해 국가를 통제하는 것을 기본으로 한다. 이것은 국가권력을 억제하여 인간의 자연적인 권리를 보장하려는 계몽주의 사상에 기초하고 있다. 이러한 성격은 로크(J. Locke)와 토크빌(A. Tocqueville)의 사상에서 잘 드러난다. 로크는 국가권력은 계약에 의해 시민으로부터 신탁된 것으로 전체 국민의 이

---

[5] 18세기에 퍼거슨(Ferguson, 1996)이 처음으로 시민사회를 상업활동이 번성한 도시의 문명화된 사회라고 지칭하면서 국가의 간섭을 받지 않는 독립된 사적 영역으로 보았다.

익을 위해 사용되어야 하고, 시민권리를 제대로 보호할 수 없거나 침해할 때 저항에 의해 교체될 수 있다고 보았다. 토크빌은 민주주의 국가에서도 권력이 집중되고 견제장치가 없으면 민주적 전제국가(democratic despotism)가 출현할 수 있다고 보고, 이를 막기 위해 권력의 분산과 시민사회의 발달이 중요하다고 보았다. 이러한 자유주의적 시민사회론은 현대사회에서 신보수주의 시민사회론으로 이어지고 있는데, 신보수주의는 시장경제에 대한 국가개입이 개인의 자유를 방해한다고 보고 국가개입의 최소화와 국가 규모의 축소를 지향한다.

마르크스주의적 시민사회론은 초기에 시민사회를 봉건적 신분제로부터 해방된 자유로운 개인의 사적 이익 추구 영역으로 보는 시각을 가지고 있었으나, 나중에 자본의 사적 소유로 인한 불평등에 초점에 두면서 시민사회를 부르주아계급이 지배하는 부르주아사회로 보았다. 따라서 시민사회는 생산수단의 사적 소유에 기초한 생산관계와 경제구조의 적대적 성격으로 인해 계급적인 구조를 지닌다고 보았다. 이렇게 되자 국가는 부르주아 재배를 정당화시키는 지배장치로 인식되고, 시민사회는 경쟁과 소외로 인해 개인주의적 요소가 강화되는 반면 인간적 연대와 공동체적 요소가 해체되어 체계적인 불평등이 존재하는 곳으로 인식되었다. 따라서 마르크스주의적 관점에서는 시민사회가 자율성의 공간이 아니라 계급적 불평등과 경제적 적대가 만연하는, 해체되어야 할 부정적 대상이었다. 이러한 이유 때문에 마르크스주의는 시민사회의 개념적 유효성을 부정하고 국가 - 시민사회의 분석구도보다는 토대 - 상부구조의 분석틀을 선호하였다.

시민사회의 불평등과 국가의 민주화 계기를 무시하는 자유주의적 관점과 생산관계로 환원할 수 없는 시민사회의 민주적 잠재력을 무시하는 마르크스주의적 관점을 비판하면서 새롭게 제기된 것이 바로 포스트마르크스주의적 시민사회론이다. 이들은 전통적인 레닌주의와 사민주의적 국가주의의 함정에 빠지지 않고 대중참여와 사회운동의 확장을 통해 사회에 대한 민주적 통제를 진전시키려고 하였다. 그람시(Gramsci, 1987)는 시민사회를 지배계급의 헤게모니 지배가 이루어지고 국가에 정당성을 부여하는 동시에, 노동자계급의 대항헤게모니가 조직되어 불평등한 자본주의경제를 변혁시키고 사회주의로의 이행을 가능케 하는 — 비록 일시적이기는 하지만 — 혁명적인 잠재력을 가진 영역으로 보았다. 킨(Keane, 1988)과 헬드(Held, 1989)는 시민사회를 자율적이고 다원적인 영역임과 동시에, 복수적인 적대와 대립이 일어나고 사적 소유에 기반을 둔 체계적인 불평등의 공간으로 보았다. 따라서 이들은 마르크스주의적 전통과 자유주의적 전통을 통합시켜 사회적·집합적 소유의 확대를 통해 자본주의를 근본적으로 변혁하려고 하였다. 이것은 민주주의를 통해 사회주의적 시민사회를 성취하는 일종의 우회전략이었다. 하버마스(Habermas, 1995; 2001)는 초기에 국가와 시민사회를 매개하고 개인 간의 행위와 의사소통이 이루어지는 공공영역(public sphere)을 강조하다가, 후기에 체계-생활세계 모델로 전환하였다. 하버마스에게 시민사회는 권력과 화폐에 의해 목적합리성이 작동하는 체계가 생활세계에 침투하여 의사소통적 합리성을 억압하는 생활세계의 식민화(colonization)를 저지하는 것이 중요하였다. 코헨(J. Cohen)과 아라토(A. Arato)는 국가·경제·시민사회의 삼분 모델을 정식화하고, 권력의 영역인 국가, 화폐에 의해 매개되는 경제, 그리고 다양한 사회운동이 일어나는 시민사회가 상호 경계를 유지하면서 균형을 이루는 사회를 지향하였다. 시민사회는 국가의 법적·제도적 개혁을 지향하는 적극적인 목표를 가지고 있지만, 이것은 어디까지나 다른 영역의 자율성을 해치지 않는 범위 내에서 영향력의 정치를 행사하는 자기제한적 급진주의(self-limiting radicalism)에 머물러 있다(Cohen and Arato, 1992).

2. 능동사회의 특징

능동사회는 근본적으로 시민사회에 기초하는 것이지만, 기존의 시민사회론에서 바라보는 관점과 다르다. 자유주의적 시민사회론은 국가권력을 억제하여 자유로운 경제활동과 개인권리 보호를 강조한다. 마르크스주의적 시민사회론은 시민사회를 경제사회로 환원하여 해체되어야 할 불평등체계로 간주한다. 포스트마르크스주의적 시민사회론은 다양한 관점을 가지고 있지만, 자본주의의 변혁과 사회주의로의 이행을 위한 대항헤게모니 구축, 체계의 변혁과 생활세계로의 침투에 대한 방어에 초점을 두고 있다. 능동사회도 시민사회의 각종 자발적 결사체의 역동적인 활동에 기초하여, 국가권력과 시장자본을 견제·변혁하고 체계의 이념과 작동원리가 시민사회로 침투하는 것을 방어한다. 그러나 능동사회는 시민사회를 사회주의로 가기 위한 전략적 제도로 간주하거나 불평등한 경제사회로 환원하여 그 가치를 부정하지 않는다. 그리고 시민사회의 다양한 결사체의 활동을 통해 국가권력과 자본을 견제하고 개인의 자유권을 방어하는 데 그치지 않는다. 능동사회는 시민사회에서 개인의 자발적 참여를 통해 시민운동이 활발하게 전개되고 후산업사회의 다양한 공공서비스가 시민사회에서 직접 생산되는 사회이다. 이를 통해 개인의 자율성과 자원성(voluntarism)이 활발하게 동원되고, 시민사회의 공공성과 민주성이 강화되며, 각종 미시적인 욕구가 적절하게 충족되고, 시민적 책임과 세계시민의 윤리가 실현되는 것을 가정한다.

이렇게 본다면 능동사회는 다음 몇 가지 특징을 가지게 된다. 첫째, 능동사회에서는 시민사회의 다양한 영역에서 다양한 가치를 추구하는 결사체가 번성하여 직접 사회문제를 해결한다. 따라서 각종 사회문제를 국가와 시장에만 의존하는 것이 아니라, 시민의 자치권력(empowerment)을 통해 해결하는 것이다. 시민들은 각종 집합적 활동을 통해 다양한 사회문제를 앞에 두고 함께 토론하고, 전략을 만들고, 현장활동을 한다. 이렇게 되면 문제를 해결하고 사회를 변화시키기 위한 다양한 형태의 시민운동이 전개되고 활발한 연대가 발생한다. 이 과정에서 시민의 자율성이 최대한 보장되고 시민적 책임이 활발하게 실현된다. 이것은 시민의 힘으로 각종 사회적 제약과 차별을 제거하고 세상을 바꾸어가는 성찰성이 뿌리내리고 있음을 의미한다. 시민이 공공문제에 참여하여 권력을 행사하고 자신을 둘러싼 사회환경을 변혁해가는 것은 개인의 잠재력을 계발할 뿐만 아니라, 사회구성원의 정치적 만족도도 높인다. 특히 사회적 약자나 소수자는 공식적인 참여를 통해 극단적인 저항이 아니라 열려진 공간에서 차별을 해소하고 자기문제를 스스로 극복해가게 된다.

둘째, 능동사회는 시민사회의 각종 결사체가 후산업사회의 구체적이고 미시적인 개인욕구를 해결하기 위한 다양한 서비스를 생산하는 사회이다. 후산업사회에서 개인의 다양한 욕구를 국가의 통제와 관료제적 원칙을 통해 해결하거나 시장의 경쟁과 효율성의 원칙에만 의존하게 되면, 개인 각자는 무력한 인간이 되어 공공서비스의 단순수혜자가 되거나 단지 시장의 교환가치로 평가되는 상품으로 전락하게 된다. 그러나 시민들이 결사체의 활동을 통해 직접 서비스를 생산하고 욕구를 충족시킴으로써 개인의 자원성을 강화할 수 있을 뿐만 아니라, 시민사회의 공공성을 증대할 수 있다. 그리고 능동사회는 시민사회와 국가, 시민사회와 시장 간에 신축적이고 개방적인 태도를 가지고 실질적인 서비스생산을 위한 다양한 형태의 파트너십(partnership)이 형성되고, 시민사회가 공공문제의 해결에 주도적인 역할을 하는 거버넌스(governance)를 중시한다. 따라서 서비스의 생산에 필요한 재원은 국가와 시장으로부터 동원되기도 하지만, 실질적인 생산과정은 각종 결사체가 주도하게 된다. 이것은 국가가 대부분의 공공서비스 생산을 독점하는 국가주의 프로젝트나 시민사회가 모든 공공서비스를 생산하는 신비적·낭만적 아나키즘(anarchism)에 치우치지 않고 시민적 자율을 보장하고 각종 욕구를 충족하려는 것이다.

셋째, 능동사회는 외부환경의 요구와 변화에 적극적으로 대응하고 스스로 책임을 지는 사회이다. 즉, 시민사회의 각종 결사체의 조직구조와 가치가 신축이고 연대지향적으로 구성되어 사회적 욕구에 민감하게 반응한다. 따라서 일국 내에서 무시되기 쉬운 새로운 욕구나 사회적 약자의 요구를 충족시키기 위한 다양한 공익활동이 전개된다. 후산업사회의 시민들은 기존의 물질·이기·이성을 넘어 정신적·이타적·감성적 욕구를 가지고 있고, 노인인구가 늘어남으로써 인생 후반기의 자기정체성과 자기계발에 대한 욕구를 가지고 있다. 능동사회에서는 이러한 욕구의 변화에 민감하게 반응하고 실질적으로 대응한다. 따라서 실제로 국가의 정책형성, 재정지원, 갈등조정 등의 역할이 중시되지만, 시민사회의 각종 결사체가 다양한 일자리를 창출하고 사회적 약자를 돌보며 미시적인 인간적 욕구를 충족시키는 사회적 경제가 작동된다. 이러한 사회적 대응과 책임은 일국의 경계를 넘어 국제적인 요구에도 연결된다. 따라서 국제적 차원에서 나타나는 정치적 요구나 긴급한 지원의 필요에 대해 국제적 교류와 연대를 통해 적극적으로 대응한다.

능동사회는 시민사회의 제 가치가 최고도로 실현된 사회이다. 여기서 개인은 민주시민으로서 주체적이고 능동적으로 행동하며 공동체문제를 해결하기 위해 활발하게 참여한다. 시민사회에는 많은 결사체가 번성하여 자원성(voluntarism)이 활발하게 동원되고 각종 사회문제를 해결하기 위한 다양한 시민운동이 일상적으로 일어난다. 사회적 약자나 국제적 요구에 민감하게 반응하고 국제적 교류와 연대가 활성화된다. 따라서 능동사회는 상대적인 개념인 수동사회(passive society)에서 나타나는 개인의 자기결정능력의 빈곤과 전통 및 국가에 의한 구속, 소유에 집착하고 사회적 책임을 회피하는 개인주의, 국가와 시장에 의한 공공서비스의 생산과 시민사회의 무능력, 외부변화에 대응하지 못하는 문화적 둔감함 등이 극복되는 사회라고 할 수 있다.[6] 능동사회를 대변하는 주요 언어로는 자율, 참여, 연대, 결사체, 자치권력, 성찰성, 공공성, 시민운동, 사회자본(social capital), 공생산(coproduction), 거버넌스, 자율적 공론장, 자원봉사, 사회적 경제, 세계시민 윤리 등을 들 수 있다.

III. 능동사회의 구축

하나의 대안사회로서 능동사회의 부각은 완전한 자유를 추구하고 충일한 삶을 누리고자 하는 현대인의 욕구에 기인한다. 현대인은 자유민주주의와 자본주의체제하에서 인간의 물질적 욕구를 충족시키기 위해 경제발전에 매달리고 있지만, 오히려 불확실성과 위험이 늘어났을 뿐만 아니라, 삶의 근본가치들이 전도되면서 의미결핍의 일상생활이 되어버렸다. 권력과 자본을 더 많이 소유하기 위해 위계적 지배와 경쟁을 좇고 있지만, 그 뒤편에 오는 무력감과 소외감을 맛보지 않을 수 없었다. 이러한 문제를 극복하고 총체적 인격을 완성하는 것은 새로운 발명을 필요로 하고, 이것은 기존의 개념틀에서 벗어나 새로운 사회구조와 삶의 양식을 규정할 수 있는 새로운 언어를 요구한다. 나아가 새로운 사회형태로서 능동사회는 국가와 시장의 이념과 작동원리에 의해 구축하기 어렵다. 그것은 시민의 활발한 참

---

[6] 물론 한 사회를 수동사회 또는 능동사회로 규정하기는 어렵다. 하나의 연속선상에서 보다 수동적인 사회, 보다 능동적인 사회로 구분할 수 있을 뿐이다.

여가 일어나고, 다원적 가치가 보존되며, 다양한 공론장이 발생하여 공공문제를 주체적으로 해결해가는, 시민사회의 제 가치가 극도로 발현됨으로써 구축될 수 있다. 따라서 여기서는 능동사회의 구축과 관련하여 인간의 욕구 변화, 국가와 시장의 한계, 시민사회의 역할에 대해 차례로 살펴보기로 한다.

1. 인간의 욕구 변화

생명론이나 우주론에서 바라볼 때 인간은 단순한 존재가 아니다. 인간은 소우주로서 시시각각 우주와 교감하고 광대한 우주생명에 닿아 있다.[7] 그리고 자연계의 모든 것과 상호 연결되어 있기 때문에 인간은 생태계의 상호 연관과 순환체계에 의해 다른 생물 및 무생물과 공존해가고 있다.[8] 또한 개인은 절대존재가 아니라 자신의 삶에 의미를 제공해주는 도덕세계에 살고 있기 때문에 타자와 유기적 관계를 맺고 살아간다.[9] 나아가 인간은 ─ 여전히 논쟁이 되고 있지만 ─ 영원불멸한 존재로서 우주의 근본법칙과 생명의 인과법칙에 연계되어 있다.[10] 즉, 인간은 우주와 교감하고 자연과 연계

---

[7] 양자역학도 우리를 둘러싸고 있는 어떤 작은 공간에도 우주와 같은 법칙과 성질이 지배하고 있다고 본다.
[8] 인간이 생명 속에서 장엄함을 느끼는 것은 근대문명의 발전물보다는 위대한 대자연을 마주할 때이다.
[9] 테일러(Taylor, 2001)는 자본주의사회에서 치열한 생존경쟁과 경제적 차별 속에서 타자를 경쟁의 대상으로 보거나 무관심하게 방치하는 것이 개인의 삶에 의미결핍을 낳는다고 지적한다.
[10] 뇌가 마음에 중요한 작용을 하는 것은 사실이지만, 마음 그 자체는 아니다. 마음은 인간생명의 중핵으로서 신체의 구조와 기능을 넘어 눈에 보이지 않는 인과를 가지고 있다(김용준, 2005: 302).

하며 타자와 함께 살아가는 불멸의 정신을 가진 존재이다.

이렇게 보면 인간은 결코 위계적인 조직이나 물질적인 욕구에만 갇혀 있는 단순한 존재가 아니다. 그러나 지난 300여 년 동안 우리의 사고와 생활을 지배해온 근대성은 국가 중심의 발전관, 유형화를 통한 단순화, 상하간의 위계적 질서, 자본주의적 생산양식 등의 특성을 지니고 있었다. 이러한 특성은 권력의 집중, 상품의 대량생산, 이분법적 이데올로기, 획일적 사고 등을 초래하여 인간에게 위계화되고 획일화된 단순한 생활방식을 강요하였다. 현대사회는 전문가가 공학적으로 설계하여 통제하고 관리하는 것이 아니라, 복잡함 속에서 창조와 학습이 부단하게 일어나는 사회이다. 포스트렐(Postrel, 2000)의 주장처럼, 동일한 고층아파트에서 단조로운 거리를 산책하는 것이 아니라 개인 각자는 세부적인 삶의 방식을 지향한다. 특히 사회적 약자나 소수자가 자신의 문화적 정체성을 가지고 자신만의 독특한 생활방식을 주장함에 따라 개인의 욕구는 크게 다원화되었다. 오늘날 국가와 개인 사이에 중개구조(mediating structure)가 발생하여 다양한 결사체가 결성되어 있다. 결사체 간에 커뮤니케이션과 유대가 활발하게 일어남으로써 좌파와 우파, 진보와 보수의 대립을 넘는 담론지형이 형성되고 있고, 다양한 탈물질적 가치에 대한 관심이 증대하였다. 권력과 돈 외에 정체성, 공동체, 의미, 사랑, 우정, 봉사, 생태, 영성 등에 대한 관심이 크게 늘었다.[11]

현대인은 과거와 다르게 사고하고, 새로운 가치를 선호하며, 새로운 관계를 필요로 한다. 인간은 자신의 정체성을 강조하고 창조적이며 감성적인

---

[11] 레이(Ray, 1997)는 1990년대 중반 미국인을 가치관·견해·행동에 따라 3개 집단으로 나누었다. 전체의 29%는 전통주의자이고, 47%는 모더니스트이며, 24%는 문화적 창조자에 해당하였다. 문화적 창조자는 이타적이고, 환경 가치를 중시하며, 공동체 지향적이고, 영적인 것을 중시하는 집단으로서 상대적인 인구가 빠르게 성장하고 있다고 진단하였다.

삶을 원한다. 자신의 잠재력을 계발하고 다양한 영역에서 인정받기를 바란다. 유연한 조직구조 속에서 제약받지 않는 사유를 하고 지적 해방을 꿈꾼다. 스스로 조직을 만들어 이니셔티브를 행사하고, 자율적 공론장에 참여하여 자신의 의견을 마음껏 표출하며, 공동체의 의사결정에 참여하여 영향력을 행사하기를 원한다. 단순히 소유를 극대화하는 것이 아니라, 사회적 연대와 문화생활의 향유에 관심을 가진다. 공동체의 업무에 관심을 기울이고 일정한 사회적 책임을 기꺼이 떠맡는다. 환경친화적 생활을 중시하고 자연의 장엄함에 감탄한다. 타자의 삶에 개입하여 대가를 바라지 않는 자원봉사활동을 실행하는 적극적 시민의 이상도 가지고 있다. 일국의 경계를 넘어 타 국민의 행복을 위해 재정을 지원하고 현장에서 실천한다. 전근대와 근대, 동양과 서양, 영혼과 육체, 좌뇌와 우뇌 간의 융합을 강조하는 퓨전(fusion)도 나타나고 있다. 생활의 안전과 복지, 개인의 자율과 이니셔티브, 공동체적 사고와 생활, 공공적 의사결정의 참여, 환경친화적 생활, 형제애와 이타주의의 실천, 사회적 연대와 세계시민적 윤리, 문화적 권리와 정체성 등은 현대인이 바라는 생활목록들이다.

현대인은 다원화되고 탈물질적인 욕구를 가지고 있기 때문에 상상력과 모험과 실험을 중시한다. 따라서 다양한 형태로 초월적 영성과 정신적 가치에 대해 탐사하고 이를 생활에 적용하려고 한다.[12] 인간은 우주의 거대한 힘과 신성(神性)에 해당하는 깊이를 가진 존재이다. 모노(Monod, 2003)는 신(神)이 인간에게 내려준 정신적 깊이는 아직 실현된 적이 없으며, 인간완성을 위해서는 육체적 에너지뿐만 아니라 정신적 에너지를 발현해야 한다고 강조한다. 대승불교는 인간의 생명 속에 서양의 계몽주의에서 말하

---

[12] 동양과 서양의 다양한 윤리적·종교적 전통에서 영적 자원을 도출할 수 있다. 이에 대해서는 Tucker and Grim(eds.)(2003) 참조.

는 이성을 넘는 거대한 에너지가 있음을 강조한다. 자신의 삶을 자유자재로 살아가면서 무상(無上)의 행복을 취할 수 있는 존귀한 법성(法性)을 가지고 이를 생활에 발현할 수 있다고 본다. 힌두교는 모든 인간이 다 같이 존경받을 수 있는 신성을 가지고 있다고 말하고, 인간의 완전한 자유의 성취를 통해 지적·도덕적·정신적 가치를 얻을 수 있다고 본다. 인간은 본래 물질적 이해방식을 넘는 다중적 욕구를 가지고 있었다.[13] 따라서 결코 권력의 획득에 만족하거나 물질적 풍요만으로 살아갈 수 있는 존재가 아니다. 많은 사람들의 일상은 육체적·물질적·현세적 가치에 집착하여 살아가지만, 인간은 그것을 넘는 가치를 지향하는 존재이다.

2. 국가와 시장의 한계

권력과 자본을 넘는 감성적·윤리적·정신적 가치를 지향하는 현대인의 욕구는 새로운 사회에 대한 이상을 추동하고 능동사회의 구축을 요구한다. 그러나 능동사회를 추구하는 인간의 심오한 욕구를 국가와 시장이 충족시키기에는 한계가 있다. 근대사회의 모순은 바로 인간이란 존재가 가진 다원적인 욕구를 단지 국가와 시장이라는 제도화된 장치로 충족시키려는 데 있다. 근대사회의 성립 이후 국가와 시장은 일정한 자기논리를 확장하고 그것을 구성하는 집단의 권력을 강화하는 운동성을 보존해왔다. 어느 하나의 체제나 제도만으로는 사회를 구성하기 어렵고 양자 간의 투쟁이 비극적인 결과를 초래하기 때문에 실상은 적절한 권력 분점과 균형을 유지해온 것이 사실이다. 그렇다고 국가와 시장 사이의 화해가 인간의 자기존엄과

---

[13] 마르쿠제는 인간이 태어나면서 다중적 성감대를 가지고 있었는데 성장하면서 생식기에 집중되었다고 본다. 따라서 현대사회의 문제는 인간의 다중적 정체성을 복원하는 것이 중요하다고 역설한다.

자아실현에 대한 욕구를 제대로 충족시킨 것은 아니다. 인간은 오랫동안 빈곤하게 살면서 경제적 궁핍에서 벗어나기를 원했지만, 물질적 이득과 소비의 증대를 넘는 욕구를 가지고 있다. 만찬가지로 불안과 소외를 경험하면서 민족국가의 틀 안에서 삶의 안정과 문화적 정체성을 갖게 되었지만, 그것으로 만족할 수 없었다. 더구나 21세기의 지구화와 정보화의 거대한 힘은 불안한 시장을 초래하고 민족적 정체성을 탈구시키고 있다. 민족국가와 자본주의에 기초했던 근대성의 시간과 공간 개념이 근본적으로 재편되고 있는 것이다.

근대정치사상가들은 개인의 사적 이익 추구로 인해 무질서한 자연상태나 신분제도에 의해 개인을 구속하는 봉건제도로부터 개인의 자유와 권리를 보호하기 위해 근대적인 법 제도를 가진 국가를 주창하였다. 이러한 사고는 정도의 차이는 있지만, 마키아벨리, 홉스, 보댕 등 근대국가 이론가들의 공통된 소망이었다. 헤겔은 한 발 더 나아가 국가야말로 개인의 주체성과 공동체성을 동시에 발현할 수 있는, 절대정신이 완전하게 구현된 이성적 존재로 보았다. 현대사회에서 국가는 입법을 수행하고 정책을 형성하며 갈등을 조정하는 필수적인 장치이다. 국가는 공식적인 권력기관으로서 대표 기능을 수행하고 시장에서 생산하기 어려운 각종 공공재를 생산한다. 그러나 계층제로 구성되어 있는 국가는 명령과 통제가 주요한 조직원리로 작용한다. 국가는 강제력과 독점력을 가지고 있기 때문에 시민을 억압하거나 부패하는 경향이 있다. 선거라는 집단선택 메커니즘에 구속되고 다수결의 원리를 중시하는 국가는 획일적인 서비스를 생산하기 때문에 다양한 시민의 욕구나 소수자의 구체적인 요구에 둔감하다. 거대한 관료제로 구성된 국가영역은 경제적으로 비효율적일 수 있으며, 외부변화에 신축적으로 적응하지 못하는 경직성을 띠고 있다. 이러한 국가가 개인의 다원적인 욕구, 나아가 자아실현을 위한 인간의 본질적 욕구를 충족시키기에는 한계를 갖지 않을 수 없다.

시장은 오래전부터 보이지 않는 손에 의해 최적의 자원배분이 이루어지고 자연스럽게 조정과 균형이 이루어져 공공선을 실현할 수 있는 장치로 간주되어왔다. 심지어 시장주의자는 시장이 공정한 경쟁을 유도함으로써 자유를 촉진할 뿐만 아니라, 빈곤을 개선하고 평등을 보장하는 데 기여할 수 있다고 주장한다. 시장은 경쟁과 효율성의 원칙에 따라 자원을 적절하게 배분하고 인간생활에 필요한 각종 상품과 서비스를 생산하는 유용한 장치임에 틀림없다. 시장은 자본주의이념과 결합하여 물질적 풍요를 가져왔고 합리적으로 소득을 분배하는 제도이기도 하다. 더구나 현대사회와 같이 복잡하고 개인의 욕구와 선호가 다양한 경우에 시장은 개개인이 필요로 하는 재화와 서비스를 값싸게 제공하는 데 적절하다. 그러나 시장은 집중과 불평등과 같은 윤리적 문제를 안고 있고 소수자나 빈곤한 자의 요구와 필요에 무관심하다.[14] 이윤추구를 목적으로 하는 시장은 기회주의적으로 행동할 개연성이 높고, 효율성을 중시하기 때문에 모든 것을 화폐로 환산한다. 따라서 시장은 환경과 공동체를 파괴하고 민주주의의 가치와 인간의 도덕적 토대를 무너뜨린다. 시장은 인간의 질적 생활을 구성하는 종교·도덕·환경·예술·문화·공동체 등과 같은 가치에 대해서는 무관심하다. 오히려 인간을 상품화시켜 자본과 효율의 논리에 복속시킨다. 국가의 한계는 시장이라는 대체장치를 요청하지만, 시장이 물질적 이익을 넘는 현대인의 질 높은 삶을 실현하기는 어렵다.

---

[14] 보울스와 진티스는 경제권력이 부를 통해 무산자를 지배하거나 구매력의 행사를 통해 상품을 지휘함으로써 개인을 억압한다고 본다(Bowles and Gintis, 1994).

3. 시민사회의 역할

역사상 국가와 시장의 기능을 강화하고 그 영역을 확대하려는 유혹이 끊임없이 있었지만, 양자의 극단적인 확대는 때로는 전체주의로, 때로는 시장근본주의로 발달하여 인간성을 심대하게 위협하였다. 나아가 국가와 시장이라는 제도는 주변화되고 메마른 삶에 의해 초래된 실존적 불안을 극복하고자 하는 현대인의 기대를 제대로 충족하지 못하였다. 이러한 국가와 시장의 한계는 시민사회라는 새로운 영역에 관심을 집중시켰다. 시민사회는 17세기 전후 근대국가의 성립 및 자본주의의 발달과 함께 탄생했지만, 1970년대 이후 후산업사회의 도래, 복지국가의 위기, 신자유주의의 등장, 참여민주주의의 발달 등과 함께 서구 사회학자들에 의해 발견되어 적극적으로 연구되었다.[15] 구조적으로 국가와 시장, 또는 국가와 개인 사이에 존재하는 시민사회는 현대인의 다중적 욕구를 충족시키는 중요한 정치문화적 토대이다. 오늘날 시민사회는 더 이상 국가의 하위 파트너가 아니라 자체의 독립된 정체성을 가지고 능동사회를 적극적으로 구축하는 데 기여한다.

시민사회는 각각 권력과 화폐에 의해 작동되는 국가나 시장과는 달리, 자율성과 다원성의 가치가 통용된다. 다양한 자율적인 결사체가 자체의 리더십에 의해 단체를 결성하고 목표를 설정하며, 전략을 구상하고 사업을 실천한다. 개인들이 결사체를 결성하여 직접 사회문제와 대결함으로써 소유적 개인주의에 안주하지 않고 민주시민의 이상을 실현해간다. 다양한 매체에 의해 의사소통이 활발하고 다층적 공론장이 형성되는 것은 이러한 목

---

[15] 20세기 초 이탈리아의 혁명가였던 그람시가 옥중수고를 통해 시민사회론을 제기하고, 그의 추종자들이 이탈리아와 스페인에서 공산당 활동을 하였지만, 서구사회에서 시민사회에 대한 논의는 오랫동안 침잠하였다. 이러한 시민사회론이 20세기 후반에 화려하게 부활하게 된다.

적의 달성에 중요한 기능을 한다. 그리고 국가에 의한 공공교육에 만족하지 않고 직접 교육기관을 설립하여 다양한 종교·이념·가치에 맞는 교육을 실행하거나, 환경·인권·평화·여성·문화 등과 관련하여 민주시민을 위한 교육을 직접 실행하기도 한다. 자원활동을 통해 타자에 대해 사회적 책임을 지는 것도 간과할 수 없는 시민사회의 역할이다. 이러한 시민사회의 특징은 능동사회의 구축에 필요한 자기결정능력의 강화와 사회적 책임의 수행에 적절하다.

시민사회는 한편에서는 각종 결사체가 수행하는 사회문제 정의, 이슈의 제기, 정책 비판과 제안, 감시활동 등을 통해 국가와 시장을 견제한다. 다른 한편에서는 국가와 시장이 해결하는 데 비용이 너무 높거나, 인간적인 욕구를 해결할 수 없거나, 소수자의 권리와 관련되어 있어서 무시되는 각종 서비스를 생산한다. 사회적 약자를 돌보고, 소수자의 인권을 옹호하며, 특수한 집단의 관심과 선호를 수용한다. 실업자, 여성, 노인, 장애인, 미혼모, 이주노동자, 에이즈환자, 알콜중독자, 병역거부자, 동성애자의 정치적 권리와 문화적 정체성은 주로 시민사회에서 형성되고 충족된다. 그리고 미시적인 수준에서 사적 친밀성이나 인간적인 욕구가 요구되는 영역에서는 정부지원, 기부금, 수익활동 등을 통해 재정을 확보하여 일자리를 창출한다. 이러한 과정에서 다양한 조직이 참여하여 조직 간 네트워크를 통해 권한을 배분하고 공동으로 문제를 해결해가는 거버넌스와 개인이나 조직 간에 형성되는 신뢰, 협력, 연대, 상호 호혜, 공동체정신, 자원봉사, 네트워크 등과 같은 사회자본이 중요하다. 이러한 거버넌스와 사회자본의 형성에는 시민사회가 중요한 행위주체로 등장한다. 나아가 시민사회는 기존의 사고를 넘어 새로운 것을 발견하고 실험한다. 그리고 전통적 가치나 믿음을 보존하고 이를 전승한다. 신비감·종교·도덕·비술·전통·예술·취미·우정·봉사 등과 같은 윤리적 생활과 정신적 탐사는 시민사회에서 가능하다. 이러한 시민사회의 특징은 능동사회의 구축에 필요한 공공서비스의 직접 생산과 사회문제의 능동적 해결에 기여한다.

시민사회의 각종 결사체는 정부나 기업의 조직에 비해 상대적으로 수평적이고 유연하며 다층적 네트워크를 갖추고 있다. 따라서 내부 성찰과 비판이 활발하게 일어나고, 다양한 변화가 소용돌이치며, 연대가 일상적으로 이루어진다. 이러한 특징으로 인해 시민사회는 시민적 요구와 국제적인 변화에 민감하게 반응한다. 시민사회의 각종 결사체들은 창의적인 아이디어를 서로 전달하고, 새로운 윤리와 가치를 실현하며, 새로운 삶의 방식을 끊임없이 실험한다. 그리고 세계 평화와 안전을 위해 국제적인 교류와 지원에 활발하게 참여하여 주권의 공동출자와 유엔의 민주화를 통한 세계민주주의(cosmopolitan democracy)의 구축에 동참하거나, 일국의 도덕적 수준을 넘는 세계시민으로서의 보편적 윤리를 적극적으로 실천한다. 이러한 시민사회의 특징은 능동사회의 구축에 필요한 외부 요구와 변화에 대한 대응능력을 강화한다.

IV. 시민사회의 재구성

1. 시민사회의 다원성과 모순

앞서 말한 바와 같이, 능동사회는 시민사회에 기초하여 성립된다. 문제는 시민사회가 가지고 있는 비합리성과 모순을 어떻게 극복하고 시민사회의 제(諸) 가치를 어떻게 실현하느냐가 중요하다. 우리는 자주 시민사회를 규범적으로 규정하여 이상적인 사회모델로 제시하기도 한다. 그러나 경험적으로 시민사회는 다차원적 개념으로서 여러 가지 비합리성과 모순을 내

〈표 11-1〉 시민사회의 다차원성

차례	구분	설명
1	경험적 개념	다양한 자발적 결사체가 상호 협력하고 갈등
	규범적 개념	민주주의와 인간다운 삶을 위한 이상을 내포
2	행위자	민주화를 전개하고 시민운동을 추진하는 집합체
	영역	생활가치를 함축하고 사회적 기능이 일어나는 공간
3	국가/시장 적대적	국가와 시장 권력을 견제하여 시민의 자유와 권리를 방어
	국가/시장 협력적	국가/시장에 정당성을 제공하고 다양한 파트너십을 형성
4	공적 영역	시민참여와 연대를 통해 다양한 공공적 가치 실현
	사적 영역	국가의 간섭 없이 개인의 사적 이익을 추구하는 장
5	계급적	계급적 지배·피지배 관계를 재생산하는 불평등한 사회
	탈계급적	계급 외에 다양한 이념적 투쟁과 타협이 일어나는 장

포하고 있다.

현대사회에서 시민사회라고 할 때, 그것은 국가로부터의 분리와 자율성의 확보를 핵심으로 한다. 즉, 시민사회는 국가의 대척지점에 있는 자율영역이라고 할 수 있다. 그러나 실제로 시민사회는 너무나 다양한 결사체가 다층적으로 구성되어 있고 중층적인 정체성을 가지고 있다. 시민사회는 사실범주인가 하면 규범범주이기도 하고, 행위자의 의미를 지니는가 하면 영역적 의미를 지니기도 한다. 그리고 국가와 시장에 대한 대항세력인가 하면 이들과 일정한 협력을 하기도 하고, 공적 영역인가 하면 사적 영역이기도 하다. 또한 시민사회의 계급성에 대한 논쟁도 활발하다. 〈표 11-1〉은 시민사회의 다차원성을 다섯 가지로 분류하여 설명한 것이다.

시민사회는 협력과 연대가 일어나고 공공선을 추구하는 정의롭고 평화로운 곳만은 아니다. 사실 시민사회는 다양한 가치와 세력의 집합소이다. 그래서 견제와 협력이 함께하고, 사익과 공익이 대결하며, 저항과 포섭이 공존한다. 이념과 탈이념, 민족주의와 세계주의가 딜레마를 겪기도 한다. 시민사회는 그야말로 다양한 결사체가 다양한 가치와 이데올로기를 사이에 두고 여론이 일어나고 세력 간의 이합집산이 이루어지는 헤게모니의 장이라고 할 수 있다. 시민사회의 실질적인 속성은 반드시 문화의 재생산이나 사회통합이 이루어지는 것만이 아니라, 분열·대립·갈등이 일상적으로 일어나는 곳이다. 따라서 개인과 공동체, 권리와 의무, 자유와 질서, 다원성과 합의, 전통과 변화 간에 긴장이 항상 존재한다. 이러한 과정에서 근대적 합리성을 극복하기는커녕 계몽적 합리성조차 확보하지 못하고 다양한 형태의 비민주성과 무질서가 발생한다.

이러한 복합적 성격으로 인해 시민사회는 능동사회를 구축하는 데 일정한 취약성을 가지게 된다. 전체 사회의 문화적 하위부분으로서 시민사회는 언제나 전통적 신분질서로 회귀하거나 국가와 시장이라는 체계의 침투에 의해 재봉건화되고 식민화될 여지를 안고 있다. 하버마스의 지적처럼, 이것은 시민사회의 의사소통적 합리성을 축소시키고 공론장을 파괴하게 된다. 시민사회에는 국가나 시장처럼 체계화된 관료조직을 가지고 공공서비스를 생산하는 기관형 조직이 많다.[16] 이러한 기관형 조직은 관료조직의 관성에 의해 권위주의를 배양하게 되고 외부 요구와 변화에 저항하는 경향이 있다. 심지어 한국에서 자주 볼 수 있듯이, 사회적 자산을 사적 도구로 사용하여 인권을 유린하거나 부패하기도 한다. 그리고 시민사회는 주로 동일한 직업을 가졌거나 귀속적 특성을 가진 사람들이 집단이익을 추구하는 결투의 장이기 때문에 퇴행적 성격을 갖거나 사유화되기도 한다. 특히 지

---

[16] 실제로 복지다원주의(welfare pluralism)를 운영하는 미국에서 시민사회 혹은 비영리섹터(nonprofit sector)의 핵심은 곧 건강과 교육과 복지와 관련된 단체들이고, 이들이 전체 비영리섹터 생산의 80% 이상을 차지하고 있다. 이에 대해서는 샐러먼(Salamon, 1999) 참조.

역사회에서는 연고조직 내의 귀속적 그물망과 다양한 조직엘리트의 카르텔을 통해 시민사회를 특권을 행사하고 사적 이익을 추구하는 장으로 변모시키기도 한다. 시민사회의 사유화는 굳이 이익집단이나 지역카르텔에 의해 발생하지 않더라도 서비스생산 기능의 강화에 따른 상업화와 시민참여의 배제에 의해 나타날 수도 있다. 또한 시민사회는 유연한 사고와 신축적인 조직구조를 가지고 스스로 사회변혁을 추진하고 외부변화에 대응해야 하지만, 소수 기득권자의 주도에 의해 보수화되거나 폐쇄적 민족주의에 경도되기도 한다. 이렇게 될 경우 시민사회는 다원성과 공공성의 가치가 훼손되고 세계시민의 이상이 침잠하게 된다. 그야말로 다양한 세력과 조직이 갈등하고 투쟁하는 시민사회는 능동사회에서 말하는 시민적 가치와 실천을 담보하지 못하고, 봉건화·관료화·사유화·보수화·협소화될 여지를 다분히 안고 있다.

2. 시민사회의 재구성과 NGO의 역할

시민사회의 전근대성과 체계합리성을 극복하고 능동사회를 구축하기 위해서는 시민사회가 윤리적·실천적 정당성을 가져야 한다. 이것은 시민사회의 자율성·공공성·자원성·개방성·신축성·민주성·연대성·국제성 등과 같은 가치를 강화하는 것이다. 시민사회의 이러한 가치를 강화하는 데 NGO가 일정한 기여를 할 수 있다. 이러한 NGO의 위상과 역할은 시민사회의 다른 결사체에 비해 NGO에 본래적으로 내재되어 있는 독특한 특성에 기인한다. 실제로 〈표 11-2〉에서 보는 바와 같이, 시민사회에는 다양한 비영리단체(NPO: nonprofit organization)가 존재한다.[17] 공익을 추구하는

---

[17] 시민사회에 있는 각종 결사체를 지칭하는 용어에는 비영리단체, 시민사회단체(CSO:

〈표 11-2〉 한국 비영리단체(NPO)의 분류

구분			주요 단체
목적	조직 유형	활동영역/기능	
공익단체	기관형조직	의료/보건단체	종합병원, 정신병원, 요양원
		교육/연구단체	초등·중등·고등사립학교, 직업학교, 연구소
		복지서비스단체	양로원, 탁아소, 고아원, 직업훈련소, 복지관, 모자보호소, 청소년수련원
		예술/문화단체	박물관, 미술관, 극장, 오케스트라, 레크리에이션 단체
	회원	시민단체	환경단체, 소비자단체, 여성단체, 장애인단체, 국제원조단
		종교단체	불교·기독교·천주교·이슬람교 등 각종 종교단체
집단이익 추구단체	조직	직능단체	상공회의소, 전경련, 변호사협회, 의사협회
		친목단체	컨트리클럽, 동창회, 향우회, 화수회, 상조회

단체가 있는가 하면, 집단이익을 추구하는 단체도 있다. 국가와 협력하여 복지서비스를 생산하는 단체가 있는가 하면, 국가에 저항하면서 국가의 민주화를 추진하는 단체도 있다. 지배계급의 이익을 대변하는 단체가 있는가 하면, 사회적 약자의 이익에 민감하게 반응하는 단체도 있다. 관료화되어 있는 기관형 조직이 있는가 하면, 수평적이고 네트워크로 구성된 회원조직도 있다.[18] 시민사회에 있는 비영리단체 중에서 공익을 추구하는 회원조직

---

civil society organization), 시민단체(NGO), 사회단체, 자원조직(VO: voluntary organization) 등 다양한 것이 있다. 그러나 시민사회에 있는 모든 단체를 가장 포괄적으로 표현하는 용어가 바로 비영리단체이다(박상필, 2005).

[18] 국제적으로 통용되는 NPO의 분류방식이 있다. 예를 들어 UN이 분류한 국제표준산

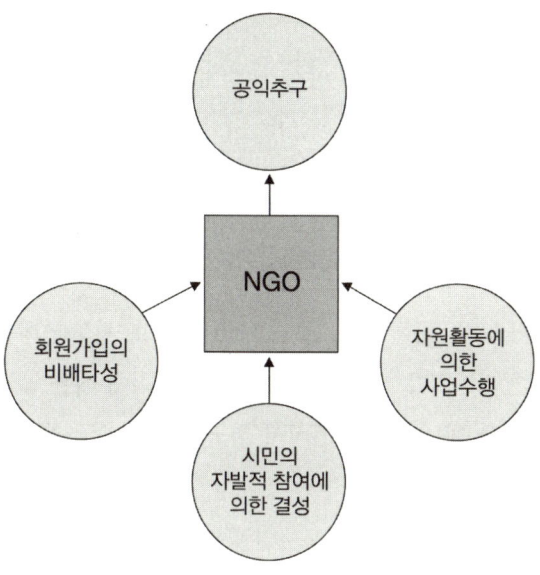

〈그림 11-1〉 한국NGO의 개념도

인 시민단체가 바로 NGO이다.[19]

비영리단체 중에서 NGO는 〈그림 11-1〉에 나타난 바와 같이, 비정부·비정파·비영리 결사체로서 시민의 자발적인 참여로 결성되고, 회원가입의 배타성이 없으며, 주로 자원활동에 입각하여 공익추구를 목적으로 하는 결사체이다. 따라서 NGO는 시민사회의 다른 비영리단체에 비해 단체의 결

업분류(ISIC), 미국의 독립섹터(Independent Sector)가 개발한 국가면세조직분류(NTEE), 샐러먼(L. Salamon)과 안하이어(H. Anheier)가 개발한 비영리조직국 분류(ICNPO)등이 있다. 그러나 이러한 분류방식은 시민사회의 재구성 논의에 적합하지 않아 여기서는 한국의 분류방식을 시도하였다(박상필, 2001: 119~121).

[19] NGO의 개념은 국가마다 다양하다. 미국이나 일본은 국제원조에 참여하는 단체로 좁게 규정하고, 유럽이나 캐나다는 비영리단체처럼 넓게 규정하기도 한다. 그러나 대체로 한국에서 시민단체로 규정하는 것처럼 좁게 보고 있다.

성과 운영에서 시민의 자발성과 개방성이 강하다. 그리고 관료화된 조직원에 의존하기보다는 회원이나 자원봉사자를 중심으로 역동적으로 시민운동을 전개하고 공공서비스를 생산하기 때문에, 조직이 유연하고 민주주의의 원리가 강하게 작용한다. 특히 NGO는 다른 비영리단체에 비해 국가로부터 독립되어 있으면서도 강한 공익성을 견지한다. 비영리단체 중에서 의료/보건단체, 교육/연구단체, 복지서비스단체, 예술/문화단체 등도 공공서비스를 생산하지만, 직·간접적으로 정부의 재정지원을 받으면서 정부의 간섭에 노출되어 있다. 이에 비해 NGO는 상대적으로 재정을 회원의 회비나 기부금에 많이 의존한다. 나아가 NGO는 시민사회에 대한 공공적 책임이나 국가의 경계를 넘는 보편적 가치의 추구에 있어서 국제적 참여와 연대에 적극적이다.

그러면 NGO는 구체적으로 능동사회를 구축하기 위해 시민사회의 제 가치를 실현하는 데 어떠한 기여를 할 수 있는가. 여기서는 시민사회의 봉건화·관료화·사유화·보수화·협소화 등을 극복하고 자율성·공공성·자원성·개방성·신축성·민주성·연대성·국제성 등과 같은 가치를 강화할 수 있는 NGO의 전략 네 가지를 제시한다. 첫째, 비판적 잠재력을 보존하는 것이다. 유연한 조직구조와 민주주의의 원리를 중시하는 NGO는 국가의 민주화, 자본주의의 순화, 시민사회의 자율성과 공공성을 강화하는 데 강한 비판기능을 수행한다. 따라서 NGO는 국가의 억압과 부패, 시장의 불평등과 비인간성을 견제하고 감시할 뿐만 아니라, 시민사회가 관료화·사유화·보수화되는 것을 방지하고, 외부변화에 대한 적응과 시민적 책임을 적극적으로 견인할 수 있다. 또한 보편적 가치의 세계적 실현을 위해 시민사회가 국제적 연대에 적극적으로 나서도록 추동할 수도 있다. 시민사회의 기관형 조직이나 이익집단 세력이 폐쇄적이고 퇴행적인 요구를 가지고 저항을 하더라도, NGO는 시민사회의 자율성과 공공성을 방어하고 확보하기 위해 이들을 비판하는 기능을 수행할 수 있다.

둘째, 시민사회의 구조적 유연성을 증대하는 것이다. 시민사회의 각종 결사체는 정부나 기업에 비해 보다 신축적이고 유연한 조직구조를 가지고 있지만, 많은 기관형 조직에서 볼 수 있는 바와 같이 조직이 관료화되어 있기도 하다. 그러나 NGO는 상대적으로 유연하기 때문에 쉽게 결성될 수 있고, 네트워크 형태를 취하고 있어서 시민적 이해나 국제적 요구에 대해 신축적으로 반응한다. NGO는 스스로 이러한 유연성을 보존할 뿐만 아니라, 시민사회 전체가 보다 유연한 조직구조를 가지고 다원적 가치나 소수자의 욕구를 능동적으로 충족하고 변화에 적응할 수 있도록 유인할 수 있다. 이를 위해서는 다양한 형태의 네트워크와 거버넌스의 실행을 통해 공동으로 서비스를 생산하거나 공동의 가치를 보존하기 위해 연대하는 것이 가능하다. NGO와 이익집단의 연대를 예로 들 수 있다.

셋째, 시민사회의 공공성을 강화하는 것이다. 실제로 비영리병원, 사립학교, 예술문화단체는 각각 건강·교육·예술/문화와 관련된 서비스를 생산하고 있기 때문에 매우 공공성이 강하다고 할 수 있다. 그러나 이러한 조직은 기득권을 보호하거나 사유화되는 경향이 있다. 그래서 시민사회의 결사체를 자신의 이익을 위해 이용하거나 사회적 약자 및 소수자의 이익에 배타적인 경향이 있다. 역동성과 공공성이 강한 NGO는 이런 것을 방지하기 위해 민주적 생활양식을 몸소 실천하고 활발한 공론장을 주도적으로 형성할 수 있다. 그리고 사적 이익을 넘는 봉사정신을 체득하기 위해 시민사회의 자원성을 강화하는 데 기여할 수 있다. 사회적 경제의 실천에서 공동으로 연대하거나 국제적인 자원활동에서 연계하는 것도 가능하다. 예를 들어 NGO의 기획 및 운영과 병원의 의사 및 간호사, 대학의 교수 및 학생의 결합은 일정한 시너지 효과를 가질 수 있다.

넷째, 민주시민교육을 직접 실행하는 것이다. 현대민주주의에서 민주시민을 양성하는 교육은 주로 국가가 담당한다. 그리고 국가의 위임을 받아 시민사회의 교육기관이 실행한다. 그러나 제도화된 교육기관이 실행하는 교육은 실제로 입시교육이나 취직교육으로 전락하거나 실제적인 민주시민교육을 제대로 수행하지 못하고 있다. 따라서 NGO는 집회와 시위, 캠페인, 토론회, 세미나, 서명운동, 퍼포먼스, 현장활동 등과 같은 다양한 시민운동에 시민참여를 강화함으로써 정치학습과 윤리교육의 장을 형성할 수 있다. 민주시민에게 필요한 참여의식이나 공익정신과 같은 시민성(civility)은 이러한 참여의 장을 통해 발양될 수 있다. 나아가 NGO는 시민강좌, 개방대학, 청소년학교, 여성아카데미, 지역포럼, 환경캠프 등과 같은 민주시민교육 프로그램을 만들어 시민교육을 구체적으로 실행할 수 있다. 또한 개인이나 조직을 국제교류와 원조활동에 매개시킴으로써 이들에게 세계시민의 윤리를 터득하고 공중(公衆)으로서의 자질과 책임을 배울 수 있는 기회를 제공할 수 있다.

V. 맺음말

능동사회는 현대인의 다양하고 수준 높은 욕구를 충족하기 위한 새로운 정치기획으로서 제시되었다. 이것은 정책변화를 통한 기존 제도의 개선이 아니라 새로운 사회를 향한 근본적인 변화와 포괄적 대안을 탐색하는 유토피아적 사고에 기초하고 있다. 이러한 능동사회는 시민사회의 다양한 자발적 결사체의 활동에 근거하기 때문에 시민사회가 가진 고유의 가치를 복원하고 극대화할 수 있을 때 가능하다. 따라서 시민사회의 결사체 중에서 상대적으로 자율성·공공성·자원성·개방성·신축성·민주성·연대성·국제성 등과 같은 가치를 많이 내포하고 있는 NGO의 역할이 중요하다. 오늘날

NGO는 시민사회의 자율적이고 공익적인 가치를 대변하면서 시민사회를 능동화·민주화시키는 핵심적인 역할을 수행한다. 따라서 NGO의 번성과 그 역할에 따라 능동사회의 실질적인 작동이 가능해진다. 이런 의미에서 많은 시민들이 NGO를 구성하고 여기에 참여하는 습속을 갖는 것은 인간의 다양한 미시적·감성적 욕구를 충족시키고 삶의 질을 높이는 제도와 문화를 구축하는 데 중요하다.

 NGO가 상대적으로 자율성과 공공성의 정도가 높고 시민사회의 비민주성을 극복하는 데 일정한 기여를 할 수 있다고 하지만, NGO 자체도 문제가 없는 것이 아니다. 전 세계적으로 볼 때 상당한 수의 NGO는 정부나 기업으로부터의 재정지원에 의존하고 있다. 그리고 NGO도 비대해지면서 정부나 시민사회의 다른 비영리단체처럼 관료화·보수화되는 경향이 있다. 또한 소규모로 이루어진 NGO는 조직 자체가 대표자의 사적 이익을 위한 수단으로 전화되기도 한다. 이로 인해 조직의 민주적 운영이 방해받고 폐쇄적 리더십이 작동하며, 최악의 경우 조직이 사유화되는 경우가 있다. 따라서 NGO 스스로 자발성과 성찰성에 근거하여 회원참여를 활성화하고 내부비판구조를 강화하여 조직의 민주화를 견고히 해야 한다. 조직 내부의 의사소통이 활성화되고 유연한 조직구조를 유지하기 위해서는 리더의 역할이 중요하다. 따라서 조직구성원 간의 역할교환,[20] 순번제 리더십,[21] 봉사적 리더십 등을 시험해보는 것도 좋다.[22] 상근자 전체는 감수성

---

[20] 역할교환은 대표자가 간사가 되고 간사가 대표자가 되는 형식으로 역할을 서로 교환하는 것이다.
[21] 순번제 리더십은 대표를 따로 두지 않고 상근활동가 전원이 대표성을 가지고 의사결정에 참여하는 것이다. 한국에서는 '인권운동사랑방'이 이러한 모델을 시행하고 있다.
[22] 봉사적 리더십은 리더가 듣기, 감정이입, 깨어 있기, 설득, 승무원정신, 타인성장지원 등의 특성을 갖는 것이다.

훈련이나 영성계발훈련을 체계적으로 받아 시민사회적 가치를 배양하는 것도 필요하다.

참고문헌

⟨국내문헌⟩

강명구. 2000. 「지방정치 민주화의 현황과 대안적 모색」. 한국정치학회 지방정치분과 편. 『지방민주주의의 위기』(연구보고서).

강상욱. 2001. 「NGO에 대한 정부 재정지원 실태분석」. 한국NPO학회 춘계학술대회 발표논문집.

경실련. 1996. 경실련 창립 6주년 기념자료집(지방화·세계화를 준비하는 시민운동).

_____. 1997a. 경실련 창립 7~8주년 기념자료집(함께하는 시민운동).

_____. 1997b. 김현철 테이프 사건 진상보고서.

_____. 1999. 경실련 창립 9~10주년 기념자료집(전자자료).

_____. 경실련 전국회원대회(1994~1999).

곽진영. 2001. 「가버넌스와 정당, NGO」. 한국정치학회 하계학술대회 발표논문집.

국정홍보처. 2000. 「2000년 민주공동체 실천사업 평가」.

권두섭. 2001. 집시법과 경찰의 자의적 법집행으로 인한 권리침해 사례. 《시민의신문》, 11월 5일 9면.

권태환·조형제·한상진 편. 2000. 『정보사회의 이해』. 서울: 미래M&B.

김경동. 2001. 시민사회 사상사 개관. 《시민사회》, 제4호: 46~64.

김계수. 1983. 『구미정치사상사』. 서울: 일조각.

김남두. 1994. 「서양학문의 형성과 학문분류의 기본원칙」. 소광희 외. 『현대의 학문체계』. 서울: 민음사.

김달수. 2001. 「환경의 개념과 환경운동의 이념적 지형」. 미발표 논문.

김대환. 1997. 「참여의 철학과 참여민주주의」. 참여사회연구소 편. 『참여민주주의』. 창작과비평사.

김동일. 1999. 『사회사상사』. 서울: 문음사.

김동춘. 1997. 『한국 사회과학의 새로운 모색』. 서울: 창작과비평사.

_____. 2000. 「시민교육」. 김동춘 외. 『NGO란 무엇인가』. 서울: 아르케.

김두철 외. 1992. 『신과학운동』. 서울: 범양사.

김렬·고재경. 1996. 「환경정책 결정과정에서의 정치적 합리성」. 《한국행정학보》, 30(4): 91~104.

김만흠. 1997. 「지방자치와 참여민주주의」. 참여사회연구소 편. 『참여민주주의와 한국사회』. 서울: 창작과비평사.

김문겸. 1993. 『여가의 사회학』. 서울: 한울.

김문조. 1999. 「한국사회학의 위기」. 임희섭 편. 『사회과학의 새로운 지평』. 서울: 나남.

김병완. 2001. 「지방자치단체간 환경협력: 지방의제21 사례를 중심으로」. 한국행정학회 추계학술대회 발표논문집.

김병준. 1998. 「공익적 시민단체의 정책적 영향력에 관한 연구」. 《지방자치학회보》, 10(2): 113~128.

김석준 외. 2000. 『뉴거버넌스 연구』. 서울: 대영문화사.

김성국. 2000. 「신사회운동의 제도화와 급진화」. 《한국사회학》, 34(가을호): 709~745.

_____. 2001. 「한국의 시민사회와 신사회운동」. 유팔무·김정훈 편. 『시민사회와 시민운동 2』. 서울: 한울.

김세균. 1996. 「시민사회론의 이데올로기적 함의 비판」. 유팔무·김호기 편. 『시민사회와 시민운동』, 151~184. 서울: 한울.

김수현. 2001. 「서울시와 NGO 파트너십 형성을 위한 과제」. 2000 서울시정참여사업 심포지엄 자료집.

김승현·윤홍근·정이환. 1994. 『현대의 사회과학』. 서울: 박영사.

김영래. 1997. 「이익집단의 개념과 유형」. 김영래 편. 『이익집단정치와 이익갈등』. 서

울: 한울.

김영세. 2000. 『게임이론: 전략과 정보의 경제학』(개정판). 서울: 박영사.

김영식. 1994. 「과학의 발전과 서양학문 체계의 전통」. 소광희 외. 『현대의 학문체계』. 서울: 민음사.

김영평. 1999. 「정보화 사회와 정부 구조의 변화」. 임희섭 편. 『사회과학의 새로운 지평』. 서울: 나남.

김왕근. 2000. 「시민의 정치의식과 시민교육의 원리」. 《한국민주시민교육학회보》, 제5호.

김용준. 2005. 『과학과 종교 사이에서』. 서울: 돌베개.

김용학·전효관. 1994. 「사회과학 패러다임의 위기와 그 쟁점」. 경남대 극동문제연구소 편. 『위기의 세계와 한국』. 서울: 나남.

김인춘. 1998. 「비영리부문 연구의 이론적 고찰: 한국 비영리부문 연구를 위한 시론」. 《동서연구》, 10(2): 5~40.

김정렬. 2000. 「정부의 미래와 거버넌스: 신공공관리와 정책네트워크」. 《한국행정학보》, 34(1): 21~39.

김정훈. 2001. 「진보적 시민사회 형성을 위한 이론적 탐색」. 유팔무·김정훈 편. 『시민사회와 시민운동 2』. 서울: 한울.

김재원. 1996. 「미국의 공익소송제도」. 『공익소송법 제안설명회』. 참여연대 공익소송센터 제2회 공익소송 토론회 자료집.

김종래. 2001. 「환경정책 결정과정에서의 NGO의 영향력에 관한 연구」. 한국정책학회 춘계학술대회 발표논문집.

김준기. 1999. 「정부-NGO 관계에 관한 이론적 고찰 및 정부 NGO지원사업 분석」, 한국행정학회 동계학술대회 발표논문집.

_____. 2001. 「한국에서의 제3자적 정부의 논의」. 한국행정학회 하계학술대회 발표논문집.

김준기·김정부. 2001. 「NGO 연구에 대한 비판적 고찰」. 《행정논총》, 39(3): 195~233.

김진철 외. 2000. 『현대 사회과학의 패러다임 위기』. 서울: 세계정치경제연구소.

김태성·성경륭. 2000. 『복지국가론(개정판)』. 서울: 나남.

김태영. 1999. 「비영리부문과 정책」. 《도시행정연구》, 제13집: 157~193.
김태한·함영주. 1996. 「미국 대표당사자소송에 관한 고찰」. 《사회과학연구》, 제15집: 93~124. 호서대학교 사회과학연구소.
김택환. 1992. 「독일의 민주화와 민주시민교육」. 전득주 편. 『현대민주시민교육론』, 서울: 평민사.
김해성. 1997. 「시민사회의 전개와 시민교육, 시민운동」. 조영달 편. 『한국 시민사회의 전개와 공동체 시민의식』, 99~148. 서울: 교육과학사.
김현소. 1999. 「지방화시대, NGO의 필요성과 과제」. 《자치공론》, 5(8): 56~68.
김호기. 2001. 『한국의 시민사회, 현실과 유토피아사이에서』. 서울: 아르케.
김호섭. 1992. 「지방자치를 위한 주민참여의 제도화」. 《성곡논총》, 제23집.
김호진. 1997. 『한국정치체제론』. 서울: 박영사.
남궁근. 1998. 『행정조사방법론』. 서울: 법문사.
노병철 외. 2000. 『현대사회와 이데올로기』. 서울: 인간사랑.
문용린. 1993. 「시민단체 활성화방안과 시민단체에 대한 정부의 지원방향」. 『국민의 식개혁과 시민단체의 역할』. 서울대학교 사회과학대학 부설 인구 및 발전문제연구소.
문진영. 1999. 「제3의 길의 함의와 전망」. 《사회복지》, 제143호: 7~19.
바르게살기운동중앙협의회. 바르게살기운동추진실적. 1989~1993.
_____. 정기총회. 1990~1998.
박경래. 2001. 「비영리조직에 대한 정부보조금의 효과분석」. 서울대학교 행정대학원 석사학위논문.
박계동. 1994. 『관변단체백서』(국회도서관 참고열람실 소장).
박균성. 2000. 「현행 정보공개법의 문제점과 개선방안」. 《법학논총》, 제24집: 37~56. 단국대학교 법학연구소.
박병옥. 1997. 「시민운동을 가로막는 법률들」. 《지방자치》, 10월호.
박상필. 1998. 『시민단체의 자주성과 공익활동능력』. 박사학위논문, 경북대학교 행정학과.
_____. 2001a. 『NGO와 현대사회』. 서울: 아르케.

_____. 2001b.『NGO를 알면 세상이 보인다』. 서울: 한울.

_____. 2001c.「NGO학의 정립을 위하여」. 한국NPO학회 춘계학술대회 발표논문집.

_____. 2001d.「NGO의 정책참여 분석」. 한국산업사회학회 제4회 비판사회학대회 발표논문집.

_____. 2001e.「NGO 활성화를 위한 법적 고찰」.《한국정치연구》, 제6호.

_____. 2001f.「NGO 개념의 역사와 실체」.《현상과인식》, 겨울호.

_____. 2002.「거버넌스에서 민주주의의 급진적 재구축: NGO의 역할과 한계」, 한국행정학회 춘계학술대회 발표논문집.

_____. 2005.『NGO학』. 서울: 아르케.

박원순. 2001a.「한국시민사회 발전을 위한 고민과 대안」. 시민운동지원기금 주최. 2001년 포럼: 시민사회 - 시민운동 발전을 위한 대토론회 발표논문집.

_____. 2001b.「제대로 된 부패방지입법을 위한 시민운동은 중단없이 계속된다」. 미발표논문.

박재영. 1998.『국제기구정치론』. 서울: 법문사.

_____. 2003.『국제관계와 NGO』. 서울: 법문사.

박재창. 2001.「한국시민운동단체의 정책참여유형: 실증적 분석」. 한국정치학회 춘계학술회의 발표논문집.

박재창 외. 1995.『21세기 한국시민운동의 전개방향과 과제』. 정무장관 제1실.

박재환. 1994.「일상생활에 대한 사회학적 조명」. 박재환 외 편.『일상생활의 사회학』. 서울: 한울.

박정택. 1990.『공익의 정치행정론』. 서울: 대영문화사.

박종민 외. 1999.「한국 지방정치의 특징」.《한국행정학보》, 33(2): 123~140.

박종민 편. 2000.『한국의 지방정치와 도시권력구조』. 서울: 나남.

박주현. 2001.『게임이론의 이해』(제2판). 서울: 해남출판사.

박형준. 1995.「새로운 사회운동과 경실련 운동」.《경제와사회》, 27: 76~105.

_____. 2001.『성찰적 시민사회와 시민운동』. 서울: 의암출판.

박효종. 1994.『합리적 선택과 공공재 I』. 서울: 인간사랑.

박희봉. 2001.「사회자본과 거버넌스에 대한 정부와 시민사회의 역할」. 한국정치학회 추계학술대회 발표논문집.

부정남. 1998.『사회와 사회과학』. 서울: 나남.

새마을운동중앙협의회. 1996a. 새마을운동현황.

_____. 1996b. 땀과 보람, 그리고 미래(새마을운동 25년).

_____. 1997. 새마을정신.

서창록·이연호·곽진영. 2001.「거버넌스의 개념과 쟁점에 관한 소고」. 한국정치학회 추계학술대회 발표논문집.

성경륭. 1995.『체제변동의 정치사회학』. 서울: 한울.

성경륭 외. 1997.『시민운동의 활성화를 위한 민간단체 육성방안』. 정무장관 제1실.

소광희 외. 1994.『현대의 학문체계』. 서울: 민음사.

손호철. 2001.「국가 - 시민사회론: 한국정치의 새 대안인가?」, 유팔무·김정훈 편.『시민사회와 시민운동 2』. 서울: 한울.

송복 외. 1994.『공동체 이념의 실천을 위한 시민단체 활성화 방안』. 연세대학교 사회발전연구소.

송창석. 2000.「시민사회단체의 정치교육」,《자치행정연구》, 제2호: 317~334. 한양대학교 지방자치연구소.

시민의신문. 1997.『한국민간단체총람』. 시민의신문사.

_____. 1999.『한국민간단체총람』. 시민의신문사.

신광영. 1995.「시민사회 개념과 시민사회 형성」, 유팔무·김호기 편.『시민사회와 시민운동』. 서울: 한울.

_____. 1999.「비정부조직(NGO)과 국가정책」.《한국행정연구》, 제8권 제1호: 29~43.

신기현. 2001.「NGO 보조금 지원 실태 분석」. 한국정책학회 춘계학술대회 발표논문집.

신명순. 1995.「한국에서의 시민사회 형성과 민주화과정에서의 역할」. 안병준 외,『국가, 시민사회, 정치민주화』, 68~93. 서울: 한울.

신행철. 2001.「21세기, 후기산업사회 국가의 성격」.《현상과인식》, 25(3): 96~118.

신현정. 2000.『개념과 범주화』. 서울: 아카넷

신희권. 1999.「지방정치의 변화와 자발적 조직의 역할」.《한국행정연구》, 8(1): 44~ 67.

심익섭. 2001.「시민참여와 민주시민교육」. 한국정책학회 추계학술대회 발표논문집.

심의기. 1989. 「개정집시법의 비판적 검토」. ≪사법행정≫, 6월호(제342호): 45~49.
안문석. 2001. 『정부와 기업 그리고 시민사회』. 서울: 박영사.
안병만. 1999. 『한국정부론』(제4판). 서울: 다산출판사.
양용희. 1998. 「시민단체의 모금 및 회원관리방식의 개선방안」. 아시아시민사회운동연구원. 『시민단체의 안정적 재정확보 및 활성화 방안』.
오생근. 1990. 「미셸 푸코, 지식과 권력의 해부학자」. 한상진 외. 『미셸푸코론』. 서울: 한울.
오수길. 2000. 「뉴 거버넌스의 가능성과 한계」. 한국행정학회 동계학술대회 발표논문집.
오재일. 2000. 「지역사회에 있어서 지방정부와 NGO와의 관계에 관한 고찰」. 한국행정학회 기획세미나 발표논문집. 『정부와 NGO』.
오현철. 2000. 「민주주의의 새로운 패러다임」. 학술단체협의회 편. 『전환시대의 한국사회』. 서울: 세명서관.
오현출. 2001. 「거버넌스와 NGOs: 의약분업 사례를 중심으로」. ≪한국정치학회보≫, 35(3): 217~236.
유팔무. 1995a. 「한국의 시민사회론과 시민사회 분석을 위한 개념틀의 모색」. 유팔무·김호기 편. 『시민사회와 시민운동』, 228~259. 서울: 한울.
_____. 1995b. 「시민사회의 성장과 시민운동」. 유팔무·김호기 편. 『시민사회와 시민운동』, 371~388. 서울: 한울.
유팔무·김정훈 편. 2001. 『시민사회와 시민운동 2』. 서울: 한울.
유훈·김지원. 1995. 『정책형성론』. 서울: 한국방송대학교출판부.
윤병태. 2000. 『개념논리학』. 서울: 철학과현실사.
윤평중. 2001. 『논쟁과 담론』. 서울: 생각의나무.
이극찬. 1994. 『정치학』(제5전정판). 서울: 법문사.
이근주. 2000. 『NGO지원과 정부』. 한국행정연구원.
이기한. 1996. 「미국 공익소송제도의 현황」, 『공익소송법 제안설명회』. 참여연대 공익소송센터 제2회 공익소송 토론회 자료집.
이기호. 1996. 『한국의 민주화 과정과 사회운동네트워크: 1987~1996』. 박사학위논문, 연세대학교 정치학과.

이대훈. 1998. 『세계의 화두』. 서울: 개마고원.

이수훈. 1996. 『세계체제의 인간학』. 서울: 사회비평사.

_____. 2001. 「임마누엘 월러스틴: 뒤집기와 재구축의 지적 기획」. 김호기 편. 『현대 비판사회이론의 흐름』. 서울: 한울.

이승종. 1993. 『민주정치와 시민참여』. 서울: 삼영사.

이시재. 1996. 「지방자치시대와 시민운동」, 크리스찬 아카데미 한국사회교육원. 『지방화와 지구화 그리고 시민운동』. 9~36. 서울: 한울.

이신행 외. 1999. 『시민사회운동』. 서울: 법문사.

이용필. 2000. 『사회과학 연구와 새로운 패러다임』. 서울: 서울대학교 출판부.

이용철. 1996. 「공익소송법 제안에 대한 토론」. 『공익소송법 제안설명회』. 참여연대 공익소송센터 제2회 공익소송 토론회 자료집.

이원욱. 1991. 『조사방법론』. 서울: 경진사.

이정옥. 2001. 「한국 시민운동의 걸림돌과 디딤돌」. 《시민사회》, 제4호. 중앙일보 시민사회연구소.

이종수·윤영진 외. 2000. 『새행정학』. 서울: 대영문화사.

이준구. 1992. 「일본의 민주화와 민주시민교육」. 전득주 편. 『현대민주시민교육론』. 서울: 평민사.

이진우. 1996. 「급진민주주의의 규범적 토대」. 연세대학교 인문과학연구소, 《인문과학》, 74집: 83~109.

이향순. 2001. 「한국 시민사회의 형성과 참여민주주의」. 참여사회연구소 세미나 발표집.

이홍균. 2001. 「시장, 국가 그리고 시민사회단체」. 참여사회 시민사회연구소 월례발표회.

_____. 2002. 「국가·시장·시민사회」. 《시민의신문》, 3월 18일.

임승빈. 2000. 「2000 민주공동체 실천사업 심포지엄」. 국정홍보처 민주공동체 실천사업 자료집.

임영일. 1992. 「한국의 산업화와 계급정치」. 한국사회학회·한국정치학회 편. 『한국의 국가와 시민사회』, 173~201. 서울: 한울.

임혁백. 1994. 『시장·국가·민주주의』. 서울: 나남.

_____. 2000. 「심의민주주의의 대안」. 백경남·송하중 외. 『새천년의 한국정치와 행정』. 서울: 나남.
임혁백·안석교 외. 2000. 『새천년의 한국과 세계』. 서울: 나남.
임현진. 2001. 『21세기 한국사회의 안과 밖』. 서울: 서울대학교 출판부.
임희섭. 1999. 「현대 사회이론의 새로운 지평」. 임희섭 편. 『사회과학의 새로운 지평』. 서울: 나남.
임희섭 외. 1996. 『열린사회 구현 방안』. 정무장관 제1실.
장동진. 1995. 「민주사회 운영의 기본원칙에 관한 정치이론적 논의」. 안병준 외. 『국가, 시민사회, 정치민주화』, 36~67. 서울: 한울.
장미경. 2001. 「사회과학에서 여성 연구방법」. 한국산업사회학회 동계워크숍 발표논문집.
정세욱. 1984. 『지방행정학』. 서울: 법문사.
정수복. 1996. 『참여민주주의를 위한 시민단체의 역할과 정책과제』. 서울: 박영률출판사.
정윤수. 2000. 「민간비영리단체에 대한 정부지원의 체계화 방안」. 한국행정학회 하계학술대회 발표논문집.
정정길. 1997. 『정책학원론』(개정판). 서울: 대명출판사.
정준표. 2000. 「국제정치경제와 게임이론」. 여정동·이종찬 편. 『현대국제정치경제』. 서울: 법문사.
_____. 2001. 「합리적 선택이론: 합리성의 개념·구조·적용」. 한국정치학회 하계학술대회 발표논문집.
정태석. 2000a. 「시민사회와 NGO」. 김동춘 외. 『NGO란 무엇인가』. 서울: 아르케.
_____. 2000b. 「6월항쟁 이후 한국 시민사회의 변화와 사회운동론의 이데올로기」. 한국산업사회학회 비판사회학대회(제3회) 발표논문집.
정태석·김호기·유팔무. 1995. 「한국의 시민사회와 민주주의의 전망」. 유팔무·김호기 편. 『시민사회와 시민운동』, 265~297. 서울: 한울.
조동일. 1996. 『우리 학문의 길』. 서울: 지식산업사.
조명래. 1997. 「자치시대 시민운동의 역할과 과제」. ≪지방자치≫, 7월호: 57~62; 8월

호: 92~99.

_____. 1999. 『포스트포디즘과 현대사회의 위기』. 서울: 다락방.

_____. 2001. 「지구화, 신자유주의 그리고 지방 거버넌스」. 한국정치학회 추계학술대회 발표논문집.

조석주·김필두. 2000. 『지역 NGO의 지방자치단체 정책참여방안』. 한국지방행정연구원.

《조선일보》. 1998. 5. 20.

조영제·손영빈·조영달. 1997. 「사회공동체의 변화 시민사회」. 시민성·조영달 편. 『한국 시민사회의 전개와 공동체 시민의식』, 7~98. 서울: 교육과학사.

조효제. 2000a. 「참여의 예술, 변혁의 과학」. 조효제 편역. 『NGO의 시대』, 11~44. 서울: 창작과비평사.

_____. 2000b. 「시민사회의 변화와 민주주의의 급진적 재편」. 《창작과비평》, 28(1).

조희연. 1995. 「민중운동과 시민사회, 시민운동」. 유팔무·김호기 편. 『시민사회와 시민운동』, 298~336. 서울: 한울.

주성수. 1999. 「자원봉사활동지원법의 주요 쟁점과 제정방향」. 《사회복지》, 제141호: 31~45.

_____. 2001a. 「서울시와 NGO의 파트너십 현황과 과제」. 2000 서울시정참여사업 심포지엄 자료집.

_____. 2001b. 「거버넌스 시대의 정부와 NGO」. 한국NGO학회 추계콜로키움 발표논문집.

_____. 2001c. 『시민사회와 NGO논쟁』. 서울: 한양대학교 출판부.

주성수·서영진. 2000. 『UN, NGO, 글로벌 시민사회』. 서울: 한양대학교 출판부.

《중앙일보》. 2001. 11. 17.

진덕규. 1992. 「미군정시대 정치사회의 시민사회적 함의성에 대하여」. 한국사회학회·한국정치학회 편. 『한국의 국가와 시민사회』. 서울: 한울.

차명제. 2000. 「NGO들의 활동분야와 유형」. 김동춘 외. 『NGO란 무엇인가』. 서울: 아르케.

참여사회연구소 편. 1997. 『참여민주주의와 한국 사회』. 서울: 창작과비평사.

참여연대. 1994. 참여연대 자료집(창립 자료집).

_____. 1995. 참여연대 제1회 정기총회.

_____. 1996a. 참여민주사회를 위한 시민행동(제2회 정기총회).

_____. 1996b. 참여민주사회를 위한 시민행동(제3회 정기총회).

_____. 1997. 시민의 힘 세상을 바꾼다(제4회 정기총회).

_____. 1998. 시민의 힘이 세상을 바꾼다(제5회 정기총회)

_____. 1999. 시민의 힘이 세상을 바꾼다(제6회 정기총회)

채원호. 2001. 「참여형 정책분석과 거버넌스」. 한국행정학회 추계학술대회 발표논문집.

채익석. 2000. 「행정절차법의 문제점과 개선방안」. 《아·태공법연구》, 제7집: 17~36.

초의수. 2001. 「지방자치와 NGO」. 조희연 편. 『NGO 가이드』. 서울: 한겨레신문사.

최대권. 2001. 「위기의 교육」. 《현상과인식》, 겨울호.

최병선. 1997. 『정부규제론』. 서울: 법문사.

최성두. 2000. 「카오스 행정론의 유용성 평가」. 《한국행정논집》, 12(4): 1~13.

최영출. 2001. 「로컬 가버넌스의 전략」. 한국정책학회 추계학술대회 발표논문집.

최장집. 1993. 『한국 민주주의의 이론』. 서울: 한길사.

최현섭. 1992. 「미국의 민주화와 민주시민교육」. 전득주 편. 『현대민주시민교육론』. 서울: 평민사.

최호준. 1982. 「도시정책에서 시민참여와 행정능률의 상관성 연구」. 연세대학교 박사학위논문.

하승수. 2001. 「시민운동과 법」. 조희연 편. 『NGO가이드』. 서울: 한겨레출판사.

《한겨레신문》. 1992. 6. 5./ 1992. 12. 17./ 1995. 2. 25./1997. 3. 28.

한국산업사회학회 편. 1998. 『사회학』. 서울: 한울.

한국시민단체협의회. 1999. 『정부지원 프로젝트 운영실태 및 개선방안』.

한국지방자치학회. 1995. 『한국지방자치론』. 서울: 삼영사.

한상진. 1990. 「미셸 푸코의 정치철학과 사회이론」. 한상진 외. 『미셸푸코론』. 서울: 한울.

한상진 외. 1997. 『현대사회와 과학문명』. 서울: 나남.

한선구. 2001. 「제3의 길: 신자유주의에 대한 한국적 대안의 모색」. 미발표논문.

한완상. 1992. 「한국에서 시민사회, 국가 그리고 계급」. 한국사회학회·한국정치학회 편. 『한국의 국가와 시민사회』. 서울: 한울.

함재봉. 1995. 「국가 - 시민사회 관계에 관한 정치사상적 기반과 개념」. 안병준 외. 『국가, 시민사회, 정치민주화』. 서울: 한울.

홍준형. 1997. 「행정절차법의 문제점」. 《고시연구》, 2월호.

황승흠. 1996. 「공익소송법 제안」. 『공익소송법 제안설명회』. 참여연대 공익소송센터 제2회 공익소송 토론회 자료집.

황윤원. 1997. 「정치과정에서의 시민참여와 새로운 정치세력의 양성」. 《도시연구》, 제3호: 15~40.

홍사단. 1985. 『홍사단운동 70년사』.

_____. 단무보고서. 1983~1997.

〈외국문헌〉

Alexander, V. D.. 1998. "Environmental Constraints and Organizational Strategies" In Walter Powell and E. Clemens(eds.). *Private Action and the Public Good*. New Haven: Yale University Press.

Almond, Gabriel and Powell, Bingham. 1978. *Comparative Politics: System, Process, and Policy*. Boston: Little Brown Company.

Anderson, James. 1990. *Public Policymaking*. Boston: Houghton Mifflin Company.

Anheier, Helmut, et al.. 2004. 「지구시민사회의 개념」. Anheier, Helmut, et al. (eds.). 『지구시민사회』. 조효제·진영종 역, 서울: 아르케; *Global Civil Society Yearbook*. Oxford: Oxford University Press, 2002.

Aquina, Herman J.. 1992. "A Partnership between Government and Voluntary Organizations: Changing Relationships in Dutch Society" In Benjamin Gidron, Ralph M. Kranmer, and Lester M. Salamon(eds.). *Government and the Third Sector*, 57~74, San Francisco: Jossey-Bass Publishers.

Arendt, Hannah. 1996. 『인간의 조건』, 이진우·태정호 역. 서울: 한길사; *The Human Condition*. Chicago: University of Chicago Press, 1990.

Arnstein, Sharry. 1969. "A Ladder of Citizen Participation." *Journal of the American Institute of Planners*. 35(4): 216~224.

Berry, Jeffrey. 1999. *The New Liberalism: The Rising Power of Citizen Groups*. Washington, D. C.: Brookings Institution Press.

Beck, Ulrich. 1997. 『위험사회』. 홍성태 역. 서울: 새물결; *Risikogesellschaft*. 1986.

Beetham, David. 1993. "Liberal Democracy and the Limits of Democratization." In David Held(ed.). *Prospects for Democracy*. Stanford: Stanford University Press.

Bellah, Robert, et al.. 1985. *Habits of the Heart*. Berkeley: University of California Press.

_____. 1992. *The Good Society*. New York: Bintage Books.

Benest, F.. 1996. "Serving Customers of Engaging Citizens." *Public Management*. 78; 박홍식. 「시민행태의 연구」. 《한국행정논집》, 10(3): 563~577. 1998에서 재인용.

Berger, Peter and Neuhaus, Richard John. 1996. *To Empower People: From State to Civil Society*, 2nd ed. Washington, D. C.: The AEI Press.

Bergson, Henri-Louis. 1998. 『도덕과 종교의 두 원천』. 송영진 역. 서울: 서광사; *Les deux sources de la morale de la religion*.

Billis, David and Harris, Margaret(ed.). 1996. *Voluntary Agencies: Challenges of Organization and Management*. London: Macmillan Press.

Billis, David and MacKeith, J.. 1993. *Managing NGOs*. Center for Voluntary Organization, London School of Economics, London.

Bobbio, Norberto. 1989. 『민주주의의 미래』. 윤홍근 역. 서울: 인간사랑; *The Future of Democracy: A Defence of the Rules of the Game*. St. Paul: University of Minnesota Press, 1987.

_____. 1990. *Liberalism and Democracy*. Translated by Martin Ryle and Kate

Soper. London: Verso.

Bowles, Samuel and Gintis, Herbert. 1994. 『민주주의와 자본주의』. 차성수·권기돈 역. 서울: 백산서당; *Democracy and Capitalism*. London: Routledge & Kegan Paul, 1987.

Brewer, Carry and deLeon, Peter. 1983. *The Foundations of Policy Analysis*. Chicago: The Dorsey Press.

Bruyn, Severyn. 1977. *The Social Economy: People Transforming Modern Business*. New York: John Wiley and Sons.

Carroll, T.. 1992. *Intermediary NGOs: The Supporting Link in Grassroots Development*. West Hartford, Connecticut: Kumarian Press.

Castells, Manuel. 2003. 『네트워크 사회의 도래』. 김묵환 외 역. 서울: 한울; *The Rise of the Network Society, 2nd ed*. Oxford: Blackwell Publishers, 2000.

Clark, John. 1991. *Democratizing Development: The Role of Voluntary Organizations*. London: Earthscan Publications.

Cohen, Jean and Arato, Anderw. 1991. 「새로운 정치와 시민사회의 재구성」. 한상진 편. 『맑스주의와 민주주의』, 201~219. 서울: 사회문화연구소.

_____. 1992. *Civil Society and Political Theory*. Cambridge: The MIT Press.

Coleman, James. 1990. *Foundations of Social Theory*. Cambridge: Belknap-Harvard University Press.

Coston, Jennifer. 1998. "A Model and Typology of Government-NGO Relationships." *Nonprofit and Voluntary Sector Quarterly*, 27(3).

Dahl, Robert. 1992. 『다원민주주의의 딜레마』. 신윤환 역. 서울: 푸른산; *Dilemmas of Pluralist Democracy: Autonomy vs. Control*. Cambridge: Polity Press, 1982.

Dennard, Linda F.. 1996. "The New Paradigm in Science and Public Administration." *Public Administration Review*, 56(5): 495~499.

Dewey, John. 1910. *How We Think*. Boston: Heath; 심익섭. 「시민참여와 민주시민 교육」. 한국정책학회 추계학술대회 발표논문집, 2001에서 재인용.

Drabek, Anne Gordon. 1987. "Development Alternatives: The Challenge for NGOs

—An Overview of the Issues." *World Development*, 15(supplement).

Duverger, Maurice. 1972. *Party Politics and Pressure Group*. New York: Thomas Crowell Company.

Eberly, Don. 1994. *Restoring the Good Society*. Grand Rapids, Michigan: Baker Books.

Eisinger, Peter. 1973. "The Conditions of Protest Behavior in American Cities." *American Political Science Review*. Vol. 67: 11~28.

Etzioni, Amitai. 1968. *The Active Society: A Theory of Social and Political Processes*. New York: The Free Press.

_____. 1993. *The Spirit of Community*. New York: A Touchston Book.

Ferguson, Adam. 1996. *Ferguson: An Essay on the History of Civil Society*(Edited by Fania Oz-Salzberger). New Brunswick, NJ: Transaction Publishers, 1996.

Fisher, Julie. 1993. *The Road from Rio: Sustainable Development and the Nongovernmental Movement in the Third World*. Connecticut: Praeger.

_____. 1998. *Nongovernments: NGOs and the Political Development of the Third World*. Connecticut: Kumarian Press.

Forman, Lori A.. 2001. "Developing NGO, Business and Government Partnerships." 참여연대 주최 시민단체 - 정부 - 기업 간의 파트너십 세미나 자료집.

Frankel, Boris. 1997. 『탈산업사회의 이상과 현실』. 김용규·박선권 역. 서울: 일신사; *The Post Industrial Utopian*. Cambridge: Polity Press, 1987.

Fromm, Erich. 1988. 『소유냐 존재냐』. 최혁순 역. 서울: 범우사; *To Have or To Be*. New York: Harper & Row, 1978.

Gamson, William. 1968. *Power and Discontent*. Homewood, IL: The Dorsey Press.

Gauthier, David. 1993. 『합의도덕론』. 김형철 역, 서울: 철학과현실사; *Morals by Agreement*. Oxford: Clarendon, 1986.

Giddens, Anthony. 1998. 『제3의 길』. 한상진·박찬욱 역. 서울: 생각의나무; *The Third Way: The Renewal of Social Democracy*. London: Andrew Nurnberg Associates, 1998.

Gidron, Benjamin, Kranmer, Ralph M., and Salamon, Lester M.(eds.). 1992. *Government and the Third Sector: Emerging Relationships in Welfare States*. San Francisco: Jossey-Bass Publishiers.

Glasius, Marlies and Kaldor, Mary. 2004. 「9·11 이후 지구시민사회의 현황」. Helmut Anheier, et al.(eds.). 『지구시민사회』. 조효제·진영종 역. 서울: 아르케; *Global Civil Society Yearbook*. Oxford: Oxford University Press, 2002.

Gordenker, Leon and Weiss, Thomas. 1996. "Pluralizing Global Governance: Analytical Approaches and Dimensions" In Thomas Weiss and Leon Gordenker(eds.). *NGOs, the UN & Global Governance*. Boulder, Colorado: Lynne Rienner Publishers.

Gorz, Andre. 1993. 「노동사회에서 '문화사회'로의 이행: 노동시간의 단축 ─ 쟁점과 정책」. 『후기자본주의와 사회운동의 전망』. 이병천·박형준 역, 364~406. 서울: 의암출판; *Critique of Economic Reason*. London: Verso, 1989, Part III.

Gramsci, Antonio. 1987. 『그람시의 옥중수고 I』. 이상훈 역. 서울: 거름; *Selections from the Prison Notebooks*. New York: International Publishers, 1978.

Habermas, Jurgen. 1995. 『의사소통의 사회이론』. 장은주 역. 서울: 관악사.

_____. 2000. 『사실성과 타당성』. 한상진·박영도 역. 서울: 나남; *Faktizitat und Geltung*. Frankfurt: Suhrkamp Verlg, 1992.

_____. 2001. 『공론장의 구조변동』. 한승완 역. 서울: 나남; *Strukturwandel der Offentlichkeit*. Frankfurt: Suhrkamp Verlag, 1990.

Hall, Peter. 1987. "A Historical Overview of the Private Nonprofit Sector" In Walter W. Powell(ed.). *The Nonprofit Sector*, 3~26. New Haven: Yale University Press.

Heilbroner, Robert. 1995. *Vision of the Future: The Distant Past, Yesterday, Today, Tomorrow*. New York: Oxford University Press.

Held, David. 1988. 『민주주의의 모델』. 이정식 역. 서울: 인간사랑; *Models of Democracy*. Cambridge: Polity Press, 1987.

_____. 1996. 『정치이론과 현대국가』. 안외순 역. 서울: 학문과사상사; *Political Theory and the Modern State*. Stanford: Stanford University Press, 1991.

Henderson, Hazel. 1978. *Creating Alternative Futures: The End of Economics.* West Hartford, CT: Kumarian Press.

Hirst, Paul. 2000. "Democracy and Governance" In Jon Pierre(ed.). *Debating Governance: Authority, Streeing, and Democracy.* Oxford: Oxford University Press.

Hulme, David and Edwards, Michael(eds.). 1997. *NGOs, States and Donors: Too Close for Comfort?* New York: St. Martin's Press.

Inglehart, Ronald. 1977. *The Silent Revolution: Changing Values and Political Styles among Western Publics.* Princeton: The Princeton University Press.

Jacoby, Russell. 2000. 『유토피아의 종말』. 강주헌 역. 서울: 모색; *The End of Utopia.* Los Angeles: Perseus Publishing, 1999.

Jeantet, Thierry. 1986. *La Modernisation de la France par l'Economie Sociale.* Paris: Economica; Requoted in Jon Van Til, *Mapping the Third Sector: Voluntarism in a Changing Social Economy.* New York: Foundation Center, 1988.

Jessop, Bob. 1997. "The Governance of Complexity and the Complexity of Governance" In Ash Amin & Jerzy Hausner(eds.). *Beyond Market and Hierarchy.* Cheltenham, UK: Edward Elgar.

_____. 1998. "The Rise of Governance and the Risks of Failure: The Case of Economic Development." *International Social Science Journal*, 155: 29~46.

_____. 2000. "Governance Failure" In Gerry Stoker(ed.). *The New Politics of British Local Governance.* New York: Macmillan Press.

Jones, Charles. 1984. *An Introduction to the Study of Public Policy*, 3rd ed. Monterey, CA: Brooks/Cole Publishing Company.

Jordon, Bill. 1985. *The State: Authority and Autonomy.* Oxford: Basil Blackwell Inc.

Jun, Jong S.. 1995. 『행정학』. 윤재풍·정용덕 역. 서울: 박영사; *Public Administration.* New York: Macmillan Publishing Co., 1986.

Keane, John. 1988. *Civil Society and The State.* New York: Verso.

_____. 1991. 「시민사회와 국가행위의 한계」. 한상진 편. 『맑스주의와 민주주의』,

222~249. 서울: 사회문화연구소; *Democracy and Civil Society*. London: Verso, 1988.

Kettl, Donald. 2000. *The Global Public Management Revolution: A Report on the Transformation of Governance*. Washington, D. C.: Brookings Institution Press.

Kiel, Douglas. 1994. *Managing Chaos and Complexity in Government: A New Paradigm for Managing Change, Innovation and Organizational Renewal*. San Francisco: Jossey-Bass Publishers.

King, Cheryl and Stivers, Camilla(eds.). 2001. 『반정부시대의 행정』. 오수길 외 역. 서울: 대영문화사; *Government is Us: Public Administration in an Anti-Government Era*. London: Sage Publications, 1998.

Kitschelt, Herbert. 1996. 「새로운 사회운동과 좌파 – 자유주의 정당의 당조직의 쇠퇴」. Russel Dalton and Manfred Kuechler(ed.). 박형신·한상필 역, 『새로운 사회운동의 도전』, 249~288. 서울: 한울; *Challenging the Political Order*. Cambridge, UK: Polity Press, 1990.

Knight, W. Andy. 1999. "Engineering Space in Global Governance" In Michael Schechter(ed.). *Future Multilateralism*. New York: United Nations University Press.

Kooiman, Jan. 1993a. "Social-Political Governance: Introduction." In Jan Kooiman (ed.). *Modern Governance: New Government-Society Interaction*. London: Sage Publications.

―――――. 1993b. "Governance and Governability: Using Complexity, Dynamics and Diversity" In Jan Kooiman(ed.). *Modern Governance: New Government-Society Interaction*. London: Sage Publications.

―――――. 1993c. "Findings, Speculations and Recommendations" In Jan Kooiman (ed.). *Modern Governance: New Government-Society Interaction*. London: Sage Publications.

Korten, David. 1990. *Getting to the 21st Century: Voluntary Action and the Global Agenda*. West Hartford, Connecticut: Kumarian Press.

Kramer, Ralph and et. al.. 1993. *Privatization in Four European Countries: Comparative Studies in Government-Third Sector Relationships*. New York: M. E. Sharpe.

Krasner, Stephen. 1984. "Approaches to the State." *Comparative Politics*. 16(2): 223~246.

Kuhn, Thomas. 1999. 『과학혁명의 구조』. 김명자 역. 서울: 까치; *The Structure of Scientific Revolutions*. Chicago: Chicago University Press, 1970.

Laclau, Ernesto and Mouffe, Chantal. 1990. 『사회변혁과 헤게모니』. 김성기 외 역. 서울: 도서출판 터; *Hegemony and Social Strategy*. New York: Verso, 1985.

Leach, Robert and Percy-Smith, Janie. 2001. *Local Governance in Britain*. Basingstoke, Hampshire, UK: Palgrave.

Lewis, David. 1999. *International Perspectives on Voluntary Action: Reshaping the Third Sector*. London: Earthscan Publications.

Lipietz, Alain. 1993. 포스트 포드주의와 민주주의.『후기자본주의와 사회운동의 전망』. 이병천·박형준 역. 341~363. 서울: 의암출판; Apres-fordisme et democratie, In *Les Temps Modernes*, No. 524, mars 1990.

_____. 1995. 「책임, 자율, 연대를 위한 경제」. 김호기·김영범·김정훈 편역. 『포스트 포드주의와 신보수주의의 미래』, 298~331. 서울: 한울.

Lyons, William and Lowery, David. 1989. "Citizen Responses to Dissatisfaction in Urban Communities." *Journal of Politics*. 51(4): 842~845.

Macpherson, C. B.. 1984. 『자유민주주의의 발전과정』. 김규일 역. 서울: 양영각; *The Life and Times of Liberal Democracy*. London: Oxford University Press, 1977.

Mannheim, Karl. 1991. 『이데올로기와 유토피아』. 임석진 역. 서울: 청아출판사; *Ideologie und Utopie*. Frankfurt: Verlag G. Schutle-Bulmke, 1952.

Marcuse, Herbert. 1983. 『마르쿠제의 일차원적 인간과 부정』. 차인석 역. 서울: 삼성출판사; *One Dimensional Man*. Boston: Beacon Press, 1964.

Marshall, Stephanie. 2001. 21세기를 위한 지속적 학습공동체의 창조. Frances Hesselbein, et al(eds.). 『미래의 조직』. 이재규·서재현 역. 서울: 한국경제신문

사; *The Organization of the Future*. San Francisco: Jossey-Bass, 1997.

Mason, David. 1984. *Voluntary Nonprofit Enterprise Management*. New York: Plenum Press.

Mason, Jennifer. 1999. 『질적 연구방법론』. 김두섭 역. 서울: 나남; *Qualitative Researching*. London: Sage Publications, 1996.

Masuda, Yoneji. 1990. *Managing in the Information Society*. Cambridge: Basil Blackwell.

McCormick, John. 1993. "International Nongovernmental Organizations: Prospects for a Global Environment" In Kamieniecki, Sheldon(ed.). *Environmental Politics in the International Arena: Movements, Parties, Organizations, and Policy*. Stony Brook: State University of New York Press.

Melucci, Alberto. 1991. 「일상생활의 민주화」. 한상진 편. 『마르크스주의와 민주주의』, 323~334. 서울: 사회문화연구소.

Merrien, Francois-Xavier. 1998. "Governance and Modern Welfare States." *International Social Science Journal*. Vol. 155: 57~68.

Mills, C. W.. 1959. *The Sociological Imagination*. New York: Oxford University Press.

Monod, Theodore. 2003. 『사막의 순례자』. 안-바롱 옥성·안인성 역. 서울: 현암사; *Le Chercheur d'absolu*. 1997.

Mouffe, Chantal. 1992. *Dimesions of Radical Democracy*. New York: Verso.

_____. 1993a. *The Return of the Political*. New York: Verso.

_____. 1993b. 「급진적 민주주의: 근대성인가 탈근대성인가」. 배병인 외 역. 『포스트모던의 문화·정치』, 261~278. 서울: 민글.

Mulhall, Stephen and Swift, Adam. 2001. 『자유주의와 공동체주의』. 김해성·조영달 역. 서울: 한울; *Liberals and Communitarians*. Cambridge: Blackwell Publishers, 1992.

Naisbitt, John and Aburdene, Patricia. 1997. 『메가트렌드 2000』. 김홍기 역. 서울: 한국경제신문사; *Megatrends 2000*. Washington, D. C.: Raphael Sagalyn, 1990.

Najam, Adil. 1999. "Citizen Organizations as Policy Entrepreneurs" In David Lewis (ed.). *International Perspectives on Voluntary Action: Reshaping the Third Sector.* London: Earthscan Publications.

Novak, Michael. 1996. "Introduction to the 1996 Edition." Berger, Peter and Richard John Neuhaus. *To Empower People: From State to Civil Society*, 2nd ed. Washington, D. C.: The AEI Press.

Nye Jr., Joseph S.. 2002. "Information Technology and Democratic Governance" In Elaine Kamarck and Joseph Nye Jr.(eds.). *Governance.Com: Democracy in the Information Age.* Washington, D. C.: Brookings Institution Press.

O'Connell, Brian. 2000. "Civil Society: Definitions and Descriptions." *Nonprofit and Voluntary Sector Quarterly*, 29(3): 471~478.

O'Connor, Robert J. and Johnson, Rebecca S.. 1989. "Volunteer Demographics and Future Prospects for Volunteering" In Virginia A. Hodgkinson, Richard W. Lyman, and et al.(eds.). *The Future of the Nonprofit Sector*, 404~415. San Francisco: Jossey-Bass Publishers.

O'Donnell, Guillermo and Schmitter, Philippe C.. 1986. *Transitions from Authoritarian Rule: Tentative Conclusions about Uncertain Democraices.* Baltimore: The Johns Hopkins University Press.

Offe, Claus. 1993. 「새로운 사회운동」. 이병천·박형준 역. 『후기자본주의와 사회운동의 전망』, 273~317. 서울: 의암출판; "New Social Movements: Challenging the Boundaries of Institutional Politics." *Social Research*, 52(4), Winter 1985.

_____. 1996. 「운동정치의 제도적 자기변형에 대한 고찰」. Russel Dalton and Manfred Kuechler(eds.). 『새로운 사회운동과 도전』. 박형신·한상필 역. 서울: 한울; *Challenging the Political Order.* Cambridge: UK: Polity Press, 1990.

Olsen, Mancur., Jr.. 1965. *The Logic of Collective Action.* Cambridge: Harvard University Press.

O'Neill, Michael. 1989. *The Third America.* San Francisco: Jossey-Bass Publishers.

O'Neill, Michael and Young, Dennis. 1988. *Educating Managers of Nonprofit*

Organizations. New York: Praeger.

Osborne, David and Gaebler, Ted. 1992. *Reinventing Government.* New York: Penguin Books.

O'Sullivan, Noel. 1997. "Difference and the Concept of the Political in Contemporary Political Philosophy." *Political Studies*, Vol. XLV: 739~754.

Outhwaite, William. 1995. 『새로운 사회과학철학』, 이기홍 역. 서울: 한울; *New Philosophies of Social Science.* London: Macmillian Press, 1987.

Overman, E. Sam. 1996. "The New Science of Administration: Chaos and Quantum Theory." *Public Administration Review*, 56(5): 487~491.

Pagels, Heinz. 1991. 『이성의 꿈』. 구현모 외 역. 서울: 범양사; *The Dreams of Reason: The Computer and the Rise of the Science of Complexity.*

Peters, B. Guy. 1998. 『미래의 국정관리』. 고숙희 외 역. 서울: 대영문화사; *The Future of Governing: Four Emerging Models.* Lawrence: University of Kansas Press, 1996.

_____. 2000. "Governance and Comparative Politics" In Jon Pierre(ed.). *Devating Governance: Authority, Streeing, and Democracy.* Oxford: Oxford University Press.

Peterson, Paul. 1981. *City Limits.* Chicago: University of Chicago Press.

Pierre, Jon. 2000. "Introduction: Understanding Governance" In Jon Pierre(ed.). *Devating Governance: Authority, Streeing, and Democracy.* Oxford: Oxford University Press.

Pierre, Jon and Peters, B. Guy. 2000. *Governance, Politics, and the State.* New York: St. Martin's Press.

Popper, Karl. 1999. 『열린사회와 그 적들 I, II』. 이한구·이명헌 역. 서울: 민음사; *The Open Society and Its Enemies.* London: George Routledge & Sons, 1966.

Prigogine, Ilya and Stengers, Isabelle. 1994. 『혼돈 속의 질서』. 유기풍 역. 서울: 민음사; *Order out of Chaos*, 1984.

Postrel, Virginia. 2000. 『미래와 그 적들』. 이희재 역. 서울: 모색; *The Future and Its*

Enemies. New York: Writers' Representatives, 1998.

Putnam, Robert. 1993. *Making Democracy Work: Civic Traditions in Modern Italy*. Princeton: Princeton University Press.

Ranson, Stewart and John Stewart. 1994. *Management for the Public Domain*. New York: St. Martin's Press.

Rawls, John. 1999. 『사회정의론』. 황경식 역. 서울: 서광사; *A Theory of Justice*. Cambridge: Harvard University Press, 1971.

Ray, Paul. 1997. "The Emerging Culture." *American Demographics*. 19(2): 29~56.

Rhodes, R. A. W.. 1997. *Understanding Governance: Policy Networks, Governance, Reflexivity and Accountability*. Buckingham: Open University Press.

_____. 2000. "Foreword" In Gerry Stoker(ed.). *The New Politics of British Local Governance*. New York: Macmillan Press.

Ridlery, Matt. 2001. 『이타적 유전자』. 신좌섭 역. 서울: 사이언스북스; *The Origins of Virtue*. New York: Felicity Bryan, 1996.

Rifkin, Jeremy. 1996. 『노동의 종말』. 이영호 역. 서울: 민음사; *The End of Work*. Berkeley: Jeremy P. Tarcher, Inc., 1994.

Rockefeller, John D., 3rd.. 1983. "The Third Sector" In Brian O'Connell(ed.). *America's Voluntary Spirit*, 355~362. New York: The Foundation Center.

Rosenau, James. 1992. "Governance, Order and Change in World Politics" In James Rosenau and Ernst-Otto Czempiel(eds.). *Governance without Government: Order and Change in World Politics*. New York: Cambridge University Press.

Sabucedo, Jose and Arce, Constantino. 1991. "Types of Political Participation" *European Journal of Political Research*.

Salamon, Lester. 1987. "Partners in Public Service: The Scope and Theory of Government-Nonprofit Relations" In Walter W. Powell(ed.). *The Nonprofit Sector*, 99~117. New Haven: Yale University Press.

_____. 1995. *Partners in Public Service*. Baltimore: The Johns Hopkins University Press.

_____. 1999. *America's Nonprofit Sector.* 2nd edition. New York: The Foundation Center.

Salamon, Lester M.(ed.). 1989. *Beyond Privitization: The Tools of Government Action.* Washington, D. C.: The Urban Institute Press.

Salamon, Lester and Anheier, Helmut(ed.). 1997. *Defining the Nonprofit Sector: A Cross-National Analysis.* Manchester: Manchester University Press.

Sandel, Michael. 1996. *Democracy's Discontent.* Cambridge: Harvard University Press.

Schlosberg, David. 1995. "Communicative Action in Practice: Intersubjectivity and New Social Movements" *Political Studies*, Vol. XLIII: 291~311.

Schmitt, Carl. 1992. 『정치적인 것의 개념』, 김효전 역. 서울: 법문사; *Der Begriff des Politischen.* Berlin: Duncker & Humblot, 1963.

Simmons, P. J.. 1998. "Learning to Live with NGOs." *Foreign Policy*, Fall: 82~96.

Skocpol, Theda. 1978. *State and Social Revolution: A Comparative Analysis of France, Russia and China.* Cambridge: Cambridge University Press.

Skocpol, Theda(ed.). 1991. 『역사사회학의 방법과 전망』, 박영신 외 역. 서울: 민영사; *Vision and Method in Historical Sociology.* Cambridge: Cambridge University Press, 1984.

Smith, Steven and Lipsky, Michael. 1998. *Nonprofits for Hire: The Welfare State in the Age of Contracting.* 3rd ed. Cambridge: Harvard University Press.

Sniderman, Paul M.. 1981. *A Question of Loyalty.* Berkeley: University of California Press.

Soros, George. 2002. 『열린사회 프로젝트』. 최종옥 역. 서울: 홍익출판사; *Open Society Project.* New York: Perseus Books, 2002.

Stewart, Angus. 2001. *Theories of Power and Domination: The Politics of Empowerment in Late Modernity.* London: Sage Publications.

Stoker, Gerry. 1998. "Governance as Theory: Five Propositions." *International Social Science Journal*, Vol. 155: 17~28.

Strange, Susan. 2001. 『국가의 퇴각』. 양오석 역. 서울: 푸른길; *The Retreat of the State*. Cambridge, UK: Cambridge University Press.

Sztompka, Piotr. 1991. *Society in Action: The Theory of Social Becoming*. Cambridge: Polity Press.

Tarrow, Sidney. 1994. *Power in Movement: Social Movements, Collective Action and Politics*. New York: Cambridge Univeristy Press.

Taylor, Charles. 2001. 『불안한 현대사회』. 송영배 역. 서울: 이학사; *Malaise of Modernity*. Toronto: Stoddart Publishing, 1991.

Tilly, Charles. 1994. 『국민국가의 형성과 계보』. 이향순 역. 서울: 학문과사상사; *Coercion, Capital, and European States, AD 990~1990*. Cambridge: Basil Blackwell, 1990.

_____. 1999. 『비교역사사회학: 거대 구조, 폭넓은 과정, 대규모 비교』. 안치민・박형신 역. 서울: 일신사; *Big Structures, Large Processes, and Huge Comparisons*. New York: Russell Sage Foundation, 1984.

Tocqueville, Alexis de. 1997. 『미국의 민주주의 I, II』. 임효선・박지동 역. 서울: 한길사; *Democracy in America*. New York: Vintage Books (edited by Phillips Bradley), 1957.

Touraine, Alain. 1981. *The Voice and the Eye* (Translated by Alan Duff). New York: Cambridge University Press.

Tucker, Mary and Grim, John(eds.). 2003. 『세계관과 생태학』. 유기쁨 역. 서울: 민들레책방; *Worldview and Ecology*. Cranbury, NJ: Associated University Press, 1994.

Turner, Bryan. 1997. 『시민권과 자본주의』. 서용석・박철현 역. 서울: 일신사; *Citizenship and Capitalism: The Dabate over Reformism*. London: Allen & Unwin, 1986.

UNDP. 1998. "Reconceptualizing Governance." (http://magnet.undp.org).

Vogel, David. 1980. "The Public-interest Movement and the American Reform Tradition." *Political Science Quarterly*. Vol. 95, Winter; 607~627.

Wallerstein, Immanuel. 1994. 『사회과학으로부터의 탈피』. 성백용 역. 서울: 창작과비평사; *Unthinking Social Science: The Limits of Nineteenth-Century Paradigms*. Cambridge: Polity Press, 1991.

_____. 1996. 『자유주의 이후』. 강문구 역. 서울: 당대; *After Liberalism*. New York: New Press, 1996.

_____. 1999. 『유토피스틱스』. 백영경 역. 서울: 창작과비평사; *Utopistics: Or Historical Choices of The Twenty-First Century*. New York: The Free Press, 1998.

Wallerstein, Immanuel, et al.. 1996. 『사회과학의 개방』, 이수훈 역. 서울: 당대; *Open the Social Sciences*. Stanford: Stanford University Press, 1996.

Walzer, Michael. 2000. 「시민사회 구하기」. 『NGO의 시대』, 조효제 편역, 255~267. 서울: 창작과비평사; "Rescuing Civil Society." *Dissent*. Winter, 1999.

Weber, Max. 1978. *Economy and Society*. Edited by Guenther Roth & Claus Wittich. Berkeley: University of California Press.

Weisbrod, Burton A.. 1988. *The Nonprofit Economy*. Cambridge: Harvard University Press.

Weiss, Linda. 1999. *The Myth of the Powerless State*. New York: Cornell University Press.

Wolch, Jennifer R.. 1990. *The Shadow State: Government and Voluntary Sector in Transition*. New York: The Foundation Center.

Wolff, Robert. 2001. 『아나키즘: 국가권력을 넘어서』. 임홍순 역. 서울: 책세상; *In Defense of Anarchism*. San Francisco: University of California Press, 1998.

World Bank. 2003. "NGO-Civil Society."(www.worldbank.org).

Wright, Erik. 1995. "Preface: The Real Utopias Project." Erik Wright(ed.). *Associations and Democracy*. London: Verso.

Wuthnow, Robert. 1991. "The Voluntary Sector: Legacy of the Past, Hope for the Future?" In Robert Wuthnow(ed.). *Between States and Markets*. Princeton: Princeton University Press.

논문출처

제1장 NGO학의 정립을 위하여 － 《한국비영리연구》, 2002년 봄호(창간호)
제2장 NGO 개념의 역사와 실체 － 《현상과인식》, 2001년 겨울호
제3장 NGO와 정부 간의 관계 － 《한국행정학보》, 1999년 봄호
제4장 NGO와 정부 간 견제·협력의 게임론적 이해 － 《현상과인식》, 2002년 봄/여름호
제5장 NGO의 정책참여 분석: 환경단체를 중심으로 － 한국비판사회학회 2001년 비판사회학대회 발표논문집
제6장 NGO에 대한 정부의 재정지원 유형 － 《행정논총》, 2001년 겨울호
제7장 사회문제 해결을 위한 제3의 길: 지방자치단체와 NGO 간의 협력 － 한국행정학회 2001년 동계학술대회 발표논문집
제8장 거버넌스에서 민주주의의 급진적 재구축: NGO의 역할과 한계 － 한국행정학회 2002년 춘계학술대회 발표논문집
제9장 NGO 활동의 활성화를 위한 법적 고찰 － 《한국정치연구》, 2001년호(통권 6호)
제10장 민주시민교육 프로젝트: NGO와 정부 간의 협력모델 － 한국NGO학회 2002년 춘계학술대회 발표논문집
보론 능동사회의 구축과 시민사회의 재구성 － 《한국비영리연구》, 2007년 봄호

영문목차

NGOs, Government and Policy

by Sangpeel Park

1. The Formulation of NGO Studies
2. The History and Substance of the NGO Concept
3. Relation Models between NGO and the Korean Government
4. A Game Analysis of Check and Cooperation between NGO and Government
5. An Analysis on the Participation of NGOs in the Policy Arena
6. A Comparative Analysis of Government's Financial Support to NGOs in Korea
7. The Third Way for the Resolution of Social Problems: Cooperation between Local Government and NGO
8. The Radical Rebuilding of Democracy in Governance: The Roles and Limits of NGOs as a Main Actor
9. A Study of the Legislations on the Activation of NGOs
10. The Democratic Civic Education Project: A Model of Cooperation between NGO and Government

Supplement: Building Active Society and Restructuring Civil Society

찾아보기_ 용어

숫자·알파벳

5월운동 30, 131
6월항쟁 66, 152
NED(National Endowment for Democracy) 118, 191
NGO의 공익활동 193
NGO의 자율성 198
NGO의 책무성(accountability) 213
NGO자원센터(NGO Resource Center) 64, 213
NGO학 27
NGO혁명(nongovernmental organization revolution) 52, 155
NLN(Nonprofit Liaison Network) 119
SGI-불교회 235

ㄱ

강성국가 310
강제명령(injunction)제도 300
개념(concept) 52

개념적 경계 49
개념적 준거틀(conceptual framework) 53
개성기술적(idiographic) 41
거버넌스(governance) 181, 216, 241, 262
거버넌스의 차원 247
게임 136
게임이론(game theory) 135
견제수단 100
경실련 68, 104, 143, 204, 323
경제사회이사회(ECOSOC) 63
계몽된 이해(enlightened understanding) 250
계몽주의 28
공개경쟁 201
공민교육(公民敎育) 302
공보국(DPI) 64
공생산(coproduction) 216
공익광고 332
공익법무관 299
공익소송법 280, 297

공익소송센터　299
공청회　288
관계하는 권력(power to)　260
관변단체　67, 96, 148, 233
관심의 초점(focal points)　140
관행(convention)　148
국가 중심적 발전관　40
국가의 재구조화　52, 184
국가청렴위원회　291
국민교육　321
국정홍보처　143, 189
국제 NGO　23
권력부여(empowerment)　43
권력엘리트　311
권력의 재배치(relocation of power)　144, 278
권리장전(bill of the right for the modern administrative state)　288
권위주의적 억압　102
귀속적 사회관계　223
그린오너(green owner)　234
글로벌 거버넌스(global governance)　52
글로벌 경제(global economy)　183
기업기부금　187

ㄴ

낙선·낙천운동　146
내부고발자보호법　292
내쉬균형(Nash equilibrium)　148
내포와 외연　57
네트워크(network)　216
노동조합　76
능동사회(active society)　94, 279

ㄷ

다분과학문적(multidisciplinary)　35
다원적 가치　266
다원주의사회　255
단독계약　203
단선적 발전관　28
단체설립 지원　205
단체소송(verbandsklage)　298
단체혁명(associational revolution)　23, 184
대리인체제(agent system)　264
대리정부(proxy government)　217
대의민주주의　250~251
대표당사자소송(class action)　298
대표소송법　121
독립재단　212
동대문구청　218

ㄹ

로비법　308
리우 환경개발회의　68

ㅁ

맹목적 순종자　315
모금(fundraising)　25
몸의 저항　270
무임승차(free riding)　61, 123
묵시적 합의(tacit consent)　140
미시적인 권리　24
민영화(privatization)　217
민주공동체 실천사업　189
민주복지공동체　227
민주시민교육네트워크　302

민주시민교육위원회 302, 330
민주시민교육지원법 301
민주시민교육포럼 302
민주적 전제정치(democratic despotism) 131
민주적 포섭 102
민주주의의 급진성 243
민중단체 67, 148~149

ㅂ

바르게살기운동중앙협의회 111
반공교육 321
반노예협회(the British Anti-Salvery Society) 62
방관적 냉소자 315
법칙정립적(nomothetic) 41, 44
변증법 43
변형능력(transformative capacity) 260
보(寶) 65
보상행렬 148
보수공론 311
복잡성이론 29
복지공동체 24, 222
복지다원주의(welfare pluralism) 132
부정적 외부효과(negative externality) 60
부패방지법 290
북한학 25
비영리단체(NPO) 94, 97
비영리민간단체지원법 141, 185, 211, 282
비인격적 룰(impersonal rule) 275
비정부조직(nongovernmental organization) 62
비참여(non-participation) 161

ㅅ

사회과학 28
  사회과학의 한국화 31
사회복지학 26
사회자본(social capital) 257
사회적 경제(social economy) 24
사회적 구상(social design) 224
사회적 수용도 163
사회적 연대 183
사회학 25
사회현상 28
상공회의소(the Chamber of Commerce) 63
상승작용 227
상징적 공론장 270
상충관계(trade-off) 164
상호주관성(intersubjectivity) 45
새마을운동중앙협의회 109
샌프란시스코회의 23
생산지상주의 269
생태적 가치 45
생태환경 24
서울 NGO세계대회 189
선거연수원 324
선택적 혜택(selective benefit) 123
성공의 실패 321
세계적십자사(the Red Cross) 62
세금 바르게 내기 운동 204
소명수준 300
소유양식 312
순수전략(pure strategy) 140
시공간(times space) 33
시공간적 구속성 46

시민 314
시민교육(civic education) 302
시민단체 68
시민사회 59
시민윤리의 재창조 61
시민의식의 내면화 61
시민참여 161
시민참여의 유형 162
시에라클럽(Sierra Club) 62
시장실패(market failure) 60, 132
신(新)토크빌주의 274
신공공관리(new public management) 242
신뢰구축 199
신뢰도 모델 283
신사회운동(new social movement) 131
실증적 연구 40
실질적 민주주의 317
실체적 개념 69
쓰레기운동협의회 205

ㅇ

아동구제기금(Save the Children Fund) 62
안보국가 310
에너지시민연대 207
엠네스티(Amnesty International) 33
여성학 25
연구공동체 25
열등전략(dominated strategy) 148
열린사회시민연합 232
영향력의 정치 144
옥스팜(OXFAM) 62
운동의 동력 181

운동정치 135
운용방식(modus operandi) 34
위기담론 313
유교적 가치 310
유인수단 100
윤리적 삶의 단계 56
은폐전략 139
이니셔티브 220
이중부담 323
이중적 목표 194
이중집회 294
인간적 욕구 24
인지적 자원 121
임상법률사무소(legal clinic) 299
입법활동 307

ㅈ

자기결정원리 237
자기제한적(self-limiting) 135
자기조직적 네트워크 262
자기조직화(self-organization) 29, 157~158
자기조직화(self-organizing) 260
자발적 결사체에 대한 신화(myth of voluntarism) 192
자본주의 세계체제 31
자연법(natural law) 55
자연상태(state of nature) 55
자원봉사법 295
자원봉사보호법 295
자원봉사활동지원법 295
자유주의 이데올로기 28
자유주의적 발전관 30

자율적 공간(autonomous space) 130
자율적·수평적 복합조직(heterarchy) 247
자율형 102
자정장치 332
자조그룹(self-help group) 75
재정 101
재정충족도 198
적극적 시민 253
전문학술지 50
전일적 통치 223
전쟁상태 310
정보공개법 286
정부 간 조직(inter-governmental organization) 62
정부실패(government failure) 60, 132
정부의 재정지원 190
정부재창조(reinventing government) 246
정부형태 56
정책과정(policy process) 159
정책참여 단계 171
정책참여 방식 173
정치교육(politische bildung) 302
정치담론의 역동성 269
정치적 기회구조(structure of political opportunities) 216, 254
정치적 효능감(political efficacy) 226
정치적인 것(the political) 216, 230, 268~269
정치학 25
제3의 혁명 196
제3자정부(third-party government) 51, 94, 217

제조물책임 298
제한된 합리성(bounded rationality) 139
조절기제 273
조직관리(management) 25
존재양식 312
종속형 101
주민발의 307
주변부그룹 329
주시민교육센터 331
중범위이론(theory of middle range) 46
중심 없는 사회(centerless society) 254
지구적 연대망(global network) 224
지방자치단체 218
　　지방자치단체의 기능 225
지배파트너 311
지배하는 권력(power over) 260
지속가능한 개발 36
지식경제(knowledge economy) 24
지역사회봉사법 295
지역연구 25
지역자원봉사지원법 295
집단소송 298
집시법 292

ㅊ

참여(participation) 160, 216
참여민주주의 24, 230, 252
참여연대 103
참여적 비판자 315
참호역할 269
창발적(emergent) 49
창조적 무질서(creative disorder) 158

창조적 융합 216
청문절차 289
청소년순결운동본부 233
체제변혁 149
총선시민연대 144
최소극대화(maximin) 139

ㅋ
커뮤니케이션의 밀도 222

ㅌ
탈중심화된 사회 254
토의민주주의 256~258
토호세력 223
통일과학 44
통일교육지원법 322
통치(government) 262
통학적(cross-disciplinary) 25
통합사회과학 34
특별지원 207

ㅍ
파레토효율(Pareto optimum) 148
패쇄적 지배구조 223
평생교육법 322
포드주의적 생산방식 273
포섭 102
풀뿌리 민주주의 36, 120, 224
프랑스혁명 30

ㅎ
학술자문위원회 303

학습하는 사회(learning society) 224
학제적(interdisciplinary) 25
한국 NGO학 39
한국시민단체협의회 197
한국학중앙연구원 324
한국환경회의 168
합리적 인간(rational man) 123
행복지수 220
행정계획절차 290
행정이념 193
행정입법예고 289
행정절차법 287
헤게모니 43
협력적 시민 253
협력형 101
협의적 지위(consultative status) 63
형법 285
호혜적 인간관계 310
호혜주의 126, 149
혼돈이론 29
확산적 이익(diffuse interest) 297
환경 NGO 167
환경발전기금 200
환경학 25
환류메커니즘(feedback mechanism) 134
회의공개법 121
효용극대화 존재(utility maximizer) 138
후(後)포드주의 생산방식 273
후기산업사회 216
휴머니즘 45
흥사단 107
희소성의 원칙 276

찾아보기_ 인명

A

Almond, Gabriel 161

Anderson, James 160

Annan 65

Arato, Anderw 58, 97

Arce, Constantino 162

Arnstein, Sharry 161

B

Beetham, David 249

Bellah, Robert 274

Bentham, J. 56

Berry, Jeffrey 161, 165

Bobbio, Norberto 130, 243, 254

Bodin, B. 56

Brewer, Carry 159

Bruyn, Severyn 229

C

Clark, John 163

Cohen, Jean 58, 97

Comte, A. 28

Coston, Jennifer 127

D

Dahl, Robert 250

deLeon, Peter 159

Dewey, John 320

Drabek, Anne Gordon 26, 156, 190

Dror, Y. 159

Duverger, Maurice 161

E

Eberly, Don 274

Engels, F. 57

Etzioni, Amitai 94, 274

F

Forman, Lori A 190
Fromm, Erich 312

G

Gaebler, Ted 246
Gauthier, David 138, 153
Giddens, Anthony 216
Gorz, Andre 196
Gramsci, Antonio 97

H

Habermas, Jurgen 58, 97, 254, 277
Hegel, G. W. F. 53, 56
Held, David 53, 55, 56, 58, 97, 128, 254
Hirst, Paul 245
Hobbes, T 55

I

Inglehart, Ronald 196

J

Jeantet, Thierry 229
Jessop, Bob 247, 261
Johnson, Rebecca S. 123
Jun, Jong S. 224

K

Keane, John 58, 97, 130
Keynes, J. 57
Kiel, Douglas 157~158
Kornhauser, W. 255

Korten, David 156
Krasner, Stephen 128

L

Lasswell, H 159
Lewis, David 27
Lipietz, Alain 196
Lipsky, Michael 155
Locke, J. 55
Lowery, David 162
Luhmann, N 254
Lyons, William 162

M

Machiavelli, N 56
Marcuse, Herbert 250
Marx, Karl 57
Masuda, Yoneji 122
McCormick, John 156
Melucci, Alberto 249
Mill, James 56
Mill, John Stuart 57
Montesquieu, B 55
Morgenstern, Oskar 136
Mouffe, Chantal 256

N

Najam, Adil 155, 163
Nash, John 136
Neumann, John von 136

O

Offe, Claus 119, 131
Olsen, Mancur., Jr. 123
Osborne, David 246
Outhwaite, William 40
O'Connor, Robert J. 123
O'Neill, Michael 100
O'Sullivan, Noel 268

P

Pagels, Heinz 29, 157
Peters, B. Guy 245, 258, 260
Pierre, Jon 245, 258, 260
Powell, Walter 162
Prigogine, Ilya 29, 157
Putnam, Robert 274

R

Ranson, Stewart 224
Rawls, John 153, 268
Rhodes, R. A. W. 245, 260
Rifkin, Jeremy 196, 229
Rousseau, J 56

S

Sabucedo, Jose 162
Salamon, Lester M. 51, 94, 100, 134, 216
Sandel, Michael 274
Schelling, Thomas 140
Schmitt, Carl 268
Simmons, P. J. 189
Skocpol, Theda 129

Smith, Adam 57
Smith, Steven 155
Sniderman, Paul M. 253
Stewart, John 224
Stewart, Angus 260

T

Tilly, Charles 28, 59, 130
Tocqueville, Alexis de 51, 131

W

Wallerstein, Immanuel 25, 30~32, 40~41, 44
Weber, Max 55, 129
Weisbrod, Burton A. 123
Weiss, Thomas 260
Wolff, Robert 250

ㄱ

강상욱 186, 190
권두섭 295
김계수 56
김달수 168
김대환 253
김동일 57
김동춘 31
김두철 30
김병준 158
김상영 68
김성국 58, 66, 97
김수현 134
김승현 28

김영삼 106, 142, 288
김영세 135
김영평 157
김정훈 44, 142, 311
김종래 158
김준기 127, 186
김지원 159
김진철 30~31
김태한 298
김택환 320
김필두 158, 162
김현철 106
김호기 66
김호섭 162

ㄴ
남궁근 53
노태우 290

ㅂ
박경래 142
박계동 111
박균성 287
박상필 26~27, 53~54, 62, 66~67, 77, 98, 127, 133, 147, 149, 156, 168, 185~186, 190, 196, 199, 278, 310, 323
박세일 106
박재창 158
박종민 168
박주현 135
박효종 56, 136
부정남 28

ㅅ
서영진 62
성경륭 135, 199
손호철 58
신광영 97, 127
신기현 186
신명순 66
신희권 224
심의기 293~294
심익섭 319, 321

ㅇ
안창호 107
양용희 188
오재일 127
유훈 159
윤병태 53
윤영진 45, 223
윤평중 269
이극찬 256
이근주 186, 202
이수훈 28
이영희 106
이용필 29, 157
이원욱 53
이종수 45, 223
이준구 321
임승빈 189
임혁백 258
임현진 29, 31, 41

ㅈ

장미경 45
정성철 106
정세욱 164
정윤수 186
정정길 159
정준표 136
정태윤 106
조석주 158, 162
조영래 298
조효제 26~27, 134
주성수 62, 189

ㅊ

채익석 288~290
초의수 223
최성두 157
최장집 44
최현섭 320
최호준 162

ㅎ

함영주 298
함재봉 56, 59
홍준형 289
황승흠 299~300
황윤원 162

박상필(朴祥弼)　npongo@hanmail.net
경희대학교 정치학과 졸업
미국 알래스카대학교 정책대학원 졸업(행정학 석사)
경북대학교 대학원 졸업(행정학 박사)
연세대·이화여대 강사
경희대학교 NGO대학원 객원교수
(현) 성공회대학교 NGO대학원 연구교수
　　한국NGO학회, 한국비영리학회 이사
　　참여연대, 미래사회와종교성연구원 운영위원
　　행정안전부 공익사업선정위원, 시민운동정보센터 소장
저서『NGO와 현대사회』(2001, 아르케),『NGO를 알면 세상이 보인다』(2001, 한울),『NGO를 배운다는 것』(2002, 역사넷),『NGO학』(2005, 아르케),『유토피아 코리아』(2008, 한울) 외 다수
논문「시민단체의 자주성과 공익활동능력」외 50여 편

한울아카데미 1039
NGO와 정부 그리고 정책
ⓒ 박상필, 2008

지은이 • 박상필
펴낸이 • 김종수
펴낸곳 • 도서출판 한울
편　집 • 김경아

1판 1쇄 펴냄 2002년 6월 30일
1판 2쇄 펴냄 2003년 10월 30일
개정판 1쇄 펴냄 2008년 6월 30일

주　　소(본사) • 413-832 파주시 교하읍 문발리 507-2
(서울사무소) • 121-801 서울시 마포구 공덕동 105-90 서울빌딩 3층
전　　화 • 영업 02-326-0095, 편집 02-336-6183
팩　　스 • 02-333-7543
홈페이지 • www.hanulbooks.co.kr
등　　록 • 1980년 3월 13일, 제406-2003-051호

Printed in Korea.
ISBN 978-89-460-5039-6　93340

* 책값은 겉표지에 표시되어 있습니다.